网络营销

主　编　宁连举

副主编　张铭芮　杨兴丽

北京邮电大学出版社
www.buptpress.com

内 容 简 介

互联网的发展为网络营销提供了巨大的平台，网络营销作为一种新型的营销方式，逐步渗透到了企业生产和人们生活的方方面面，是当今学术研究和企业实践的热点。十多年来，网络营销发展中不断涌现出的营销理论与实践创新成果，不仅让越来越多的企业从中看到了网络营销强大的生命力，也成为进一步促进网络营销发展的直接驱动力。在此背景下，本书从理论与实践相结合的角度，对网络营销的相关理论及实践应用问题进行较为全面、系统的研究和探讨。本书共分13章，主要阐述了互联网的发展，网络营销的产生与发展，网络消费者行为，网络市场调研，网络营销战略及规划，产品、价格、渠道和促销策略及实现方法等内容。同时结合目前流行的互联网应用，对 Web1.0 时代和 Web2.0 时代的营销策略进行探讨，通过国内外成功企业的应用案例分析，寻找规律，揭示成功背后的秘诀。本书采用案例教学方法，通过案例引出问题，启发思考，希望读者能在掌握理论和学科体系的基础上，归纳总结、举一反三，提升实际工作能力。

本书既可以作为高等学校市场营销、电子商务、信息管理等相关专业的网络营销课程的教学用书，也可以作为企业营销实践者的培训教材和营销读本。

图书在版编目(CIP)数据

网络营销/宁连举主编. --北京：北京邮电大学出版社，2012.6(2016.5 重印)
ISBN 978-7-5635-3063-2

Ⅰ. ①网… Ⅱ. ①宁… Ⅲ. ①网络营销-高等学校-教材 Ⅳ. ①F713.36

中国版本图书馆 CIP 数据核字(2012)第 096340 号

书　　名：网络营销
主　　编：宁连举
责任编辑：王丹丹
出版发行：北京邮电大学出版社
社　　址：北京市海淀区西土城路 10 号(邮编：100876)
发 行 部：电话：010-62282185 传真：010-62283578
E-mail：publish@bupt.edu.cn
经　　销：各地新华书店
印　　刷：北京鑫丰华彩印有限公司
开　　本：720 mm×1 000 mm 1/16
印　　张：19.75
字　　数：407 千字
版　　次：2012 年 6 月第 1 版 2016 年 5 月第 2 次印刷

ISBN 978-7-5635-3063-2　　　　定　价：39.50 元

前　言

根据中国互联网络信息中心(CNNIC)发布的《第29次中国互联网络发展状况统计报告》,截至2011年12月底,中国网民规模突破5亿,手机网民规模达到3.56亿,用户规模的空前增长为电子商务、网络营销的应用提供了用户基础。随着互联网的发展,网络营销手段和方式日益多样化,从Web1.0营销发展到Web2.0营销,体现了从单项传播到双向互动的转变,未来Web3.0将更加突出用户创造内容,为网络营销的进一步发展拓展了更加广阔的领域。在现阶段,博客、微博、社交网络、网络社区、团购、威客等都成为网络营销的重要形式。这些新型的社会媒体聚集了大量的兴趣相投的消费者,使消费者更加信任和依赖网络口碑。新的消费模式———协同消费日趋彰显,同时,云计算和物联网的发展必将为消费者带来全新的消费体验,也将为网络营销创造更广阔的发展空间。

网络营销是市场营销的一个分支,是市场营销理论在网络经济时代的运用,是对市场营销理论的完善和发展。但是,它又与传统营销有着巨大的区别。网络新媒体突破了时空限制,传播方式更具互动性,受众参与度更为广泛,多媒体的表现形式使得传播内容更为丰富,这些特性都是传统媒体无法比拟的。

网络营销在未来网络时代必将成为企业、政府等各类组织的重要营销手段,实现客户价值的有效提升。网络营销作为新兴的研究领域,研究视角和研究手段也不断创新。本书分为基础篇、理论篇和实践篇。基础篇在现有营销理论的基础上,重点分析了网络营销的产生与发展及网络消费者行为,使读者对网络营销的基础有一个初步的了解;理论篇部分重点分析了网络营销的调研,战略以及产品、价格、渠道、促销策略,使读者对网络营销的实施有一个整体清晰的把握;实践篇介绍了Web1.0和Web2.0营销的主要营销模式,使读者对营销实践的具体形式有个全局性的理解。

本书在内容组织上具有以下特色:

一是体系完整性。本书系统介绍了网络营销理论体系和方法体系的主要内容,并力求吸收国内外的最新成果,体现营销发展的最新动向,力求教材内容上的创新。

二是突出实践性。网络营销以应用实践为主,本书精选了多个网络营销案例,并进行深入分析,力求呈现最新的实践与案例,以体现网络营销领域勃发的生机和创新空间。

本书由宁连举任主编,张铭芮、杨兴丽任副主编,参加本书编写的还有张莹莹、张欣欣和夏文,研究生段海燕、万志超、闫春晓、张爱欢、侯晓晔在写作过程承担了大量的资料查询和整理工作，本书凝聚着所有参编人员的集体智慧。同时也特别感谢北京邮电大学出版社为本书的顺利出版所给予的指导和艰辛工作。

网络营销作为一门新兴学科，应用性和实践性很强，其发展也日新月异。本书编写过程中参考了大量的国内外专家和学者包括一些实践工作者的研究成果，吸收了许多有价值的理论和观点，所有这些成果在参考文献中都有列出，但也许会有遗漏之处，在此对所有文献资料的作者表示衷心的感谢和崇高的敬意！囿于作者的水平所限，尽管作者试图尽可能展现给读者网络营销的全貌和实践的成果，但难免会有所缺憾，出现不足之处甚至错误，希望广大读者批评指正。

编　者

目　录

第一篇　基础篇

第二篇　理论篇

第三篇　实践篇

第一篇　基础篇

第1章　互联网的发展与应用

本章概要：互联网的发展与普及是人类社会信息化进程的重大成果，是推动世界经济发展和社会进步的重要力量。本章主要介绍了互联网的发展和普及状况、未来的发展趋势、互联网以及移动互联网的主流应用。本章的重点是熟知当前互联网平台的主流应用，了解新兴移动互联网的主要应用。

引例

网络的力量改变中国

从来没有一个渠道，能够汇集如此之多民间声音；从来没有一个空间，可以同时容纳如此之众共商国是；也从来没有一种力量，能够把互不相识的大众意见凝聚成推动社会进步的力量，去深刻地改变一个国家。

互联网做到了，中国网民做到了。十年弹指一挥间，中国网民人数已经跃居世界第一，并且继续快速增长；3G网络建设加快，手机上网渐成潮流，中国在新一代互联网研发挺立潮头。

网络展现民众生活的原生态，真实反映民众的利益诉求。从QQ聊天到论坛跟帖，网络使民意表达更加便捷。网络时代，每个人都成为信息的发布者、自己故事的讲述者、各个群体的声音在网络上碰撞、传播。“我不同意你说的话，但是我誓死捍卫你说话的权利。”伏尔泰的名言在网络得到真实的再现，网络让人们获得了更为广泛的言论自由，也让人们学会尊重不同的意见。当然，管理制度发展的相对滞后，也使得恶意炒作、语言暴力频现网络，低俗之风也一度盛行，但这些都不能左右网络的健康发展。

网络凝聚人心汇集民智，成为推动社会进步的力量。网络民意的聚集能释放出潮水一般的能量，在改革进入到攻坚期和矛盾凸显期，人们利益诉求多元化，观点的碰撞更加激烈。积极反映网络民情，科学引导网络民意，就能充分调动一切积极的力量，使文明、理性、建设性成为网络民意的主流。当2008年年初奥运圣火传递引发网络“红心照耀中国”之时，人们发现，曾被忧心为“垮掉一代”的“80后”、“90后”，其爱国热情和理性思考毫不逊色于前辈；汶川大地震后，中国人一年捐赠超越过去十年总和，“一方有难、八方支援”的爱心让世界为之惊叹。

网络并非纯粹的虚拟世界，而是具有强烈的现实意义。在新技术条件下，民意通过网络进行充分的表达已是必然，民意将更加通畅表达，政民将更加良性互动。通畅的网络民意表达，推进公民有序政治参与；更加自由的网络表达环境，激发民众无穷的智慧。网络民主生态的完善，必将使古老中国永葆青春活力，实现新的跨越。

1.1 互联网技术发展历程

网络技术又称计算机通信或数据通信，主要研究的是安全、可靠和高效地传递计算机或其他设备产生的数据信号。“数据信号”是相对于传统电信中的“话音信号”和传统广播电视中的“视频信号”而言，因为在网络技术诞生前，话音和视频都是模拟信号，数据信号多为计算机产生的数字化信号，并且呈现出与话音和视频信号诸多不同的传输特点。

古代数据通信主要以声光为载体，例如旗语和击鼓等，只能在可视或可听的短距离内传输，可靠性差、速度慢、保密性低。由于缺乏现代数据通信中的“信令平面”，可以传递的信息只能事先约定好并且无法实时协商，导致可传递信息量少。当然，中国古代的烽火通信系统相当发达，已经具备了现代数据通信中“中继”的概念，可以将少量军情信息快速“中继”到首都甚至全国各地，但因仍没有“信令平面”，“周幽王烽火戏诸侯”才得以上演成一场历史“悲剧”。

当电替代声光作为信息载体后，远距离和大数据量的快速信息传递才得以实现。首先是可传送少量文字信息的电报网的出现。19 世纪 30 年代，由于铁路迅速发展，迫切需要一种不受天气影响并且比火车跑得快的通信工具，这是促进电报产生的社会基础。1838 年，美国人塞缪尔·莫尔斯(Samuel Finley Breese Morse)发明了莫尔斯电码，以点和划形式传递离散的文本信息，被认为是现代数据通信的原型，开启了电子通信时代的新纪元。电报网通信方式简单，内容单一，可传送的信息量也少。

人们在使用电报网传递文字信息的几十年后，新闻业和摄影业等对远距离传送图片的需求不断增加。1843 年，英国发明家亚历山大·贝恩(Alexander Bain)就已经发明了传真技术，但直至 20 世纪初，随着图片传送需求的增加，法国摄影协会成员爱德华·贝兰(Edward Berlin)制成了相片传真机之后，传真才开始在商业上规模化应用。1925 年，美国电报电话公司的贝尔研究所研制出相片传真机并在电报网上使用。由于电报网的传输速度和普及范围所限，传真只应用在新闻、军事、公共安全和医疗等特殊部门。为了扩大传真的使用范围，1968 年美国率先在公用电话网上开放传真业务，世界各国相继利用电话网开展传真业务。自此，传真开始了大发展阶段。

与此同时，电报这一最早的现代数据通信技术，在经过多年的混乱竞争之后，因在传递图片的业务上没有发展等原因而陨落。传真技术在20世纪80年代中期达到了巅峰，成为普通办公环境中不可缺少的工具。但是近年来随着互联网上电子邮件和网络传真技术的快速发展和应用，传统传真业务呈大幅下降趋势，仅在某些特殊的场景下具有不可取代的位置。

互联网的起源

艾森豪威尔总统于1958年拨款成立了高级研究计划署（ARPA）其目的在于集中控制所有高级军事研究项目，防止各级军队内部恶性竞争。就是这个机构后来提供经费设立最早的互联网，它叫做ARPANET。ARPANET是1969年由美国国防部高级研究计划署研制成功的，它主要解决这样一个课题：当战争发生时，如果美国军方的专用网络遭到破坏，如何利用民用通讯系统继续进行指挥？

美国国防部认为，如果仅有一个集中的军事指挥中心，万一这个中心被摧毁，全国的军事指挥将处于瘫痪状态，其后果不堪设想，因此有必要设计这样一个分散的指挥系统——它由一个个分散的指挥点组成，当部分指挥点被摧毁后其他点仍能正常工作，而这些分散的点又能通过某种形式的通信网取得联系。基于这一点考虑，美国国防部高级研究计划管理局开始建立一个命名为ARPANET的网络，将美国几个战区用于军事指挥和研究的计算机主机相互连接起来，以便当部分指挥点被摧毁后，其他战区仍能联系通畅并正常工作，这就是国际互联网最早的雏形。

1.1.1　网络技术理论准备阶段(1960—1970年)

20世纪60年代，随着计算机日益广泛的应用，产生了计算机之间大规模数据通信的需求。最初的计算机通信都是通过拨号联网，基于电话网和调制解调器实现的。传输速度低、可靠性差，效率低，价格高（大容量廉价的光通信技术当时还没有出现）。这种基于电话网的、通过调制解调器方式的数据通信模式（类似电话网的传真模式），根本无法满足未来计算机大规模组网和突发式、多速率通信的需求。

20世纪60年代，美国兰德公司（Rand）的Paul Baran，英国国家物理实验室（NPL）的Donald Davies和麻省理工学院的博士生Leonard Kleinrock，从不同的角度提出了目前被称为“包交换”的网络技术。包交换技术将用户传送的数据分成若干比较短的、标准化的“分组”(或称包)进行交换和传输,每个分组由用户数据以及必要的地址和控制信息组成,从而保证网络能够将数据传递到目的地。

分组交换是以分组为单位进行存储、转发。分组到达交换机后,先存储在交换机中,当所需要的输出电路空闲时,再将该分组发送接收端。这种思想完全不同于电话网所采用的电路交换技术:电话网用户通话前先建立连接,通话时独占资源。包交换技术目前已经成为数据、话音和视频通信的共用技术。

20世纪60年代,计算机界和电信业都意识到了这一新技术的历史意义。计算机界从需求的角度意识到:网络技术将成为计算机最重要的功能之一,是计算机技术发展的必然;而电信业从供给的角度意识到:计算机通信将是继话音通信之后,又一种前景广阔的电信“增值”业务,是电信技术发展的必然。

由于不同的利益诉求、技术背景、人员结构和政策环境等,再加上各种政治斗争和国家利益,导致了计算机界和电信业在网络技术方面长达30余年的技术路线之争,电信数据网和计算机网络的技术发展方向分道扬镳,直到近年来才走向了“融合”。

1.1.2 网络技术竞争阶段(1970—1993年)

1. 电信数据网

20世纪60年代是数据通信技术的发展初期,当时的数据终端没有智能化,电信部门所能提供的网络是模拟电话网络,数据通信是在模拟线路上进行的,传输质量差,噪声干扰大。

20世纪70年代出现低速时分多路复用器和调制解调器,这个时期的数据通信通过公用电话网进行,传输质量有所提高。70年代末出现的分组交换技术X.25采用统计复用技术,大大提高了通信线路的利用率、可靠性和质量,在相当一长段时间内成为了数据通信的主流,在全世界范围内也大规模建设了基于X.25的电路交换公众数据网。随着局域网的发展,基于X.25的电路交换公众数据网成为世界范围的“互联网”。

20世纪70年代中期,美国已经出现了用户对高速优质专线业务的需求,美国AT&T公司开始向用户提供数字数据网(DDN)业务。随着传输网络的数字化发展和改造,由最初的模拟线路、伪同步数字网(PDH)再到同步数字网(SDH),DDN以其灵活的接入方式和相对较短的网络延迟,受到了世界各地用户的欢迎,曾一度得到了广泛的发展。直到进入21世纪,才逐步被其他技术所替代。

20世纪80年代,产生了综合业务数字网(ISDN)技术。但由于ISDN标准化的过程太慢,以及异步传递模式(ATM)、帧中继(FR)和IP等技术的兴起,ISDN逐步成为一种典型的窄带接入技术。

进入20世纪80年代,随着数据业务进一步发展以及网络传输质量的改善,基于 X.25 的分组交换网络暴露出很多缺点，无法适应当时的业务发展需求。帧中继和 ATM 技术作为 X.25 的改善型技术被提出，尤其是 ATM 技术在当时被认为是宽带 ISDN(B－ISDN)的承载技术而得到了大力发展，ATM 骨干网络替代 X.25 网络成为互联网的骨干网络。ATM 的出现使端到端的高速、有服务质量(QoS)保证的数据业务成为可能，但 ATM 最终没能取代 IP 进入用户桌面应用。

进入 21 世纪后，随着技术的发展，路由器技术在吸取了 ATM 技术的精髓之后获得了技术性的突破，吉比特线速转发的路由器被研发成功，光传输技术的发展使得以太网在单模光纤上的传输距离最大可以达到 600km。因此，IP 网络逐渐取代 ATM 网络成为互联网的主体网络，ATM 则逐渐退出历史舞台。

2. 计算机网络

1946 年第一台数字计算机问世时，还没有计算机通信的概念。最早的计算机通信网是面向终端的联机系统，结构是一台主机通过物理线路连接多台终端。一方面，随着计算机技术的发展，多主机间进行通信从而构成一个分布式的系统共享信息，成为一个越来越强烈的需求；另一方面，人们早就意识到与所有用户间设立连接线路的技术路线非常不经济，不适于计算机通信。

1969 年包交换技术在美国阿帕网(ARPANET)投入运行，虽然当时只有 4 个节点，但已经奠定了计算机网的基本型态与功能。1973 年，英国的 NPL 也开通了分组交换试验网。此外，法国也于 1973 年开通了 CYCLADES 试验网，首次引入通过终端(而不是网络)来保证数据有效传送的概念，这一思想被互联网后来的核心技术传输控制协议/IP(TCP/IP)继承下来，影响了整个互联网的发展。欧美国家为分组技术建立的试验网，培养了大量的研究人员与工程技术人员，这些都成为后来计算机网络发展的基础。

1974 年，IBM 提出了一个私有系统网络体系(SNA)，对计算机网络功能严格按照功能进行了层次的划分。计算机网络体系结构的出现，是计算机网络理论上的一个飞跃，大大加快了计算机网络研发的工作。在当时不同厂家，有着不同的体系结构，为了建立一个统一的计算机网络体系，国际标准化组织(ISO)在 1977 年成立机构研究这个问题，在 SNA 基础上提出一个著名的开放系统互联参考模型(OSI/RM)，这是一个复杂且完备的模型，出现在当前各个计算机网络教材中以帮助理解计算机网络的基本原理与概念。但由于 OSI 模型过于复杂也难以实现，使得它停留在了只是一个“参考模型”的地位上。SNA 的出现与 OSI 参考模型的推出，也意味着计算机网络进入了一个私有协议与公开标准互相竞争的时代。这一时代一直到互联网的出现才最终结束，公开标准全面胜出。

计算机网络从 20 世纪 60 年代末至今，新技术不断出现，也有很多被淘汰，多种技术的竞争推动了互联网的出现、发展与普及。其中，有两种技术对互联网的出现有非常深刻的影响并延续到今天(已经超过了 35 年的生命期，并且没有停止使用的迹象)：一个是实现单个实验室和企业内部计算机连接的、以以太网为代表的局域网技术；另一个是可以实现跨地域和跨异构网络通信的、以 TCP/IP 技术为代表的广域网互联技术。

1.1.3 网络技术 IP 化时代(1994—2008 年)

在 20 世纪 90 年代以前，人们就在数据通信网上开发出了很多业务和应用，包括图文传送、文件传输协议(FTP)、电子邮件、公告牌(BBS)、新闻组、电子游戏以及信息服务系统等。但总的看来，应用种类相对较少，业务使用价格比较高，技术的不统一也导致互通困难，网络规模较小，使用范围有限。

进入 20 世纪 90 年代以后，随着万维网(WWW)技术的诞生，IP 技术毫无争议的成为数据通信的核心技术。1994 年，在美国允许商业资本介入及用户需求的推动下，IP 技术从实验室走出并开始起飞，进入到社会化应用的阶段。这一时期 IP 技术的应用呈现出两个明显的阶段性特点。

社会化应用的初期阶段(1994—2001 年)。1994 年，美国允许商业资本介入，互联网从实验室进入了面向社会的商用时期。WWW 技术的发明，将互联网上浩如烟海的各类信息组织在一起，通过浏览器的图形化界面呈现给用户，大大降低了信息交流和共享的技术门槛。这一阶段，互联网的发展以网络扩张、用户增加和大批网站的出现为主，主要应用于浏览网页和收发电子邮件等。由于商用初期的互联网企业没能找到有效的盈利模式，以及过度的投机行为，最终导致了世纪之交全球性"网络泡沫"的出现与破灭。

社会化应用的发展阶段(2001—2008 年)。进入 21 世纪，宽带、无线移动通信等技术的发展，为互联网应用的丰富和拓展创造了条件。在网络规模和用户数量持续增加的同时，互联网开始向更深层次的应用领域扩张。以博客、播客等为代表的具有自组织、个性化特性的第二代万维网(Web 2.0)新技术、新应用使普通用户可以成为互联网内容的提供者，激发了公众参与的热情，网络内容日益繁荣，为互联网今后的进一步发展提供了更广阔的空间。

"让人人参与互联网的创新和发展"是 IP 技术能够战胜其他所有网络技术的核心原因，这其中包含以下 4 个方面："智能终端化网络"的先进技术理念；技术和标准的开放性，开源软件的大力支持；市场驱动下的应用创新；美国政府的支持和资本市场的追捧。

1.1.4 后 IP 时代展望(2009 年至今)

互联网是一个"尚未完成的技术实验"，是一个因为早期过于成功，加上各种政治和经济原因而"过早"推向市场的"技术半成品"，导致互联网诸多问题长期以来难以克服。2009 年已成为新型网络技术的"转折年"，因为每一次国际金融危机都会带来一场科技革命,或者说大的变革。

2009 年,为应对金融危机,各国对互联网的战略性地位认识更加深入。一方面,世界各国纷纷将网络基础设施建设纳入经济刺激计划之中,以提高网络覆盖率,推动网络基础设施升级。比如,美国奥巴马政府设立了 72 亿美元资金支持宽带发展;欧盟初步提出了 10 亿欧元以推动农村地区宽带发展;澳大利亚推出了 430 亿澳元国家宽带网(NBN)计划;新西兰政府推出 8.87 亿美元的计划等。另一方面,互联网与其他产业深度融合,新一轮产业革命即将到来。比如,美国奥巴马政府要把美国打造成“世界宽带灯塔”,继续保持在网络技术领域的领先地位,“智慧地球”成为美国科技的主攻方向;欧盟发布“数字红利”和物联网发展战略;日本推出“i-Japan”计划,推动公共部门信息化应用;韩国公布“绿色 IT 国家战略”,利用信息技术推动节能减排。网络信息产业成为未来战略性新兴产业之一。在中国,信息网络产业成为推动产业升级、迈向信息社会、推进两化融合的“发动机”,是提升国民经济整体素质和竞争力的重要指数。

2009 年后,向“后 IP”时代演进的方式大致有“改良”、“整合”和“革命”3 种思路。“改良”思路认为,考虑到现有互联网的巨大存量,可以利用新技术对现有互联网进行修补,例如地址翻译、资源控制、安全监控和 IPv6 技术等可视为其代表性技术。“革命”思路认为,改良性的修补只会让互联网的发展负担更重,是短视的,因此需要确定一个长期的目标来设计全新的互联网,比如美国麻省理工学院的 FARA 模型、加州大学的 I3 网络、美国国家科学基金会的 GENI 计划等。改良型与革命型技术路线的主要区别在于是否沿用现有互联网的体系结构。“整合”思路认为,对现有的互联网技术直接进行零敲碎打式的修补无法真正解决问题,但对互联网进行彻底革新还需要一个很长的过程。面对迫切需要解决的各种问题,应当寻求一个介于零星修补和彻底革新之间的折中方案,即做系统性的、大范围的、整体性的修补。互联网采用“覆盖”的方法设计了路由器网络,覆盖在各种需要互联的异构网络之上,因此其本身也是一种重叠网。

互联网还处于发展的初级阶段。关于互联网技术的未来,未知远大于已知。

1.2 互联网的主流应用

随着互联网的飞速发展,越来越多的人加入到网民的行列,与此同时,基于互联网的各种应用平台也受到广大网民的喜爱和追捧。从网民的使用目的来看,网络应用类型可以划分为信息类平台、通信类平台、网络娱乐类平台、商务交易类平台和互联网社交类平台五种,基本涵盖了目前互联网的主要的服务和应用:网络新闻、搜索引擎、即时通信、SNS 社交、博客、网络游戏、网络音乐、网络购物、网上支付、网络金融等。

1.2.1 互联网信息平台

互联网的信息平台是指包括门户网站、搜索引擎等在内的以提供资讯和信息为主要服务的网络平台。用户通过这些网站可以轻松地浏览国内外要闻、相关资讯,也可以通过搜索引擎准确地找到他们感兴趣的东西。目前,国内用户日访问量较多的网站有谷歌(Google)、百度、搜狐、新浪、网易等,其中谷歌和百度是搜索引擎类网站,其余的是综合型门户类网站。

从用户层面来看,自2010年搜索引擎超过网络音乐成为网民使用最多的互联网服务以来,其用户数继续保持稳步上升的态势。如图1-1所示。搜索引擎用户规模的增长,首先是由于互联网信息量庞大且保持高速增长,网民需要一种有效的工具获取信息;其次,音乐搜索、视频搜索、位置搜索等服务在搜索引擎的引入,极大提升了网民搜索引擎的使用率和使用黏性;最后,搜索引擎不仅是信息搜集工具,其对于新闻、博客、SNS等服务引入以及平台的开放,已经使其成为一种与传统门户网站类似的互联网入口应用。

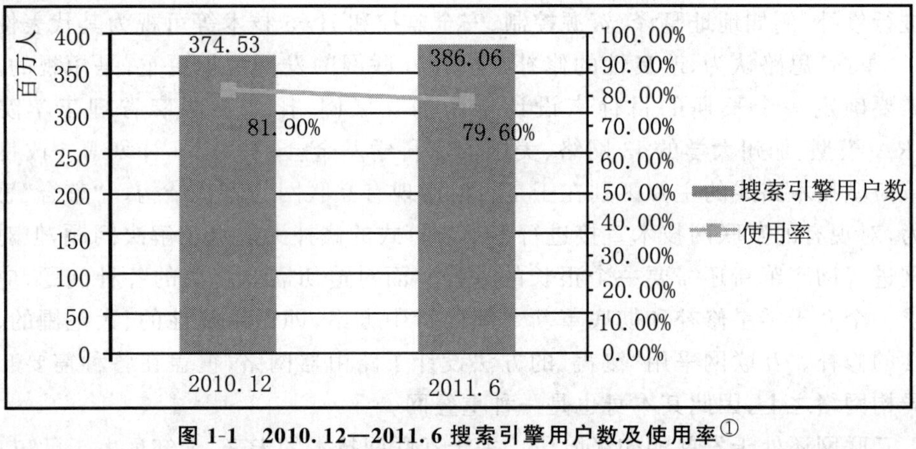

图1-1 2010.12—2011.6搜索引擎用户数及使用率①

网络新闻是继搜索引擎之后网民关注的另一信息服务。网络新闻的用户规模庞大,但使用率有所下降,如图1-2所示。网络新闻作为网民的基础应用之一,会随着网民规模的增长而上升。此外,网络新闻在及时性、交互性方面具有传统媒体不可比拟的优势,加之视频等内容的引入,有效的扩大了网络新闻的受众。但与此同时,网络新闻的使用率提升方面也存在一些问题:一方面,微博等新兴信息传播渠道的出现影响了网民对于传统网络新闻渠道的使用;另一方面,中国互联网逐步向低学历高年龄群体渗透,这部分人对于网络新闻的需求程度相对较低,网络新闻整体渗透率提升难度加大。

① 数据来源:第28次中国互联网络发展统计状况报告。

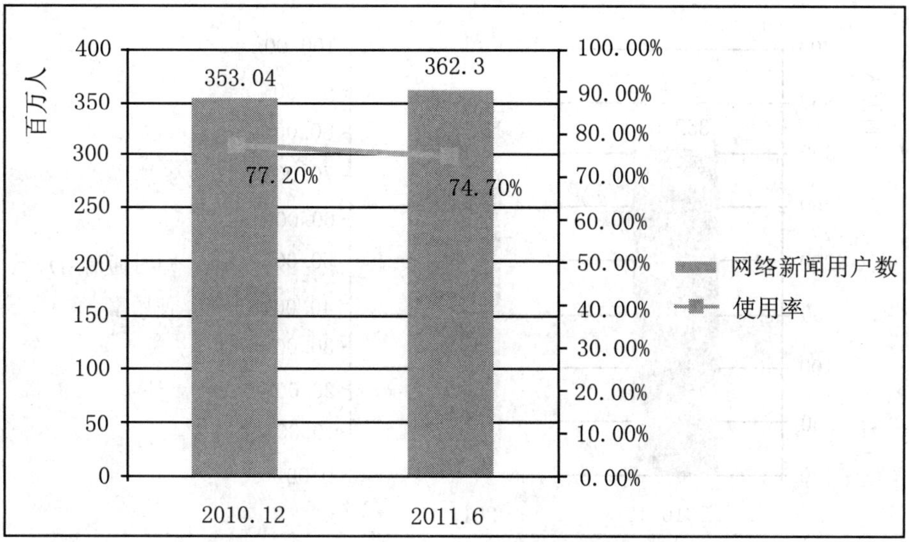

图 1-2 2010.12—2011.6 网络新闻用户数及使用率①

1.2.2 互联网通信平台

互联网通信平台是集视频、语音、传真、电子邮件、Web、移动短消息和多媒体数据等所有信息类型为一体，在有线、无线、互联网之间架构起信息互联通道的平台。

国内用户数量比较多的即时通信类软件主要有 QQ(腾讯公司旗下)、MSN(微软旗下)、Skype、Gtalk 和飞信等。目前手机即时通信是使用率最高的移动互联网应用。这一领域成为众多厂商的突破口，包括移动终端制造商、移动运营商、软件开发商等各类企业都开始进军这一领域，试图成为移动互联网时代的入口产品。而在即时通信市场比较集中、格局相对稳定的传统互联网领域，部分厂商也开始调整发展策略，多个即时通信产品推出了账号互通服务，以及支持用户通过客户端界面直接使用第三方应用，平台化、开放化成为重要趋势。如图 1-3 所示。

① 数据来源：第 28 次中国互联网络发展统计状况报告。

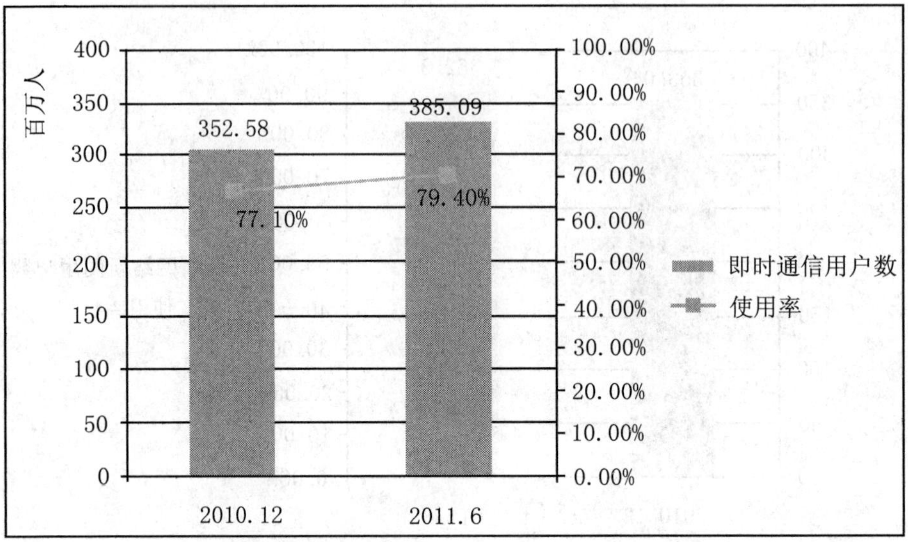

图 1-3　2010.12—2011.6 即时通信用户数及使用率①

1.2.3　互联网娱乐平台

互联网娱乐平台可以为用户提供多种娱乐方式,注重用户体验,主要涉及网络游戏、网络文学和网络视音频三个大类。整体上互联网娱乐平台上的用户数增速逐渐放缓,其在整个网民中的比重也在下降,但这却是一块不容小视的市场,其主体用户多为青少年,理解速度快,接受能力强;对于企业的网络营销来说,不能不重视这部分群体的需求。

目前,我国运营的网络游戏近千种,玩家 3.1 亿多人,国产网游的比重逐年上升,游戏开发的质量和精彩程度也大大提高。截至 2011 年 6 月底,中国网络游戏用户规模为 3.11 亿,较 2010 年年底增长 727 万,增长率仅为 2.4%。与此同时,网民使用率也出现了下降,从 2010 年年底的 66.5%降至 64.2%。

自 2010 年以来,中国网络游戏用户规模增长已经进入平台期:一方面,网络游戏行业经过长期的发展,游戏产品无论在内容上还是使用形式很难出现大的变革,同时,长时间的使用造成用户对于原有的游戏产品发生厌倦,最终导致用户流失;另一方面,网络游戏用户基数庞大,在没有新游戏形式带动的情况下,新用户增长较为缓慢,以上两点共同作用造成中国整体网络游戏用户规模增长放缓。如图 1—4 所示。未来,中国网络游戏产品细分重要性提升,对于运营商而言,更应该关注不同游戏类型间用户的转换,找到不同用户的产品诉求点,同时移动互联网的发展也为手机游戏的发展创造了一定的市场空间。

① 数据来源:第 28 次中国互联网络发展统计状况报告。

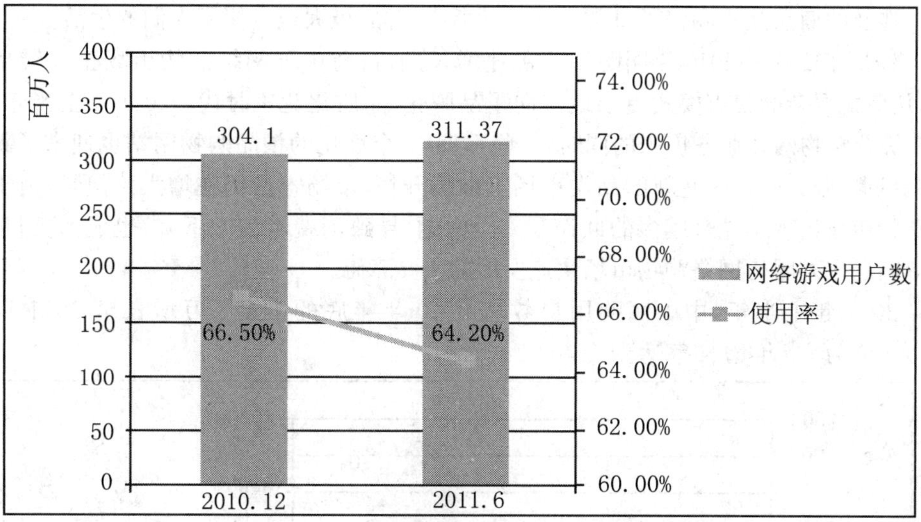

图 1-4 2010.12—2011.6 网络游戏用户数及使用率①

自 2008 年以来,网络文学用户规模的增长态势逐渐放缓,这和网民结构、网络文学作品内容等因素有关。网络文学用户以青少年群体为主,而近年来网民中青少年群体的比例呈下降趋势,在一定程度上拉低了网络文学的整体使用率。此外,网络文学市场存在的文学内容同质化问题,也是导致网络文学使用率下降的重要因素。为迎合读者喜好而进行的类型化、流水线式创作,会导致情节雷同、类型单一的文学作品泛滥,从而影响到读者的阅读体验和使用意愿。这也提醒文学网站和文学作者以长远目光看待网络文学市场,通过创新来实现可持续发展。

网络视频(音频)自普及以来就受到了广大网民的追捧,人们不用每天按点守在电视机旁就能观看(收听)喜爱的节目。网络视频(音频)的内容十分丰富,以优酷网为例,其收录了近几十年来的电影、电视剧、MV、等视音频近亿部,而且其在播放每部视频前都会插播几秒至几十秒不等的广告,这不可不谓之是一个十分巨大的市场。

1.2.4 互联网商务平台

互联网商务平台是一个为企业或个人提供网上交易洽谈的平台。企业电子商务平台是建立在 Internet 上进行商务活动的虚拟网络空间和保障商务顺利运营的管理环境,是协调、整合信息流、物质流、资金流有序、关联、高效流动的重要场所。

目前,国内互联网商务平台主要是 B2C、B2B、C2C 以及最近兴起的 B2T 等;运营的主要公司有阿里巴巴、当当网、卓越网、京东商城、1 号店以及其他大小不一的团购网站

① 数据来源:第 28 次中国互联网络发展统计状况报告。

等。涉及的商品几乎涵盖了日常生活中的所有用品，极大地方便了人们的生活。

经历了2009—2010年网购用户迅速增长期，目前中国网络购物市场正在转型升级，从鱼龙混杂的集市模式更多地走向了品牌化、品质化竞争时代。2011年上半年，在B2C综合购物网站业务扩张的同时，一些垂直化、个性化的精品购物网站也迎来了新的发展机遇，服务商在一些新的品类市场上继续开拓，市场容量仍在增大。但是，由于网络购物市场出现了越来越多的欺诈和安全问题，导致消费者信心下降，也成为支付、物流等问题之外阻碍网络购物市场快速发展的主要障碍。

2011年上半年，中国团购用户数从2010年年底的1 875万增长至2011年中的4 220万，半年增长率达到125.0%。

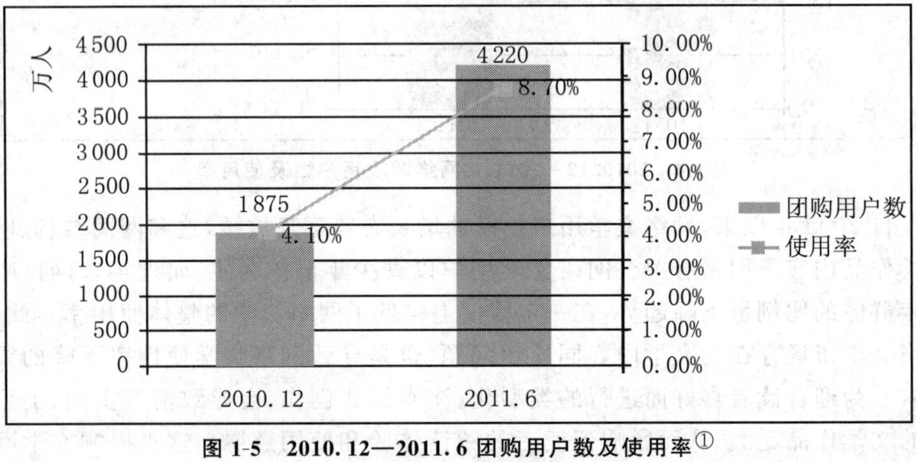

图1-5 2010.12—2011.6 团购用户数及使用率①

2010年团购在中国出现以来，服务网站数量增加迅速，团购这种模式迎合了网民对服务性商品的需求，填补了市场空白。可以预见，网上团购将成为网民的生活常态。

随着中国电子商务的快速发展，作为电子商务重要支撑的网上支付服务也得到了较快的发展，目前处于平稳发展期。各金融机构的积极参与、网上支付相关监管体系的完善将促进网上支付应用在网民中进一步普及。与此同时，在拥有超过9亿的手机卡号、拥有3.18亿手机网民的中国，随着手机支付相关标准和政策的明朗化，运营商、银行等各方机构正积极布局手机支付，手机支付也有望在未来取得较大的发展。

2011年旅游市场发展面临良好机遇，随着我国人均GDP越过3 000美元关键点，居民的消费结构在升级，旅游消费需求被激发，休闲旅游观念得到加强。同时，随着高铁时代的到来，交通条件进一步优化，距离因素对旅游出行的制约将更加弱化。但是，由于我国的线下旅行预订服务较为完善，在线旅行预订认知度相对较低，用户自主使用旅行预订的动力不强，导致旅行预订服务的用户相对较为固定，

① 数据来源：第28次中国互联网络发展统计状况报告。

用户新增较慢。从市场发展看,2011 年上半年代理网站和服务商官网发展迅速,垂直旅游搜索在市场上的地位有所增加,旅游团购成为团购市场上的热门领域。团购模式对酒店、旅游线路的冷热不均起到了良好的分流作用,这一服务形式已经在主要的旅游代理网站、门户以及论坛普遍应用,有利于培育用户预订习惯,促进旅游消费日常化。

随着人们旅游出行需求频次的增加,尤其是休闲自助游比例的提升,以及服务商对网民的宣传和引导,会更多地推动用户使用在线旅行预订服务,预计旅行预订服务在未来会有较大的增长空间。

1.2.5　互联网社交平台

社交类平台,顾名思义,就是一个在网络上的小社会,它提供给用户最基本的交流方式。社交网站必须要有交流的构件。比如博客、留言板,甚至一些即时聊天工具成了社交网站必不可缺的一部分。社交网站提供给人一些其他的服务,像一些小的应用(相册、小游戏等)和交易之类的服务,同时也允许用户自己上传分享声音、图片、视频等文件供其他用户使用。

目前我国主要的社交类网站有人人网、QQ 空间、百度空间、猫扑、天涯、开心网等;国外的知名社交类网站如 Facebook 也深受国内广大网民的喜爱。

可以说在社交平台这个基础上,正在逐步集成互联网上的各种应用,未来的互联网将会是在社交网络的主导下进一步发展。从 2010 年开始,SNS 的热潮逐渐退去。由于过分倚重游戏类应用,无法对用户造成持续的吸引力,导致使用黏性降低,用户不断流失。为了应对这一局面,国内主要社交网站今年加快调整步伐,通过改进一系列功能来提升用户的社交体验和移动体验,继续深化开放平台,与电子商务进行融合,拓展盈利渠道,从而尝试将网站建设成能够融合用户现实生活中社交、商务等行为的平台,而不是单纯的娱乐消遣网站。但是,这一目标的实现面临着多方面的挑战,短时间内无法挽回用户流失的局面,目前不断更新游戏应用仍然是国内 SNS 的主要策略。其中,由微博带来的挑战尤为明显,其用户数量在 2011 年上半年增长超过两倍,抢夺了大量的用户资源及其访问时间。

虽然专门的 SNS 网站用户增长停滞不前,但是 SNS 这一概念被业界广泛接受,国内多家互联网企业涉足这一领域,微博、电子商务等领域的主要厂家尝试将 SNS 的基因置入到现有产品中,实现产品的“SNS 化”。纠正目前我国 SNS 发展道路中过分娱乐化的偏差,让 SNS 更具实用性和工具性,成为国内互联网业界不断探索的方向。

2011 年上半年微博用户规模保持迅猛增长的态势。截至 2011 年 6 月底,中国微博用户数量达到 1.95 亿,半年内增长了超过两倍,增长率为 208.9%。网民使用率从 13.8% 迅速提升至 40.2%,成为增长速度最快的互联网应用。如图 1－6 所示。

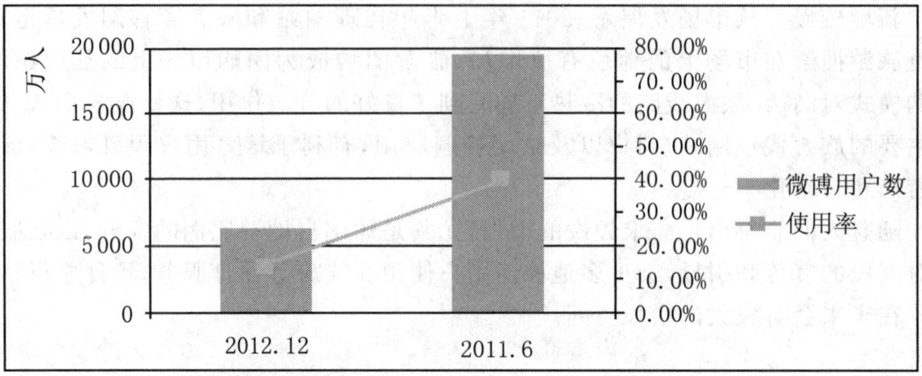

图 1-6 2010.12—2011.6 微博用户数及使用率①

微博多方面的特性让其能在短时间内聚集起大量用户：其一，微博形式精简，功能强人，支持文字、图片、视频等多媒体信息，用户体验良好；其二，由于微博用户间关系的双向性，使用者可以构建起一个强关系和弱关系并存的网络，从而同时满足了其多层次的社交需求；其三，鉴于微博有可能成为未来主要的信息传播平台和互联网新入口，门户网站均投入大量精力发展微博业务，通过广告投放、名人效应等策略成功地吸引了用户；最后，用户通过关注与被关注，在微博上结成一个庞大的传播网络，信息能够在短时间内病毒式地大规模扩散，从而使微博迅速成为当前极具时效性和影响力的媒体，这也为微博自身带来了高知名度，推动了用户增长。

1.3 移动互联网的核心应用

近年来，移动通信和互联网成为当今世界发展最快、市场潜力最大、前景最诱人的两大业务。它们的增长速度都是任何预测家未曾预料到的。互联网用户数的高速增长现象反映了随着时代与技术的进步，人类对移动性和信息的需求急剧上升。越来越多的人希望在移动的过程中高速地接入互联网，获取急需的信息，完成想做的事情。所以，出现移动与互联网相结合的趋势是网络发展的必然的趋势。

目前，移动互联网正逐渐渗透到人们生活、工作的各个领域，短信、图铃下载、移动音乐、手机游戏、视频应用、手机支付、音乐、手机游戏、视频应用、手机支付、位置服务等丰富多彩的移动互联网应用迅猛发展，正在深刻改变信息时代的社会生活，移动互联网经过几年的曲折前行，终于迎来了新的发展高潮。

---

① 数据来源：第 28 次中国互联网络发展统计状况报告。

1.3.1　移动 SNS

移动 SNS（mobile Social Networking Service），即移动社交网站。iResearch（艾瑞咨询）整理 eMarketer 的数据发现，2010 年全球移动社交服务用户规模将已达到 2.2 亿人。以 Facebook、Twitter 为代表的 SNS 正在迅速改变全球互联网格局，MorganStanley 的数据表明，互联网用户现在有 16% 的时间在体验 SNS。

如今 SNS 已不仅局限于互动社交，而且还广泛融合游戏、多种应用甚至电子商务等众多模式，SNS 已经成为影响全球网络用户的新的生活方式，成为引领互联网发展新的代名词，风靡全球。

当前，我国 SNS 的主要网站有人人网、开心网、腾讯朋友、新浪微博等，社交网站也纷纷推出自己的手机客户端，并且完全覆盖 Android、iPhone、Symbian、Windows Phone 等主流智能手机平台。中国移动通信集团公司（以下简称中国移动）推出的 139 社区，融合了流行 SNS 的众多元素（博客、空间、娱乐）；中国联合网络通信集团有限公司（以下简称中国联通）也整合了邮箱、手机即时通信工具、实名社区和积分商城等业务，推出了 SNS 网站。

“微博化”助推移动 SNS 前期发展

以 Twitter 为代表的微博客，无疑是这一年来互联网界最耀眼的明星。成立仅 3 年，Twitter 已蹿升为仅次于 Facebook 和 MySpace 的第三大社交网站，其用户不仅有奥巴马、施瓦辛格等政要，有奥尼尔、黛米·摩尔等体育娱乐界明星，还有千千万万普通市民。在 Twitter 上，朋友、同事和名人的即时信息相互流通，构成了一个巨大的延伸社交网络。

由于移动互联网承载终端——手机自身呈现能力的不足，限制了移动互联网厂商很多应用的推广。特别对于移动 SNS 厂商来说，原有互联网 SNS 应用体系由于太过繁杂很难移植到移动 SNS 上来，所以如何发展移动互联网特色的 SNS 模式，一直都是移动 SNS 厂商考虑的重点。但同时在 PC 互联网上，以 Twitter 为代表的微型博客却通过特有的“微博化”的功能架构，“微博化”的沟通方式，快速的占领了庞大的用户群。移动 SNS 通过四种途径进行“微博化”，将会有效助推自身在前期的发展进程。具体四种途径如下：

简化沟通方式。不同于 SNS 网站复杂的应用及信息模式，微博客 100 字左右的沟通方式十分简单。但这种简单的沟通方式，不仅没有降低用户体验，反而提高了用户对信息本身的专注度。

把握信息沟通本质。微博客自身基本没有其他应用,构成信息交流主体的就是“关注”功能。而“关注”功能低于SNS“好友申请”的门槛,能更体现了分享的本质。不管是互联网还是移动互联网,信息沟通的本质永远都是“分享”。

降低使用门槛。对比博客时代,微博客的快速发展还有一个重要原因,就是微博客使用非常方便,应用门槛低。不同于博客需要严密逻辑的长篇大论,微博客大多是即兴而发,对语言功底和逻辑体系没有太高的要求。

充分利用用户的碎片化时间。微博客区别于一般的互联网应用,没有繁杂的信息呈现及应用操作,而是通过简单的界面以及简化的操作,给用户利用碎片化时间获取需求信息提供了便利,这也是微博客能够在各类人群中快速推广的主要原因。

1.3.2 移动电子商务

移动电子商务(M-Commerce)是由电子商务(E-Commerce)的概念衍生出来的,是指通过手机、个人数字助理(PDA)和掌上计算机等手持移动终端进行的商务活动。与传统通过计算机(台式PC、笔记本计算机)平台开展的电子商务相比,拥有更为广泛的用户基础,因此具有更为广阔的市场前景。

根据艾瑞咨询发布的《2011—2012年中国移动电子商务行业发展报告》对中国移动电子商务市场的研究,艾瑞咨询将当前中国移动电子商务服务模式总结为4类,分别是电信运营商主导的移动电子商务、传统电子商务提供商主导的移动电子商务、软件提供商主导的移动电子商务和新兴移动电子商务提供商主导的移动电子商务。数据显示2011年中国移动电子商务用户规模达到4 207万户。当前国内移动电子商务应用的主要网站有淘宝网、当当网、卓越亚马逊、京东商城、携程网等。

移动电子商务能够崛起的四个原因

1. 平板计算机对移动电子商务的影响

在2011年,平板计算机使用者成为电商消费的主力军。Adobe公司调查了150家电子商务网站的销售数据,来自平板计算机的平均订单为123美元,而来自台式计算机的平均订单为102美元。该调查还指出,平板计算机的用户年龄大致分布在18～34岁年龄段内,其中29%的用户年收入超75 000美元,这为零售商带来了滚滚财源。

2. 消费者在使用移动设备时有更强的购买欲

有研究表明，消费者在使用 Android 和 iPhone 进行网页搜索所提供的关键词长度，是使用桌面搜索时的两倍。这主要是因为和桌面搜索相比，移动设备的搜索体验不佳。用户在使用手机时思维更加专注，进而可以获得更为准确的信息。另外，用户使用移动设备进行购物时的心情更为迫切，在得到搜索结果之后，高达 88％的用户在 24 小时之内都会下订单。

3. 来自移动设备的搜索广告点击率

搜索广告点击率是能够反映消费者意图的一个很重要的指标，高的点击率表明用户提供了更多有价值的搜索，最终为零售商和广告商带来更多利益。著名广告代理公司 Performics 的数据显示，在 2012 年 1 月，移动设备的广告点击率比桌面搜索要高出 45％。

4. 移动互联网潜力拥有巨大的潜力

在 2011 年，社交网络中 30％的流量是来自移动设备，这其中使用浏览器和移动应用访问社交网络的用户数量，分别是 4 200 和 3800。我们应该看到移动网络和移动应用还有足够的潜力和市场可供挖掘，移动网络是迎来商机的大门，而移动应用则是专门为忠实的客户准备的。

1.3.3 移动 IM

移动即时通信(Mobile Instant Messaging)，专指参与沟通的双方或多方通过手机接入移动互联网(现阶段主要是指接入 GPRS 或 CDMA 以及 3G 标准的移动通信网络)，登录到同一即时通信系统，实现沟通信息实时收发以及相关辅助信息的即时更新。

据 Enfodesk 产业数据库发布的《2011 年第 1 季度中国市场移动 IM 数据监测报告》，2011 年第 1 季度中国市场移动 IM 活跃用户数环比增长超过 18％，总数突破 1.6 亿，累计账户数环比增长 10.97％，总数超过 3.8 亿。按活跃用户数来确定移动 IM 市场的市场份额，手机 QQ 稳坐第一把交椅，占了近 60％的市场份额，飞信、手机 MSN 分别占 21.8％、12.3％。基于以上数据分析可以发现，中国的移动 IM 市场已经进入稳定发展阶段，累计账户数及活跃账户数均经历了一轮稳定的发展过程。

移动 IM 市场呈差异化竞争态势

随着更多的公司进入到新型移动 IM 市场中，市场格局呈现出越来越激烈的竞争状态，而且目前的移动 IM 产品各具特点，差异化竞争已经显现。当前在国内市场上的移动 IM 企业中，主要分为以米聊和微信为代表的互联网服务企业推出的产品和以电信运营商为代表类型的企业。

互联网服务商们进入移动 IM 领域更多是为了提前布局，此类产品植根于通讯录，而通讯录具有极强的用户黏性，不易被其他产品取代。电信运营商则借此机会积极谋求战略转型，以往的传统无线语音通信业务在移动互联网时代不断萎缩，在此领域盈利模式还不清晰的情况下，运营商先通过产品吸引用户，以后再谋求盈利。

在目前的市场上，移动 IM 产品各具特色。小米科技作为国内第一个推出新型移动 IM 产品的企业，较完整地保留了 KIK 对信息状态的显示，同时增加了涂鸦等特色功能。而微信则打通与腾讯其他产品平台的关联，并可将 QQ 好友直接导入成为微信好友，同时微信也率先在国内同类产品中率先添加了根据地理位置推荐好友的功能。

电信运营商的新型移动 IM 产品，则是借助传统短信、语音服务进行推广，部分运营商甚至对其移动 IM 产生的上网流量进行了减免。

目前新型移动 IM 还处在发展的初级阶段，各厂商应该首先确定用户群体，走差异化的发展路线，在加强产品营销的同时增加产品功能，提高用户活跃度，从而加深用户对产品的依赖度。

1.3.4 手机支付

手机支付也称为移动支付(mobile payment)，就是允许移动用户使用其移动终端(通常是手机)对所消费的商品或服务进行账务支付的一种服务方式。

手机支付的基本原理，是将用户手机 SIM 卡与用户本人的银行卡账号建立一种一一对应的关系，用户通过发送短信的方式，在系统短信指令的引导下完成交易支付请求，操作简单，可以随时随地进行交易。

全球著名的移动互联网研究机构艾媒咨询(imedia research)数据显示，全球手机支付市场规模从 2009 年 1 690 亿美元增长到 2010 年 2 570 亿美元，同比增长 52.1%，市场规模增长迅速。随着智能手机日益普及和其他相关基础设施及法律法规的完善，移动支付已经开始进入高速增长期。

艾媒咨询(imedia research)调查研究发现，2010 年中国手机支付用户规模首次突破1亿,达到了12 380万户,同比增长77.4%。艾媒咨询预测发现,2013年中国手机支付用户规模将超过4亿,2011年用户规模将到达超过2亿,到达2.236亿户,增长是最快增长率为80.6%。中国手机用户的增加,以及3G技术的成熟与推广,国家构建物联网设想的付诸实施等,为我国移动支付产业的发展创造了良好的条件。

但是行业标准的缺失让运营商在发展过程中存在盲目性,行业标准的尽早出台势必能够加快手机支付业务的普及速度。2010年4月工业和信息化部(以下简称工信部)科技司在"2010第二届中国移动支付产业论坛"上透露,工信部有关部门正在着手小额手机支付标准的研究制订工作。

手机支付前景诱人

2011年谷歌推出了"谷歌钱包"(Google Wallet),利用NFC(近距离无线通信)技术,将用户和用户的信用卡、借记卡等进行绑定,便可以在支持Google Wallet支付的商店用手机像刷信用卡一样进行支付。谷歌称,未来所有Android手机将内置NFC芯片,支持Wallet功能。

近几年来,苹果申请了很多NFC方面的专利。诺基亚也计划在新手机中支持NFC手机支付技术。不久前诺基亚发布的N9、C7、700、701和600手机等都已内建了NFC模块。TCL通讯与银联联合推出的首款NFC手机已经亮相。HTC与银联合作的NFC手机也将正式面世。RIM、三星也努力将NFC技术融入到他们的产品当中。中国联通相关负责人向记者表示,随着三大运营商手机支付牌照的发放,可以预见手机支付将成为未来终端上的一项杀手级业务。此前,联通已经采用了银联推出的NFC手机支付标准。据了解,2012年年初移动也已经选定了NFC全终端方案作为自己在手机市场应用领域的长期目标。

数据显示,全球移动支付市场将从2011年的2 400亿美元增加到2015年的6 700亿美元;同时,全球使用手机支付数字商品的用户人数也将达到25亿,彰显出移动支付的巨大前景。

包括谷歌、苹果、诺基亚在内的智能手机超级厂商们都已把"支付功能"列为未来的重要发展方向。他们希望在未来,从喝咖啡到参加音乐会,再到交通购票的一切生活消费中所涉及的现金和卡都被手机支付替换掉。

1.3.5 位置服务

位置服务(LBS,Location Based Services)又称定位服务,LBS是由移动通信网络和卫星定位系统结合在一起提供的一种增值业务，通过一组定位技术获得移动终端的位置信息（如经纬度坐标数据），提供给移动用户本人或他人以及通信系统，实现各种与位置相关的业务。实质上是一种概念较为宽泛的与空间位置有关的新型服务业务。

近年来，以位置服务为主要特征的应用发展迅猛。截至 2011 年 9 月，在 Apple 公司中国和美国应用市场上注册的位置服务相关软件分别达到 367 件和 805 件。基于 Android 系统的位置服务应用情况也类似。这些位置服务应用大都超越了单纯位置导航的应用范畴，围绕大众信息服务的需求，涉及到大众生活的方方面面。

这些应用大致可分为“位置签到、位置分享及基于位置的社交应用”、“基于位置围栏（Geofence）的用户监控及消息通知服务”、“生活导航及优惠券集成服务”、“基于位置的娱乐应用”、“基于位置的电子商务应用”和“基于位置的用户环境上下文感知及信息服务”几类。

可以看出，这些应用为用户信息增加了地理标记的维度，将线下商家和线上用户位置/签到相结合，并在位置服务中引入能吸引用户兴趣的游戏因素，形成竞争和激励机制，增加用户的活跃性和黏性。

另外，这些应用通过广大用户的参与及位置信息的分享，能够使得后台的数据处理机构获得社会行为感知和分析的数据基础，从而为掌握人类群体行为，引导社会发展都具有显著意义。这些应用也共同构成了位置服务网的业务层主体，是泛在测绘（ubiquitous mapping）概念的实际推广。

位置服务发展前景

据统计，全球目前手机用户中有近 3 亿在使用 GPS 定位服务，占据了市场份额的 21%。到 2014 年预计将达到 7 亿户，占据 40%的市场份额。对此，市场调查研究公司 iSuppli 认为，随着手机产品越来越成为导航和定位服务的整合体，在今后几年里，GPS 技术在手机领域的应用将呈爆炸式的增长。而在消费电子产品市场，也会有更多的位置应用出现。这些终端市场的发展，将推动 GPS 产业的蓬勃发展。

在具体应用上，用户对于手机定位的各项服务，如位置信息查询、路线规划、周边搜索、导航服务、监控关爱等用户 LBS 服务也有旺盛的需求。此外，政企市场也是主要的增长点。据悉，政企用户使用位置服务的需求主要体现在，对外营销、考核/考勤管理、移动资源监控管理、人员安全监控、地图导航等，主要应用于物流、司法、渔信、公安、保险、旅游等行业。

本章小结

(1)互联网是计算机交互网络的简称,它利用通信设备和线路,将全世界不同地理位置、功能相对独立的数以千万计的计算机系统连接起来,以功能完善的网络软件实现网络资源共享和信息交换的数据通信网。截至 2011 年 6 月底,中国网民规模达到 4.85 亿,较 2010 年年底增加 2 770 万人;互联网普及率攀升至 36.2%,较 2010 年年底提高 1.9 个百分点。互联网及其丰富的应用已经逐步地融入人们生活的方方面面。

(2)从网民的使用目的来看,网络应用类型可以划分为信息类平台、通信类平台、网络娱乐类平台、商务交易类平台和互联网社交类平台五种,基本涵盖了目前的网络新闻、搜索引擎、即时通信、SNS 社交、博客、网络游戏、网络音乐、网络购物、网上支付、网络金融等具体应用类型。2011 年上半年,受众最广的前五大网络应用分别为搜索引擎(79.6%)、即时通信(79.4%)、网络音乐(78.7%)、网络新闻(74.7%)和博客/个人空间(65.5%)。增长最快的前三个应用分别是微博(208.9%)、团购(125.0%)和网上支付(11.7%)。

(3)伴随着移动通信技术的飞速发展,移动互联网已经深入人心,越来越多的人希望在移动的过程中高速地接入互联网,获取急需的信息。目前,移动互联网正逐渐渗透到人们生活、工作的各个领域,短信、铃图下载、移动音乐、手机游戏、视频应用、手机支付、位置服务等丰富多彩的移动互联网应用迅猛发展,正在深刻改变信息时代的社会生活。

思考题

(1)简述互联网技术的发展历程。

(2)简述目前我国互联网的主流应用。

(3)简述移动互联网的主要应用,并以某应用为例阐述其商业模式。

(4)以某一家互联网公司为案例,阐述其主营业务类型并加以分析。

参考文献

[1] 蒋旭平. 网络营销[M]. 北京:中国人民大学出版社,2011.

[2] 数据来源:www.internetworld.com

[3] 数据来源:第 28 次中国互联网络发展统计状况报告。

第 2 章　网络营销的产生与发展

本章概要：随着网络技术的快速发展以及企业营销理念的不断进步，网络营销已经逐渐成为企业营销的关键营销方式。本章主要阐述了网络营销的产生与发展、基本特征、网络营销与传统营销的对比与整合、网络营销的理论基础以及相关技术支持等内容。本章的重点是掌握网络营销的基本概念与特征，网络营销与传统营销的整合以及网络营销的理论基础。

引例

网络营销："力量"的竞争

网络营销和战争有异曲同工之处，它们都是"力量"的竞赛，赢得竞争的关键，在于巧妙运用力学原理营造出压倒竞争对手的力量。

在战争中，假使我们能够征服一个敌人即能征服所有的敌人，则击败它亦即为战争的目的，因为那也就是整个战争的共同重心；在网络营销中，假使我们把产品和服务的营销信息和资金集中在一个品类、一个概念以及一个主打产品上，若能够在此处获得成功，也就赢得了整个全局的胜利，因为那也就是整个网络营销的重心。

所以网络营销中最重要的规律就是集中兵力在"重心"上取得局部突破，以此影响全局，而不是无重点的全线出击。例如当当网以"图书销售"为重心，成为国内领先的中文网络书店，这自然会带动网站内包括手机数码、计算机办公等所有商品的销售。

要将全部营销资源集中在一个焦点上，这个焦点的选择无疑是重要的，例如百度曾经针对 Google 最大的优点"全球级搜索引擎"，提出"百度更懂中文"的概念，正是打在 Google 的强势上。而我们聚集在此焦点上的营销努力越强大，则成功也就越有确实的把握。这种自然之理也就使我们可以用一种比喻来对其做更明确的解释，那就是力学中重心的性质和作用。在力学中，重心是物质质量的最大集中点。对于一个物体重心所作的震荡经常能产生最大效果，更进一步说，最有效的打击是使用所有力量来打击重心，这与网络营销的情形完全相同。

所以,任何企业都有某种重心之所在,企业在重心上的表现决定其他各点,一切力量都应用来对竞争对手此种重心做集中的打击。

2.1 网络营销概述

网络营销是以互联网为主要手段的一种新型营销手段,尽管历史较短,但已经在企业经营策略中发挥着越来越重要的作用,网络营销的价值也为越来越多的实践应用所证实。它是企业整体营销战略的一个组成部分,是为实现企业总体或者部分经营目标所进行的,以互联网为基本手段营造网上经营环境的各种活动。

2.1.1 网络营销的产生

在信息网络时代,网络技术的应用改变了信息的分配和接收方式,改变了人们的生活、工作和学习、合作和交流的环境。随着上网人数的不断增长和互联网应用的迅速发展,网络营销已经成为企业常用的营销方式之一,也与人们的日常工作和生活密不可分。促使网络营销产生的因素包括网络技术的推动、市场的变革以及人们观念的变革三个方面。

1. 网络技术的推动

网络营销的发展离不开网络技术的推动作用,尤其是 Web 技术的跨越式发展。

WWW 是 World Wide Web 的简称,中文称之为万维网,是用于发布、浏览、查询信息的网络信息服务系统,由许多遍布在不同地域内的 Web 服务器有机地组成。Web 是英国人 TimBerners-Lee 1989 年在欧洲共同体的一个大型科研机构任职时发明的。通过 Web,互联网上的资源,可以在一个网页里比较直观的表示出来,而且资源之间,也可以方便的链接。在 Web1.0 上做出巨大贡献的公司有 Netscape、Yahoo 和 Google。静态 html 下的 Web1.0 时代,主要是完成人机对话,如我们常用到的 E-mail、BBS、QQ、聊天室等。

如果说 Web1.0 是以数据为核心的网,那么 Web2.0 是以人为出发点的互联网。

(1)从知识生产的角度看,Web1.0 的任务,是将以前没有放在网上的人类知识,通过商业的力量,放到网上去。Web2.0 的任务是,将这些知识,通过每个用户的浏览求知的力量,协作工作,把知识有机的组织起来,在这个过程中继续将知识深化,并产生新的思想火花。

(2)从内容产生者角度看,Web1.0 是商业公司为主体把内容往网上搬,而 Web2.0 则是以用户为主,以简便随意方式,通过 blog/podcasting 方式把新内容往网上搬。

(3)从交互性看,Web1.0 是网站对用户为主;Web2.0 是以 P2P 为主。

(4)从技术上看,Web 客户端化,工作效率越来越高。比如像 Ajax 技术,GoogleMAP/Gmail 里面用得出神入化。

Web2.0 是互联网建设的一种新模型,是互联网的一次理念和思想体系的升级,由原来的自上而下的由少数资源控制着集中控制主导的互联网体系转化为自下而上的由广大用户集体智慧和力量主导的互联网体系。Web2.0 的出现使得互联网的创造力上升到了新的量级。

Web3.0 跟 Web2.0 一样,仍然不是技术的创新,而是思想的创新,进而指导技术的发展和应用。Web3.0 之后将催生新的王国,这个王国不再以地域和疆界进行划分,而是以兴趣、语言、主题、职业、专业进行聚集和管理的王国。

Web3.0 时代的创意营销传播

当人们缺乏信息的时候,发布信息的互联网门户就是最有价值的,这是 Web1.0 时代,各种互联网门户以信息的获取、发布、整理为核心,想尽办法把各种新闻汇集起来,让用户去浏览,信息传递模式是互联网—用户;而当越来越多的企业加入互联网大潮,信息散布于各个角落的时候,搜索引擎与门户就产生了魅力,Web2.0 的狂潮就应运而生,Web 2.0 时代的互联网把每个网民都当成了信息节点,每个节点充当一个信息源,甚至各类互联网门户还对每个节点上传来的信息进行汇总、梳理、筛选和再发布,于是搜索引擎、博客、视频、P2P、聊天工具等就担当了主要角色,信息传递模式变成了互联网—用户—互联网、用户—用户、用户—互联网的多边互动形式,人们在不同节点上去寻找能够满足自己需求的东西;但是当信息越来越泛滥并以几何级增长的时候,信息的筛选与聚合才最具有生命力,因为人们开始面对互联网的海量资讯感到无助,同时开始计较使用的效率和效果,于是,Web3.0 应运而生。

Web3.0 将在 Web 2.0 的基础上,让互联网更加个性化、精准化和智能化。互联网 3.0 时代的特征就是把这些散布在互联网上的各种信息点以及用户的需求点聚合和对接起来,提供能够满足每一个互联网用户的个性化的、聚合化的高效率的互联网服务。例如,当用户通过搜索引擎查询某一条信息的时候,出现的不再是各种模糊的、相近的、类似的搜索结果,而是最准确的结果,所有和这个搜索信息无关的结果都将会被过滤；再比如，互联网公司是按照一个用户的习惯和行为偏好来聚合新闻、邮箱、聊天工具、搜索、社交圈、主题社区、博客的全面服务，而不是所有互联网公司都试图通过一个共同的平台面对所有的用户。在这种情况下，互联网服务完全是按照每个人关注的资讯类型、个人的需求和偏好设置的集合体，并且用户获得的信息一定是精准的，不需要花大量时间去辨别，每个用户可以打造自己的互联网门户，或者创造属于个人的互联网应用平台，通过属于自己的一个平台就可以进行资讯阅览、精神交流、商务活动等。而作为企业，通过这样的平台去进行的营销。

2. 市场的变革

市场的变革成为网络营销产生的另一个原因。这些变革可归结为两个方面。

(1)市场性质的变化

在网络环境下，市场性质发生了深刻的变化，企业和消费者可以通过网络直接进行商品交易，市场更加趋于多样化、个性化、细分化。消费者的行为也发生了变化，消费者更多、更广泛地参与企业的市场营销过程，消费者的消费行为更趋理性化、个性化，消费的主动性增强，那种使消费者总处于被动地位的传统营销模式已无法适应这一变化。对消费者和企业来说，要及时、方便、低成本地获取各种需求信息，互联网无疑是首选的工具。此外，随着科技的飞速发展，新生事物不断涌现。交易的直接化和交易方式的电子化、虚拟化，使消费心理和消费行为也随之发生变化，主要表现在客户忠诚度下降、产品生命周期不断缩短等方面。这些变化客观上促使企业必须采用新的更有效的营销方式来维持和发展客户。这首先需要与客户进行有效的互动沟通，而网络的实时性、交互性正适应了企业的这种需求。

(2)市场竞争的日趋激烈

在经济全球化的今天，市场竞争越加激烈，企业为了自身获得更大的竞争优势，实现更高的经济利益，需要不断地对经营模式、营销方法、经营理念等进行创新，尤其需要在更深层次上对传统营销模式进行改造，实现降低营销成本，提高营销效率的目的。互联网的发展与商业化给企业实现营销方法的变革带来了新的机会，网络营销应运而生。

市场竞争白热化的灯饰行业网络营销

2010年低碳经济成了各行各业的发展方向，灯饰行业当然以节能光源吃香，LED产业更是成了灯具行业新宠。上海世博会，广州亚运会各大场馆在照明系统，突出体现了灯具产业的快速发展。欧美、日韩各国推出的淘汰白炽灯，节能灯、LED灯具普及计划正在实施。而我国也在路灯、室内照明等不断研发新光源，绿色照明正在改变着人们的照明观念。“两会”对低碳的进一步明确，国家低碳补贴措施的落实，居家照明行业迎来了新的发展机遇。

广告的多元化，从某种角度来说，是衡量经济发展标尺。因为无处不在的广告让人们在“短周期”内消费，促进市场经济的活跃。近年以古镇为首的国内照明灯具市场快速发展，光古镇灯饰商家就达上万，加上灯饰经销商、服务商灯具从业人数高达上百万。灯饰照明行业从电视、网站、招商网页、搜索竞价、博客、论坛、短信、邮件等不同形式的广告营销，加上品牌、产品质量、价格、服务等等方面营销宣传，灯饰行业也真正走进了一个激烈竞争的时代。

3. 观念的变革

观念的变革是网络营销产生的另一主要原因。观念的变革可以分为消费者价值观念的变革以及企业营销观念的变革。

(1)消费者价值观念的变革

在市场经济快速发展的今天，消费者对产品的可选择性以及参与营销过程的积极性不断增强，消费者主导消费的时代已经来临，消费观发生了很大的变化。消费者的选择不再只是商品的使用价值，还包括其他“延伸价值”，这些“延伸价值”及其组合可能各不相同，每一个消费者都将成为一个细分市场。在社会分工日益细化、专业化的趋势下，消费者对单向“填鸭式”营销沟通感到厌倦和不信任，而会主动通过各种可能的渠道获取与商品有关的信息进行比较，以增加对产品的了解和争取心理上的满足感。这时，网络就成为客户主动了解产品的主要手段。利用网络这一科技制高点为消费者提供各种类型的服务，成为企业取得未来竞争优势的重要途径。

(2)企业营销观念的变革

满足客户需求，是企业经营永恒的核心。从20世纪20年代至今，企业营销观念已经经历了生产观念、产品观念、销售观念、市场营销观念和消费者观念的变革，进入到当今社会企业营销观念阶段。企业营销观念的变革不仅受市场的变迁、消费者观念的变化等因素的影响，更重要的是受企业经营理念的进化的影响。以目前众多企业追求的社会营销为例,社会营销的观念认为:企业的任务是确定目标市场的需求、欲望和利益,并以保护消费者和社会福利的方式,比竞争者更有效、更有利地向目标市场提供所期待的满足。按照该观念,营销者的合理行为应该是在满足客户需求的同时,还要考虑社会整体利益和长远利益,以及营销的道德因素。互联网为企业实施社会营销创造了非常好的条件,综观世界500强企业的网站,绝大多数都设有"Investor Relations"、"Community Relations"等栏目,更多的企业利用Web网站介绍和宣传自己开展的各种社会公益活动,其效果是传统营销环境无法比拟的。如何借助互联网开展社会营销已成为企业营销的新思路。

网络营销受重视,装修行业纷纷试水期待新局面

网站建设、竞价排名、电子商务……在汹涌而来的网络大潮中,装修企业也纷纷加入试水大军,希望从网络中找到新的掘金机会。但是因为新生的营销方式,许多企业对网络的营销推广也只是一知半解,在日新月异的网络营销领域,地板企业似乎还没有做足应对准备。

加大网络营销投入,创新网络营销策略,打出网络营销组合拳正当时,不仅能够有效地控制营销成本,而且在品牌知名度塑造上会有更出色的表现。国内知名调研公司艾瑞咨询的调查数据也印证了这一点,2009年网络广告预测报告称,今年45.5%企业网络广告的投放力度,45%企业会大体维持网络营销费用占整体营销费用的比例,而像涂料建材等企业,更是在整体营销推广计划中,增加网络营销的投入比重。

网络平台上的信息传播广度与深度,是其他媒体所不可比拟的。更为重要的是,网络不仅只是媒介,为企业提供品牌宣传、产品推广的支持,同时更代表着一个快速崛起的新渠道,以网络团购、B2B网络采购为代表的销售模式,开始与代理经销、建材卖场、行业展会等传统渠道形成鼎立之势,让不少资金有限的中小企业尝到低成本营销的甜头。

网络更是一种互动平台,为消费者建立起与品牌沟通的桥梁,成为企业客户关系管理的新手段。它带给消费者的不仅是信息的便利,也引发了消费模式上的改变。越来越多的城市白领和年轻一族,喜欢通过网络去了解、掌握品牌的有关信息,对于负面报道和网友投诉会更加关注。地板这类建材商品,虽然在网上直接下单的比例很少,但便捷网络已经越来越左右消费者的品牌选择。

2.1.2 网络营销的基本概念与特征

前面的介绍中已经多次出现了网络营销以及部分网络营销方法的概念，但是对于什么是网络营销还没有一个确切的描述，这里将为网络营销下一个定义，同时阐述网络营销的特征。

1. 网络营销的基本概念

与许多新兴学科一样，“网络营销”目前同样不但没有一个公认的、完善的定义，而且在不同时期从不同的角度对网络营销的认识也有一定的差异，这种状况主要是因为网络营销环境在不断发展变化，各种网络营销模式不断出现，并且网络营销涉及多个学科的知识，不同的研究人员具有不同的知识背景，因此在对网络营销的研究方法和研究内容等方面都有一定差异。

有关网络营销的定义，在英语中有许多对应的说法，例如，网络营销（cyber-marketing）、网络整合营销传播（electronic Integrated Marketing Communication, e-IMC）、互动营销（interactive marketing）、数据库营销（database marketing）、一对一营销（one-to-one marketing）、精准营销（precision marketing）、电子商务（e-business）等。

本书为了方便后续讨论，归纳了上述说法，将网络营销的概念统一定义为：“网络营销是企业整体营销战略的一个组成部分，是为实现企业总体经营目标所进行的，以互联网为基本手段营造网上经营环境的各种活动。”网络营销作为电子商务中重要的组成部分，是传统市场营销活动在网络等电子新媒体环境下的延伸和发展。

2. 网络营销的特征

互联网络的形成并非来自于全球性的系统规划，它之所以有今天的规模，得力于本身的特质：开放、分享与价格低廉。互联网络上的任何人都享有创作的自由，所有信息的表达与传递皆不受限制。网络自身没有所谓的最高权力机构，其运作完全由使用者自身来决定，可以自由连接，没有任何时间与空间的限制，任何人都可加入，因此网络的资源是共享的。而由于互联网络的使用最初是由学术交流开始的，人们已习惯于免费使用，所以商业化以后，网络服务供应商们皆采取低价策略，这在某种程度上更造就了网络使用者队伍的壮大。网络营销具有以下特征。

(1)全球性

网络的连通性，决定了网络营销的跨国性；网络的开放性，决定了网络营销市场的全球性。在此以前，任何一种营销理念和营销方式，都是在一定的范围内去寻找目标客户。而网络营销是在这种无国界的、开放的、全球性的环境下进行的，企业将在更大的市场空间进行营销活动，消费者也将面临更加广阔的市场选择空间。市场的广域性、文化的差异性、交易的安全性、价格的变动性、需求的民族性、信息价值跨区域的不同增值性及网上顾客的可选择性，虽然给网络经济理论和网络营销理论研究提供了广阔的发展空间和无尽的研究课题，但同时也将成为网络营销所面临的现实问题。这种全球性带来的是更大范围成交的可能，更广域的价格和质量的可比性。而可比性越强，市场竞争就会越发激烈。

(2)交互性

互联网提供了一种实现以客户为核心的高层次营销战略的新工具，互联网具有的一对一的互动特性为网络营销提供了实现互动沟通的有效手段。网络有的互动性与传统营销中采用的强制性交互不同，客户不再只是企业营销活动的对象，而是成为企业营销活动的参与者甚至控制者。企业通过网络可以显示商品信息，提供相关服务；可以搜集市场情报，进行消费者满意度调查。而消费者可以通过网络获得商品信息，进行信息对比，提供信息反馈，这样，就保证了双方的互动双向沟通，而且可以利用互联网及数据库技术分析客户的行为，针对其不同的特征与需求提供个性的产品与服务，满足其对尊重和自我价值的需求。这种沟通有助于企业建立与客户的良好关系，有助于实现市场的有效细分，使充分体现客户为主导的个性化营销成为可能。因此，数据库营销、定制化营销、微营销等新的营销理念和营销手段将通过网络营销深刻地影响和改变企业现有的营销行为，并逐渐发展成为今后营销活动的主流。网络营销所具有的这种极强的互动性也是企业实现全程营销的理想模式。

(3)整合性

在网络营销的过程中，企业借助互联网不仅可以对多种资源进行整合，而且可以实现对多种营销手段和营销方法及营销渠道的整合，以及对有形资产和无形资产的交叉运做和交叉延伸的整合。这种整合的效果是使营销活动贯穿于企业经营的全过程，使营销成为企业各部门共同的工作。而无形资产在营销实践中的整合能力和在多种资源、多种手段整合后所产生的增值效应，也是对传统市场营销理念的重大突破和重要发展。实践证明，网络营销的整合能力明显地增强了企业的竞争力，其整合后所产生的增值效应十分显著。而且网络营销的整合是一种多维的整合，具有复杂性、多样性、包容性、变动性和增值性的特征，其所包含的丰富内涵，值得我们从理论与实践两个方面深入研究。

(4)经济性

实践和理论研究都表明：成功的网络营销有助于降低企业的经营成本，提高利润。网络营销具有快捷性，通过互联网络实现信息交换，与传统的营销方式相比，一方面，可以减少成本，如印刷、邮寄、店面租金、水电、人工等方面的费用；另一方面，可以减少因多次交换而带来的商品损耗。资源的广域性、地域价格的差异性、交易双方的最短连接性、市场开拓费用的锐减性、无形资产在网络中的延伸增值性，以及所有这一切对网络营销经济性的关系和影响，都极大地降低交易成本，给企业带来经济利益。

总之,网络营销的这些特点所产生的价值得益于互联网。然而,技术是中立的,互联网作为一种技术手段和营销工具所发挥的作用也具有双重性。互联网是一种中立的竞争工具,一方面,顾客在网上能够获得更多的替代产品和价格之类的信息,从而获得购买的主动权;另一方面,互联网降低了竞争者的进入门槛,削弱了企业的竞争力。对营销者来说,互联网可谓是一柄双刃剑。如何利用好这些具有中立特征的特性,让网络营销发挥最大的功能,是网络营销中要长期坚持不懈解决的重要课题。

2.1.3 网络营销与传统营销的比较与整合

网络营销是未来营销发展的重要组成,与传统营销进行比较,了解网络营销的优势及劣势,然后与传统营销进行整合,协调发展,可以扬长避短,更好、更快、更有效率地满足顾客的需要。

1. 网络营销与传统营销的比较

网络营销相对于传统营销来说,的确在许多方面都存在明显的优势。网络营销与传统营销的本质区别在于营销的手段不同,研究网络营销与传统营销的联系与区别,对于企业的营销管理人员是非常必要的。

(1)网络营销与传统营销的联系

传统的市场营销是"个人和集体通过创造,提供出售,并同别人交换产品和价值,以获得其所需所欲之物的一种社会和管理的过程。"它主要研究卖方的产品和劳务如何转移到最终消费者或用户手中的全过程,以及企业等组织在市场上的营销活动及其规律性。而网络营销是在市场营销的基础上发展起来的。传统营销中的"需要、需求、欲望、交换、交易、产品、市场、细分市场、目标市场、市场定位等"以及"以消费者为中心,行业与竞争者的分,新产品的开发等"同样存在于网络营销中。因此,网络营销并不能脱离传统营销或者取代传统营销而独立存在。网络营销和传统营销是互相影响、互相补缺和互相促进的。

(2)网络营销与传统营销的区别

网络营销与传统的营销方式的区别是显而易见的,从营销的手段、方式、工具、渠道以及营销策略都有本质的区别,但营销目的都是为了销售、宣传商品及服务、加强和消费者的沟通与交流等。虽然网络营销不是简单的营销网络化,但是其仍然没有脱离传统营销理论,4P 和 4C 原则仍在很大程度上适合网络营销理论。

①从产品(product)和消费者(consumer)上看

理论上一般商品和服务可以在网络上销售,实际上目前的情况并不是这样,电子产品、音像制品、书籍等较直观和容易识别的商品销售情况要好一些。从营销角度来看,通过网络是可以对大多数产品进行营销,即使不通过网络达成最终的交易,网络营销的宣传和沟通作用仍需受到重视。网络营销可真正直接面对消费者,实施差异化行销(一对一营销),可针对某一类型甚至一个消费者制订相应的营销策略,并且消费者可以自由选择自己感兴趣的内容观看或购买。这是传统营销所不能及的。

②从价格(price)和成本(cost)上看

由于网络营销直接面对消费者,减少了批发商、零售商等中间环节,节省了中间营销费用,可以减少销售成本,降低营销费用,所以商品的价格可以低于传统销售方式的价格,从而产生较大的竞争优势。同时也要注意,减少了销售中的中间环节,商品的邮寄和配送费用也会一定程度上影响商品的销售成本和价格。

③从促销(promotion)和方便(convenience)上看

在促销方式上,网络营销本身可采用电子邮件、网页、网络广告等方式。也可以借鉴传统营销中的促销方式,促销活动一般要求要有新意、能吸引消费者,所以网络营销同样要有创意新颖的促销方式。在方便上,一方面网络营销为消费者提供了足不出户即可挑选购买自己所需的商品和服务的方便,另一方面少了消费者直接面对商品的直观性,限于商家的诚实和信用,不能保证网上的信息绝对的真实,还有网上购物需等待商家送货或邮寄,在一定程度给消费者又带来了不便。

④从渠道(place)和沟通(communication)上看

二者在渠道上区别是明显的,由于网络的本身条件,离开网络便不可能去谈网络营销,而传统营销的渠道是多样的。由于网络有很强的互动性和全球性,网络营销可以实时地和消费者进行沟通,解答消费者的疑问,并可以通过 BBS、电子邮件快速为消费者提供信息。

当然,万物各有所长,也各有所短。作为新兴营销方式,网络营销具有强大的生命力,但也存在着某些不足。例如,网络营销尤其是网络分销无法满足消费者个人社交的心理需要。无法使消费者以购物过程来显示自身社会地位、成就或支付能力等。尽管如此,网络营销作为 21 世纪的营销新方式势不可挡,将成为全球企业竞争的锐利武器。

2. 网络营销与传统营销的整合

目前,虽然已有不少企业认识到了利用互联网的重要性。但是,只有很少一部分企业认识到将网络与传统营销整合起来的重要性。网络营销应该支持企业的整个营销体系,它不是唯一的解决方案,而是整体方案的一部分。为了打一场漂亮的网络营销战,网络营销首先应与传统企业的战略策划相互匹配、相互支持。

(1)网络营销中顾客概念的整合

传统营销方式中的顾客群体是指与消费或产品购买有直接关系的个人或组织,在网络营销中这些顾客群体依然是企业最重要的客户群。因此,企业要开展网络营销应进行全方位的、战略性的市场细分和目标定位。互联网上的信息量是巨大的,每个消费者只能根据自己的兴趣浏览其中极少站点,而应用搜索引擎能大大节省消费者的时间和精力。面对这种全新的趋势,现今推行网络营销的企业必须改变原有的顾客概念，应该把搜索引擎列为企业的特殊用户，因为搜索引擎不是网上直接的消费者，而是网上信息最直接的受众，它的选择结果直接决定了网上顾客的接受范围。

(2)网络营销中产品概念的整合

市场营销学中将产品解释为能够满足某种需求的东西，并认为完整的产品是由核心产品、形式产品和附加产品构成，即整体的产品概念。网络营销一方面继承了上述整体产品的概念；另一方面更加注重和依赖于信息对消费者行为的引导，因而将产品的定义扩大了：即产品是提供到市场上引起注意、需要和消费的东西。网络营销主张以更加细腻的、更加周全的方式为顾客提供更完美的服务和满足。因此，网络营销在扩大产品定义的同时，还进一步细化了整体产品的构成。它用五个层次来描述整体产品的构成：核心产品、一般产品、期望产品、扩大产品和潜在产品。在这里，核心产品与原来的意义相同。扩大产品与原来的附加产品相同，但还包括区别于其他竞争产品的附加利益和服务。一般产品和期望产品由原来的形式产品细化而来。

(3)网络营销中营销组合概念的整合

网络营销过程中营销组合概念因产品性质不同而不同。对于知识产品，企业直接在网上完成其经营销售过程。在这种情况下，市场营销组合发生了很大的变化(与传统媒体的市场营销相比)。首先，传统营销组合的4P中的三个——产品、渠道、促销，由于摆脱了对传统物质载体的依赖，已经完全电子化和非物质化了。因此，就知识产品而言，网络营销中的产品、渠道和促销本身纯粹就是电子化的信息，它们之间的分界线已变的相当模糊，以至于三者不可分。其次，价格不再以生产成本为基础，而是以顾客意识到的产品价值来计算。再次，顾客对产品的选择和对价值的估计很大程度上受网上促销的影响，因而网上促销的作用倍受重视。最后，由于网上顾客普遍具有高知识、高素质、高收入等特点。因此，网上促销的知识、信息含量比传统促销大大提高。

(4)网络营销对企业组织的整合

在企业组织再造过程中，在销售部门和管理部门中将衍生出一个负责网络营销和公司其他部门协调的网络营销管理部门。它区别于传统的营销管理，主要负责解决网上疑问，解答新产品开发以及网上顾客服务等事宜。同时，企业内部网的兴起，将改变企业内部运作方式以及员工的素质。在网络营销时代到来之际，形成与之相适应的企业组织形态显得十分重要。长期从事传统营销的各类企业，必须处理好网络营销与传统营销的整合。只有这样，企业才能真正掌握网络营销的真谛，才能利用网络营销为企业赢得竞争优势，扩大市场，取得利润。

钻石小鸟:“线下体验＋线上营销”的整合

2002 年 7 月,徐潇在自己的网店上贴出了一些钻饰的照片,成为了第一家在网店销售钻石的商家。2004 年钻石小鸟凭借着 100% 好评荣获了“易趣诚信最佳卖家”称号。然而,一年多的网络销售让徐氏兄妹感觉到,虽然他们便宜 50% 的价格和诚实守信的钻石品质吸引了很多顾客,但有相当一部分顾客仍在犹豫不决。于是,2004 年 10 月,上海城隍庙第一家落地的“钻石体验中心”开设,在当月销售额翻了 5 番后,钻石小鸟开始走稳了“鼠标＋水泥”的“线下体验＋线上销售”的商业模式。

在品牌营销渠道建设层面,钻石小鸟并没有把体验店做成传统的店铺,作为一种销售渠道,推广和销售还是依靠于网络推广,体验店主要是满足顾客眼见为实的心理需求,这也是目前中国市场经济下,诚信度、信任度缺乏的解决之道。一方面可以把传统的把房租成本、人力成本、流动资金占用成本还给消费者。另一方面线下体验中心,将服务精细化,提供一对一的线下顾问式服务,为客户量身定制钻饰,节省了很多传统钻石行业的中间环节和经营费用。

从品牌传播层面来说,传统钻石销售模式主要依赖传统平面媒体和电视媒体进行品牌推广,传统的店铺销售进行市场推广,成本居高不下。“钻石小鸟”通过互联网这个购销和推广平台,价格降低的同时也给消费者提供更多的选择。在打开销路和知名度以后,钻石小鸟开始注重品牌的建设和维护,不断为“钻石小鸟”增加新的品牌内涵,当市场还处在价格时代的时候,“钻石小鸟”已经在走向品牌时代。

2.2 网络营销的理论基础

网络营销区别于传统营销的根本原因是网络本身的特性和消费者需求的个性化。在这两者的综合作用下,使得传统营销理论不能完全胜任对网络营销的指导。因此,需要在传统理论的基础上,从网络的特性和消费者需求的演化这两个角度出发,对营销理论进行重新演绎和创新。

2.2.1 整合营销理论

整合营销理论(Integrated Marketing Communications,IMC)亦称整合营销传播理论,是20世纪80年代中期由美国西北大学教授舒尔茨(Don E. Schultz)提出并发展的。美国西北大学新闻学院的网站上对整合营销理论的定义为:"对机构旨在建立同潜在顾客以及利益相关者——包括雇员、立法者、媒体、金融机构等积极关系的传播的管理。"

整合营销理论的倡导者有句名言:"营销的实质就是传播。"作为一种实战性与操作性都比较强的营销理念,整合营销理论的核心思想是:以顾客为中心,以整合企业内外部所有资源为手段,再造企业的生产行为与市场行为,充分调动一切积极因素以实现企业统一的营销目标。正如营销大师科特勒所说:"公司所有部门为客户利益而共同工作时,就是整合营销。"

互联网中的特征在市场营销中所起到的主要作用在于使顾客在整个营销过程中的地位得到提升。网络互动的特征使消费者能真正参与到整个营销活动的过程中,消费者不仅增强了参与的主动性,而且其选择的主动性也得到了加强。由于互联网具有信息丰富的特点,因此消费者在网上选择商品的余地也变得很大,在满足用户个性化消费需求的驱动下,企业也在设法探索和寻找一种现代化市场营销的思想,以迎合这一消费市场的变化,满足消费者的需求,否则这些企业将逐步失去市场。这就要求企业建立起以服务为主的经营理念,必须以顾客为中心,为顾客提供适地、适时、适情的服务,最大限度地满足顾客的需求。

舒尔茨教授为了强调整合营销理论的顾客导向和互动特征,将整合营销的要点总结为5R:第一个R是及时回应(Responsiveness),即企业对客户的需求和愿望,应当以快速而高效的方式做出回应,企业不仅要向顾客传递信息,还要注意倾听顾客的声音;第二个R是关联(Relevance),即企业的营销传播计划要与受众的利益密切相关,占用受众的注意力资源去传播不相干的信息,这既是无效的也是不道德的;第三个R是接受(Receptivity),即要选择在顾客需要信息、愿意接受信息时去发布信息,而不是单方面决定营销传播的时机;第四个R是认知(Recognition),即企业要把品牌当成最重要的资产,因为顾客更信任他们所熟悉的品牌的公司传达的信息;第五个R是关系(Relationship),即企业应力争在互利的基础上建立和发展与顾客的长期关系。这5R可以认为是整合营销理论的精髓,并可作为网络营销中实施整合营销的理论基础。

在传统市场营销中,由于技术手段和物质基础的限制,商品的价格、宣传和销售的渠道,企业所处的地理位置以及所采取的促销策略等成了企业经营、市场分析和营销策略的关键性内容。网络环境改变了传统市场营销策略的基础,网络营销中的整合营销已从理论上离开了在传统营销理论中占中心地位的4P组合理论,逐步转向4C组合理论为基础和前提。在基于互联网的网络营销中,可以利用传统营销的4P组合理论,使其很好地与以顾客为中心的4C组合理论相结合,逐步形成和完善网络营销中的整合营销理论。

需要注意的是,网络营销面临的是一个与传统市场大不相同的营销环境,在网上实施整合营销有其独特的优势和难以回避的劣势。

网络:"营销+传播"的整合平台

网络平台能实现品牌传播与品牌营销的有效整合。在传统的营销传播环境下,品牌营销传播活动仅仅作为4P营销组合中的一个环节,因此品牌消费行为的达成还受到渠道、价格、包装等多重因素的影响;而通过网络平台的运用,网络平台在4C营销组合中的消费者(Consumer)、成本(Cost)、便利(Convenience)和沟通(Communication)四个环节全面发力。通过网络平台不仅能有效降低营销传播成本,而且便利于消费者卷入品牌互动,实现消费者与品牌之间的沟通,以及达成品牌购买行为。

淘宝网作为国内最大的B2B与B2C电子商务平台,在充分运用网络平台在营销与传播方面的整合功能方面也做了有力的探索。2008年9月4日,阿里巴巴集团宣布,正式启动"大淘宝战略"——旗下淘宝网和阿里巴巴即日起合并发展,共同打造全球最大电子商务生态体系。淘宝网目前搭建了一个庞大的商业生态系统,包括了买家、卖家、支付、物流、金融、搜索等体系,这一开放以及完全自由竞争的生态圈已经改变了传统企业们做生意的方式,也改变着广大消费者的消费行为模式。阿里巴巴融入淘宝后,弥补了这一商务生态系统的一个缺口——营销传播,阿里巴巴和淘宝系统内的这些体系形成优势互补作用,释放企业和个人用户的品牌营销需求,充分挖掘互联网载体的潜力,帮助商家、中小网站和消费者实现整体利益最大化。

2.2.2 直复营销理论

直复营销(direct response marketing)是一种历史悠久并随着信息技术的进步在当代重新焕发出活力的营销方式。直复营销理论是20世纪80年代引人注目的一个概念。美国直复营销协会(Direct Marketing Association)对其所下的定义是:"直复营销是使用一种或多种广告媒体在任何地点达成交易或可度量反应的一个相互作用的市场营销体系。"简单地讲,直复营销就是任何与消费者或企业直接进行沟通，企图能直接产生回应的营销方式（例如对企业所提供的产品或服务，能直接订购、询问更多信息或到特定地方去参观）。传统的直复营销媒体有直接信函、电话、目录与邮购、有线电视、报纸、杂志、广播等。比起传统的从批发商到零售商的分销方式，直复营销具有很多优点，如少中介、提供充分的商品信息、减少销售成本、无地域障碍、优化营销时机、以顾客反馈信息开发和改善产品、控制精确测定成本和业务量等。

互联网作为一种高效率交互式的双向沟通媒体，自然成为直复营销的最佳工具。借助互联网，企业与顾客之间可以实现直接的一对一信息交流和沟通。互联网的方便、快捷使得顾客可以方便地通过互联网直接向企业提出建议和购买需求，也可以直接通过互联网获得售后服务。直复营销的一个最重要的特性，就是营销活动的效果是可测量的。互联网作为最直接、简单的沟通工具，可以很方便地为企业与顾客提供支持与交易平台，通过数据库技术和网络控制技术，企业可以很方便地处理每一位顾客的购物订单和需求，而不用考虑顾客的规模大小、购买量的多少。这是因为互联网的沟通费用和信息处理成本非常低廉。直复营销的理念在很大程度上丰富了网络营销的理论。两者不仅在理念上存在共同之处，而且在实践上也是相互促进的，这表现在数据库利用、产品或服务的推广、发展与顾客的相互关系等各个方面。网络营销以直复营销作为理论基础，说明网络营销是可测试、可度量、可评价的。有了及时的营销效果评价，就可以及时改进以往的营销努力，从而获得更满意的结果。

直复营销理论的主要分析方法是客户生命期价值（Life Time Value，LTV）分析，即通过体现客户在未来的购买来估计该客户对公司的价值。充分利用 LTV 方法的有效工具就是数据库营销。

数据库营销最早是作为直复营销的一种形式出现的，因为成功直复营销的关键首先在于能否建立起一个具有一定规模的客户数据库。数据库营销是数据库技术和市场营销有机结合的产物。所谓数据库营销，是指企业通过搜集和积累客户的大量信息，经过处理后预测客户的购买意愿，并利用这些信息实现产品的精确定位，有针对性地制作营销信息，以达到说服客户购买产品的目的。通过数据库的建立和分析，可以帮助企业准确了解客户信息，确定企业目标客户群，同时使企业促销工具具有针对性，从而提高企业营销效率。通过对数据库中的潜在客户进行 LTV 分析，可以确定出有商业价值的目标客户，再经过小规模的试销，找出最有效的营销组合并将其付诸实施，最后还要对营销效果进行分析评价，并依据最新获得的销售资料对客户数据库进行更新，这才完成一个直复营销循环。直复营销的目标是通过持续地最大限度地满足顾客的需要来赢得客户的忠诚，并通过忠诚客户找到新的客户。因此，数据库作为直复营销的支撑系统，起着重要的作用。而基于互联网环境与技术建立起来的数据库系统在网络营销中所能发挥的功效将远远超过传统环境下的直复营销。

互联网为高效率的直复营销提供了良好的条件，直复营销则为网络营销奠定了成功的基础。

网络直复营销的方法

网络直复营销的两种方式：一种是企业在因特网上建立自己独立的站点，申请域名，制作主页和销售网页，由网络管理员专门处理有关产品的销售事务；另一种是企业委托信息服务商在网站上发布相关信息，企业利用有关信息与客户联系，直接销售产品，虽然在这一过程中有信息服务商参加，但主要的销售活动仍然是在买卖各方之间完成的。网络直销的优点是多方面的。网络直销促成产需直接见面，企业可以直接从市场上搜集到真实的第一手资料，合理地安排生产。网络直销对买卖双方都有直接的经济效益。营销人员可以利用网络工具，随时根据用户的愿望和需要，开展各种形式的促销活动，迅速扩大产品的市场占有率。企业能够通过网络及时了解到用户对产品的意见和建议，并针对这些意见和建议提供技术服务，解决疑难问题，提高产品质量，改善经营管理。

网络直复营销可利用网络工具，如E-mail、公告牌等，随时了解用户的愿望和需要，并据此开展各种形式的产品的促销活动，迅速扩大产品的在产品市场占有率。企业能通过网络及时了解到用户对产品的意见和建议，并针对这些意见和建议提供技术服务，答疑解难，提高产品质量，减少服务与质量瑕疵，通过这种一对一的销售模式，企业可以与消费者在心理上建立良好的关系。

2.2.3 精细化营销理论

精细化营销(precision marketing)的始祖莱斯特・伟门(Lester U. Weidman)曾将它定义为："改变以往的行销渠道及方法，以生产厂商的客户和销售商为中心，通过电子媒介、电话访问、邮寄、国际互联网等方式，建立客户、销售商资料库。然后通过科学分析，确定可能购买的消费者，从而引寻生产厂商改变销售策略，为其制定出一套可操作性强的销售推广方案，同时为生产厂商提供客户、销售商的追踪服务。"即企业恰当而贴切地对自己的市场进行细分，并采取精耕细作式的营销操作方式，将市场做深做透，进而获得预期效益。随着精细化营销受到越来越多人的关注和重视，它也由此成为未来营销模式的发展趋势。

精细化营销就是在精准定位的基础上，依托现代信息技术手段建立个性化的顾客沟通服务体系。精准的基础在于细分，市场的区分和定位是现代营销活动中关键的一环。细分市场是为了找到目标市场,只有对市场进行准确区分,才能保证有效的市场、产品和品牌定位。互联网、客户关系管理(CRM)、数据库为细分市场和目标市场定位提供了有效的支持,在这方面网络营销可谓如鱼得水。

虽然细节营销只是精细化营销中很少的一部分内容,但是精细化营销需要在细节方面多下功夫。精细化营销是一个涉及客户洞察、客户细分、产品研发、营销及营销绩效评估的闭环过程,只有把握好每一环节中的精准化操作,才能实现真正意义上的精准化营销。成败在于细节,对于网络营销而言,同样如此。企业在网络上面临的竞争将远大于现实环境,想要在这样的环境中保持领先优势,就要做到"人无我有,人有我优,人优我强"。大到经营战略,小到过程细节的所有环节,都需要企业倾注全力。

客户价值及增值是精细化营销所关心的,以客户为导向是精细化营销的真谛。企业在实施精细化营销的过程中需要与某个客户或客户群建立长期的关系,尤其需要与客户进行精准沟通,深入了解他们的需求。而没有客户的反馈,企业就无法得知有价值的市场信息,"精准"也就无从谈起。

精细化营销作为一种思路、一种方案,从目标市场的细分,到客户接触点的发掘、传播工具的组合应用、销售渠道的全面规划和管理,都有一整套的技术来支撑。而这些并不代表执行力,企业要将精细化营销落到实处,就必须将这些策略转化为执行力,必须有一批精干的营销人员来具体执行。这是企业开展网络营销所面临的现实课题。

网络营销趋势精细化数据引导精准化营销

根据著名营销大师科特勒提出的"精准营销"概念,企业需要更精准、可衡量和高投资回报的营销沟通,需要更注重结果和行动的营销传播计划,并且越来越注重对直接销售沟通的投资。

互联网是个数字化世界,每个环节实际上都是可监测的,将所有细节的、准确的数据整合在一起,进行深度挖掘分析,就能够还原出一个真实的互联网,获得目标受众心底的真实想法。由此来动态调整营销策略,就可以准确指导互联网营销中的策略与未来走向。

但是,什么样的数据才能起到这样的作用?传统的市场调研公司通常采用问卷调查、用户走访的方式,互联网还会采用客户端抽样调查。这些仅仅建立在抽样调查上的数据来源不统一,统计方法和标准也并不一致,很难达到高度精准,更无法反映出营销过程中的所有细节。因此,对网络营销来说,精细化数据首先要建立在实时监测、全样采集的基础上。

另外，要实现精、细、准度极高的数据，还必须建立在全数据的基础上。所谓全数据，就是要将网络营销每个环节的数据监测工具和数据参考的依据都在底层打通，实现交叉分析。

“精细化的全数据＋睿智的分析手段＝精准营销”，以万瑞数据全数据整合应用平台来说，以全流量监测、广告投放量监测、抽样调查等多种样本来源互为印证，7×24 小时实时监测，多重指标标准，数据涵盖用户规模、地域覆盖、用户价值、沟通深度以及购买信息等各个方面，为精准数据的提取提供了基础。

精准营销为企业的品牌营销掀起了一场深刻的变革，但如果没有精细化的数据，网络营销只能如盲人夜行。全方位、多角度、多层次、整合化的数据，将成为引导这场变革由感性传播分析迈向理性传播分析的第一步。

2.2.4 关系营销理论

关系营销(relationship marketing)是 20 世纪 70 年代北欧的一批学者提出的，1990 年以来受到重视的营销理论。德克萨斯州 A&M 大学的伦纳德·L. 贝瑞(Leonard L. Berry)教授于 1983 年在美国市场营销学会的一份报告中最早对关系营销做出了定义：“关系营销是吸引、维持和增强客户关系。”在 1996 年又给出更为全面的定义：“关系营销是为了满足企业和相关利益者的目标而进行的识别、建立、维持、促进同消费者的关系并在必要时终止关系的过程，这只有通过交换和承诺才能实现。”该理论强调建立、增进和发展与顾客的长期持久关系。它主要包括两个基本点：其一，在宏观上，认识到市场营销会对范围很广的一系列领域产生影响，包括消费者市场、劳动力市场、供应商市场、企业内部市场、相关者市场以及影响者市场等；其二，在微观上，认识到企业与顾客的关系不断变化，市场营销的核心应从过去那种简单的一次性交易关系转变到注重保持长期的关系上来。

所谓关系营销，就是把营销活动看成是一个企业与消费者、供应商、分销商、竞争者、政府机构及其他公众发生互动、作用的过程，其核心是建立和发展与这些公众的良好关系。关系营销理论将企业看成是社会经济系统中的一个子集，其营销目标的实现要受到众多外在因素的影响。只有通过加强与顾客的联系，为顾客提供高度满意的产品和有效的服务，并在保持与顾客长期良好关系的基础上开展营销活动，才能实现企业的营销目标。关系营销将建立与发展同相关个人及组织的关系作为企业营销的关键变量，准确把握住现代市场竞争的特点，因此该理论的提出被学术界认为是对传统营销理论的一次革命。

关系营销理论对拓展网络营销的思维有着重要的指导意义。互联网的出现，为企业有效地开展关系营销提供了得天独厚的条件。首先,互联网作为一种有效的双向沟通渠道,使企业与顾客之间可以实现低成本的沟通和交流,这是两者间建立长期关系的有效保障。其次,企业利用互联网可以更好地为顾客提供服务和与顾客保持联系。再次,企业可以依托互联网这一便捷的沟通渠道,以低廉的成本与供应商、分销商及相关企业和组织建立合作关系。因此,维系与顾客的关系不仅是关系营销的核心,也是网络营销中行之有效的营销方式之一。

企业在利用互联网的传播力塑造良好的主体形象以实现企业利益的同时,也将面对由互联网可能带来的公关危机的严峻挑战。例如,在传统媒体条件下,若出现了关于企业的负面报道,企业有较充裕的时间去澄清事实,进行公关应对。而在网络环境下,传言具备了前所未有的传播速度和广度,一个对社会危害严重的传言或关于企业的负面报道,会在非常短的时间内传遍整个世界,这将大大压缩有关机构或企业采取应对措施的时间。因此,当互联网的各种危机事件发生时,企业如果不能及时应对,并制定相应的应对策略,就很可能濒临险境。

可见,互联网给企业开展关系营销提供了许多新的机会和挑战。机会在于互联网给公关提供了界面更加便捷、互动性更强的平台和沟通渠道;挑战在于随着技术的进步和时代的变迁,利用互联网开展关系营销必须熟悉网络这一新兴媒体的传播规律和特点,以有效应对随时可能出现的公关危机,做到趋利避害。只有这样,才能使网络环境下的关系营销发挥维护企业形象、树立企业品牌的作用并取得好的效果。

联网泛关系营销中小企业大有可为

泛关系营销的核心是通过在"发布声音、驱动关系链传播、接口用户对话和管理口碑"等四个环节的介入,最大化地促使企业官方声音能够在泛关系链网络内多节点曝光,吸引用户关注,同时通过意见领袖和活跃网民的影响力带动,实现企业品牌的广泛传播。

可以说,在泛关系营销中,企业需要借助不同的平台和营销工具与消费者建立不同层次和不同方式的关系,从网络广告、搜索工具到即时沟通工具、SNS游戏、微博,建立起与消费者之间的多重关系,让消费者在不同的平台上感受不同的品牌体验。

2010年8月以后经常玩QQ农场游戏的玩家会发现,QQ农场中出现了一种特殊的新品种奶牛——"舒化奶牛",玩家养殖"舒化奶牛幼崽"至其产奶期,可以虚拟生产"营养舒化奶"产品,该产品还可供玩家进行虚拟售卖,获取更多游戏资本。出乎意料的是,在伊利"舒化奶牛"出现的这两个月中,领养奶牛次数超过10亿次,领养奶牛人数达到2.5亿人。百度指数显示伊利"营养舒化奶"的用户关注度上升了1370%。

事实证明，仅仅一款 SNS 游戏就可以覆盖到数亿人次，上亿人口，这完全颠覆了人们对 SNS、微博小众化营销的理解。DCCI 互联网数据中心的数据也为这种颠覆提供了依据：到 2010 年年底，国内微博服务商的累积注册活账户数将突破 6 500 万个，2011 年年底，中国互联网实际不重复的微博独立用户数将达 1 亿。以 SNS、微博为代表的新营销应用，正在成为中小企业踊跃尝试并加大投入的新方向。

本章小结

(1)伴随着互联网的快速发展、市场的变革、观念的变革，网络营销应运而生。互联网的快速发展，为网络营销的产生提供了一个广阔的平台，使网络营销成为可能；市场的变革包括市场性质的变化和市场竞争的日趋激烈，市场性质的变化导致消费者的行为发生变化，市场竞争的日趋激烈促使企业不断追求低成本、高效率的营销模式，这些变革促进了网络营销的产生；观念的变革包括消费者价值观念的变革和企业营销观念的变革，消费者价值观念的变革使消费者站在了主动出击的位置，企业营销观念的变革使企业需要综合考虑各种因素，这些变革都促进了网络营销的产生。

(2)本书将网络营销定义为“企业以国际互联网络为基础，利用数字化的信息和网络媒体的交互性，以新的方式、方法和理念开展营销活动，实现营销目标的各种活动的总和。”网络营销的特征有：全球性、交互性、整合性、经济性，这些特点的所产生的价值得益于互联网。

(3)网络营销和传统营销是互相影响、互相补缺和互相促进的，但网络营销与传统营销在消费者、市场形态、营销理念、沟通方式、便捷性上有所不同。要打一场漂亮的网络营销战，就要做好网络营销与传统营销的整合，主要包括网络营销中顾客概念的整合、产品概念的整合、营销组合概念的整合以及对企业组织的整合。

(4)网络营销的理论基础主要包括整合营销理论、直复营销理论、精细化营销理论以及关系营销理论。整合营销理论是“对机构旨在建立同潜在顾客以及利益相关者——包括雇员、立法者、媒体、金融机构等——积极关系的传播的管理。”直复营销理论是“直复营销是使用一种或多种广告媒体在任何地点达成交易或可度量反应的一个相互作用的市场营销体系。”精细化营销理论是“改变以往的行销渠道及方法，以生产厂商的客户和销售商为中心，通过电子媒介、电话访问、邮寄、国际互联网等方式，建立客户、销售商资料库。然后通过科学分析，确定可能购买的消费者，从而引导生产厂商改变销售策略，为其制定出一套可操作性强的销售推广方案，同时为生产厂商提供客户、销售商的追踪服务。”关系营销理论是“关系营销是为了满足企业和相关利益者的目标而进行的识别、建立、维持、促进同消费者的关系并在必要时终止关系的过程,这只有通过交换和承诺才能实现。”

思考题

(1)网络营销产生的原因?

(2)网络营销的概念是什么?具有哪些特征?

(3)简述网络营销与传统营销的区别和联系。

(4)如何进行网络营销与传统营销的整合?

(5)网络营销有哪些功能?

(6)什么是整合营销?它为网络营销带来了什么?

(7)什么是直复营销?它为网络营销带来了什么?

(8)什么是精细化营销?如何更好地进行精细化营销?

(9)什么是关系营销?

参考文献

[1] 陈志浩. 网络营销[M]. 武汉:华中科技大学出版社,2010.

[2] 姜旭平. 网络营销[M]. 北京:中国人民大学出版社,2011.

[3] 李庆利,成晓辉[J]. 论网络营销的特征及应用策略. 滹海大学学报,2005(3):23-24.

[4] 陈庆. 网络营销与传统营销的比较研究[J]. 商业文化,2011(2):154.

[5] 张云青. 网络营销与传统营销的整合[J]. 现代经济信息,2009(23):12.

[6] 段建,王雁. 网络营销技术基础[M]. 北京:机械工业出版社,2006.

[7] 邓少灵. 网络营销学[M]. 广州:中山大学出版社,2009.

第3章 网络消费者行为

本章概要:网络用户是网络营销的主要个体消费者,他们的购买行为决定了网络营销的发展。本章主要阐述了网络消费者的行为特征、网络消费者的购买动机、影响网络消费者购买的主要因素以及消费者的购买过程。本章的重点是掌握网络环境下消费者的需求和心理动机和网络市场消费引导的方法,了解消费者网上购物的行为理论。

引例

凡客诚品:每一步营销都拨动消费者的心弦

VANCL——凡客诚品,在CEO陈年的带领下,由一个默默无名的跟随者,成为中国目前网络直销行业的领军人物。VANCL以68元体验营销的方式让很多消费者怦然心动。2009年在自主销售式服装B2C网站中,VANCL以28.4%的市场份额排名第一。凡客的成长速度,可以用一日千里来形容。

首先,VANCL通过大面积的广告覆盖来引起消费者的注意。在各大主流媒体网站,比如腾讯、新浪、搜狐等都可以见到VANCL的身影。VANCL分账做广告的策略促使了众多个人网络站长成为兼职的凡客诚品的推销员,大规模的网络联盟营销自然促进了VANCL品牌信息的传播向纵深发展。

除了在网络广告上面下工夫之外,VANCL还发起CGM(Consumer Generated Media,消费者发布型媒体营销)。这得益于互联网的巨大贡献。除了使消费者更加容易地获得产品和市场信息之外,互联网还引起了消费者心理的改变,"不愿失败"的消费心理有了更充分的信息依据。为了充分的掌握信息,消费者会从各个方面搜集信息,除了一些客观的网站,消费者还会偏向于论坛等大众媒体。

引起消费者的兴趣同样难不倒 VANCL。而"68 元"可以说是 VANCL 吸引用户的核心筹码。消费者初次购买 VANCL 的产品时,无论是原价 248～299 元全棉免烫牛津纺衬衫还是原价 199 元 POLO 经典 T 恤衫,都可以凭 68 元购买任意一件产品。VANCL 还为用户提供了办理发票和提供退换货服务,凡客诚品所追求的是让客户有如进了品牌专卖店时的信赖感。

经过广告宣传、体验营销,建立了一定的品牌声势以后,让消费者注意不到都难。形成了一定的品牌认知,消费者自己就会蠢蠢欲动了。打开百度,输入 VANCL,立即就会出现 76 万多篇相关网页。对于这些繁多的优惠加上体验营销的策略,很多消费者都会抱着试一试的心态,购买自己的第一件衬衫。有了第一次的购物体验,伴随着第二次、第三次的购物经历,消费者的不信任感渐渐消失,取而代之的是对 VANCL 不遗余力的口碑宣传。

就是这样,VANCL 契合了新的消费形态和生活方式,在各个细节上都体现出针对消费者心理营销的力量。

3.1 网络消费者行为特征

互联网迅速的发展促进了消费者主权地位的提高,网络营销系统巨大的信息处理能力,为消费者挑选商品提供了前所未有的选择空间,使消费者的购买行为更加理性化。网络用户是网络营销的主要个体消费者,他们的购买行为决定了网络营销的发展趋势。因此,要做好网络营销工作,就必须对网络消费者的特征进行分析,以便采取相应的对策。

1. 注重自我,强调个性消费

随着市场经济的发展,商品数量和品种已经极度丰富,人们可以按照个人心理愿望选择商品与服务。这时人们选择商品的条件不只是商品的使用价值,更多的是将个人心理感觉认同作为决策购买的先决条件,人们更注重个性化消费。

目前网络用户多以年轻、高学历用户为主,他们拥有不同于他人的思想和喜好,有自己独立的见解和想法,对自己的判断能力也比较自信。网络消费者对产品和服务的具体要求越来越独特,而且变化多端,个性化越来越明显。他们特别喜欢消费新颖的产品,即新产品或者是时尚类产品,并且这些产品一般来说在本地传统市场中暂时无法买到或不容易买到的产品,以展现自己的个性和与众不同的品位。

2. 消费需求具有明显的差异性和分散性

网络消费者注重自我，强调个性消费，这种个性化的消费使网络消费需求呈现出差异性。不同的网络消费者因所处的时代、环境不同也会产生不同的需求。即使不同的网络消费者在同一需求层次上的需求也会由于收入水平等因素的差异使消费需求有所不同。与传统市场的集中性相比，网络消费更多地体现出分散性。在网络消费市场中，消费者的决策时间短，消费需求的差异性大，购买的次数多，但每次的购买金额相对较小，购买的流动性大，商品的替代性强、需求弹性大。

3. 消费需求强调购买的便利性和购买乐趣

消费者选择网络进行购买商品，这是因为网上购物可以免去他们去商场购物的往返路途时间、寻找商品和挑选商品时间、排队交款结账时间；同时免除他们去商场购物所产生的体能消耗。总之，网络营销简化了购物环节，节省了时间和精力，减少了购物过程中的麻烦，网上购物比较方便。此外，在网上购物，除了能够完成实际的购物需求以外，消费者在购买商品的同时，还能得到许多信息，并得到在各种传统商店没有的乐趣。

4. 网络消费者的消费具有层次性

消费的层次性是指消费者通过满足某一层次的需求，随即便开始另一层次的消费。在传统的商业模式下，人们的需求一般是由低层次向高层次逐步延伸发展的，只有当低层次的需求满足之后，才会产生高一层次的需求。而在网络消费中，人们的需求是由高层次向低层次扩展的。在网络消费的开始阶段，消费者侧重于精神产品的消费，到了网络消费的成熟阶段，消费者在完全掌握了网络消费的规律和操作，并且对网络购物有了一定的信任感后，消费者才会从侧重于精神消费品的购买转向日用消费品的购买。

5. 网络消费需求具有超前性和可诱导性

网络的诞生改变了人们的生活，网络带来了无限的商机，网络构造了一个全球化的虚拟大市场。在这个市场中，最先进的产品和最时尚的商品会以最快的速度与消费者见面。以年轻人为主体的网络消费者通过网络获得这些商品信息。追求时尚与形象、展现个性与发展自我的需求特点，必然使这些网络消费者接受这些新商品，从而带动其周围消费层新的一轮消费热潮。网络消费者的需求特点与影响网络消费者需求的因素是相辅相成的。

我国网民的互联网应用四大特点

中国互联网络信息中心(CNNIC)发布的《第28次中国互联网络发展状况统计报告》显示,2011年上半年,受众最广的前五大网络应用分别为搜索引擎(79.6%)、即时通信(79.4%)、网络音乐(78.7%)、网络新闻(74.7%)和博客/个人空间(65.5%)。增长最快的前三个应用分别是微博(208.9%)、团购(125.0%)和网上支付(11.7%)。

从数据看,当前我国网民的互联网应用主要呈现出以下几个特点:

1. 即时通信使用率增加,提升为第二大应用

目前即时通信用户已经达到3.85亿,应用使用率从2010年年底的77.1%提升到79.4%,半年用户增长9.2%。即时通信已经提升为用户规模第二大的应用类型,仅次于用户达到3.86亿的搜索引擎。

2. 微博应用爆发,用户数量增长率超200%

2011年上半年,我国微博用户数量从6 311万暴涨到1.95亿,半年新增微博用户1.32亿人,增长率达208.9%,在网民中的使用率从13.8%提升到40.2%。手机微博的应用也成为亮点,手机网民使用微博的比例也从2010年年末的15.5%上升至34.0%。

3. 商务应用稳步发展,团购使用率快速上升

在经历了2009—2010年快速增长之后,商务类应用迎来了一段较为平缓的发展期。大部分商务类应用使用率都在增加,如网络购物使用率提升至35.6%,半年新增用户1 215万,增长率为7.6%;团购应用发展势头迅猛,用户已达到4 220万人,使用率从4.1%提升到8.7%,增长率达到125.0%。网上银行和网上支付的用户使用率也小幅上升,网上支付用户规模达到1.53亿,半年新增用户11.7%。

4. 娱乐应用热度继续回落,用户规模依然庞大

娱乐类应用的使用率一直处于持平或下滑的状态。2011年上半年,网络游戏和网络音乐的用户规模分别为3.11亿和3.82亿,使用率较2010年年底分别下降2.3个百分点和0.5个百分点。网络视频用户规模为3.01亿,使用率与去年底持平。娱乐应用的相对"衰落"和商务应用的稳步"兴起",表明了网民网络应用水平的提升。

3.2 网络消费者的购买动机

购买动机的产生，是建立在一定程度的客户需求上，同时存在为满足其需求的外界客观物体。动机是一个概括性的术语，是对所有引起、支配和维持生理和心理活动过程的概括。网上顾客与日常生活中的顾客一样，也有着明确的购买动机。虽然网上商务是虚拟的，但根据他们进入网上商城后的逛、看、摸、听、说以及点击指向等，还是可以大致揣摩其购买心理和购买行为。一般说来，比较常见的网上顾客的购买动机有以下几种。

1. 求实心理动机

以追求商品的实际使用价值为主要目的，核心是“实用”和“实惠”。这类顾客注重经验，购买目的明确，到网上商城来购物多因熟人、同事的口碑而来。选购时特别重视商品的质量、效用和售后，而不太强调商品的外观和造型，也不大容易受商品的命名、有奖与否以及广告宣传的影响。由于务实，其进入网上商城后多比较，多思考，精打细算，量入为出，故在网上停留的时间相对较长，点击的次数也比较多，有时甚至将所感兴趣的商品的网页复制下来，下网后慢慢研究，然后再作购买决策。一般说来，他们是中档商品和大众商品的购买者，使用后觉得好，就往往成为某一品牌商品或某一网上商城的回头客。具有这种心理的顾客多为不经常上网的中年人。

2. 求新心理动机

以追求商品的趋时和新潮为主要目的，核心是“时髦”和“奇特”。这类顾客富于激情，渴望变化，容易受广告宣传和流行趋势的影响。选购商品时特别重视商品的造型和款式的时尚度，而不大注意商品的实用价值和价格高低，常有即性购买之举。其之所以进入网上商城，或是因为看见别人上网购物购得热闹而激发购买欲，或是因为网上广告做得新鲜动感而勾起好奇心。进入商城后，往往是漫无目的地逛逛，遇到感兴趣的商品，便立马做出购买决断，甚至不管本月经济是否已经出现赤字。一般说来，他们是时尚商品和“先锋”商品的购买者，在网上商城的顾客群中，是敢于“第一口吃螃蟹的人”。具有这种心理的顾客多为城市青年男女。

3. 求美心理动机

以追求商品的欣赏价值为主要目的，核心是“装扮”和“美化”。这类顾客与求新心理的顾客有些类似，但也不尽相同，即重点在“美”而不完全在“新”。他们在网上商城选购商品时，特别重视商品本身的造型美、色彩美和艺术美，与自己的个性、气质、家庭环境是否“合二而一”，而不大在乎使用价值和是否奇特。由于具有一定的审美情趣，他们进入网上商城后往往带着挑剔的眼光，选购商品特别精细。对感兴趣的商品，不仅点击出样品和说明等细细地研究，还要不厌其烦地“试用”、“试穿”、“试尝”，在商品的个性和品格上反复斟酌之后，方才做出购买决策，是网上工艺品和高档服饰的主要消费者。具有这种心理的顾客多为白领美眉和文艺界人士。

4. 求名心理动机

以显示自己的富有和地位为主要目的，核心是“显名”和“炫耀”。这类顾客多是希望借着网上购物来夸富和树立“科技先锋”形象。他们在网上商城选购商品时，特别重视商品的品牌、价格和象征意义，喜欢购买实用价值不大的名牌、名贵商品及超过一般消费水平的商品，以显示自己有钱有势、与众不同，而从心理上得到满足。上网购物，比较财大气粗，鼠标指着高价商品点击，连“讨价还价”的念头都没有。如果预先得知某“同类项”在网上购得一名牌商品，那他们此次的网上购物绝对是“有的放矢”，而价质无论如何都要压过对方一头。这类网上顾客目前不多，但一次性购买数量大、价格高。

5. 求廉心理动机

以追求廉价商品为主要目的，以下岗职工和经济收入低的人为多。这类顾客对商品价格的变化特别敏感，希望买到价廉物美的商品。他们进入网上商城的理由往往则是听说其价格比传统商场优惠、送货上门，能节约若干银子。即使没有揣着购买模式上网，他们也是抱着“货比三家不吃亏”的态度，不厌其烦地到数个网上商城淘货，决不“一棵树上吊死”。而手中的鼠标也多往低档、折扣、处理、有奖的商品上点击，以买到廉价商品为快。当然，由于我国由穷变富的时间太短，故有些经济条件良好但却长期节俭成习的人也具有这种心理，不过，这种“节俭”心理多集中于老人和农转非人口，其中上网者甚少，则有待于下一步发掘。

网上顾客的购买动机多种多样，并且常常是相互交织和互相转化的，故而，在网上商务活动中，商家应当细心观察、深入分析，采用各种有效的营销措施和广告策略来刺激其购买心理，促进其购买行为，方才能将更多的眼球引入网上商城。

你是小气鬼还是败家子?

“小气鬼”与“败家子”的消费行为有哪些不同？哪种顾客对打折活动更为敏感？哪种顾客更倾向于网上购物？了解消费者消费习惯的差异可以帮助零售商尽量准确地瞄准潜在顾客。男人比女人吝啬得多；年轻人比老年人更浪费；受教育越多的人越容易吝啬。

虽然许多人在讨论消费习惯的时候可能都不喜欢别人用“小气鬼”或者“败家子”来形容自己,但这两个词却可以很好地预测一个人的消费行为。沃顿商学院客座教授斯科特·里克(Scott Rick)最近就和两个同事一起设计出一种量度标准,来衡量一个人的小气或大方程度,并探讨这种评估结果对零售商有何意义。这些零售商都力求在自己的商店或者网站上尽量准确地瞄准潜在顾客。

斯科特·里克是沃顿运营学与信息管理客座教授,他与卡内基·梅隆大学(Carnegie Mellon University)攻读博士学位的辛西娅·克莱德(Cynthia E. Cryder)、经济学与心理学教授乔治·罗文斯泰恩(George Lowenstein)共同设计出一种 ST-TW(挥霍—小气)计分模型,来评估“花钱习惯的个体差异”。研究人员没有直接要求受访者对“购物时的情绪”做出评论,因为受访者可能没有有意识地总结自己当时的情绪,相反他们要求受访者“指出自己实际的消费习惯与理想中的消费习惯的差异”。该研究结果在题为“挥霍与小气”(Tightwads and Spendthrifts)的论文中有论述。这篇论文即将在《消费者研究期刊》(*Journal of Consumer Research*)上发表。

研究人员指出,小气是指那些“在花钱之前感到心痛”的人,所以他们实际花费的总是比自己希望花费的要少。而挥霍的人在花钱的时候“根本没有太多感觉”,所以他们总是比自己原本打算花的要多。

这个计分模型的基础是四个问题,在截止于 2007 年的 31 个月中共有 13 327 名受访者回答了这四个问题。受访者由四个群体组成,包括卡内基·梅隆大学和匹兹堡大学的学生、学生的父母及教员,《纽约时报》(*The New York Times*)的读者,费城一档晚间新闻节目的听众,以及加拿大报纸《环球邮报》(*The Globeand Mail*)的读者。许多受访者是通过点击新闻标题中的链接参加调查的。这些新闻都与里克和罗文斯泰恩所做的研究相关。

这四个问题是从十年前设计并从未对外公布过的调研问卷中挑选出来的,要求受访者按 1～11 的等级对自己是小气还是挥霍进行评分,以此来归纳他们的某种消费行为,并判断(小气和挥霍)两种消费习惯哪种更能代表他们真正的消费行为。

调查结果被分为三类:小气、挥霍和被称为“平和型”消费者的中间群体。这类“平和型”消费者在消费过程中的感觉“比较平衡”,所以他们一般花的钱也在自己的预料当中。

3.3 影响网络消费者购买的主要因素

消费者行为是一个持续的过程,是指消费者为满足其个人或家庭生活需要而发生的购买商品的决策或行动。消费者的行为是受动机支配的,因此研究消费者的购买行为应先分析消费者的需求和欲望。影响消费者行为的主要因素包括内在因素和外在因素。这些因素都会对消费者的购买决策产生积极或者消极的影响,这会对营销者在进行产品宣传和消费引导时产生一定的指导作用。分析影响消费者购买行为的因素,对于企业正确把握消费者行为,有针对性地开展市场营销活动,具有极其重要的意义。

3.3.1 影响网络消费者购买的内在因素

消费者购买行为首先受其自身因素的影响,这些内在因素主要包括心理因素、环境因素、经济因素、行为因素等。

1. 心理因素

影响消费者网上购物的心理因素有多种。如非网络的个人购买无法满足个人的欲望;有些人购物经验很少,或者是不习惯、不情愿上街购物;对商店人员的服务态度曾经很不满意,进而对店面购物心存芥蒂,不愿意再直接与促销人员打交道;所购买的商品涉及个人隐私或不想让别人知道等。网络营销的隐秘性和便利性恰好满足了以上消费者的各种心理需求,足不出户就可以到世界各地去购物。

2. 环境因素

某些传统的环境因素,也是决定网络消费者上网购物的主要原因。例如,店铺离家太远,工作太忙没有时间购物;商品体积太大不好搬运;季节性商品销售时间太短等不利的环境因素,都使得网络用户选择网上购物。同时,网上商店色彩亮丽、新颖,视觉效果和娱乐的刺激,尤其是网上漫游的随意性都给网络用户带来了新的体验和兴趣。

3. 经济因素

消费者的经济状况会强烈影响消费者的消费水平和消费范围,并决定着消费者的需求层次和购买能力。消费者经济状况较好,就可能产生较高层次的需求,购买较高档次的商品,享受较为高级的消费。相反,消费者经济状况较差,通常只能优先满足衣食住行等基本生活需求。

4. 行为因素

减少购物的时间消耗和体力消耗是网上购物吸引用户的主要原因之一。除此之外，很多网络消费者还认为：网上购物减少了在实际购物环境中不可缺少的人际交往，可以尽可能地由着自己的性情浏览和选购商品，能够随时可以变换、更改自己的决定，而不必考虑其他人的感觉。网上购物给消费者以充分的自由，真正体现了随心所欲。

巧妙利用感情诉求　提高广告营销的效果

感情诉求，又称为情感诉求、感性诉求，指广告策划者利用人们的情绪和情感活动规律，通过激发消费者积极的情绪和情感体验，使消费者产生情感上的共鸣，进而产生购买动机，作出购买行为的过程。以感情为基础的广告，称为情感广告，情感广告对消费者具有感染力。

正如美国广告界泰斗奥戈威所言"在广告活动中，消费者是我们的上帝，而消费者心理则是上帝中的上帝"，传播受众研究表明，受众并不是被动地接受传媒信息，消极接受刺激而作出预期反应的客体；相反，他们是信息处理的主体，是根据自己的兴趣和需要对传媒信息主动、有选择地接触和加工，越来越注重消费中的情感体验，根据自身的感情诉求来选取产品，因此，对消费者受众心理机制、特别是对消费者感情诉求的把握，将决定广告创意、制作和传播是否成功。

刘翔于2004年雅典奥运会夺取110米栏冠军，改写了中国田径的历史，名扬海内外，众多商家从其身上看到了巨大的商业价值，纷纷请其代言或做广告。据统计2004—2008年，刘翔共为14个国内外知名品牌做广告或者代言，为商家带来了巨大的经济效益；2008年第29届奥运会在北京举行，各大商家跃跃欲试，准备在刘翔成功卫冕时刻投放新的广告；然而刘翔因伤退赛，众多商家原计划奥运期间广告投放计划被打乱，纷纷进行广告营销策略调整。从2004年刘翔一举成名到2008年因伤退赛，耐克公司凭借自身强大的经营团队，巧妙利用消费者的感情诉求，取得了广告营销的巨大胜利。

耐克公司广告营销取胜的法宝，是实施爱心广告策略，满足国人的感情诉求。刘翔退赛使全体国人为之惋惜、痛心，耐克公司迅速捕捉公众这一感情诉求，迅速调整广告策略。2008年8月19日，刘翔退赛第二天一早，耐克公司首家在《北京青年报》、《南方都市报》、《华西都市报》刊登广告，报纸封面有两张大图：一张是刘翔退赛后失落的背影；另一张是刘翔坚毅的正面特写，广告词是"爱比赛，爱拼上所有的尊严，爱把它再赢回来。爱付出一切，爱荣耀，爱挫折。爱运动，即使它伤了你的心"。悲情比快乐更具有感染力、震撼力，耐克公司的广告与广大国人产生思想上的共鸣。同时，聪明的耐克公司也通过悲情广告中表达了自己对运动员的关心、爱心和支持，耐克公司第一时间通过这种方试把关心、支持刘翔从言语落实到行动，引导公众的目光从关注刘翔逐渐转移到耐克品牌上。

3.3.2 影响网络消费者购买的外在因素

网络消费者的购物行为还受到许多外在因素的影响，主要包括价格因素、产品因素、时间因素、商品挑选的便捷性以及购物的安全性与可靠性等。

1. 价格因素

从消费者的角度说，价格不是决定消费者购买的唯一因素，但它是消费者在购买商品时肯定要考虑的非常重要的因素。对一般商品来讲，价格与需求量之间经常表现为反比关系，同样的商品，价格越低，销售量越大。网上购物之所以具有生命力，重要的原因之一就是网上销售的商品价格普遍低廉。例如，我国目前最大的网络虚拟书店——当当书店一般都是以65％～90％的价格出售图书。根据CNNIC的最新统计数据，在有过网上购物经历的消费者中间，43.67％的原因是由于网上购物的价格便宜。

2. 产品因素

产品是影响消费者购买的重要因素之一。由于网上市场不同于传统市场，网络消费者也有别于传统市场的消费需求特征，因此网上销售的产品一般要考虑产品的新颖性、考虑产品的购买参与程度等。首先，追求商品的时尚和新颖是许多消费者，特别是青年消费者重要的购买动机。这类消费者特别重视商品新的款式、格调和社会流行趋势，而对商品的使用程度和价格高低不太计较。这类消费者一般经济条件比较好，男、女青年居多，他们是新式高档消费品、新式家具、时髦服装的主要消费者。其次是产品的购买参与程度。对消费者要求参与程度比较高，且要求消费者现场购物体验的产品（比如汽车的销售、家庭影院产品的销售），一般不宜于在网上销售，但这类产品可以采用网络营销推广的功能来扩大产品的宣传，辅助传统营销活动。

3. 时间因素

主要是指购物时间的限制和购物时间的节约。网络虚拟商店一天24小时开业，随时准备接待客人，没有任何时间的限制。顾客早上5点或晚上12点购物都没有问题。网络购物为人们上班前和下班后购物提供了极大的方便。根据CNNIC的最新统计数据，用户进行网络购物居首位的原因就是——节省时间。

4. 商品挑选的便捷性

“货比三家”是人们在购物时常常使用的操作方法。在网络购物，人们可以“货比百家”、“货比千家”，商品挑选的余地大大扩展，有些专门的网站还提供比较购买。而且，消费者可以从两个方面进行商品挑选，这是传统的购物方式难以做到的。一方面，网络为消费者提供了众多的检索途径，消费者可以通过网络，方便快速地搜寻全国乃至全世界相关的商品信息，挑选满意的厂商和满意的产品。另一方面，消费者也可以通过公告板，告诉千万个商家自己所需要的产品，吸引千万个商家与自己联系，从中筛选符合自己要求的商品或服务。在这样大的选择余地下，精明的消费者自然倾向于在网上选购价廉物美的商品了。

5. 购物的安全性与可靠性

影响消费者网上购物的另一个重要因素，就是安全性与可靠性。对于现阶段的网络营销来说，最重要的问题还是安全问题。网上消费者一般需要付款后收货（当然，还有很多网站是采用货到付款的方式，其实这又增加了销售方的不安全因素），这与过去一手交钱，一手交货的现场购物不一样，有一种失去控制的感觉。网上商店要加强与消费者的联系，在购物过程中给消费者发送相关的电子邮件，及时提醒和告知消费者订单的执行情况，使消费者始终处于一种主动和控制状态，增强购物的信心。

影响消费者网购的主要因素

与传统购物相比，网上购物虽然具有很多优势，但是这种新兴的消费模式不可避免地也会让消费者产生一些心理与行为上的障碍，这些障碍同样是不容忽视的：

1. 商家信誉问题。商家信誉是网上购物最突出的问题。商家提供的商品信息、商品质量保证、商品售后服务是否和传统商场一样，购买商品后是否能够如期拿到商品，以及商家无法兑现维修和退换货等承诺时如何追究以及能否追究到底等，都是消费者所担忧的问题。而这些恰恰都是法规和监管部门的灰色地带！

2. 网络安全问题。在网上购物中，消费者对网络安全一直以来都存在很大的担忧，并且也是妨碍网购发展的重要原因。诸如用户的个人信息隐私、交易过程中银行账户密码、转账过程中资金的安全等问题。近来还出现了越来越多以仿假冒网站进行诈骗的网络犯罪新形式，这无疑给网上购物蒙上了另一层阴影。

3. 配送责任与配送周期问题。传统购物一般都是现货交易，在选好商品并付钱后即可以直接拿走所购之物，而网上购物就需要一个订货后或长或短的等待送货过程。现在虽然有越来越多的物流和快递公司加入竞争，为网上购物的送货起到很大的帮助作用，但即使同城配送，最快的也需要一个小时，最长的则需要一两天，跨省配送则时间和成本都相应增加。配送成本和配送周期的增加无疑会削弱网上购物成本节约的优势。

4. 网上购物的体验问题。网上购物可以解决消费者对商品的视觉和听觉的判断，甚至由于影像的功能还能比现场购买更好地了解商品的内部结构和成分，可以产生消费者教育的信息统一性。但其缺乏了触觉、嗅觉和味觉的体验，那么就会对某些侧重于该方面尝试的商品产生较大的消费者心理与行为障碍，譬如化妆品和食品，就必须解决好触觉、嗅觉和味觉的体验问题才能在网上销售有长足突破。

3.4 网络消费者的购买过程

网络消费者的购买过程，也就是网络消费者购买行为形成和实现的过程。同传统市场一样，网络消费者的购买过程也是从动机产生到最终评价的完整过程。电子商务的热潮使网上购物作为一种崭新的个人消费模式，日益受到人们的关注。网络消费者的购买过程可以粗略地分为五个阶段：唤起需求、收集信息、比较选择、购买决策和购后评价。

3.4.1 网络消费者购买决策过程

消费者的购买决策过程，是消费者需要、购买动机、购买活动和买后使用感受的综合与统一。网络消费者在对产生购买倾向的产品和服务进行了信息搜索并筛选出需要的信息以后，就进入到了购买决策阶段，与传统的客户购买方式相比，网络购买者的购买决策有许多独特的特点。网络个人客户的购买行为早在实际购买之前就已经开始，并且延长到实际购买后的一段时间，有时甚至是一个较长的时期。

从酝酿购买开始到购买后的一段时间，消费者的决策过程可分为六大步骤，如图 3-1 所示。需要注意的是，并非每位消费者每次决策时都会经历完整的六个步骤，甚至整个决策过程可能在任何步骤上停止。

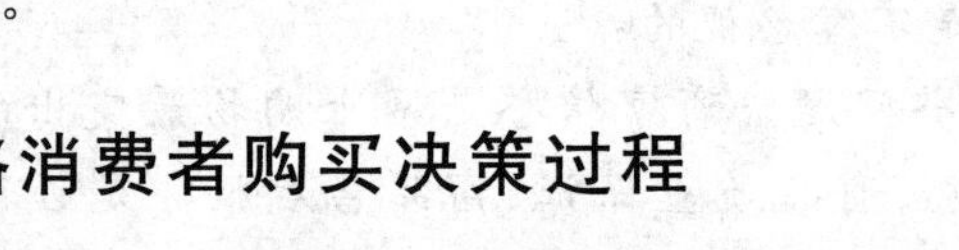

图 3-1 网络个人客户的购买过程

1. 引起需要

网络购买过程的起点是诱发需求。客户的需求是在内外因素的刺激下产生的。当客户对市场中出现的某种商品或某种服务发生兴趣后,才可能产生购买欲望。这是客户做出消费决定过程中所不可缺少的基本前提。如若不具备这一基本前提,客户也就无从做出购买决定。

在传统的购物过程中,诱发需求的动因是多方面的。人体内部的刺激,如饥饿、口渴的刺激,可以引发对食物、饮料的需求。外部的刺激也可以成为"触发诱因",如看到同事穿了一件新西服,感到非常得体、潇洒,手感也非常好,因而产生了自己也要买一件的想法。但对于网络营销来说,诱发需求的动因只能局限于视觉和听觉。文字的表述、图片的设计、声音的配置是网络营销诱发客户购买的直接动因。从这方面讲,网络营销对客户的吸引具有相当的难度。这就要求从事网络营销的企业或中介注意了解与自己产品有关的实际需求和潜在需求,了解这些需求在不同时间的不同程度,了解这些需求是由哪些刺激因素诱发的,进而巧妙地设计促销手段去吸引更多的客户浏览网页,诱导他们的需求欲望。

2. 信息收集

当需求被唤起之后,每一个客户都希望自己的需求能得到满足。所以,收集信息,理解行情,成为客户购买过程的第二个环节。这个环节的作用就是汇集商品的有关资料,为下一步的比较选择奠定基础。

比方说有人的新房子即将交房,因此就要开始打算购新家具。因为家具是价格和品质都差距颇大的产品,为了兼顾质量与价格,消费者就会开始上网、逛街、询问好友,进行信息收集工作。收集信息的渠道主要有内部渠道和外部渠道。内部渠道是指客户个人所储存、保留的市场信息,包括购买商品的实际经验、对市场的观察以及个人购买活动的记忆等;外部渠道则是指客户可以从外界收集信息的通道,包括个人渠道、商业渠道和公共渠道等。

与传统购买时信息的收集不同,网络购买的信息收集带有较大主动性。在网络购买过程中,商品信息的收集主要是通过互联网进行的。一方面,上网客户可以根据已经了解的信息,通过互联网跟踪查询;另一方面,上网客户有不断地在网上浏览,寻找新的购买机会。由于消费层次的不同,上网客户大都具有敏锐的购买意识,始终领导着消费潮流。

3. 比较选择

消费者需求的满足是有条件的,这个条件就是实际支付能力。没有实际支付能力的购买欲望只是一种空中楼阁,不可能导致实际的购买。为了使消费需求与自己的购买能力相匹配,比较选择是购买过程中必不可少的环节。消费者对各种渠道汇集而来的资料进行比较、分析、研究,了解各种商品的特点和性能,从中选择最为满意的一种。一般说来,消费者的综合评价主要考虑产品的功能、可靠性、性能、样式、价格和商家的信用、态度、发货时间、售后服务等。

4. 购买决策

网络个人客户在完成了对商品的比较选择之后,便进入到购买决策阶段。网络购买决策是指网络个人客户在购买动机的支配下，从两件或两件以上的商品中选择一件满意商品的过程。购买决策是网络个人客户购买活动中最主要的组成部分，它基本上反映了网络个人客户的购买行为。

与传统的购买方式相比，网络购买者的购买决策有许多独特的特点。首先，网络购买者理智动机所占比重较大，而感情动机的比重较小。这是因为客户在网上寻找商品的过程本身就是一个思考的过程。对任何一件新产品的出现，客户都不用担心买不上。他有足够的时间仔细分析商品的性能、质量、价格和外观，从容地做出自己的选择。其次，网络购买受外界影响较小。购买者常常是独自坐在计算机前上网浏览、选择，与外界接触较少，因而决策范围有一定的局限性，大部分的购买决策是自己做出的或是与家人商量后做出的。正是因为这一点，网上购物的决策行为较之传统的购买决策要快得多。

5. 购后评价

客户购买商品后，往往通过使用，对自己的购买选择进行检验和反省，重新考虑这种购买是否正确，效用是否理想，以及服务是否周到等问题。这种购后评价往往决定了客户今后的购买动向。

6. 重购

客户在购买和试用某种产品后，感到满意或很满意，他们就会重复购买这种产品，并且会对别人说这种产品的好话。反之，客户在购买或试用某种产品后感到不满意或很不满意，他们以后就不会再去购买这种产品，而且会对别人说这种产品的坏话。所以商界中流传着这样一句话："一个满意的顾客就是我们最好的广告。"在这里，"满意"的标准是产品的价格、质量和服务与客户预料的符合程度。

为了提高企业的竞争力，最大限度地占领市场，企业必须虚心倾听顾客反馈的意见和建议。互联网为网络营销者收集客户购后评价提供了得天独厚的优势。方便、快捷、便宜的电子邮件紧紧连接着厂商和客户。厂商可以在订购单的后边附上一张意见表。客户购买商品的同时，就可以同时填写自己对厂商、产品及整个销售过程的评价。厂商从网络上收集到这些评价之后，通过计算机的分析、归纳，可以迅速找出工作中的缺陷和不足，能够时时了解到客户的意见和建议，及时改进自己产品性能和售后服务。

3.4.2 消费者网上购物行为理论与模型

在市场经济条件下，越来越多的组织对消费者行为的研究日益加强，消费者行为表现了消费者产品的倾向性和行为导向性，是市场导向的现代营销中一项重要的任务。消费者行为的研究构成营销决策的基础，它与企业市场的营销活动是密不可分的。它对于提高营销决策水平，增强营销策略的有效性等方面有着很重要意义。对于理论模型的介绍可以成为学生深入了解与研究相关领域的重要工具。

1. 理性行为理论模型

理性行为理论模型是一个被广泛使用的模型，研究的是有意识行为意向的决定性因素，实质上可用于解释任何一种人类行为，对于不同领域的行为，它都能做出很好的预测和解释，是研究人类行为最基础的、最有影响力的理论之一。根据理性行为理论，一个人执行某项行为是由他/她的行为意向(Behavioral Intention)决定的，行为意向又是由个人对所要执行的行为的态度(Attitude)和主观规范(Subjective Norm)共同决定的，如图 3-2 所示。

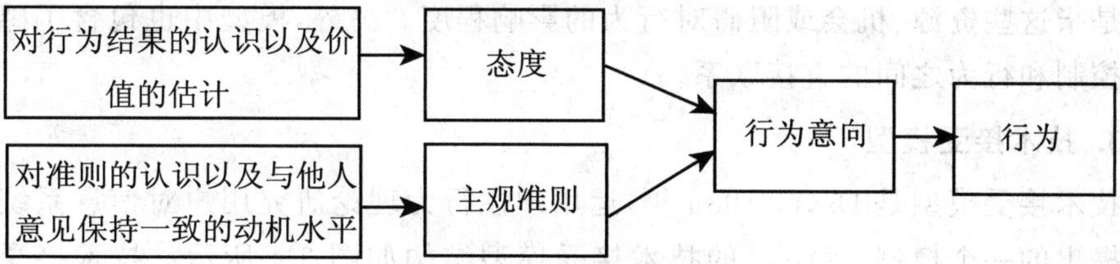

图 3-2 理性行为理论模型

从信息系统的角度理解理性行为理论，其中一个相当有用的方面就在于它认为其他任何影响行为的因素都是通过影响态度和主观规范来间接影响行为的。所以，系统设计特征、用户特征(包括感知的形式和其他的个性特征)、任务特征、发展或执行过程的本质、政策的影响、组织结构等因素都属于这一类，Fishbein 和 Ajzen 将这一类因素定义为外部变量(External Variables)，这样理性行为理论就综合考虑了影响用户行为的不受控制的环境因素和能够进行控制的因素。

2. 计划行为理论模型

TRA 是由理性行为理论延伸而来的，由于理性行为理论是在“行为的发生是基于个人的意志力控制”的假设下，对个人的行为进行预测、解释，没有考虑行为意向发展为实际行为过程中的一些行为约束因素的影响。但在实际情况下，个人对行为的意志控制程度往往会受到时间、金钱、信息和能力等诸多因素的影响，因此理性行为理论对不完全由个人意志所能控制的行为，往往无法给予合理的解释，例如，一个有强烈在线购买意向的个体可能由于无法上网或不具备所需的网络技能而无法实施在线购买行为。Ajzen 便将理性行为理论加以延伸，提出了计划行为理论，期望其对行为的预测和解释更具适用性，其模型如图 3-3 所示。

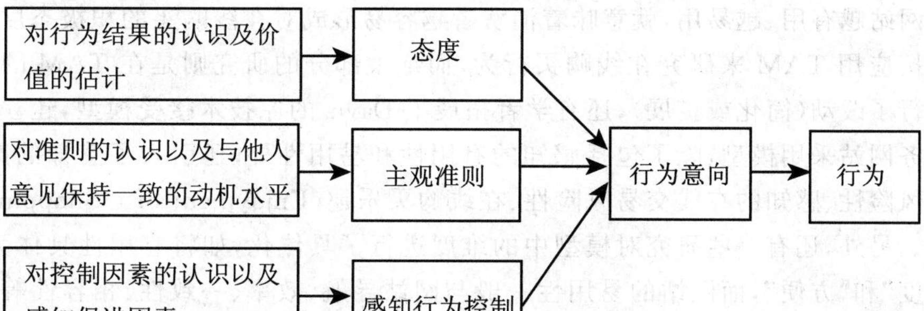

图 3-3 计划行为理论模型

计划行为理论与理性行为理论不同之处就在于对行为意向的预测上。计划行为理论增加了第三个决定性因素——感知的行为控制（Perceived Behavioral Control）。感知的行为控制是指个人感知到完成某一行为容易或困难的程度，它反映个人对某一行为过去的经验和预期的阻碍。当个人认为自己所拥有的资源与机会越多时，预期的阻碍就越小，对行为的控制也就越强。感知的行为控制是由控制信念（Control Beliefs）与感知的便利性（Perceived Facilitation）共同决定的。控制信念是指个人对自己所拥有执行行为所需的资源、机会或阻碍多少的认知，感知的便利性是指这些资源、机会或阻碍对行为的影响程度。另外，模型中也包含了感知的行为控制和行为之间的直接联系。

3. 技术接受模型

技术接受模型是Davis（1989年）运用理性行为理论研究用户对信息系统接受时所提出的一个模型。Davis的技术接受模型结构如图3-4所示。技术接受模型提出了两个主要的决定因素：感知的有用性（Perceived Usefulness），反映一个人认为使用一个具体的信息系统对他工作业绩提高的程度；感知的易用性（Perceived Ease of Use），反映一个人认为具体的信息系统的使用容易程度。技术接受模型认为系统使用是由使用意向决定的，使用意向是由某人的使用态度和感知的有用性共同决定的，使用态度是由感知的有用性和感知的易用性共同决定的，感知的有用性是由感知的易用性和外部变量共同决定的，感知的易用性是由外部变量决定的，而外部变量则为技术接受模型中的信念、态度、意向和不同的个人之间的差异、环境约束、可控制的干扰因素之间建立起了一种联系。但是该模型忽略了主观规范的影响，而第二版的技术接受模型（TAM2）还整合加入了主观规范和认知手段过程（Cognitive Instrument Process）两个方面的因素。

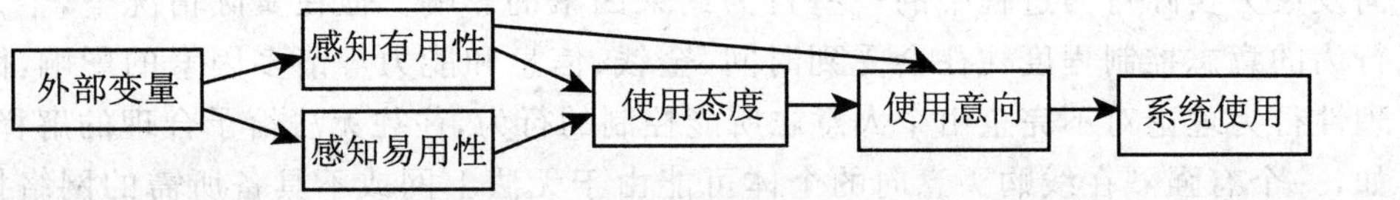

图3-4 技术接受模型

技术接受模型在网络消费者行为研究中的应用非常频繁，在电子商务环境下，一个网站越有用、越易用，就意味着消费者越容易形成对在线购买的积极态度。有人直接应用TAM来研究在线购买行为，而绝大部分的研究则是在TAM的基础上进行了改动（简化或扩展），还有学者拓展了Davis的原技术接受模型，建立了电子商务网站采用模型，除了包括感知的有用性和易用性外，还引入了感知的产品/服务风险性、感知的在线交易风险性、在线购买乐趣（Enjoyment of e-Shopping）等维度。另外，还有一些研究对模型中的维度进行了具体化，如将有用性具体为“购买速度”和“方便”，而网站的易用性一般与网站导航、效率、一致性、相容性等属性有关。

4. AISAS 模式

AISAS 模式是由电通公司针对互联网与无线应用时代消费者生活形态的变化，而提出的一种全新的消费者行为分析模型。电通公司的调查数据表明：在商品认知过程中，消费者的信息来源还是以电视、报纸、杂志、户外、互联网等传统媒体广告为主；不过在理解商品以及比较探讨和决定购买的这一阶段中，除了亲临现场之外，互联网及口碑相传应成为了其主要的信息来源和决策依据。根据这一系列的研究与探讨，为了更好地调整营销策略，电通公司重构了作为营销基础的消费者行为模式，并与之相对应的提出了新的含有网络特质的 AISAS 模式：Attention（注意）、Interest（兴趣）、Search（搜索）、Action（行动）、Share（分享）。

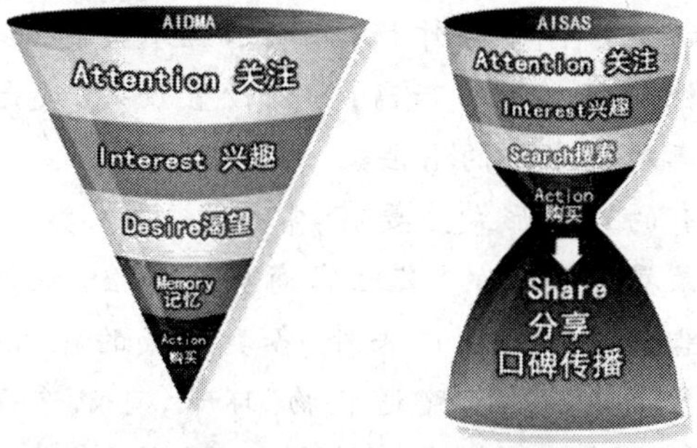

图 3-5 AISAS 模型

在 AISAS 模式中，引起受众注意和兴趣之后，然后执行的就是搜索。网络时代的优势就在于企业的信息相对公开，品牌消费者能够通过网络平台分享品牌体验。在现有的市场环境下，品牌选择建立在一种信息更加平衡对等的基础上，使得消费者的品牌选择空间更大。因此在网络时代，品牌告知和品牌说服是品牌营销传播活动的两个部分，为了达到品牌告知的目的更多的是依靠传统广告和其他营销模式，调动受众对品牌的兴趣，消费者产生兴趣之后为了获得更多的品牌信息可以求助于网络，通过利用网络提供足够的信息来支撑其品牌购买行为。

处于网络时代下品牌整合营销传播是根据 AISAS 的模式，来整合多种媒体、营销形式以达到开展企业的营销行为目的，以统一的网络平台来作为整合企业的营销传播的手段，以此来吸引消费者的卷入和互动，通过深度演绎，品牌主张以及营销的理念来达到营销的效果。在全部的整合营销传播体系当中，核心是网络平台。而品牌信息传达的端口是通过传统广告、网络广告、事件营销、无线营销、口碑传播等营销活动，来达到品牌告知的目的，从而激发受众的兴趣。受众通过搜索卷入了营销活动后，以网络平台为手段来实现受众与品牌的互动的效果，品牌营销活动的扩散可以通过体验分享实现，这种形式的扩散可以让更多的消费者卷入到品牌营销活动中。

AISAS 模式与“开心网”的营销价值

2008 年在消费行为和企业经营的一片“寒冬”下，却有一样新事物发展得如火如荼，那就是风靡一时的“开心网”。它是基于“六度空间理论”建立的一种社区交友平台。1967 年，哈佛大学心理学教授提出了六度空间理论，即通过六个人就能认识任何一个陌生人，在网络迅速发展的今天，依托这一理论人们开发了社会化网络服务。开心网给工作生活压力大的受众提供快乐体验，是 SNS 的又一平台。用户在这里可以体验向往已久的田园生活，如牧场中养家畜，在自己的“一亩三分地”里耕种各种作物；可以乐此不疲地进行“朋友买卖”和“争车位”来拉近朋友间的距离；可以设置议题，发起投票，充当意见领袖或者分享对某事物的看法。

开心网现有的广告形式主要有：常规类、植入类和活动类。必胜客在开心网登录界面投放的“必胜客商务套餐 28 元起”就是一种常规网络条幅广告。除常规类广告外，各类形式的植入性广告巧妙地融入到组件的各个角落，如“赠送礼物”环节，可以选择“碧欧泉修颜隔离霜”赠与好友，并可进入产品群链接。中粮“悦活”开展的种植大赛、兰蔻“粉领丽人”大赛等灵活多样的活动类广告更是吸引了大批用户。

本章小结

(1)网络用户是网络营销的主要个体消费者，他们的购买行为决定了网络营销的发展趋势，网络消费需求主要有以下六个方面的特点：消费需求个性化、消费需求差异化、消费者的主动性增强、消费者的理性化增强、消费者的互动意识增强、追求方便的消费过程。互联网强大的通信能力和网络商贸系统便利的交易环境，改变了消费者的消费行为，网络时代消费行为的变化可以概括为以下四个方面：消费产品碎片化、消费过程主动化、消费行为理性化、购买方式多样化。

(2)购买动机的产生，是建立在一定程度的客户需求上，同时存在为满足其需求的外界客观物体。动机分为两类，一类是生理性动机，另一类是心理性动机。在传统的营销过程中，需求层次理论被广泛应用，包括生理的需求、安全的需求、社交的需求、尊重的需求、自我实现的需求。在现代网络虚拟社会中人们联系的基础实质上是人们希望满足虚拟环境下三种基本的需要：兴趣、聚集和交易。网络消费者购买行为的心理动机可分为感情购买动机、理智购买动机、惠顾购买动机。

(3)影响消费者行为的主要因素包括内在因素和外在因素。分析影响消费者购买行为的因素，对于企业正确把握消费者行为，有针对性地开展市场营销活动，具有极其重要的意义。消费者购买行为首先受其自身因素的影响，这些内在因素主要包括心理因素、环境因素、经济因素、行为因素等。网络消费者的购物行为还受到许多外在因素的影响，主要包括价格因素、产品因素、时间因素、商品挑选的便捷性以及购物的安全性与可靠性等。研究消费者行为的目的之一是为了更有效地影响消费者，市场消费引导包括宏观消费引导和微观消费引导。网络营销者能够通过多种方法和技术影响消费者。

(4)同传统市场一样，网络消费者的购买过程也是从动机产生到最终评价的完整过程。消费者的决策过程可分为六大步骤，引起需要、信息收集、购前方案评估、购买决策、购后评价、重购。

思考题

(1)网络消费者的行为特征有哪些？与传统消费行为比有哪些变化？

(2)传统的需求层次理论适用于网络消费者吗？

(3)网络消费者的心理动机包括哪些？能否举例说明？

(4)影响网络消费者购买的因素有哪些？对网络营销有什么启示？

(5)网络市场如何进行消费引导？

(6)消费者的购买过程包括哪几个步骤？每个消费者都是按照这些步骤进行的吗？

(7)什么是 AISAS 模式？想一想身边网络营销的例子是否有符合 AISAS 模式的？

参考文献

[1] (美)理查德·格里格，(美)菲利普·津巴多．心理学与生活[M]．北京：人民邮电出版社，2003.

[2] 马斯洛．人类动机的理论[M]．北京：中国人民大学出版社，2007.

[3] 符莎莉．网络营销[M]．北京：电子工业出版社，2010.

[4] 迈克尔·R. 所罗门．消费者行为学[M]．北京：中国人民大学出版社，2011.

[5] 周贺来．网络营销实用教程[M]．北京：机械工业出版社，2010.

[6] 何建民．网络营销[M]．北京：电子工业出版社，2010.

[7] (美)霍金斯，(美)马瑟斯博．消费者行为学[M]．北京：机械工业出版社，2011.

[8] 陈黎．AISAS 模式下网络整合营销传播应用研究[D]．北京：武汉理工大学，2010：11-16.

第二篇　理论篇

第4章　网络市场调研

本章概要：市场调研是营销过程中的关键环节。网络市场调研这一新型市场调研方式凭借其特点优势正逐步取代传统市场调研方式，它的兴起也是互联网高速发展的必然结果。本章主要阐述了网络市场调研的基础知识、步骤方法和网络市场调研的内容及存在的问题。本章的重点是了解网络市场调研的特点、类型和适用范围，掌握进行网络市场调研的内容、步骤方法。

引例

思科公司：网络市场调研优势明显

思科公司是美国最成功的公司之一。曾获得2008年度《财富》全球最佳企业雇主排名第6位，在2007年《财富》美国500强中排名第77位，并第8次当选《财富》全球最受尊敬的企业。思科公司是全球领先的互联网解决方案供应商。今天，网络作为一个平台成为了商业、教育、政府和家庭通信不可或缺的一部分，思科的互联网技术正是这些网络的基础。

思科公司对网络调研非常重视，在首页最引人注意的图片播放位置邀请网站的访问者参与问卷的调查。

在思科的问卷中，思科公司主要向访问者询问了：

1. 多长时间访问一次Cisco.com（思科官网）？

2. 您是如何得知Cisco.com的（比如Internet搜索引擎、思科合作伙伴、在线广告、报纸、社交网站）？

3. 今天访问Cisco.com的主要目的是什么？（比如了解思科的产品或服务，购买思科的产品或服务，查找思科合作伙伴，寻求客户支持，了解培训或活动，管理我的Cisco.com个人资料。）

4. 客户如何描述其在Cisco.com上查找具体信息的体验？

5. 评价思考网站的设计和外观、内容的数量、内容的质量、信息的覆盖面、信息的条理性、导航的便利性、良好的访问者支持、内容的时效性等。

思科公司通过网络调研问卷的方式统计网站访问者这是通过传统的纸质问卷几乎无法操作的工作,通过网络和问卷的结合思科公司可以从中了解到访问者的来源,访问者的需求和目的,访问者对网站(包括内容)的评价,访问者获取思科信息的途径,以及相关的社交网站和科技网站的调查。通过对网站访问者回馈的问卷内容的分析,思科就更能把握信息的传播途径,网站的接受程度,网站内容是否有待提高或者是否需要整理,以及社交网站的影响。

4.1 网络市场调研概述

市场营销调研对于一个企业来说至关重要,它有助于企业生产更贴近于客户需求的产品并及时调整营销策略。一个成功的营销方案必然建立在对市场进行深刻调查的基础之上。互联网为市场营销调研提供了海量的信息资源库和卓越的工具。众多公司都已利用互联网和其他一些在线服务进行市场营销调研并取得了显著的成果。随着技术的飞跃、工具的完善以及人们重视程度的提高,网络市场调研已日益成为营销调研的一种主要方式。可见,对于网络营销调研的基础知识和步骤方法的了解与掌握,是企业实现成功营销的首要工作。

4.1.1 网络市场调研的概念

市场调研是运用科学的方法,有目的、有计划地收集、整理和分析有关供求和资源的各种情报、信息和资料,把握供求现状和发展趋势,为营销策略制定和企业决策提供正确依据的信息管理活动。它是市场调查与市场研究的统称,是个人或组织根据特定的决策问题而系统地设计、搜集、记录、整理、分析及研究市场各类信息资料、报告调研结果的工作过程。市场调研是市场预测和经营决策过程中必不可少的组成部分。

技术发展对调查方法的促进从调查法所用之工具发展来看,技术的发展对其应用方式产生了深远的影响。20 世纪 60 年代以后,随着信息通信技术的迅速发展,调查中数据收集的方法和工具也伴之不断丰富和变化,对调查研究的使用方法、成本支出、应用效率、时间周期和数据质量产生了不可忽视的重要影响:从 60 年代以前的面对面访谈到 70 年代的电话访谈,到 80 年代的计算机辅助电话访谈,再到 90 年代以后的网络问卷调查(见表 4-1)。调查工具的发展,为调查研究者提供了更为多样化和更加个性化的选择,因而从技术工具的层面促进了调查法的不断完善和发展。

表 4-1 技术发展对调查研究法的促进

发展阶段	第一阶段	第二阶段	第三阶段	第四阶段
时间	20 世纪 60 年代	20 世纪 70 年代	20 世纪 80 年代	20 世纪 90 年代至今
技术进步	大型计算机的发展	电话的普及	个人计算机及软件的进步	互联网的迅速发展
数据搜集方式	纸和笔	纸、笔、电话	计算机和电话	网络及计算机
资料搜集方法	人员面访、信函邮寄	电话访问	计算机辅助电话访问	网络问卷调查
特点	成本昂贵且耗时	成本降低、更具时效性	成本低、具时效性、降低资料搜集与整理的误差	成本低、具时效性、降低数据输入的误差
意义	调查仅局限于实力强大的专业机构实施	带动民意调查、市场调查和学术调查的蓬勃发展	降低民意调查、市场调查和学术调查的进入门坎	进一步降低民意调查、市场调查和学术调查的进入门槛

IT 与互联网技术的发展，促进了信息采集与分析的发展，传统的市场研究方法与新技术的结合，使得专业的市场研究机构能够为客户提供领域更广、周期更短、成本更低、精度更高、效能更佳、应用更灵活的多项市场研究服务。同时伴随着 IT 和互联网技术在社会、企业、机构日益广泛和深入的应用，与市场调研结合紧密的营销、公关、推广等企业活动也越来越多地可以借助于网络，一种崭新的调研方式——网上调研随之产生。

1. 网络市场调研定义

在有形产品与无形产品琳琅满目、品种繁多的今天，消费者的选择多了，伴随而来的就是消费者的需求也变得复杂多样。在网络营销这种新型营销模式的基础之上，网络市场调研的应用尤为重要，它弥补了传统市场调研的不足，使企业能够更加细致全面地了解到消费者的不同需求。

对于网络市场调研的定义，我们可以归结为：网络市场调研是指利用 IT 和 Internet技术平台，以非传统手段进行以数据采集为主要方向的市场调研，特点是在线化、即时性、互动性、大区域和广人群，网络市场调研的基本研究技术仍旧是传统的市场研究技术，但由于多媒体技术和数据库技术的成熟应用，它将在某些市场研究领域逐渐取代传统市场研究方法和形式，在实际使用中往往借助于其样本量大的特点，结合传统研究方法共同进行。如图 4-1 所示。

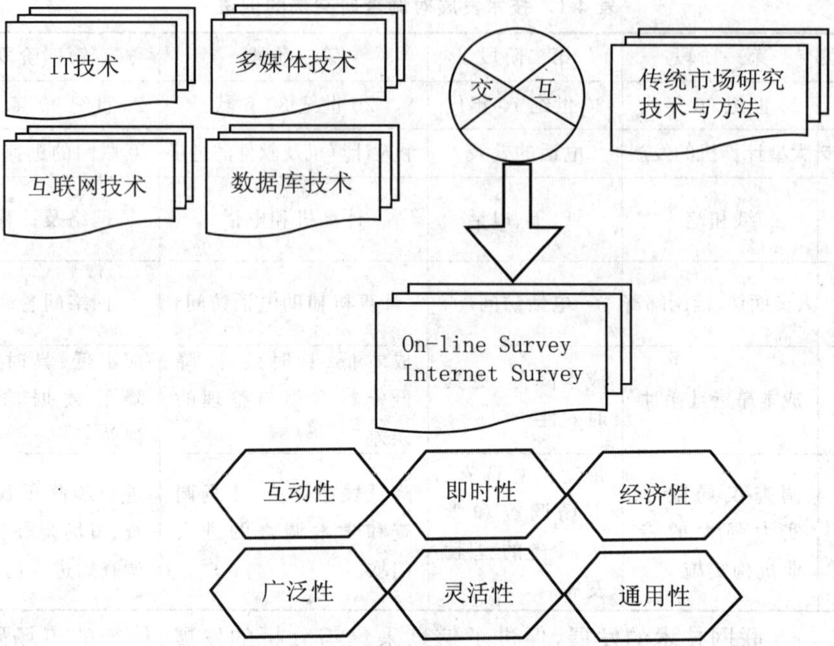

图 4-1　网络市场调研示意图

网络市场调研与传统市场调研并无本质区别，它们都是为企业的整体营销活动服务的，都是整个营销活动的有机组成部分、重要环节。不同的是，网络市场调研借助了互联网等现代工具的优势，发挥出了比传统市场调研更大的功效，一定程度上弥补了传统市场调研的不足。所以，我们可以把网络市场调研看作是传统市场调研的一次进化。

2. 网络市场调研的作用

前文中已提到，网络市场调研与传统市场调研并无本质区别，因此网络市场调研的目的相似于传统市场调研。但是由于网络市场调研的特点优势，使其在市场调研的作用方面弥补了传统调研的不足，并在某些方面超越了传统调研的作用，从而促使企业更好地达到了进行市场调研的目的，这种优势主要体现在以下三方面。

(1)有利于制定科学的营销规划

通过进行网络市场调研，企业可以更加准确深入地分析市场、了解市场，这样才能根据市场需求、市场规模、消费者意见与购买行为、上游企业经营状况、竞争环境、自然资源与科学技术等营销环境的变化，及时、科学地制定和调整企业营销规划。

(2)有利于优化营销组合

企业根据网络市场调研的结果，可对可控营销因素进行最佳组合。例如分析研究产品的生命周期，开发新产品，制定产品生命周期各阶段的营销策略；根据消费者对现有产品的接受程度、对产品及包装的偏好，改进现有产品，开发新用途；探测消费者对产品价格变动的敏感程度,分析竞争者的价格策略,确定合适的定价;综合运用各种营销手段,有针对性地加强促销活动、广告宣传和售后服务,增进产品知名度和顾客满意度。

(3)有利于开拓新的市场

通过网络市场调研,企业可发现消费者对某些新产品(包括有形产品与无形产品)的新需求或对已有产品(包括有形产品与无形产品)尚未满足的需求,评价市场上现有产品及营销策略满足消费者需求的程度,从而不断开拓新的市场。营销环境的变化,往往会影响和改变消费者的购买动机和购买行为,给企业带来新的机会和挑战,企业可据以确定和调整发展方向。

3. 网络市场调研的目的

(1)掌握营销环境信息

利用网络市场调研准确掌握宏、微观市场营销环境信息,为企业制定产品(服务)、价格、渠道、促销方式等策略,为市场可行性研究、市场机会与潜力分析、开拓市场、树立企业形象等策划工作提供依据。

(2)搜集现有和潜在客户资料

现有和潜在客户资料包括姓名、性别、年龄、职业、兴趣爱好、联系方式,以及人口特征、购买行为习惯等,它为研究消费者行为提供资料。

(3)跟踪产业链上相关成员以及竞争者的最新动向

通过访问这些机构或企业的网站以及搜集来自网上的有关信息,了解其经营动向、营销策略,为分析市场竞争态势、制定经营战略、寻找合作伙伴等提供决策参考。

4.1.2 网络市场调研的特点

网络市场调研作为传统市场调研的进化,凭借互联网等现代工具的高效性、共享性、便捷性、资源丰富等优势,在具备传统调研特点的同时还有着自己独特的特点。

1. 及时性与共享性

网络市场调研的及时性体现在两个方面。一是调研工作实施快,互联网最大特点就是信息传递速度快,利用其传递调查问卷或是查找资料都是最快捷的方法;二是调研结果获取快,由于所有工作都是在计算机上执行,这就省去了录入的时间,同时利用计算机处理调研资料,这样企业便能在第一时间获取自己想要的调研结果。

同时,任何企业机构或者个人都可以在网上发起或参与调研,调研结果也是公开的,这充分体现了网络市场调研的共享性,这样使得企业或个人都可以更全面地了解当前市场营销环境。

2. 便捷性与经济性

网络市场调研较传统市场调研最大的优势就是可以节约大量的人力、物力。网络市场调研不需要印刷调查问卷，不需要派出调研人员，较传统调研许多实物成本都可以节省下来。同时，网络市场调研一个显著特点就是它的成本不与它调查的样本空间成正比（网络调研费用的增加项是有限的），它只需要计算机和相应的上网设备，并且这些投入并不是一次性的，如果再把这些成本平均分摊到每个受访者上，那么网络市场调研的成本是很低的。而且，调研工作中最繁重关键的信息收集、录入、分析等工作都交由机器终端来完成，这些都体现出了网络市场调研较传统调研具有更高的便捷性和经济性。

3. 多媒体性与交互性

互联网与其他传统媒体相比，其最大的特点就是可以传递文字、声音、图形、图像等多媒体信息，这样就可以把调查问卷等图文并茂地呈现给受访者，在客户体验方面具有更好的效果。

互联网的另一特点就是交互性，通过网络进行市场调研可以使受访者的疑惑或者建议及时地反馈给企业，企业也可以立刻为受访者答疑或是对调研内容进行调整。这样既及时地帮助了受访者，又可减少因调研内容不完善而导致的调研结果偏差等问题。这种双向互动的沟通方式提高了客户的参与性和积极性，拉近了企业与客户之间的距离，为企业的营销决策奠定了基础。

4. 客观性与可靠性

网络市场调研较传统调研具有更高的客观性与可靠性。原因有三：一是因为受访者都是在完全自愿与主动的情况下参与调查的，能够比较认真地完成调研；二是受访者基本都是企业的现有客户或潜在客户，并不是单纯为了某些奖励而参与调研，这样能较好保证调研结果的客观可靠；三是因为没有调研人员参与其中，受访者是在完全独立思考的情况下完成调研的，这样可避免外界的诱导与干扰。

5. 可检验性与可控制性

网络市场调研可有效地对所采集的信息质量实施系统的检验和控制。首先，网上调查问卷可以附加全免规范的指标解释，有利于消除因对指标理解不清或调查人员解释不一致而造成的调查误差；其次，问卷的复核检验由计算机依据设定的检验条件和控制措施自动实施，可以有效地保证对调查问卷的复核检验；最后，通过对受访者的身份验证技术可以有效地防止信息采集过程中的舞弊行为。

6. 无时空与地域的限制

互联网最大的特点就是为我们提供了一个全球化的市场。利用互联网，网络市场调研可以在这个巨大的市场上 24 小时全天候地进行，不必受时间与空间的限制，也不必受天气等客观因素的局限，这是传统市场调研所无法比拟的，如表 4-2 所示。

表 4-2 网络问卷调查法与其他方法的特点比较

	面访调查	电话调查	信函调查	网络调查
测量准确性	中等	中等	高	高
数据采集的速度	慢	快	慢	快
单位调查成本	高	中等	低	低
实施灵活性	高	高	低	高
代表性	低	中等	中等	中等
视觉交流	是	否	是	是
社会意愿效应	偏差高	偏差高	偏差低	偏差低
单位时间的信息产出	慢	慢	中等	中等

7. 针对性与精准性

网络市场调研选取的消费者更有针对性,并且调研的信息更加准确。原因有四:其一,调查者不与被调查者进行任何的接触,可以较好地避免来自调查者的主观因素的影响;其二,被调查者接受询问、观察,均是处于自然、真实的状态;其三,站点的访问者一般都具有一定的文化知识,易于配合调查工作的进行;其四,企业网络站点访问者一般都是对企业有一定的兴趣,不会像传统方式下单纯为了抽号中奖而被动回答,所以网络市场调研结果比较客观和真实,能够反映市场的历史和现状。

屈臣氏网络营销案例分析:互动与精准营销

与时而动紧跟潮流是商家应对激烈竞争的商业环境所必须具备的品质,对于日益盛行的互联网消费风潮,屈臣氏于个人护理零售行业中率先而行,尝试与消费者进行线上网络互动的新鲜沟通方式,以便更深接触消费者,有针对性地提供更精准的服务。屈臣氏的网络营销案例告诉了我们。

相较传统的店面宣传及销售活动,网络互动营销的试行使屈臣氏的整个零售网络更加完整,独家的产品优势、强势终端销售再加上网络互动营销,线上与线下活动的配合使无缝沟通消费者的理想成为现实。

以屈臣氏“人人网美丽之旅”营销手段为例，2010年上半年，人人网的注册用户已经超过1.2亿人，主要活跃用户为时尚白领及在校大学生，凭借“新鲜事”的病毒式无限性传播，人人网注册用户内的重复传播程度非常高，而屈臣氏选择与人人网合作建立起互动网络营销，相当于直接对接起这1.2亿时尚消费族群，更不论每个人的网络社交平台不仅一个，传播效果将以N的N次方延伸。在传播内容方面，屈臣氏也采用消费者关注度非常高的产品免费试用形式来吸引用户参与，能够直接反应网友对屈臣氏的品牌、产品的意见反馈，无消费陷阱、独家产品试用加上网友试用报告，口碑传播的效果一试便知成效。

除了SNS社交网站，屈臣氏还推出了自己的手机平台软件，如iPhone的APP，这在国内可谓是尝试了“头啖汤”。屈臣氏APP的推出，等同于可以让下载用户随身携带着自己的推广宣传册，突破了时间与空间的约束因素，让消费者可以无障碍地第一时间了解屈臣氏的动态。这一举措，不仅是屈臣氏在营销手段上的一个跨越，更是抢夺消费者市场的重要一步，善用手机网络的人一定程度上是代表着活跃的消费频次和强势消费力，这是借力打力的最佳实践。

4.1.3 网络市场调研的适用范围

网络市场调研与传统调研的适用范围基本一致，主要分为五个方面：对消费者的网络调研，对产品和服务的网络调研，对竞争对手的网络调研，对营运情况的网络调研，对市场客观环境的调研。

1. 对消费者的网络调研

对消费者的网络调研，特别是其需求及其变化趋势调研是网络市场调研的重要内容。对于这方面的调研，通常包括：对现有顾客规模的调研、对潜在顾客规模的调研、对所有顾客背景特征的调研以及这些顾客选择产品或服务的原因和购后感知。利用网络市场调研了解消费者的状况有着特别的优势，比如进行这类调研首先要识别消费者的个人特征（地址、性别、年龄、职业等），一般对已经统计过的访问者在计算机上放置一个Cookie，它会记下访问者的编号和个性特征，这样既可使消费者下次接受调查时不必填写重复信息，又避免出现重复调查。

2. 对产品和服务的网络调研

对于产品和服务的调研对企业来说是很重要的，产品和服务的质量往往会直接影响企业的名誉。传统的调研方式通常包括对产品供求状况、市场容量、市场占有率、商品销售额趋势、新产品开发、产品定价、服务的满意度等方面的调研。网络市场调研在兼顾这些的同时，与传统调研不同的是，它更加突出了“顾客参与”的理念，那就是顾客越来越多地参与到了企业产品或服务的设计、生产中来。例如，在产品决策正式实施前，先生产一小批产品投放到市场上进行销售实验，测试实施某产品决策的效果，这种方法称为贝塔测试。贝塔测试在传统调研时期是比较低效的，因为传统调研存在其固有的局限性。而凭借网络市场调研的周期短、传播快等特点，这种方法便得到了很好的利用。

3. 对竞争对手的网络调研

商场如战场，知己知彼方能百战不殆，因此对竞争对手信息的掌握对企业而言至关重要。竞争对手信息主要包括谁是主要的竞争对手，以及竞争对手的市场占有份额、实力、竞争策略、广告手段、网络营销战略定位、发展潜力等内容。收集的途径主要有：访问竞争者及其网站，收集竞争者网上发布的信息，从其他网站摘录竞争者信息，从有关新闻报道和电子公告中获取竞争对手信息。

4. 对营运情况的网络调研

对营运情况的调研主要包括广告投放效果、促销效果、定价策略效果等方面的调研。利用互联网，企业可以监测到网络广告的点击率，实时掌握各产品的销售情况，定价策略也更灵活多变。

5. 对市场客观环境的调研

对市场客观环境的调研也是必不可少的，它有利于企业制定宏观战略。市场客观环境主要涉及当地政治、法律、经济、文化、地理、人口、科技等。这些信息在政府网站或搜索引擎上都是易于获得的。

4.2　网络市场调研的步骤与方法

4.2.1　网络市场调研的基本步骤

网络市场调研利用互联网等现代工具的优势，使得调研步骤更简化，调研方法更多元化。网络市场调研和传统的市场调研在方法和步骤上也有很多的相似之处，都要遵循一定的秩序，让调研的过程有可靠的质量保障。其步骤具体如下。

1. 确定调研目标

在使用网上搜索这一途径的过程中，明确问题以及调研目标的确定是非常重要的。互联网每时每刻都在进行大量的信息交流，而我们在进行搜索的时候，如果没有一个明确的目标，就无法准确的找到对自己调研的有效数据，但也不可否认，即便是没有目的的搜索，我们也可能会发现一些对调研有用的信息资料及数据。明确的调研目标可以有效提高网络调研的效率。

2. 制定调查计划

制定行之有效的信息搜索计划是网上调研的第二个重要步骤。具体一点而言，主要是对资料来源的确定、调查方式的确定、调查手段的确定及相关联系方式。

3. 收集信息

信息科学技术的迅猛发展使得网络资料搜集方法也日渐丰富。互联网脱离了时空和地域的限制，使得网络调研的开展范围可以在全国甚至是国际范围内进行。信息搜集的方式也更简便，直接从网上递交或者下载，与传统的市场调研方式相比，这种资料收集方式具有极大的优越性。

4. 分析信息

收集信息后要做的是分析信息，这一步非常关键。网络市场调研可以利用计算机等终端对所得信息进行初步分析，这在很大程度上分担了调查人员的工作量。当然，“答案不在信息中，而在调查人员的头脑中”，调查人员如何从数据中提炼出与调查目标相关的信息，直接影响到最终的结果。

5. 提交报告

撰写网络调研报告是整个网络调研活动最后的工作部分。调研报告不是将搜集来的数据和信息资料简单地组合在一起，也不是调研人员在完成数据信息搜集之后将相关统计结果扔到管理人员面前，这样的做法使得网络调研的价值无法展现。正确的做法应该是将和市场有关的关键性的决策信息的调查结果整理并报告，然后用调查报告的正规形式予以整理上交，这样才能使管理决策减少不确定因素。

4.2.2 网络市场调研的主要方法

网络市场调研的主要方法有两种：直接调研和间接调研。直接调研是收集利用一手资料，而间接调研则主要是利用互联网的媒体功能，收集利用网络上的二手资料。一手资料是指资料和信息直接从面试、讨论、问卷调查等方式中获得，它是前人没有做过的，是原始的信息。二手资料是指先前别人已经收集和分类过的资料和信息。二手资料的来源有很多，如政府出版物、公共图书馆、大学图书馆、贸易协会、市场调查公司、广告代理公司和媒体、专业团体、企业情报室等。同时，许多企业、机构和各地政府都已在互联网上建立了自己的网站，现在的互联网搜索引擎也很发达，这些使得互联网上的二手资料极其丰富，可以说利用网络是收集二手资料的最佳途径。

1. 直接调研方法

网络市场直接调研是指为当前特定的目的在互联网上收集一手资料或原始信息的过程。直接调研的方法分为四种：专题讨论法、观察法、实验法和在线问卷法。

一般在网上调研过程中使用最多的是专题讨论法和在线问卷法。

(1)专题讨论法

专题讨论法即在相应的讨论组中发布问卷信息或调研题目,调研人员在讨论整个过程中提炼总结对己方有价值的信息内容。这种方法的优点是节约成本、提高效率、小组成员多元化。专题讨论法可通过即时聊天室、Usenet 新闻组、电子公告牌(BBS)或邮件列表讨论组进行。其步骤是:

第一步,确定所要调研的目标和具体话题;

第二步,招募并筛选讨论组人员;

第三步,对参与者进行指导培训;

第四步,组织每个参与者发表看法并回答提问;

第五步,登录相应的讨论组,通过过滤系统发现有用的信息,或创建新的话题,让大家讨论,从而获得有用的信息。

(2)观察法

观察法是指通过观察正在进行的某一特定网上营销过程来解决某一营销问题。这种方法是在被调查者无察觉的情况下进行的,优点是更加客观。现在许多网站要求访问者注册后才能使用,用户注册时要向网站提交个人资料,即静态信息资源。同时,企业还可利用计数器、Cookie 等技术,追踪用户的网上消费行为,即动态信息资源。这些资源对企业来说是极具价值的,可通过观察法获得。

虚拟店铺调查法

虚拟店铺这种市场调研技术,是在三维计算机图形技术发展基础上出现的。通过此项技术,市场营销人员可以快速而廉价地在计算机上构建一个真实的零售商场环境。

在哈佛商学院的营销模拟实验室里,一位顾客正坐在计算机屏幕前购物,仿佛置身于琳琅满目的商品世界中,他只需轻轻用鼠标在货架上点一下他所感兴趣的商品,商品就立即出现在屏幕正中,并且可以随意地从数个角度对商品进行观察。当他决定购买时,只需再点一下小型手推购货车,商品就自动地从货架中进入小车,就像在真的超市中购物一样,商品被整齐地堆放在小车上。在整个购物过程中,计算机将有条不紊地记录下每一个消费者在不同类型商品上所花的时间、消费者购买的数量和购买的次序。

像这样一种计算机模拟环境,具有旧的市场研究方法所无法比拟的许多优点:

首先,与其他传统的实验测试方式所不同的是,虚拟店铺能复制出十分逼真的顾客购物环境;

> 其次，研究人员能非常迅速地建立和改变实验条件。一旦某商品的图像被扫描进计算机，研究人员就能在短短的几分钟内迅速地改变产品的品牌、包装、价格、促销、货架陈列方式；
>
> 再次，这种方式降低了产品测试的成本，因为这仅仅与访问数量有关；
>
> 最后，这种模拟有很强的弹性，它能被应用于测试一种全新的市场营销观念，也可以用以调整原有的营销规划，而且能使企业尽可能地排除传统的测试方式所存在的干扰。

(3)实验法

实验法是以网络作为实验环境，根据实验目的和内容，设定相关变量和控制机制，受访者在一定受控变量约束条件下通过网络完成相应任务。调研者对实验过程和结果数据进行收集整理和分析，得出结论。为了改善控制效果以使控制具有可行性，实验法通常作为实验室研究而不是现场研究来做。

(4)在线问卷法

在线问卷法是指将问卷在网上发布，被调研对象通过网络完成问卷调查。其优点是：应答率更高，应答准确性更强，降低受访者疲劳感，成本低，回收速度更快，可对问卷进行定制。在线问卷法的具体做法有：在自己网站上防止问卷；向相关讨论组发送问卷；向相关讨论组发送信息，并把链接指向放在自己网站上的问卷。现在使用最多的是在线问卷法，它的价值在于获得第一手资料。但其也存在一定局限性，例如，目标客户难以确定、样本缺乏控制性、反馈率不易控制。目前，国内在线调研的网站有很多，如 Surveylink、爱调研、问卷星等，如图 4-2、图 4-3 和图 4-4 所示。

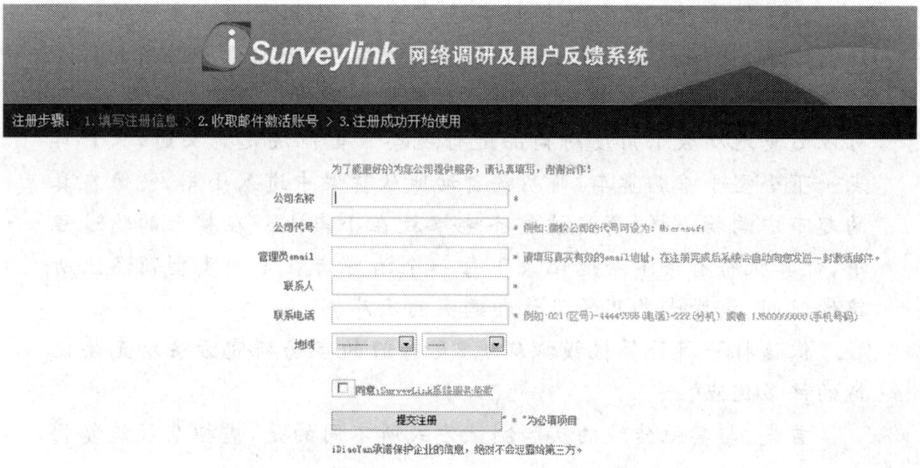

图 4-2　iSurveylink 网络调研系统界面

图 4-3 爱调研问卷界面

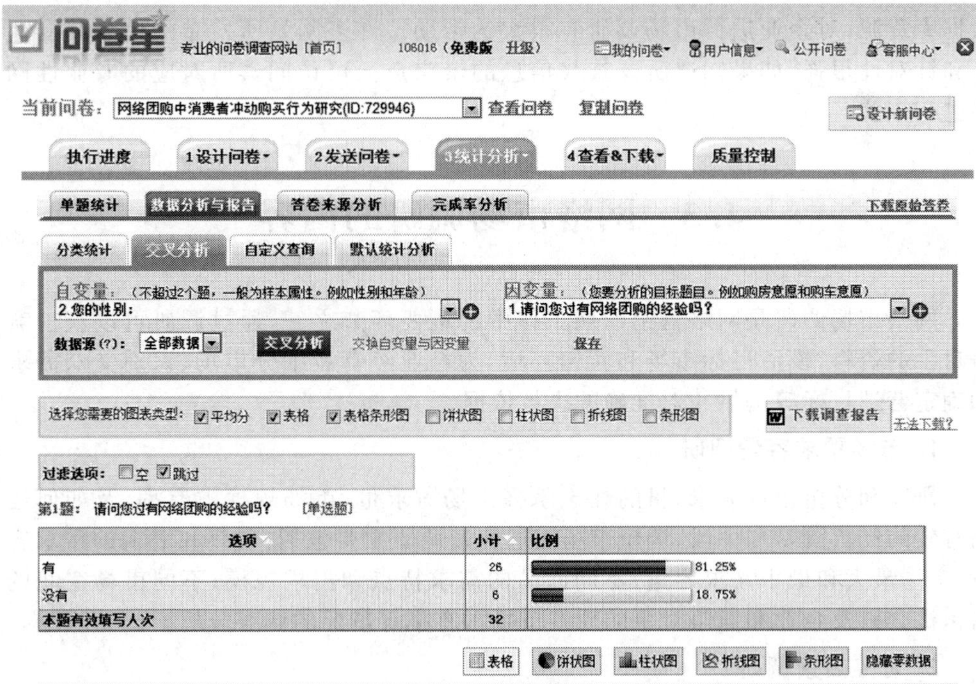

图 4-4 问卷星统计分析界面

2. 间接调研方法

由于互联网上的二手信息众多，所以要想找到对企业有价值的信息资料必须有科学的方式方法。归结起来，网络市场间接调研方法主要通过3种方式：利用搜索引擎；访问相关网站，如政府或机构的官方网站；利用网上数据库。这就要求调研人员必须熟练搜索引擎的使用，还要掌握相关网络信息资源的发布情况。

(1)利用搜索引擎查找资料

搜索引擎使用自动索引软件来发现、收集并标引网页，建立数据库，以Web形式提供给用户一个检索界面，供用户以关键词、词组或短语等检索项查询与提问匹配的记录。

目前，几乎所有搜索引擎都采用两种检索功能，即主题分类检索和关键词检索。主题分类检索即通过各搜索引擎的主题分类目录查找信息，当所要查找的信息不能聚焦到某一具体点时，这种检索功能是行之有效的。关键词检索即通过在搜索引擎的搜索框内输入关键词来查找所需信息，这种检索功能灵活直接，既可以使用布尔算符、位置算符、截词符等组合关键词，也可以缩小和限定检索的范围，对所找信息进行准确定位。

(2)访问相关的网站收集资料

互联网上有很多包含大量信息的数据库，一般有免费和付费两种。在国外，市场调研用的商情数据库一般都是付费的。在国内，数据库业近十年中有了较大的发展，近几年出现了几个Web版的数据库，但都是文献型数据库。有效利用网络数据库资源，对企业进行市场调研有很大的帮助。许多网站所发布的信息其专业性和针对性很强，如果知道所要查找信息的聚焦点便可访问其所对应的专业性网站进行查找。

4.3 网络市场调研的内容

网络市场调研是网络营销前期工作中的重要环节之一，通过调研可以获得竞争对手的资料，摸清目标市场和营销环境，为企业经营者细分市场、识别受众需求和确定营销目标等提供相对准确的决策依据。

1. 市场需求容量调研

研究和分析市场需求，目的在于掌握市场需求量，市场规模占有率，及如何运用有效的经营策略和手段，调研市场需求容量调研主要包括：现有和潜在的需求容量；市场最大和最小需求容量；不同商品的需求特点和需求规模；不同市场空间的营销机会以及企业和竞争对手的现有市场占有率等情况的调查分析。

2. 可控因素调研

可控因素调研主要包括对产品、价格、销售渠道和促销方式等因素的调研：

(1)产品调研包括有关产品性能、特征和顾客对产品的意见和要求的调研;产品寿命周期调研,以了解产品所处的寿命期的阶段;产品的包装、名牌等给顾客的印象的调研,以了解这些形式是否与消费者或用户的习俗相适应。

(2)价格调研包括产品价格的需求弹性调研;竞争对手价格变化情况调研;新产品价格制定或老产品价格调整所产生的效果调研;选样实施价格优惠策略的时机和实施这一策略的效果调研。

(3)销售渠道调研包括企业现有产品分销渠道状况;中间商在分销渠道中的作用及各自实力;用户对中间商尤其是代理商、零售商的印象等项内容的调研。

(4)促销方式调研主要是对人员推销、广告宣传、公共关系等促销方式的实施效果进行分析、对比。

3. 不可控制因素调研

(1)政治环境调研。它包括对企业产品的主要用户所在国家或地区的政府现行政策、法令及政治形势的稳定程度等方面的调研。

(2)经济发展状况调研。主要是调查企业所面对的市场在宏观经济发展中将产生何种变化。

(3)社会文化因素调研。调查一些对市场需求变动产生影响的社会文化因素,如文化程度、职业、宗教信仰及民风、社会道德与审美意识等方面的调研。

(4)技术发展状况与趋势调研。主要是为了解与本企业生产有关的技术水平状况及趋势,同时还应把握社会相同产品生产企业的技术水平的提高情况。

(5)竞争对手调研。主要调查竞争对手数量、竞争对手的市场占有率及变动趋势、竞争对手已经并将要采用的营销策略、潜在竞争对手情况等方面的调研。

4.4　网络市场调研存在的问题

1. 网络调研的安全性问题

计算机和互联网技术对受访者进行调查时,一个明显的弊端就是:受访者所处的网络环境往往受到一些不法之徒的恶意攻击如网络病毒与黑客侵袭等,致使网络调研的安全性大打折扣。因此,网络调研的安全性问题应该引起我们高度重视。

2. 网络调研的信任度问题

由于国内网络调研起步较晚,行政事业单位、企业单位、个体组织和消费者对网络调研的了解还很不够。比如网络市场调研,很多企业,特别是中小企业,对网络调研技术并不熟悉,在思想观念、技术水平、操作应用等方面,与现实需要还存在较大的距离。另外,网络市场调研的重要对象是消费者,他们对网络市场调研技术不大熟悉,不太信任,以致网络市场调研实际运用成效不太理想。

3. 网络调研的技术与人员问题

目前,由于网络调研刚刚起步,网络技术方面的专业人才紧缺,网络信息处理专用技术还不够过硬,致使网络调研的流程受到阻碍。虽然网络调研的各类专业研究机构和专业软件层出不穷,大有方兴未艾之势,但是能熟练地运用网络技术、具有调研实践经验强的专业网络人员还相当匮乏,以致网络调研技术的实际运用带有明显的局限性。

4. 网络调研的范围与拒访问题

目前,真正熟悉和了解网络操作技术的人并不多,这就造成网络普及率不是很高和拒访现象的大量存在。没有众多的网络用户,网络调研的适用范围会受到限制,调研结果的客观性、及时性、准确性和科学性就会受到影响,这些都将阻碍网络调研的发展。另外,受访者出于对网络手段的不信任、不理解等原因,可能会拒绝参加网上调研活动,这样比较高的拒访率会造成样本流失过多,致使调研结果不太准确。

如何克服在线问卷法的缺点?

调研者应了解目标消费者的特征。消费者市场可根据很多标准进行细分,例如,地理因素、人口因素、心理因素、年龄因素等。因此在线问卷法应向特定的群体倾斜,比如若想调研动感地带客户群体的消费行为,那就应该在年轻人常去的网站进行在线问卷法。同时调研者还应换位思考,设身处地地考虑所要调研的问题,在对调研对象进行细分的基础上,使调查过程和结果更具针对性、准确性。

采用传统方法作为辅助手段来提高样本的质量。调研人员可以通过在线征募用户,然后进行电话确认;或从公司数据库中抽选部分用户,然后定期进行电话核实;或预先通过电话征募调查对象,然后帮用户接入互联网。通过以上辅助手段我们就可以基本确定样本的质量。

注意问卷的合理性。由于网络使用者在访问时一般很少输入信息,大多用鼠标进行操作。因此在线问卷应该提供更多的选择性信息,尽量减少要求被访问者输入信息问答的问题,避免访问者的厌烦。这就要求进行问卷设计时必须对调查问题有足够的分析和了解,否则可能导致选择项目过少或者区分不清楚,失去调查意义。同时,问卷设计是专业性很强的知识性工作,进行网上调查时最好是聘请专业人员。由于互联网的信息非常丰富,访问者不可能长期关注某一个网页,因此在问卷中设置合理数量问题和控制填写问卷时间,有助于提高问卷的完整性和反馈率。

采取一定激励措施。互联网毕竟是虚拟世界,如果能够提供更多实质性的东西,如在网上调研过程中加入适当的奖励,调查会获得更多的参与者。因此,给予被调查者适当的奖品激励和答谢对于在线问卷调查来说是十分必要的。答谢的有效办法是以身份证编号为依据进行计算机自动抽奖,获奖面可以适当大一点,但奖品价值可以尽量小一些,获奖者的名单应及时在调查站点公布,可用 E-mail 告知获奖者,而对所有参与网上调研的网络用户也应该在适当的时候,采用适当的形式表示感谢,比如在新年来临之际用 E-mail 寄电子贺卡等。

注意用户个人信息保护。由于网上信息传播速度快,网民的信息一旦被他人掌握,很容易受到侵犯,因此网民在上网时特别注意保护自己的隐私信息。如果问卷调查中包含很多被调查者不愿意透露的信息,被调查对象就可能拒绝回答。为了尽量在人们不反感的情况下获取足够的信息,在线问卷调查应尽可能避免调查最敏感的资料,如住址、家庭电话等。

本章小结

(1)网络市场调研是基于互联网平台,充分利用各种信息技术手段有效地收集、整理、分析市场环境、消费者等相关信息的过程。利用互联网等现代工具达到市场调研的目的是其本质,同时它的特点也很突出。网络市场调研的类型可以从调研的时间和目的两个角度进行划分。根据信息资源的性质,可将网络市场调研分为直接调研与间接调研两种。面对不同情况,选择适当的方式是网络市场调研成功的关键。对于调研信息的收集与利用是整个网络市场调研工作的最后环节,直接影响到管理者的正确决策。

(2)网络市场调研是一项新生事物,尽管因其调研对象覆盖范围有限等局限性,使之目前还没有成为一项具有广泛代表性的调查手段,但随着互联网的普及,网络已向着更为广泛的社会生活领域延伸,越来越多的经营者将会重视和依赖这一信息通道,从而使更多的人能够具备在日益广泛的领域中充当调查对象的条件,从这个意义上来讲,网络市场调研技术的探索对专业调查者来说是一件非常有潜在价值的工作。

思考题

(1)什么是网络市场调研?网络市场调研有哪些特点?

(2)网络市场调研可从哪些角度进行分类?分别是什么?

(3)网络市场调研的主要方法有哪些?请详细说明。

(4)对网络市场调研信息的收集原则是什么？

(5)应如何对网络信息资源进行评价？

(6)网络市场调研与传统调研怎样才能更好地结合？

参考文献

[1] 王跃武. 如何进行网上市场调研[J]. 福建师大福清分校学报,2003(B12):51-52.

[2] 邓少灵. 网络营销学[M]. 广州:中山大学出版社,2009.

[3] 吴健安. 市场营销学[M]. 北京:清华大学出版社,2010.

[4] 陈志浩. 网络营销[M],武汉:华中科技大学出版社,2010.

[5] 李东. 运用网络进行市场调研的探讨[J]. 铁道运输与经济,2005(8):224-225.

[6] 瞿彭志. 网络营销[M]. 北京:高等教育出版社,2004.

第 5 章 网络营销战略规划与实施

本章概要:本章从分析网络营销对企业竞争力提升的角度出发,阐述了网络环境对企业营销的影响,网络环境下营销的目的,基本策略和主要方法等。本章的重点在于理解网络环境下营销活动的目的,了解网络营销战略制定的原则。本章的难点在于掌握网络环境下市场细分和目标市场的选择。

引例

戴尔:企业网络营销的典范

戴尔公司是一家总部位于美国德克萨斯州朗德罗克的世界五百强企业。戴尔以生产、设计、销售家用以及办公室计算机而闻名。戴尔的直接商业模式,即去除中间人直接向客户销售产品,使得公司能够以低廉的价格为客户提供各种产品,并保证送货上门。此外戴尔公司也确保戴尔的产品还未生产出来就已经售出。

戴尔网站网络营销目标

企业是以客户为导向,以满足客户的可定制的个性化需求为目标。

戴尔网站的主要特色

(1)良好的客户使用体验,戴尔公司站点容量允许在访问时进行自由伸缩。这就保证了客户可以以最少的等候时间尽快得到他们正在查找的数据。

(2)强大的数据处理功能,戴尔应用数据库管理系统对其大量的数据进行管理。

(3)页面设计简洁生动,DELL 使用动态网页的行式展示不同的产品,时尚的机型加上简短文字构成很有生气的情景,从而轻而易举地吸引住顾客眼球,简短的文字很有特色:热销,低价,超值,节省,在给出的价位本来就不高的情况下很容易激起顾客消费欲望。

网站营销战略模式

在 DELL 网站上,会对相应产品进行详细分类,按照用户性质的不同会分为家庭用户、中小企业用户、大型企业用户等几大类别。而对应不同用户类别,DELL会提供相应的产品解决方案。消费者可以在网站按照DELL提供的相应解决方案作为基础,然后根据个人产品喜好或者价格因素来调整产品配置,而DELL网站会实时的计算出来相应产品的价格,让人一目了然。

网站营销产品策略

开展网络营销为主要手段的产品直销业务。DELL公司凭借着技术创新,管理创新和服务创新的优势,实现了根据客户定单安排组织生产,并在网上进行直销的经营模式,使传统流通渠道中的"中间商"——代理商、零售商获取高额价差的空间不复存在;同时,DELL公司通过对业务流程的重整,使业务处理更加通畅合理,企业库存成本大幅降低。

网站营销价格策略

通过直销,DELL在成本上比其他主要厂家低100美元到200美元,因此其网上价格也比同期低,因而采用低价策略进行促销。

网站营销促销策略

在DELL公司的主页中,也有不少地方体现了公司的公共关系策略。例如,在其页面中有公司的宗旨等信息的介绍,还有对最新计算机世界的新闻信息发布等。

网站营销广告策略

广告在DELL的网页中无处不见。DELL的网页中有各种各样的多媒体图片和许多性能比较图表,有的广告甚至做成了幻灯片的形式。这些都能充分地激发顾客的购买欲望。

5.1 网络营销战略分析

网络营销战略(Internet Marketing Strategy)是指企业在现代网络营销观念下,为实现其经营目标,对一定时期内网络营销发展的总体设想和规划。以国际互联网络为基础,利用数字化的信息和网络媒体的交互性来辅助营销目标实现的一种新型的市场营销方式。

网络营销属于企业整体营销战略的一部分,因此可以根据企业营销的总体目标,直接提出网络营销的具体战略目标,再根据网络市场环境进行市场细分,选择目标市场和产品的市场定位,在此基础上制定具体的网络营销战略规划。

5.1.1　网络营销宏观环境分析

宏观环境是企业营销活动的大的社会背景，制约和影响着营销活动的载体平台——市场环境及其变化造就市场机会，也给营销企业带来各种威胁和压力。本书将从以下四个方面分析考察宏观环境。

1. 政治环境

政治环境是指影响企业营销活动的政治因素和条件。政治环境主要包括国家的政治制度、体制、国内与国际的政治形势、国家政府的方针与政策等。

（1）政治制度与政治体制

各个国家的政治体制不同，所代表统治阶级的意志不同，所表现出的政治制度与体制也不同。不同的政治制度和政治体制影响和决定着各自不同的经济管理制度和经济体制。

（2）政治形势

政治形势也称为政局，是指一个国家的政治局面。一般来说，政治事件是政治形势变化的标致。由于许多国家是由多个阶段、党派和民族组成，多元化的政治格局与结构使得各党派相互之间经常可能出现政治矛盾和利益冲突，从而影响国家的政治局势，进而影响社会的经济生活和企业的营销活动。政治事件是与一个国家政局有关的突发性事件，政治事件对社会经济生产和营销环境也有重大的影响和冲击。对任何一个企业来说，只有在国家政局稳定的环境下才能全力从事生产经营活动。在涉外市场营销中，特别要了解国外的政局状况和所处的国际政治环境，以避免因政治风险导致的不必要的经济损失。一直以来，我国的政局稳定，安定团结的政治局面不仅吸引了大量的国际投资，促进了我国改革开放和国际贸易的迅速发展，良好的政治环境为企业提供了有利、稳定和持续的营销机会。

（3）方针和政策

方针和政策是一个国家为指导国民经济活动所指定并付诸实施的准则和措施，是国家管理经济的职能体现。政府的方针、政策规定了国民经济的发展方向和速度，并直接关系到社会购买力和市场消费需求的增长变化。

2. 法律环境

法律环境是指影响企业经济活动的法律因素和条件，它是国家意志的强制性体现，是市场营销环境的重要组成部分。法律环境对市场消费需求的形成和实现，具有一定的调节作用。企业研究并熟悉法律环境，既可以保证自身严格依法管理和经营，也可运用法律手段保障自身的权益。企业开展经营活动所面临的法律环境包含的法律内容主要有以下几个方面。

（1）经济法

经济法是一定社会关系法律规范的总称。它用法律形式确定的经济生活的规范和经济活动准则,是国家干预、组织和管理经济活动的重要工具,具有权威性和强制性,任何个人和组织都必须遵守。其中,对企业营销关系最直接的经济法主要有以下几种。

①商业法。商业法是调整商品交换关系法律规范的总称。主要包括国家权力机关、行政机关颁布的有关商业活动的法律、法令、条例、决议、命令、章程等,它是国家组织、领导和管理商品工作、规范商品流通活动的重要准则。

②价格法。价格法是调整商品价格,制定、执行和管理过程中形成的社会经济关系法律规范的总称。它是国家对商品价格的制定、调整和管理监督的法律依据。

③财政法。财政法是调整财政关系法律规范的总称。它是经济法中的核心法律。它对促进国民经济稳定发展具有重要作用,对企业营销活动具有很大约束力。

④税法。税法是调整税法关系法律规范的总称。它是国家向纳税人征税和调整与纳税人关系的法律依据,是国家凭借其权利对一部分国民收入进行分配和再分配,并取得财政收入的一种重要手段。

⑤银行法。银行法是调整财政关系法律规范的总称。它是处理货币流通和银行信用业务中各种经济关系的法律依据,对市场营销的资金融通具有制约作用。

⑥审计法。审计法是调整审计关系法律规范的总称。它是国家管理、协调企业财务活动,严肃财经纪律的工具。

⑦破产法。破产法是企业破产宣告、债务清偿、债权人和债务人调解等法律规范的总称。

⑧专利法。专利法是规定专利享有人的权利和义务的法律规范的总称。它是处理解决有关发明创造的权利归属和使用问题的法律依据。

⑨经济合同法。经济合同法是调整合同当事人各方权利与义务关系的法规。它是处理经济合同关系的重要准则。

(2)电子商务的有关法规

从世界发展状况来看,电子商务无论从体系上、组织上、模式上、法律上、管理上、技术上均还未臻成熟,各国也都在尝试。组织和从事电子商务具有相当的风险,因而,建设相应的法律环境是非常急需和必要的。

《中华人民共和国合同法》已于 1999 年 3 月 15 日由全国人大通过,并在当年 10 月 1 日开始实施,它首次明确了电子合同的合法地位,为我国电子商务的发展奠定了法律基础,但有关电子合同的描述是粗线条的,缺乏细化和可操作性,需要进一步立法。

经过十多年的立法实践,世界各国和国际电子商务立法都有了长足的进步,一些基本原则得到了广泛应用,在一些细节处理上也已比较成熟。起步较早的国家在完成了针对电子签章和电子交易的相关立法之后,更多的把注意力转移到一些更具体的问题上,如完善交易规则、反欺诈、打击垃圾邮件和查处网络犯罪等,并同时加大了推广国际规则的力度。我国在电子商务的立法起步较晚,还有大量的实际问题和法律技术问题需要解决，有很多的国际规则需要研究消化。而在“以信息化带动工业化”的战略任务面前，给以我们的时间是很有限的，所以及时研究跟踪国际电子商务立法的发展进程及特点，掌握国际电子商务立法的发展趋势，促进中国国内电子商务立法，对于中国积极参与国际电子商务立法，防止大国对电子商务立法的控制具有重要意义。

3. 技术与基础设施环境

科学技术是第一生产力，科技的发展对经济发展有巨大的影响，不仅直接影响企业内部的生产和经营，还同时与其他环境因素互相依赖、互相作用，给企业营销活动带来了有利和不利的影响。新技术的应用，会引起企业市场营销策略的变化，也会引起企业经营管理的变化，还会改变零售商业业态结构和消费者购物习惯。

从我国目前的发展状况来看，我国的技术基础环境还存在着以下几个问题。

(1)宽带瓶颈的制约

从技术上看，目前我国的网络营销制约因素是提供互联网服务的能力和水平都存在着一定的差距，其中最主要的制约因素是带宽太窄。在中国，人民普遍感到上网速度太慢，常常出现网络阻塞现象，同时还存在多种不可知的因素，包括软件、线路、系统的不可知，这些极大地限制了人们上网的积极性。尽管计算机技术和应用在我国已成为热门领域，但计算机的普及率较低，真正拥有和使用计算机的人还不是很多。同时，上网费用太高，又缺乏足够的适应互联网环境的专业技术人员、企业经理人以及普通员工，目前还不能充分发挥互联网在降低企业和顾客成本方面的优势。由于计算机的普及教育需要一个过程，因此，企业开展电子商务和网络营销的专业人员严重不足，使得电子商务和网络营销的优势大打折扣。网络营销在提高顾客满意度方面，速度是最重要的满意元素，如果对这一问题不能尽快改善，网络营销无疑是“纸上谈兵”。

(2)网络安全瓶颈的制约

网络安全同样也一直是中国企业所关注的问题。网上进行电子商务的询价、成交、签约，涉及许多商业秘密和公众隐私。

互联网上个人隐私遭到侵犯的事件时有发生，最严重的情形，包括信用卡信息被盗用，造成直接经济损失，或者家庭联系信息被人利用，受到骚扰甚至欺骗，造成人身伤害等。个人信息被企业用于开展各种营销活动，几乎每时每刻都在发生。而企业也同样面临网络安全的问题。为了保证安全，当前企业最直接的做法是将自己的局域网和互联网断开。这种物理性隔离，加大了数据转换的工作量，降低了工作效率和反应速度。

因此，既要保证电子商务方便快捷和资源共享，又要保证电子商务的安全和保密，必须强化认证程序，完善网络安全体制。

(3)垃圾邮件泛滥的制约

近几年来，垃圾邮件以惊人的增长速度增长着。研究发现，垃圾邮件并非都是盲目的，而是有明确的针对性，对于较少使用的邮箱，收到的垃圾邮件通常也较少，而对于活跃的邮箱，尤其是公布在网上的邮件地址的，更加容易受到邮件的青睐。

这种状况与一些收集邮件地址的所谓“网络营销”软件密不可分。这些非法搜索用户 E-mail 地址的软件，打着“网络营销”的旗号，利用了部分用户急功近利、贪图便宜的心理来牟取私利，对网络营销环境造成了很大的破坏。用户的邮件地址一旦被垃圾邮件数据库收录，必定要影响正常的通信，每天花费在处理垃圾邮件上的时间将越来越多，同时真正有效的信息则可能被淹没或者误删。电子邮箱地址被他人任意使用便是典型的用户个人信息被侵犯的例子，当然用户关心的个人隐私远不止 E-mail 地址一项内容。

尽管国内已经成立了反垃圾邮件组织，但能否有效制止垃圾邮件的泛滥仍有待考证。

4. 社会文化环境

社会文化环境是指影响企业营销、活动的社会文化因素和条件。它是一定社会物质财富和精神财富的结晶，具体表现为价值观念、民族传统、风俗习惯、宗教信仰、教育水平以及特殊的社会组织异动等方面。它决定消费者的需求的差异性，购买心理的特殊性和多样性，最终决定消费者购买行为和方式。它对企业营销目标的确定、产品设计、价格制定、促销方式的选择等有极大的影响和制约作用。

(1)价值观念

价值观念是人们评价客观事物时所持有的观点、看法和信念。人们往往根据自己的价值观来评价客观事物的利弊、是非、善恶和美丑等。价值观影响着人们的消费观念和消费行为。如消费观念的差异，决定着购买行为的不同，直接影响着购买决策。如果企业促销时，根据社会时尚潮流，能使消费者在财富、价值、名望地位和舒适安逸等方面产生联想，就能刺激消费者的欲望，激发持不同观念的消费者的购买动机，才能成功地推销产品，扩大销售。

(2)民族传统

民族传统是指一个国家整个民族的文化传统和风俗习惯。在西方国家，人们以超前性、享受性消费为主流；而我国传统以勤俭持家、节衣缩食为荣，随着改革的不断深入，生活水平出现多层次化，既有追求消费的高档化、享受化一族，又有注重商品的实用和节衣缩食一族。这就要求企业的产品品种多样化和系列化以适应不同层次的消费需求。

(3)风俗习惯

风俗习惯是人们根据自己的生活内容、生活方式和自然环境，在一定的社会物质生产条件下长期形成的，并世代相传，约束人们思想和行为的规范。它在饮食、服饰、居住、婚丧、信仰、节日、人际关系等方面，都表现出独特的心理特征、伦理道德、行为方式和生活习惯。

(4)宗教信仰

宗教信仰对企业市场营销具有较大的影响,尤其是在一些国家和地区,崇拜和禁忌有很大的差异,其影响力更大,远远超过政治等因素对企业营销的影响。

(5)教育水平

我国的教育状况,无论就其内容还是形式,都正在变得越来越丰富多彩。教育方面的积极变化,对企业网络营销产生多方面的影响。受教育的人口增加,意味着符合企业现代化生产与经营要求的劳动力资源的增加,而越来越多的人有机会接受高等教育,更给企业网络营销提供了充裕的人才资源支持。另外,由于受教育程度的提高,消费者的产品鉴别能力增加,对产品质量、品牌比较挑剔,还要求突出消费个性,同时对图书、艺术、旅行、文化娱乐等产品的需求也更大。

(6)特殊社会组织异动

社会组织结构的变动突出的表现在共同利益群体成为社会经济生活重要的影响力量,如政党团体、工会、行业协会、消费者协会等。企业在生产经营中,要关注某些特殊社会组织的异动和活动,要防患于未然,制定适合于企业网络营销长远发展的战略。

5.1.2 网络营销微观环境分析

微观环境是与企业开展网络营销产生直接影响的因素,微观环境对于企业来说往往比宏观环境更容易控制,网络营销的微观环境主要包括企业内部、供应商、营销中介、竞争对手和营销公众。

1. 企业内部环境分析

企业内部环境包括企业内部各部门之间的关系及协调合作。包括市场营销部门之外的某些部门,如企业最高管理层、财务、研究与开发、采购、生产、销售等部门。这些部门与市场营销部门密切配合、协调,构成了企业市场营销的完整过程。市场营销部门根据企业的最高决策层规定的企业的任务、目标、战略和政策,作出各种营销决策,并在得到了上级领导的批准后执行。研究与开发、采购、生产、销售、财务等部门相互联系,为生产提供充足的原材料和能源供应,并对企业建立考核和激励机制,协调销售部门与其他各部门的关系,以保证企业营销活动顺利开展。

网络营销作为一种新型的营销模式,具有传统营销模式无可比拟的各种优势,但是网络营销对企业并非一劳永逸。企业在开展网络营销时,在企业内部环境方面要着重考虑以下四个方面。

(1)企业的网络营销观念

网络营销作为社会营销领域一大新的发展趋势和潮流,这种融合网络技术与市场营销于一体的新型营销模式已被广为运用。随着网络用户的迅猛增长和自身所独有的开放性交流、信息资源共享、服务互动性和成本低廉以及网络安全的不断提高，企业网行天下已是势在必行。

网络营销是一项系统工程，涉及企业各个部门、客户关系管理的各个方面和供应链的各个环节。成功的网络营销源自于良好的基础工作、正确的营销方向和快速互动回应，再加上持之以恒而有效的努力。在网络营销的互动交流中，十分强调各部门、各环节之间的衔接与协调，要充分运用网络技术提供的快捷平台，迅速而全面的去吸引客户、了解客户，通过建立大规模数据库锁定客户群，培育忠诚客户，并改善产品开发和服务能力。然而很多公司只将网络技术看作是降低成本的手段，没有把网络营销作为企业的保持顾客服务价值的新载体。

(2)企业的组织结构

互联网条件下，企业营销能力实际上就是企业适应环境的能力。企业营销能力的高低在很大程度上取决于营销组织结构的状况，取决于营销组织结构是否能适应市场的需求，是否具有较高的核心竞争力。

网络营销要求企业的组织结构必须具备以下3个特征：第一，扁平化。组织结构的扁平化可以改变传统命令链的多层化和复杂性，精简了结构层次，从而有利于信息的传递，保证了信息传递的有效性和真实性，大大提高了组织效率，降低了管理成本。第二，网络化。企业组织结构的网络化主要通过企业行使集团化、企业经营方式连锁化、企业内部组织网络化、信息传递网络化等方面体现出来。这样可以形成庞大的销售网络体系，增强不同部门、员工之间的沟通和协调，有利于企业处理复杂的项目，形成竞争优势。第三，虚拟化。网络经济下企业组织想要具备核心竞争力，必须有快速而强大的研发能力，有随市场变化而变化的生产和制造能力，有广泛而完善的销售网络，有庞大的资金力量，有能够生产出满足顾客需求的产品质量保证能力和管理能力等。然而大多数企业往往只具备其中一两项优势，而在其他方面不够强大。因此，企业在有限资源条件下，为取得最大的竞争优势，可以只保留其中最关键、最具竞争力优势的功能，而将其他功能虚拟化，通过工作外包，实现资源重组，以便形成强大的核心竞争力。

(3)企业的信息化程度

企业内部的信息化包括软件和硬件两个方面：

一是企业信息化的软件系统要求企业内部建立管理信息系统。企业管理信息系统在组织中发挥收集、处理、存储和传递信息以及支持组织决策与控制的功能。由于互联网上信息浩如烟海，互联网络本身就是一个没有地域界限的庞大的信息数据库，企业可以利用它获得大量有价值的环境、商业原始数据和企业各种有用信息。对于庞大的下载信息和数据、网络营销信息反馈、信息服务，如果缺乏有效的企业管理信息系统做对应的信息加工、整理、分析和运用工作，企业的市场回应效率将下降，同时也违背了开展网络营销的初衷。

二是企业信息化的硬件系统要求企业具有与各层次、各岗位相适应的管理人员和操作人员。开展网络营销会指导企业在组织结构上的重大变革,组织结构中有些部门需要重新设立、有些部门要削减掉、有些机构要合并重整、相关的人员也必须进行系统的培训。

(4)企业的产品和服务

随着网络技术的不断成熟、网络用户的不断增长以及上网企业的不断增多,互联网络上提供的产品与服务将日益丰富,这是必然的趋势。但在不同的发展阶段,开展网络营销的企业所提供的产品或服务和接受网络营销服务的网络消费者对产品或服务需求的成熟度具有较大的产业差异。

2. 供应商分析

供应商,是指相当企业及其竞争者提供生产上所需要的资源的企业和个人,包括提供原材料、设备、能源、劳务和资金等。企业要选择在质量、价格以及在运输、信贷、承担风险等方面条件最好的供应者。

供应者这一环境因素对企业经营者的影响很大,它所提供的资源的价格和供应量,将直接影响企业产品的价格、销量和利润。供应短缺,可能影响企业按期完成交货任务。这从短期来看,会损失销售额;从长期来看,则损害企业在顾客中的信誉。因此,企业应从多方面获得供应,而不应该依赖于任何单一的供应商,以免受其控制。

在网络时代,如何将供应链的松散部分紧密结合起来,以保持组织的灵活性,较好的适应市场因产品和技术周期缩短、竞争激烈所导致的动态发展要求,战略联盟是一种很好的选择。通过战略联盟,打破传统供应中严格的层级结构,组建网络化供应组织结构,发挥战略联盟的乘数效应,对联盟内资源进行有效组织,实现要素共享,从而保证从投入到产出全过程的有效节约,实现企业对外部规模经济的有效利用。通过战略联盟,在共同利益面前,有利于各成员企业的自律性提高,有利于在相互协调、共同运作的基础上彼此的交流,增强共同防御能力和协调配合,提供企业对环境、技术和市场急剧变化的适应能力。

不管采用哪种模式,企业必须时刻与供应商保持密切联系,及时了解供应商的变化与动态,使资源供应在时间上和连续性上能得到切实保证,在商品的内在质量和售前、售中、售后服务上能得到有效落实,抓大放小,合理协调,心中有数,应变自如。

3. 竞争对手分析

有市场行为的地方就有竞争。尤其在网络大行其道的时代,企业要获得竞争优势就需对竞争对手采取更多的方案和手段。在市场营销实践中,市场竞争策略往往是针对竞争对手做出的反应。因此,企业必须了解自己的竞争对手是谁,他们的目标是什么,他们具有什么优势和劣势,其现在采取的和将来可能采取的竞争策略是什么等方面。在此基础上,才能采取相应的对策,有效地应对竞争,化解危机,赢得优势。竞争者分析一般包括以下五项内容和步骤。

(1)识别企业的竞争者

识别企业竞争者必须从市场和行业两个方面综合分析。从市场角度出发,企业的竞争者可分为以下四种。

①一般竞争者:提供不同种类的产品和服务,满足顾客同种需要的企业;

②产品形成竞争者:提供同类产品和服务的企业;

③愿望竞争者:提供不同产品,满足顾客不同愿望,与本企业争夺顾客的企业;

④品牌竞争者:以相似价格向同类顾客提供相似的产品和服务的企业。

由此可见,竞争者的范围十分广泛,不能仅仅理解为提供同类产品和服务,以相似的价格供给同一市场的竞争对手。只有分析四个层面上的各种竞争关系,才能真正把握与本企业争夺顾客的竞争者到底有哪些。

从行业角度出发,企业的竞争者主要来自三个方面:现有厂商、潜在竞争者、替代品厂商。企业只有了解所在行业的竞争结构,才能识别企业所面临的现实或潜在竞争者。

(2)识别竞争者策略

竞争者的策略可以通过竞争者的市场行为反应出来。在大多数产业中,可以根据竞争者采取的不同策略,把竞争者分为不同的策略群体。采取相同或相似策略的竞争者属于同一策略群体。如果企业决定进入某一群体,该群体成员就成为企业主要的竞争对手。竞争者之间采取的策略越相似,竞争就越激烈。但群体之间也存在着竞争的,因为不同策略群体可能以相同的市场为营销目标,或者属于某个群体的企业可能改变策略而进入另一个群体。

研究网上的竞争对手策略主要从其主页入手,一般来说,竞争对手会将自己的服务、业务和方法等方面的信息展示在其主页上。企业应重点考虑以下七个方面。

①站在顾客的角度浏览竞争对手网站的所有信息,研究其如何抓住顾客的心理,给浏览者留下好感;

②研究其网站的设计方式,体会它如何运用屏幕的有效空间展示企业的形象和业务信息;

③弄清其开展业务的地理区域,以便能从客户清单中判断其实力和业务的好坏;

④记录其传输速度特别是图形下载的时间,因为速度是网站能否留住客户的关键因素;

⑤查看在其站点上是否有别人的图形广告,以此来判断该企业在行业中与其他企业的合作关系;

⑥对竞争对手的整体进行考察,全面考察对手的导航网站、新闻组中宣传网址的力度,研究其选择的类别,使用的介绍文字,特别是图标广告的投放量等;

⑦考察竞争对手在开展网上营销时所做的工作,而定期监督对手的动态变化

则是一个长期性的任务，要时时把握竞争对手的新动向，在竞争中保持主动地位。

总之，每个企业都需要掌握、了解目标市场上的竞争者及其策略，力求扬长避短，发挥优势，抓住有利时机，开辟新的市场。

(3)判断竞争者的目标

竞争者通常会有多个目标，如追求利润、投资报酬率、市场占有率、技术领先、低成本领先等。这些目标，不同企业在不同时期有不同的侧重点，形成不同的目标组合。对于企业而言，了解竞争者的侧重点非常关键，因为了解不同竞争者的侧重点，就可以预知竞争者的反应，进而可以采取对策进行防御或进攻。

(4)评估竞争者的优势和劣势

对竞争者优势和劣势的评估，是竞争者分析的重要方面，它主要包括以下两项内容。

①对竞争者资源的分析

竞争者资源条件的好与差只有在与本企业的比较中才能确认，企业将竞争者每一项资源要素与自身一一对比，在财务实力、技术、企业信誉、组织管理、人员素质、产品、促销、价格等方面指出竞争对手的强项和弱项。

②对竞争对手假设的分析

每一个企业都有一套关于自己的市场假设。例如，它可能把自己看作是行业的领导者，或者有最强的销售能力，或者认为“顾客欢迎价廉物美的产品”，“顾客认为服务比价格更重要”等。竞争者的这些假设可能是准确的，也可能是不准确的。对竞争者假设的分析也就是识别其在认识环境时的偏见与盲点，以便捕捉到市场机会。

(5)判断竞争者的反应模式

企业需要进一步判断竞争者对企业策划可能做出的反应模式。竞争者的反应模式不仅受其目标和优势、劣势的制约，而且受企业文化、企业价值观念、企业经营观念等因素的影响，在竞争中，常见的竞争者反应模式有以下四类。

①选择型竞争者：他们对竞争对手某些方面的进攻做出反应，而对其他方面的进攻不加理会。

②从容不迫的竞争者：他们对某一特定竞争者的行为没有迅速反应或者反应不激烈。其原因可能是：认为自己产品的顾客种程度高；或者敏感度不高，没有发现对手的新举措；也有可能缺乏资金等。

③随机型竞争者：他们不会表现出预知的反应行为，反应模式难以捉摸。

④激烈型竞争者：他们对竞争对手的任何进攻都会做出迅速而强烈的反应。

通过以上分析，企业就能选定较适应本企业的市场竞争方针和手段，争取处于比较有利的竞争地位，获得竞争优势。

5.1.3 网络营销竞争优势分析

网络营销作为新的营销方式和营销手段实现企业营销目标,它的内容非常丰富。一方面,网络营销要针对新兴的网上虚拟市场,及时了解和把握网上虚拟市场的消费者特征和消费者行为模式的变化,为企业在网上虚拟市场进行营销活动提供可靠的数据分析和营销依据;另一方面,网络营销在网上开展营销活动来实现企业目标,而网络具有传统渠道和媒体所不具备的特点:信息交流自由、开放和平等,而且信息交流费用非常低廉,信息交流渠道既直接又高效。因此在网上开展营销活动,必须改变传统的营销手段和方式,网络营销作为在互联网上进行的营销活动,它有着自身特殊的竞争优势。

1. 网络营销的成本控制优势

开展网络营销给企业带来的最直接的竞争优势是企业成本费用的控制。网络营销采取的是新的营销管理模式。通过因特网改造传统的企业营销管理组织结构与运作模式,并通过整合其他如生产部门、采购部门等相关部门,实现企业成本费用最大限度的控制。互联网通过开放的统一标准,将不同类型的计算机联结在一起,可以实现资源和信息共享,同时还可以实现远程的信息交流和沟通。许多企业已将互联网技术应用到企业管理中来,并且取得了很大的经济效益。利用互联网降低管理中交通、通信、人工、财务和办公室租金等成本费用,可最大限度地提高管理效益。

互联网的出现给企业带来了新的销售模式和管理方式,如网上直销和网上促销等新的销售模式大大降低了销售成本。

利用网上直销可降低销售渠道费用。互联网的信息交换可以跨越时间和空间限制,能以低廉费用实现任何地点任何时间的一对一交流。借助互联网进行直销,一方面可以将其服务市场拓展到全球,另一方面借助互联网用户可以自由访问企业站点,查询产品信息和直接进行订购。企业借助自动的网上订货系统,可以自如地组织生产和配送产品,同时提高销售效率,减少对销售人员的需求。利用网上促销的高效性来降低促销费用。互联网作为第四类媒体无法具有的交互性和多媒体特性,可以实现实时传送声音、图像和文字信息,同时可以直接为信息发布方和接受方架设沟通桥梁。如网上广告比同样效果的电视、报纸广告低廉,而且可以将广告直接转换为交易,吸引消费者通过广告直接产生购买行为。

降低销售管理费用。利用互联网进行网上直销,可以实现订货、结算和送货的自动化管理,减少管理人员,提高销售管理效率。如 Amazon 的销售管理部门其实只是一些信息处理员,主要工作是进行产品信息目录维护。

2. 网络营销的销售优势分析

新形式网络营销模式不仅使企业营销成本得到了很好的控制,而且它利用互联网传播范围广,传播形式多样化扩展了企业的销售渠道和销售范围,并且也使销售风险降到了最低。网络营销可以说是传统营销的一种补充，为企业提供了一种新的推销产品的方式，目前来说网络营销存在巨大的销售潜力。

(1)网络营销拓展了销售渠道

传统营销渠道的功能是单一的，它仅仅是商品从生产者向消费者转移的一个通道，消费者除了从广告或者其他媒体获得商品信息以及通过直接或者间接的分销渠道中买到商品，没有得到任何其他的东西。而网络营销渠道的功能则是多方面的：首先，网络营销渠道是信息获取的渠道，用户可以从企业的网站上了解到产品和企业信息，进行比较做出购买决策；其次，网络营销渠道是产品交易途径，顾客可以在网上进入网上商城、购物街选购商品，并且用网上银行付款；再次，网络营销渠道是企业售后服务与顾客进行交流的通道，顾客可以通过电子邮箱、在线留言给企业提出建议或者疑问，企业可以同时给予顾客解答，并且网上收集顾客的反馈。

(2)网络营销有巨大的销售潜力

据中国互联网络信息中心发布的《第 28 次中国互联网络发展状况统计报告》显示：截至 2011 年 6 月 30 日，中国网民规模达到 4.83 亿人，普及率达到 34.5%，超过全球平均水平；网民规模较 2010 年增长 8 800 万人，年增长率为 21.9%。中国网民规模依然保持快速增长之势。随着互联网的蓬勃发展，网络营销的受众——网民数量的不断增多，网络营销巨大的市场潜力也会逐渐显现出来。然而很多企业仍然用传统的营销方式推销自己的产品，在网络营销方面还是空白，也就是说在网络上销售产品的竞争对手要比传统方式下销售产品的少。因此对于大多数企业来说，网络营销是一个潜在的商机，抓住它就抢占了先机。

(3)网络营销可以扩大销售范围

网络营销可以全天候无间断地进行网上促销，无地域分割，利用互联网强大的优势使企业的信息快速到达世界上每一个地方，将产品推广到传统营销所不可及的地方，大大扩大了企业的销售范围。但是传统营销环境下的企业需要增多中间商来扩大自己的销售范围，随着中间商的增多成本费用随之增加，因此大多数企业，尤其是中小企业需要有选择的扩大产品的销售范围，不可能将产品推广到每一个地方。

(4)网络营销降低了销售风险

传统的促销形式通过多个中间商到当地去推销，通常需要建店铺，雇员工等，需要一定的投资。企业为了向多个地区推广产品，往往需要多个中间商，然而中间商的增多成本投资也随之增加，因此企业往往承担着巨大的风险，因为一旦由于市场调研没有做好或者其他不可抗拒的因素而导致促销不成功，前期资金的投入就会付之东流。网络营销在这一方面具有很大的优势，企业只需投资建立网站并支付一定的维护费用就可以通过互联网向全世界各地推销产品，基本取代了传统营销中间商的环节，降低了投入成本。并且由于各地的推销均使用同一个网站，因此一个地方促销失败对其他各地的促销和整个企业的投入不会造成太大的影响，企业的促销风险也几乎为零。

3. 网络营销的顾客服务优势

网络营销以其便捷、迅速的销售模式,使顾客在选择商品时更加的自主和个性化。不仅如此,企业也能很好的与顾客沟通,得到顾客的反馈。新的营销方式能使顾客的满意度大大提高,从而加强了企业品牌的忠诚度。

在传统营销的环境下,企业利用媒介宣传将产品信息强加给顾客,顾客没有选择自己喜爱的广告的权利。但是网络营销,企业可以利用互联网将企业中的产品介绍、技术支持和订货情况等信息放到网上,顾客可以随时随地根据自己需求和爱好有选择性地了解产品的有关信息,完全自主,并且不受到时间地域的限制,顾客无须跑遍各大商场来货比三家,只是在计算机前操纵鼠标而已,购物更加快捷、便利、自主。这样,顾客对公司的满意度也会提高。

传统的市场营销企业与顾客相分离,顾客的信息反馈不能及时的反映给企业,企业往往需要通过中间商间接了解顾客反应的情况,这样不利于企业更好地改进产品。新型的网络营销跨过了企业与顾客之间的鸿沟,利用网络提供了生产者与使用者信息交流的平台。顾客可以通过网上留言或者发送电子邮件等形式将疑问及建议快速的传递给企业,企业在了解到实际的问题后在网上直接回复,或者根据顾客的建议改进产品以更好的满足顾客的需要。在线客服、即时信息等作为即时客户服务手段的不断推出,即缩短了顾客服务的时间,又提高了客户的满意度。

消费者就是网络营销中的主人。互联网上为顾客提供的各种服务及产品都是为了更好的满足消费者的需要。网络营销改变了传统营销的观念,服务更显个性:顾客可以通过网站定制自己感兴趣的信息,同时网站上又给推荐出与顾客感兴趣的信息相关的内容,可供顾客挑选;以可以订购满足自身需要的产品,例如鞋类巨头达芙妮委托一家网络公司为购物网站做专门的设计和技术服务,还在网站上推出"主角馆"和"功能馆",出售限量订购的新娘鞋、party鞋等。在传统营销中消费者选择企业已经设计好的商品,而在网络营销中是企业在为消费者设计商品。高个性化的服务吸引了更多的忠诚顾客。

4. 网络营销信息传递优势分析

互联网最大的优势就是信息传递迅速、信息量大,这是任何一种媒介都不能比拟的。并且互联网继承了电视媒介的信息传递形式多样化的特点,这使得互联网成为传递信息的最好媒介。利用网络来开展营销推广企业形象、介绍企业产品能够很好地向顾客传递信息。

网络营销快速便捷的传递产品信息,推广企业形象,是其他任何一种营销形式所不能比拟的。国外一份权威调查显示:企业在获得同等收益的情况下,对网络营销工具的投入是传统营销工具投入的1/10,而信息到达速度却是传统营销工具的5～8倍。顾客在短短几秒钟时间内就可以登录到企业网站了解产品信息,遇到有关产品的疑问通过在线客服就可以即时得到满意的回复。网上订购和网上交易更是减少了去银行汇款的麻烦,方便快捷。网络营销下信息传递之迅速不仅给企业提高了工作效率，减少营销成本，更重要的是顾客得到了传统营销所不能达到的便利，吸引更多的顾客通过网络购物。

网络营销几乎集传统营销中所有传播媒体的优点于一身，充分调动声音、色彩、图像、文字诸多网络元素，给予受众强烈的视觉、听觉冲击和震撼。多媒体环境下的信息传递，形象生动的展示出企业产品，树立良好的企业形象，更能给顾客留下更为深刻的印象，扩大企业的知名度。

传统营销的信息传递媒介，无论是电视、广播、报刊、车体还是其他，都由于时间和空间上的有限性，信息量或多或少会受到些限制。这常常成为企业最为棘手的问题。但是在网络营销中基本不会存在这些问题，因为网页可以做多级链接，每一张网页又可以放置任意多的内容。并且企业可以随时增加网站上的信息而无须为此增加成本，但是如果在电视和广播上增加广告时间或者在报刊和车体上增多版面，成本也会随之增加。网络营销以它低成本、高回报、受众广等传统营销所不能比拟的特点在企业中迅速发展起来，尤其对于中小企业来说，是它们发展的重要命脉。在金融危机新的经济形势下，外部市场日益萎缩，需求减少，对多数企业的生存是一个严峻的考验。发展网络营销，在网络上寻找新的商机，开发新的顾客，利用网络营销独特的优势对于大部分的企业来说是一条出路。

5.2 网络营销的战略目标

从战略层面上讲，网络营销的目标与企业营销目标是一致的，必须符合企业的整体经营目标。根据网络营销的特点和优越性，目前在实施网络营销时，一般可以从以下几方面考虑网络营销的战略目标。

5.2.1 降低运营成本

开展网络营销给企业带来的最直接的竞争优势是企业成本费用的控制。网络营销采取的是时下最前沿的营销管理模式，它通过互联网改造传统企业营销管理中的组织结构和运营模式，使其间的信息流、物流和资金流等实现快速高效的转移，提高效率；并通过整合其他相关业务部门如生产部门、采购部门等，实现企业成本费用最大限度的控制。企业开展网络营销将从业务成本管理费用和销售成本费用两方面有效地控制企业成本。

1. 降低业务管理费用

互联网将不同类型的计算机连接在一起，可以实现最大限度的计算机资源和信息共享，同时还可以实现远程的信息交流和沟通，这一切都是互联网技术发展和使用的结果。许多企业已将互联网用于日常的管理活动中来。利用互联网降低管理中的交通、通信、人工等费用可最大限度地提高管理效益。

对于一些涉及全球业务的公司,业务人员和管理人员必须与各地业务相关者保持密切联系。他们必须了解世界各地的业务情况。通过网上低廉的沟通工具如E-mail、网上电话、视频会议等方式即可尽兴进行沟通,大大地节省了差旅费和通信费。对于一些小公司而言,互联网更添其翼,足不出户就可以在网上拓展业务,诸如现在的淘宝网店等,店主只需要一台连接在互联网上计算机就可以做生意,而其所需要的物流等也都是通过网上下单等实现的。

通过互联网,传统管理过程中许多由人处理的业务,现在都可以通过计算机和互联网自动完成。例如,美国的DELL公司,最开始的直销是通过电话和邮寄实行的,后来通过互联网进行直销,用户在网上直接下单。此举的收益显著,不仅给用户提供了丰富多样的选择,DELL也无须雇佣大量的话务员来接受订单,避免了电话订单中可能遗漏或是不能明确的因素,大大提高了效率;同时降低了大量人工费用。因此将互联网用于企业营销,不仅提高工作效率,还可以利用它减少工作中不必要的人员,减少人为因素造成的损失。

2. 降低销售成本费用

互联网的出现给企业带来了新的销售模式和管理方式,网上直销和网上促销等新的销售模式的出现,大大地降低了销售成本。

首先,利用网上直销可以降低渠道成本。互联网的信息交换可以跨越时间和空间的限制,能以低廉的费用实现与任何个体的一对一的交流。借助互联网进行直销,一方面可以将其业务市场拓展到全球,另一方面用户可以通过网站自由访问企业站点、查询产品信息以及网上订购等。企业借助网上订购系统可以自如的组织生产和配送产品,省去了中间的层层代理,既提高了效率又可以为客户提供一个更加优惠的价格。

其次,利用网上促销的高效性来降低促销费用。互联网作为第四类媒体,具有传统媒体无法具有的交互性和多媒体特性,可以实现实时的通信,并且可以传送图像、声音、文字等多种数据,同时可以直接为信息的发布方和接收方架设沟通桥梁。如网上广告比同样效果的电视、报纸广告价格低廉,而且可以将广告直接转换为交易,吸引消费者通过广告直接产生购买行为。

最后,降低销售管理费用。利用互联网进行网上直销,可以实现订货、结算和送货的自动化管理,减少企业管理流程对人的要求,提高销售管理效率。如Amazon的销售管理部门其实只是一些信息处理员,主要的工作基本是进行产品信息目录维护。

5.2.2 提升企业形象

网络营销的重要战略目标之一就是在互联网上建立并推广企业的品牌,以及让企业的网下品牌在网上得以延伸和拓展。网络营销为企业利用互联网建立品牌形象提供了有利的条件,无论是大型企业还是中小企业都可以用适合自己企业的方式展现品牌形象。

随着企业对打造自身信誉度以及提升企业形象和品牌形象方面的日益重视,互联网无疑将成为企业找到具有高性价比和高影响度的重要工具,因而该营销目标可以为一些传统企业所采用。互联网具有用户数量庞大、使用成本低等特点,企业可以以此为平台在短时间内,以极低的费用来完成对企业品牌或是企业形象的推广,而且随着推广规模达到一定程度,这个过程将会在网民中自发的进行下去,形成口碑效应。

该目标可以帮助企业在网上虚拟市场通过建立新的品牌形象来拓展新的市场,但是要说明的是,传统的优势品牌在互联网上并不一定依旧是优势品牌,不一定能吸引网络消费者的眼球,相反一些现实中发生的有损于企业形象的事件将会在网上迅速蔓延,反而会加速损害企业的形象,如前些年的三聚氰胺一事,事件一经披露便在网上迅速传播,导致三鹿集团在短时间内声名狼藉。网络这把双刃剑可以让企业一夜成名也可以让企业声名扫地,至于如何驾驭就要看企业的网络营销技巧和网络公关水平了。

5.2.3 提高客户满意度

提高客户的满意度与增强客户黏性是当前经济环境下企业的重要战略目标之一,网络营销可通过加强客户服务,增强与客户的关系,达到留住客户和增加销售的目标。这一营销战略的重点是加强网络营销服务,提高客户满意度,多为一些全球性企业或产品技术含量高、覆盖面广的传统企业所采用。

利用互联网公布企业有关信息和技术支持等信息,顾客可根据情况自行寻求帮助,这样企业的客户服务部门可以有更多时间处理复杂问题和管理客户关系,而且能有针对性地解决顾客提出的问题,增加顾客的满意度。当然,企业在把长期积累的客户和产品方面的信息进行公开时需加以控制,只有那些经过授权的才可以接触到这部分信息,否则可能侵犯客户隐私并给企业带来损害。

为顾客提供满意的售后服务也是提高顾客忠诚度的有效途径。许多顾客在购买产品后经常遇到许多技术上的问题和使用方面的困惑,特别是对于一些高技术产品更是如此,因此售后服务显得尤为重要。利用互联网将公司的产品信息和技术资料公布于其网站,允许客户自行查找解决,这样客户服务部门就只需要解决一些重要的问题。

由于不同的客户其要求也不尽相同,为满足客户的差异性需求要求企业能够及时了解客户需求,并为客户的特定需求提供产品和服务。利用互联网,企业可以较容易地获取客户的需求意向,然后根据客户需求进行生产,最大限度地满足客户需求,保存顾客的品牌忠诚度。

5.2.4 促进销售业绩增长

网络营销可通过提供有用信息来刺激消费者增加购买欲。这是许多中小传统企业所采用的营销目标。该目标一方面要求企业的网络营销站点建设完成后必须及时更新产品信息,提供最新的产品动态。因为网上群体年轻人居多,且文化程度较高,提供最新信息和动态容易刺激这些领导型消费者的消费欲望。另一方面通过提供有效的购买渠道,可方便客户购买。对于一些制造业来说,利用这种营销方式可以突破地域限制,大大简化销售渠道,减少渠道费用、管理费用和交易费用,同时可以将减少的费用以折扣形式让利给消费者,实现企业与消费者互利。

利用互联网,企业可以突破时空的限制。在互联网上可以实行全天候营销,顾客可以通过互联网自助咨询、下单和采购,无须人工干预,只需要利用计算机自动完成即可。企业还可以通过网络与顾客进行交互式交流,顾客可以根据自身的需要对企业提出新的要求和服务需求,企业可根据自身情况针对消费者需求开发新产品或服务。

5.3 网络环境下市场细分

对于营销,市场细分的理论与方法具有特别重要的意义。一方面,产品或行业的总需求决定总体市场,依据消费市场的特征和某些共性,可划为若干个细分市场;另一方面,营销主题根据各细分市场的状态和特征,选择合适本企业营销拓展的具体对象,为营销策划提供依据,界定范围。对市场进行差异化的细分有利于发现新的市场机会;有利于掌握市场动态,及时制定和调整市场营销组合策略;有利于提高企业资源利用率和竞争能力。

所谓网络市场细分,是指企业借助互联网,根据网络消费者的需求、动机和偏好等因素,区分具有不同需求群体的过程。网络市场被划分为若干细分市场,就某个细分市场而言,网络消费者的需求有较多共性;而不同细分市场之间的需求则有较大差异。企业应明确自身的特点,选择恰当的标准进行市场细分并选定目标市场。

5.3.1 有效市场细分的原则

对一个企业来讲,形成有效的市场细分须具备一定的条件,因为并非所有的细分都是有效的。一般来说,有效的市场细分必须满足以下原则。

(1)差异性。不同的细分市场,消费者需求存在差异。

(2)可衡量性。划分出的细分市场的大小和购买潜力是可以度量的。

(3)可进入性。企业所选择的细分市场有进行营销活动的可能。

(4)可获利性。细分市场存在着企业获利的机会。

(5)符合法律规划和社会道德要求。

成功有效的市场细分必须遵循这五个原则,否则,各市场就无法确定和衡量,难以描述和说明,市场细分也就失去了意义。

上述原则也同样适用于网络环境下的市场细分,而且在网络环境下,这些原则运用将更为有效。因为企业要为市场细分选择合适的实现媒体和实现环境。比如按照差异性、可衡量性及可进入性的原则,传统店铺的店堂设计和商品布局应当针对特定的细分市场来进行,但是这与追求规模效益的经营模式显然是相矛盾的,从经营成本的角度来讲也难以实现。但是在网络环境下上述问题将不复存在。

5.3.2　网络市场细分的标准

市场细分需要依据一定的标准来进行,开展网络营销也同样如此。由于网络市场类型不同,对消费者市场和对产业市场的划分标准也有所不同。

1. 网上消费者市场细分

消费者市场细分的目的是为了辨识消费者需求的差异性。按照市场营销理论,细分消费者市场的标准主要有两类:消费者的特性和消费者对产品的反应。目前常用的消费者市场主要细分变量分为地理、人口、心理、行为和利益五大类,它们同样也是网上消费者市场的细分标准。

(1)地理因素。地理条件不同,消费者需求和欲望会显示出明显的差异,消费者需求的质和量也有很大差异。因此,企业可按消费者的居住位置对其分类,即地理细分,针对每个地区的客户采取不同的营销组合。这种细分方法简单易行,但是比较粗略,往往不能区分出处于同一地理条件下人们的需求差异,尤其是在面向全球的互联网环境中,其应用受到一些企业本地化营销战略的挑战。

(2)人口因素。研究发现,消费者对产品的需求和使用与其年龄、性别、家庭人口、收入、受教育程度、职业、宗教信仰抑或是种族等因素之间存在着相关联系,因而可以依据这些信息对消费者进行细分,即人口细分。人口细分不仅适用于传统环境,也同样适用于互联网环境,比如面向特定人群(白领等)的或特定年龄段(青少年等)的网站。

(3)心理因素。用社会阶层、生活方式和个性等因素对消费者细分即心理细分。生活方式是影响消费者行为的一个重要的心理因素。所谓生活方式是指个人对消费、工作和娱乐等特定的习惯的倾向性方式。个性也是影响消费行为的一个较重要的心理因素,消费者的个性必然会体现在消费行为上。近年来,随着互联网的普及,营销人员开始识别不同生活方式的特征并有机会接触到各种具有特定生活方式的不同人群,因此心理细分方法被越来越多地使用。

(4)行为因素。以购买场合、消费频率、对产品的态度、品牌忠诚度等因素对消费者细分即行为细分。信息与互联网技术的发展,使人们在网上的行为可以被监测和跟踪,这为以消费者行为为细分依据的市场细分提供了便利条件,虽然可能会由此引发诸如侵犯消费者隐私等问题,但仍然在网络营销中得到广泛的应用。

(5)效用因素。消费者总是出于为获得某种效用来购买某个产品的。而产品所提供的效用往往是多方面的,消费者对这些效用的追求往往也会有不同的侧重,如购买皮包的消费者,有追求经济实惠的,有追求品牌时尚的,有追求耐用可靠的,有追求新潮款式的等,不一而足。互联网上的广阔市场,为满足消费者对不同效用的需求提供了理想的环境,成为网络营销中细分市场的主要因素之一。

2. 网上产业市场细分

细分消费者市场的标准,如地理因素等,同样适用于产业市场,但还有一些因素在产业市场细分中也是非常重要的参考依据。

(1)地理因素。因地理环境、气候、资源及历史发展的不同,使有些地区工业集中且发达,有些地区则分散落后;有些地区是原料供应地,有些地区是工业制成品产地等。所有这些就形成了不同地区、不同企业的不同需求。地理因素自然就成为细分不同市场的依据之一。

(2)经营因素。这是产业市场细分的基本标准和特定因素,主要包括客户的经营规模和性质。规模大小可以从资产额、职工人数、营业额、利润额、产品线类型等指标综合考察,目的是要了解客户的购买能力和需求量的大小。

(3)行为因素。行为因素包括客户的采购职能组织、采购决策机构、采购政策、购买标准、与客户的关系等。采购只能组织高度集中或高度分散,采购决策者是工程技术人员还是财务人员或其他管理人员,采购政策是系统采购、招标投标还是租赁或者是其他,购买标准是追求质量、重视服务还是注重价格,是否与该客户有稳定的关系,这些都是需要考虑的因素。

(4)个性因素。购销双方的价值观是否相似,品牌忠诚度坚定与否,对待风险的态度如何,这些个性因素也是使产业市场购买行为发生差异的原因。

5.3.3 网络市场细分的步骤

1. 识别细分市场目标

市场细分开始于营销管理人员确定识别市场的基础。识别和反映细分市场有两种基本方法。一是管理导向法,即从管理者角度选择细分变量来定义细分市场;二是市场导向法,即从顾客的角度,通过各种调查、测试性方法确定评价顾客特性,从而定义细分市场。以上两种方法的目的都是要把具有某种特点的顾客群体和营销组合联系起来。

2. 市场细分变量筛选、组合

这一阶段是在第一步的基础上对每个细分市场中顾客特征进行深入分析,从而在性质和数量层面了解顾客需求。

3. 预测市场潜力

这一阶段实际上是验证市场细分的经济可行性，只是对典型顾客描述还不能产生有实际商业意义的市场。市场潜力是企业细分市场决策的根本标准。这一阶段的目的是确定细分决策的前提，不仅包括判断市场潜力的大小，还包括在市场潜力和可用资源之间进行权衡。

4. 预测可能的市场份额

这一阶段主要包括两个基本任务：细分市场竞争地位分析和特定细分市场的营销策略初步方案分析。这两项工作可以同时进行，其实质是论证进入细分市场的可行性，要在估计市场潜力的基础上，衡量进入细分市场的运营成本。

5. 选择特定细分市场

这一阶段是将细分市场利益和目标进行分析比较，评价投入及产出效率和效果水平。同时还需考虑进入细分市场的其他难以计量评价的重要条件，如组织环境等。如图 5-1 所示为网络市场的细分过程。

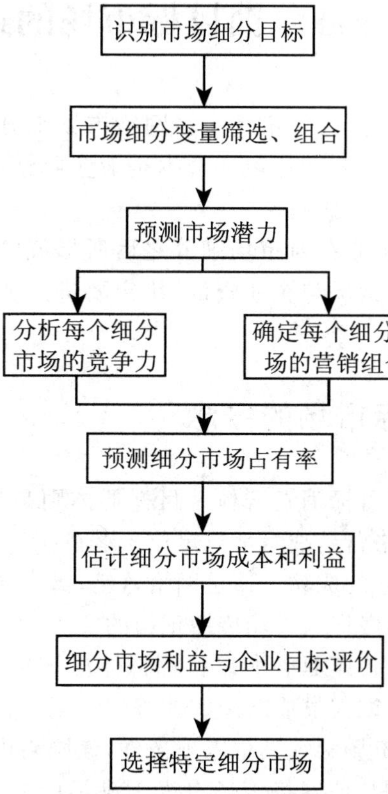

图 5-1 网络市场细分的步骤

5.3.4 网络市场细分应注意的问题

1. 同质化的市场没有必要进行细分

市场细分的主要理论依据是市场多元异质化理论，该理论认为，消费者的需求是多元化的。在某些产品的市场上，消费者需求大同小异，这类市场成为同质市场。这类市场上消费者需求几乎相同，对其进行市场细分是没有意义的。

2. 避免市场被过度细分

重复的市场细分会导致市场的过度零碎化。这样的市场必然会降低新产品和新品牌的成功率。因此基于规模效益的影响，在运用和细分变量时，不能对一个市场过度细分。市场细分虽然可以分散企业的经营风险，但同时也在一定程度上增加了企业的营销成本，当细分市场不能为企业带来实质性收益时，就应该考虑采用反细分策略，即去掉几个细分市场或对现有细分市场进行合并。

5.4 网络营销目标市场的选择

网络市场细分是为了选择目标市场。在网络市场细分的基础上，企业首先要认真评估细分的网络市场，然后选择最适合本企业实际情况的目标市场。这是进行网络营销的一个非常重要的战略。

目标市场的选择是指企业在对市场细分之后所形成的若干个子市场，根据各个子市场的需求情况、竞争状况与企业资源，决定要进入哪个子市场，即企业的目标市场。

5.4.1 网络目标市场的概念

网络目标市场，即网络目标消费群体。目标群体则是指企业网络营销所要面向的群体。许多公司的网络营销战略都只定位于潜在顾客。但若定位于多个目标群体会更利于网络营销战略的成功。通过网络营销，潜在顾客能增加新的销售；新闻媒体能带来正面的形象；咨询人员能传播正面的宣传；所有顾客能更好的了解产品需求；雇员会有更好的销售工具。所以目标群体应该包括潜在顾客、现有顾客、股东、雇员、潜在的雇员、咨询人员或新闻媒体等。

一个优秀的网络目标市场必须具备以下条件：该网络市场有较好的购买能力，能取得一定的营业额和利润；该网络市场有尚未满足的需求，有一定的发展潜力；企业有能力满足该网络市场的需求；企业有开拓该网络市场的能力，有一定的竞争优势。

5.4.2 对目标市场的评估

细分市场后，企业还应当对各个细分市场进行评估，以确定能为之开展有效营销的目标市场。在评估和选择细分市场时，除要遵循如前所述五条有效细分市场的原则外，还应从以下三方面进行评估。

(1)评估目标市场规模和增长潜力

需要评估目标市场是否有适当规模和增长潜力。企业在进入市场时要进行一系列的投资。如果目标市场太小、购买力有限，企业就很难实现盈利。同时由于现代市场的竞争很激烈，太小的市场很难形成规模效应，这样也就降低了企业竞争力。

(2)评估细分市场的吸引力

所谓吸引力主要指长期获利率的大小。一个网络市场可能具有适当规模和增长潜力，但从获利观点来看不一定具有吸引力。根据波特五力模型，决定网络整体市场或细分市场是否具有长期吸引力的力量有五种：现实的竞争者、潜在的竞争者、替代产品、购买者和供应者。企业必须充分估计这五种力量对长期获利率所造成的影响。如果某个网络市场上已有为数众多、实力强大或竞争意识强烈的竞争者，该网络市场就会失去吸引力；如果某网络市场可能吸引新的竞争者进入，他们将会投入新的生产能力和大量资源，并争夺网络市场占有率，此市场的吸引力也会下降。同样，如果该市场存在替代产品抑或是供应商和采购商能够通过后向和前向一体化破除壁垒进入到该市场，那么市场的吸引力也将大打折扣。

(3)评估企业本身的目标和资源

有些目标市场虽然规模符合，也具有吸引力，但还必须考虑如下两点：是否符合企业长远目标，如果不符合，就不得不放弃；企业是否具备在网络市场获胜所必需的能力和资源。如果不具备，也只能舍弃。

5.4.3 网络目标市场的覆盖方式

企业在评估不同的细分市场后，可以根据自己的具体情况，决定为多少个子市场服务，网络目标市场通常可以采用五种覆盖方式。

(1)密集单一方式。这种方式是指在众多网上子市场中，企业只选择一个细分市场，并且集中力量生产或经营一种产品，供应这一网上细分市场。这种方式比较适宜于中小企业，它可以帮助企业实现专业化生产或经营，在取得成功后再逐步向其他细分市场发展。

(2)产品专业化方式。企业选择几个细分市场，对其顾客群同时供应某种产品。面对不同的子市场，这种方式的优点是能够减少企业经营风险，投资也不大，即使在某个细分市场失去了吸引力，还可以在其他细分市场盈利。

(3)市场专业化方式。企业将所有产品供应给某个细分市场的顾客群,供应的产品性能有所区别。

(4)选择性专业化方式。企业有选择性地专门服务于几个不同的细分市场的顾客群体,提供各种性能、生命力较强的同类产品,尽量满足不同的消费者的各种需求。这是一种市场机会增长型模式,采用这种模式要注意的是,选择细分市场必须以可以实现盈利为前提,否则风险较大。

(5)全方位进入模式。企业全方位进入各网络细分市场,为所有网络细分市场提供它们所需要的不同类型的产品:这是实力强大的企业为了占据市场先机而采取的战略,中小企业一般很少使用。

5.4.4 网络目标市场选择策略

1. 目标市场选择程序

首先,按照本公司新开发产品的主要属性及可能使用产品的主要购买者两个变数,在网络市场中划分出可能的全部细分市场。

其次,收集、整理个细分市场的有关信息资料,包括对公司具有吸引力的各种经济、技术及社会条件等资料。

最后,根据各种吸引力因素的最佳组合,确定最有吸引力的细分市场。根据本公司的实力,决定最适当的网络目标市场。

2. 目标市场选择策略

(1)产品与市场集中策略。这是指企业集中力量只生产或经营某一种产品或服务,供应某一类顾客群。这种战略比较适宜于中小企业,可以实现专业化生产的经营,在取得成功后,再向更大范围扩展。

(2)产品/市场专业化战略。前者是指企业生产或经营供多类顾客使用的某种产品,后者是指为某类顾客提供多种产品。

(3)选择性专业化战略。是指企业选择多个细分市场作为网络目标市场,每一个细分市场都有良好的营销机会潜力,各细分市场之间相关性小。这种战略有利于分散企业的经营风险,即使某个细分市场失去吸引力,企业仍可在其他市场盈利。

(4)全面覆盖战略。这是指企业为所有顾客群供应其需要的各种产品。一般来说,大企业为取得市场领导地位,经常会采用这种策略。

5.4.5 网络目标市场营销策略

1. 无差异营销

无差异营销一般适合这种情况,当细分后的市场消费群体虽有差别,但共性明显且是根本性的，企业的基本营销策略可以求同存异，兼顾不同的细分市场。无差异营销策略，是指公司将整个网络市场当作一个需求类的网络目标市场，只推出一种产品并只使用一种营销组合方案。这种策略重视消费者的需求相同点，忽略需求差异性，将所有消费者需求视为无差别的。

这种战略只适用于那些少数的消费者需求大致相同并且需求广泛的产品，对于其他大多数产品就不适用了。在现实生活中，消费者的需求与欲望是多种多样的，而且随着社会经济的发展，消费者生活水平的不断提高，采用无差异的营销策略势必不能满足消费者的个性化需求。

2. 差异营销

针对不同市场，选择若干细分市场作为目标市场，以不同的营销策略适应不同的目标市场，这是差异营销的战略思想。差异营销比较适合垄断竞争的市场模式。

差异营销策略，是企业选择两个或两个以上的细分市场作为网络目标市场，针对不同细分市场的消费者需求，提供不同的产品或服务以满足消费者的需求。企业凭借自身的独特优势，生产出性能、质量均优于市场平均水平的产品，或是在销售方面，通过有特色的宣传活动、灵活的推销手段、周到的售后服务在消费者心中树立起良好的企业形象。

差异化营销策略，对于小批量、多品种的生产企业较为适用，日用消费品中绝大多数商品均可采用这种策略。在消费需求变化迅速、竞争激烈的环境下，大多数企业都积极推行这种策略。其优点主要表现在：有利于满足不同消费者的需求；有利于企业开拓市场，扩大销售，提高市场占有率和经济效益；有利于提高市场应变能力。差异化营销在创造高效益的同时，也增大了营销成本，如生产成本、管理成本和库存成本、产品改良成本及促销成本等，会使产品价格升高，失去竞争优势。因此，企业在采用此策略时，要权衡利弊，进行科学决策。

3. 集中营销

集中营销策略亦称密集营销策略，是指企业集中力量于某一细分市场上，实行专业化生产和经营，以获取高额市场占有率的策略。在细分市场的基础上，选择一个或有限几个细分市场作为目标市场，集中企业资源，以相对统一的营销组合开拓市场，亦称作集中性市场营销。

实施这种策略的企业要考虑的是与其在整个市场拥有较低的市场占有率，不如在部分细分市场上拥有高的市场占有率。这种策略主要适用于资源有限的小企业，因为小企业无力顾及整体市场，无力承担细分市场的费用，而在小市场上易取得营销成功。因为资源有限的中小企业试图同时分散资源占有整个市场是不现实的，不如集中力量于一点。

这种策略的优点是：一是企业可以深入了解特定的细分市场的需求，提供质量较好的服务，有利于提高企业的地位和信誉；二是实行专业化经营，有利于降低成本。只要网络目标市场选择恰当，集中营销策略，建立坚强的立足点，带来较高的收益。其缺点主要是企业将所有力量集中于某一细分市场,当市场消费者需求发生变化或者面临较强竞争对手时,企业应变能力变差,经营风险变大,会使企业陷入经营危机。因此使用这种策略时,要注意所选目标市场的变化,以防陷入泥潭。

5.5 产品的市场定位

市场定位又被称为产品定位或竞争性定位,是企业根据竞争对手的情况和自身的产品来设计本企业与众不同的鲜明个性和形象,并传递给目标客户,使产品在客户的心目中占据独特的位置,在细分市场上占据有利的位置等一系列活动。

5.5.1 网络市场定位的内容

网络市场定位包括:网站类型定位、顾客服务定位和服务半径定位。

1. 网站类型定位

目前,涉及电子商务的网站主要有宣传型和交易型两种。宣传型网站主要介绍企业的经营项目、产品信息、价格信息广告宣传等,不具备交易功能。交易型网站不仅介绍企业的各类信息,还同时提供交易平台,买卖双方可以在线相互传递信息,实现网上洽谈、网上订货和网上支付等。

2. 顾客服务定位

企业网站主要为满足网上顾客服务用,应根据顾客不同需求来定位自己的网站,如信息查询、信息发布、各种咨询服务、订购服务等。

3. 服务半径定位

根据网站的服务内容不同来规定网站的服务区域即服务半径,如国际型、全国型、省市地区型等。理论上,网络营销无时空限制,但受客观条件的限制,网站服务半径是有局限型的。

5.5.2 目标市场定位的出发点

在网络上想要提高产品或服务的品牌形象和知名度,企业必须采用恰当的定位策略并找准定位的出发点。

1. 目标消费者

网络目标消费群体的描述与掌握,是定位运作的首要因素。在其中,我们描述要尽量明确、完善,以便指出进攻的方向。在描述目标消费群体时,可以把人口统计资料与心理描绘资料一起使用。

2. 产品和服务的差异点

每一种产品和服务都必须提出有力的差异点,以激起消费群体的购买欲望,即购买原因,不论这个差异点是实质的还是心理的。

3. 竞争者

要明确在消费者心中,自己在哪个市场与谁竞争,这有利于了解自己被置于什么样的层次中,以及竞争者之间的消长。当然如果可能的话,应尽量避免与市场领先者正面冲突,采取迂回战术。最好事先找一个闲置的位置,等稳固自身后,再去渗透占领更好的位置。

5.5.3 市场定位的步骤

1. 确定向目标市场传递怎样的差异化信息

企业必须确定在定位时向目标客户传递多少有关产品的差异信息,即企业潜在的定位优势有多少。在网络营销中,企业在传递有关信息时尤其应避免以下弊病:定位过低、定位过高、定位混乱和定位奇异(客户很难相信企业宣传的定位差异性)。

2. 与竞争对手进行定位优势的比较

企业在确定了自己的定位优势后,还应当将自己的定位优势与主要竞争对手进行比较,以识别企业在产品开发、产品与服务的成本和质量、销售渠道、品牌知名度等方面是否具有明显优势,以明确企业的核心竞争优势,并最终决定企业定位。

3. 传播企业的定位

在市场定位过程中,首先要明确企业推出的产品类别,其次要明确所推出的产品与其他企业产品的区别。与此同时,对企业的宣传也不容忽视。只有企业的市场定位真正深入到客户的内心并被其所认可,才能达到预期的目的。

5.5.4 市场定位策略

实施产品的市场定位就是要在同一市场中创造出差异化的品牌个性。在网络营销中,主要的市场定位策略主要有以下三个。

1. 产品差别化

即向目标市场提供差异化的产品。通常一件产品的差别化主要通过九个方面的设计指标来体现。第一,产品形式,包括产品的形状、实体差异和尺寸等。第二,特色,指产品基本功能以外的一些附加功能,而且是与其他产品有区别的功能。但是企业在考虑增加新功能时,要计算客户价值和客户成本。只有客户价值大于客户成本时，才有增加特色的需要。第三，性能质量，指产品在使用中的水平。研究表明，产品质量和投资报酬之间存在着高度正相关关系，即高质量产品的盈利率高于低质量和一般质量的产品。但质量超过一定限度时，客户需求开始递减。所以企业必须设计出与目标客户以及竞争者水平相匹配的产品。第四，一致性质量，指产品外观及使用与产品标明的标准吻合程度。第五，耐用性，指产品在自然或重压条件下的预期使用寿命。第六，可靠性，指衡量产品在一定时期内运行良好的指标。第七，可维修性，指产品出了问题后可修复的难易程度。越是用标准化零部件组合起来的产品，可维修性越高。第八，风格，指产品给予客户的视觉和美学效果。第九，设计，它是一个综合性因素，指产品外观和性能的全部特征的组合。

2. 服务差别化

服务差别化即向目标市场提供与众不同的服务。在产品同质化市场中，增值服务变得十分重要，它可以有效地提升客户的满意度和忠诚度，从而击败竞争对手。服务差别化战略主要体现在以下五个方面：第一，订货方便；第二，交付及时，指产品或服务到达客户的速度、准确性和文明程度；第三，客户培训，指对客户单位的工作人员进行培训，以方便日后使用；第四，客户咨询，指公司向其客户提供咨询服务；第五，维修保养。

强调服务差别化并非贬低产品差别化战略的有效性。竞争者之间产品差别越小，产品差别化战略的作用空间越小。一旦有企业掌握了相似的产品技术，服务差别化的战略便有了用武之地。

3. 形象差别化

形象是市场对企业及其产品的认知，购买者可以从企业与众不同的形象上找到共鸣。在网络营销中，企业可以通过以下三种方式来实现形象的差别化。首先，运用醒目的标志、有感召力的口号及鲜明的色彩等在网上凸显自己，利用和发掘自己与众不同的属性来塑造美好的形象；其次，将企业在传统物理空间中的形象标志物延伸到虚拟空间来体现并充分运用；最后，有效地运用赞助等公益活动和互联网等多种手段与技术塑造企业形象。

本章小结

网络营销战略是指企业在现代网络营销观念下，为实现其经营目标，对一定时期内网络营销发展的总体设想和规划。网络营销属于企业整体营销战略的一部分，因此可以根据企业营销的总体目标，直接提出网络营销的具体战略目标，再根据网络市场环境进行市场细分，选择目标市场和产品的市场定位，在此基础上制定具体的网络营销战略规划。

从战略层面上讲，网络营销的目标与企业营销目标是一致的，必须符合企业的整体经营目标。根据网络营销的特点和优越性，目前在实施网络营销时，一般可以从降低成本、提升形象、提高收入和提升客户满意度等方面进行考虑。

对于营销，市场细分的理论与方法具有特别重要的意义。一方面，产品或行业的总需求决定总体市场，依据消费市场的特征和某些共性，可划为若干个细分市场；另一方面，营销主题根据各细分市场的状态和特征，选择合适本企业营销拓展的具体对象，为营销策划提供依据，界定范围。

网络市场细分是为了选择目标市场。在网络市场细分的基础上，企业首先要认真评估细分的网络市场，然后选择最适合本企业实际情况的目标市场。这是进行网络营销的一个非常重要的战略。目标市场的选择是指企业在对市场细分之后所形成的若干个子市场，根据各个子市场的需求情况、竞争状况与企业资源，决定要进入哪个子市场，即企业的目标市场。

思考题

(1)网络营销的战略环境都包括什么？

(2)网络营销相比于传统营销的优势在什么地方？

(3)网络营销的目的是什么？

(4)网络环境下的市场细分应秉持什么原则？

(5)网络市场细分的步骤是什么？

(6)网络市场的细分过程中容易出现什么问题？

(7)网络目标市场的覆盖有哪些方式？

(8)产品的市场定位包含哪些内容？

(9)市场定位的策略有哪些？

参考文献

[1] 李东．网络营销战略分析[J]. 商场现代化，2004(21)：41-42.

[2] 瞿彭东．网络营销[M]. 北京：高等教育出版社，2004.

[3] 邓少灵．网络营销学[M]. 广州：中山大学出版社，2009.

[4] 陈志浩．网络营销[M]. 武汉：华中科技大学出版社，2010.

第 6 章 网络营销产品策略

本章概要:选择适合网络营销的产品,是企业制定网络营销策略的基本要素之一。本章主要阐述了网络营销中产品的概念、网络营销的新产品策略和网络营销产品的品牌策略。本章的重点是掌握网络环境下新产品开发策略与主要程序、网络品牌的塑造与推广、网络品牌体验的实现策略等内容。

引例

苹果——产品设计的王者

苹果公司的每款产品几乎都可以称为艺术品,iMac、iPod、iPhone、iPad 更是其中的传奇产品。它们真正实现了苹果巨人的复活和辉煌,使苹果帝国得以更高的姿态实现王者归来。

iMac 已将设计触角伸向人的心灵深处,通过富有隐喻色彩和审美情调的设计,让使用者心领神会而倍感亲切。1998 年,全新的 iMac 计算机闪亮登场,它那一体化的整机好似半透明的玻璃鱼,色彩用了亮丽的海蓝色,大面积使用弧面造型,给人一种无拘无束、令人震撼的美感。

2001 年,苹果用全新的设计理念打造出 iPod,彻底改变了人们对音乐播放器的认知。它简洁到极致,而且拥有独特和人性化的操作方式以及巨大的容量,为 MP3 播放器带来了全新的思路。为了扩大市场,而又不让 iPod 的高贵形象受损,苹果公司把简洁路线进行到底,进行了更加大胆尺寸的创新——舍掉了用来查找和显示歌目的显示屏,功能键也被简化为只有六个——播放、暂停、下一首、上一首、声音提高、声音减小。iPod shuffle 因此诞生。

此后,苹果延续了 iPod 的设计风格,继续推出了 iPhone 智能手机。风靡全球的 iPhone 又一次成功刮起了一股 IT 风暴,手机大厂 Nokia、三星、RIM、Palm 纷纷推出类似的手机,也最终引发了苹果公司与谷歌公司的正面冲突。

2010 年 4 月，苹果公司推出了 9.7 英寸的平板计算机 iPad，iPad 被苹果定位为介于智能型手机和笔记本计算机之间的产品，继续沿用原有 iPhone 的风格。不过苹果仍是发挥了所擅长的工业设计能力，让 iPad 的外型与重量极具吸引力，另外随着 iPod、iPhone 所带起音乐、地图定位、上网等各种行动应用需求，加上够长的使用时间与合理的价格，iPad 成功打开了一个全新的市场。

细看苹果公司的产品，可以发现，其产品设计具有鲜明的特点，这些特点奠定了苹果公司产品长期的竞争优势，决定了其不可替代性。

6.1 概　　述

在全新的网络环境中，根据客户的需求，顺应网络营销的发展趋势，开发产品的厂商可以使用网络技术创造客户价值，同时面临着种种机遇和挑战。企业只有充分了解如何利用网络资源和网络技术开发消费者产品和公司产品，认识到网络营销策略具有的特点和要求，才能在网络营销活动中有效利用网络营销机会，在网络市场竞争中立于不败之地。网络营销产品策略是企业最基本的营销策略，也是企业网络营销组合策略的核心，因此，对网络营销产品概念与特点的深入理解与认识，便是企业实施网络营销策略的首要问题。

6.1.1 网络营销产品的整体概念

在市场营销中，产品一般是指商品交换活动中，企业为满足消费者需求所提供的所有有形产品或无形服务的总和。产品一般可以分为核心产品、形式产品、附加产品三个层次。核心产品是指企业借助某种物质形态的产品向消费者提供的基本效用；形式产品是指核心产品存在并可以传递给消费者的具体形式与内容载体，包括品牌、品质、包装、式样与特色等内容；附加产品是指消费者购买核心产品后得到的附加效用，包括服务、保证、承诺等内容。

在网络营销中，顾客个性化需求更为突出，营销企业主要通过基于互联网平台进行营销活动。借助网络的优势，消费者个性化与多样化需求得到了更好的满足，他们更加主动地选择购物。因此，将网络营销产品的整体概念定义为：网络营销活动中，消费者所期望的能满足自己需求的所有有形产品和无形服务的总称。根据网络营销产品在满足消费者需求中的重要性，可以将网络营销产品整体划分为以下五个层次的内容。产品各层次关系如图 6-1 所示。

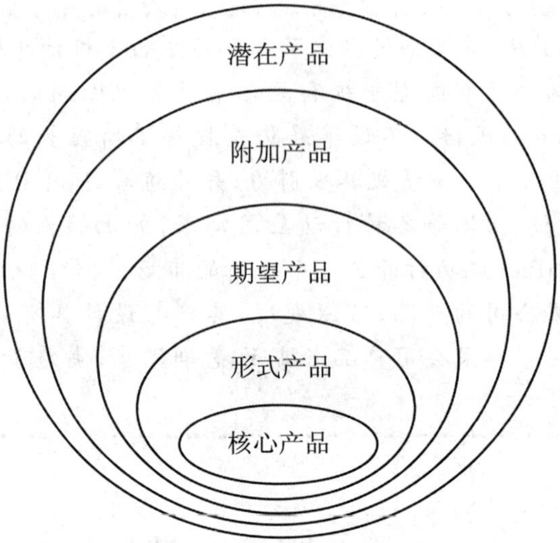

图 6-1 网络营销产品层次关系

(1)核心产品层,是指消费者所期望的通过交换活动得到的最为核心或最为基本的效用。这一层次的效用是目标市场消费者所期望的无差别利益。如消费者购买计算机并不是为了获得一个带有显示屏、装有各种部件的机器,而是为了获得能满足自己学习、工作、娱乐等方面需要的效用。可以说,对于消费者来说,他们只是把计算机当作一个黑匣子,具体技术原理他们可能列举不出多少,但希望计算机提供给自己什么效用,他们却可以列举出许许多多。其实,企业产品的研制、生产与提供正是在研究消费者这许许多多希望得到的效用的基础上完成的。

企业进行网络营销就是要最大限度地向消费者提供这许许多多的效用。一个企业能更好地、更全面地满足消费者需求,为他们提供这些效用,就具备了在市场竞争中的优势。此外,网络营销的一个突出特点是互动性,可以通过网络充分地了解消费者需求,更好地为消费者服务。因此,企业在进行新产品的开发与设计时,要以消费者为中心,为消费者提供满足其效用需求的产品。

(2)形式产品层,是核心产品的物质载体,产品的基本效用通过形式产品的物质形态反应与体现出来。有形产品主要是由产品的质量水平、材质、式样、品牌、包装等因素构成。服务产品则主要是由服务的流程、服务人员、地点、时间、态度和品牌等构成。

(3)期望产品层,是网络营销产品的整体概念中特有的层次,指网络目标市场上,消费者在购买产品前对所购产品的质量水平、特性、使用方便程度等方面的期望值。在网络营销中,顾客处为主导地位,顾客需求呈现出个性化和多样化的特征,不同的顾客对产品的要求不一样。因此,期望产品对企业开发与设计核心产品和形式产品有指导作用,企业在设计和开发产品时必须满足顾客个性化和多样化的消费需求。对于有形产品,企业在设计、生产和供应等环节时必须实行灵活性的生产和管理。对于无形产品,如服务、软件等,企业要根据顾客的需求来提供服务,积极引导顾客在设计、开发等环节的参与程度。

(4)附加产品层,是指在购物过程中,产品的生产者或经营者为消费者提供的附加服务。附加产品层主要是为了协助顾客更充分、更好地获得核心产品带来的基本效用而派出的延伸性需求,通常附加产品层次包括售后服务、送货、质量保证、信贷、赠品等。

(5)潜在产品层,位于附加产品层之外,是指企业向消费者提供的能满足其潜在需求的产品层次。潜在产品层可以满足消费者的潜在需求,提升消费者对产品的偏好程度与忠诚程度。目前,高新技术迅猛发展,产品的许多潜在需求还没有得到消费者的充分认识,这就需要营销企业通过消费引导和支持活动更好地满足消费者的潜在需求,它属于一种增值服务。

6.1.2 网络营销产品的类别

随着网络信息技术的发展以及人们消费习惯的改变,越来越多的产品开始在网上进行销售。对于网络销售的产品,按照其形态的不同,可以分为两大类:有形产品和无形产品。

1. 有形产品

有形产品是指具有具体物理形状的物质产品。与传统的销售渠道不同,通过网络销售有形产品,顾客无法直接接触产品和销售人员,网络是顾客了解产品信息与购买产品的媒介。顾客可以通过互联网,了解所感兴趣的相关产品信息,然后登录销售网站直接下订单,填写要选择购买的品种、质量、价格、数量。在达成交易之后,企业必须按照顾客的要求,将产品通过物流公司送达顾客,对于顾客而言,他不能在当时立即得到产品,而要等待一定的时间。顾客等待时间的长短,会因配送距离和物流企业配送能力的不同而不同。

2. 无形产品

无形产品是相对于有形产品而言的,这种产品一般不具备具体的产品形态,有时也会通过某种介质而反映出某种形态。通过网络进行销售的无形产品有两种:数字类产品和服务类产品。

数字类产品包括各种软件、游戏、电子图书和电子报刊等可以通过网络直接传输,不需要通过中间物流配送就可以完成。

服务类产品一般按照服务产品的性质可以划分为一般服务产品和信息服务产品。一般服务产品是指一些传统的服务,如医疗服务(远程门诊、挂号预订),旅行服务,音乐会、体育比赛等的门票预订,远程教育等。对于一般服务产品来说,顾客不仅注重所能够得到的收益,还关心自身成本的付出。通过网络媒体,顾客可以尽快地得到所需要的服务,减少排队等待的时间成本。同时,顾客通过浏览互联网,能够更快地得到各类信息,提高信息传递的速度,增强促销效果。信息服务产品是指专门提供有关信息、进行咨询的服务，如股市行情分析、金融信息、电子新闻等。对于信息服务产品来说，网络是一种最好的媒体。信息服务为满足用户寻求有用信息的需求提供了机会。

6.1.3 网络营销产品的主要特征

与传统营销不同，网络营销最明显的特征是：信息流以电子数字信息的传输为主；拥有一个覆盖全球的互联网络通道，电子信息在这一通道上具有“海的容量，光的速度”。因此，开展网络营销活动就要经营适合以电子数据方式销售、利用互联网络传递的商品。一般而言，适合在互联网上销售传递的产品通常具有以下特征。

(1)产品形式：最适合易于数字化、信息化的产品

通过互联网可以营销任何形式的产品，但最适合网上营销的产品是那些易于数字化、信息化的产品。经营不同形式的产品，企业开展网络营销活动的策略重点是不一样的。如电子图书、音乐、软件、信息服务、网上咨询、远程教育、远程医疗等，经营这类商品，商家投资小，客户购买方便，商品可以直接通过网络实现配送，客户只需登录销售网站下订单就可以完成全部购物过程。如小型有形产品，企业可根据客户在网上提交的订单通过物流实现配送，也可在网上进行宣传和推广。如果企业经营的产品是大型机械设备，网络营销的主要任务就是宣传企业形象和推广产品品牌，而不是在线进行销售。

(2)产品性质：适合质量差异不大的同质产品或非选购品

网络的虚拟性使得顾客可以突破时间和空间的限制实现远程购物，但无法使消费者在购买之前进行较充分的挑选与评估比较。因此，适合在网上营销的产品一般属于质量差异不大的同质产品或非选购品。顾客可以从网上获得这类产品的信息，确定和评价其产品质量，如书籍、音乐、机票等。

(3)产品品牌：拥有明确、醒目的品牌，名牌企业的产品，或名牌产品

对于名牌企业或知名网站经销的产品，虽然属于质量差异比较大的异质产品，但已有的消费者购物经验已经让众多顾客了解到其产品的真实信息，如价格和质量等，顾客只要购买熟悉品牌的产品，不必再花费太多的精力和时间去比较选择。因此，在网络营销中，生产商与经销商的品牌同样重要。首先，要在互联网信息的海洋中获得浏览者的注意，必须拥有明确、醒目、知名度高的网上品牌；其次，由于网上消费者面对很多选择，但无法进行购物体验，只能通过购买熟悉品牌的产品，以减小购物风险，所以品牌影响力对消费者的购买决策极为重要，具体要从提高品牌知名度与形成美誉度两方面着手。

(4)产品价格：网络渠道优势带来的低价位

互联网作为信息传递媒介，在发展初期通常是采用信息共享和免费策略，网络消费者已形成购买低价产品的消费习惯；另外，由于通过互联网进行销售的成本低

于其他销售渠道,因而在网上销售产品可以采用低价位定价。

(5)目标市场:以网络用户为主体的市场,顾客群容量大、覆盖范围广、配送容易

网上市场是以网络用户为主要目标的市场,因此,适合在网上销售或能发挥网络营销优势的产品一般是那些市场范围覆盖广、市场容量比较大的产品。如果产品的目标市场比较狭窄,虽然也能开展网络营销活动,但营销效益不佳,不能充分发挥网络营销的优势。但是,如果网络目标市场覆盖范围很广,市场容量很大,但网络营销的可到达性差,营销信息到达率很低,或者物流配送体系跟不上,这样也不适合网络营销的开展。

6.2　网络营销的新产品策略

从原子到比特的转变,使得在线商品的供给过程变得更加复杂。企业的研发部门必须综合使用数字文本、图形、音频和视频等各种手段来进行产品的开发。为了使交付产品的过程变得更加有效,企业还必须将前台的客户服务工作和后台的数据收集和处理程序结合起来。这些工作对传统企业提出了更高的要求,使得它们的学习曲线变得十分陡峭。因此,网络经营者必须考虑到新技术条件下如何进行产品开发,如何定制产品组合的营销策略。

6.2.1　网络时代新产品开发面临挑战

新产品开发是许多企业制胜的法宝。在网络时代,企业所处的环境发生了重大变革,由于信息和知识的共享,科学技术扩散速度加快,企业的竞争从原来简单依靠产品的竞争转为拥有不断开发新产品能力的竞争。互联网的发展,使得在今后获得新产品开发成功的难度增大,它们主要表现在以下几个方面。

(1)个性化消费使需求差异性增大。互联网的发展实现了消费者与厂商的直接交流与互动,使得消费者有了广泛的选择范围;现代化的制造技术也使大规模按需定制成为可能,满足了消费者的个性化需求。消费观念和方式在新一代消费者中发生巨大变革,他们能够通过网络与在线服务得到更多的信息,也希望厂商可以按照自己的需要和意愿来生产产品和提供服务,个性化消费成为主流。随着未来消费者受教育程度和收入的提高,新的消费者对产品的创意、设计和服务提出更高的个性化要求。网络时代的细分市场将是以个体为基础,企业必须更加注重市场调研,掌握消费者的消费心理和消费行为。

(2)产品的生命周期日益缩短。在网络时代,科学技术呈现出加速发展的态势,新行业、新技术不断产生,人们的消费观念和消费需求也随着社会的发展而不

断变化。应对新的变革,企业在生产领域不断地进行各种各样的创新,创新的步伐使得产品生命周期大为缩短,并要求未来组织的战略原则也要发生深刻变化,产品上市时间成为竞争的一个重要内容。互联网的发展给新产品的开发进程带来了压力,但对企业来说既是机遇也是挑战。企业开发的新产品如果能适应市场需要,那么可以在很短时间内占领市场,打败其他竞争对手。

(3)企业间竞争加剧。信息化和网络化完全改变传统的产品服务、销售方法和概念。在产品开发和生产领域中,不断进行的各种形式的创新将带给企业丰厚利润,同时也加剧了企业间竞争。目前,企业间竞争程度日益激烈,竞争范围不断扩大,在强大的竞争压力和新的消费环境下,每个企业都在设法培养自己的核心竞争力,树立起竞争优势。如果企业的产品和服务没有特色和优势,就会在激烈竞争的市场中惨遭淘汰。

(4)新产品的开发必须考虑可持续发展。网络时代强调的是绿色生产、绿色营销和绿色发展,新产品不仅要满足消费者的需求,还必须考虑环境保护和社会道德,以满足公众利益为准则。各国政府和公众对企业这方面的要求日益提高,政府从整个社会及国家长远发展的角度出发制定的一系列政策措施,也从一定程度上限制了某些行业的产品设计和广告决策。

6.2.2 新产品开发策略

不断推出新产品是网络经济时代企业生存的前提,但复杂的竞争环境要求企业在开发新产品时必须谨慎。根据所处竞争环境和拥有资源的不同,企业应在不同的新产品开发策略中进行选择。许多新产品(例如 YouTube、雅虎、微博等)是由一些独家经营的企业推出来的,公司在最初成功的产品基础上推出新产品。另外一些企业(如微软公司)则是将互联网产品捆绑到一个已经很成功的产品组合中。以下将探讨新产品策略,帮助营销人员制定战略,将在线产品与离线产品整合在一起。

(1)产品首创策略

产品首创是指企业根据市场上的新需求,运用新的产品设计理念和科技手段创造出过去从未出现过的全新产品。互联网的发展和普及引发了大量新的市场需求,出现了各类以互联网为应用平台的新产品和服务,丰富人们的生活,也为人们的生活和工作提供了方便。从早期的即时通信、搜索引擎、E-mail 服务到后来的网络游戏、在线阅读,到现在流行的 SNS、网络电视,这些新产品或新服务都充分体现符合消费者的个性需求,带有超前性。

例如,李维斯公司开发的个性化裤型服务系统,这对那些不能找到合适的衣服或者希望在衣服设计方面有更多个性化的客户来说是一个很好的主意,此外,它还有利于制造商和零售商提高客户忠诚度,降低库存成本,避免季节性折扣。

再有一个产品首创策略是社交网络，社交网络使网络用户拥有大量的沟通对象，既可以是为了娱乐，也可以是为了获得经济利益。

今后，随着信息技术和互联网应用的不断创新，还将有更多的新产品或服务源源不断地涌现，以“创造需求、引导消费”来建立一个全新的市场，并确立自身在所创造市场中的优势地位，从而带来丰厚的利润。但实施产品首创策略一般需要大量资金投入，而且需要具有足够的需求潜力，企业承担的市场风险和技术风险较大，往往适宜于确实有很好的产品创意，并且技术实力很强，能够充当行业领头羊的企业采用。

(2)引入新产品策略

引入新产品是指首次引入已建立市场的新产品。在互联网上，技术扩散的速度非常快，利用互联网获取信息迅速模仿已有产品是一条捷径，它可以大大降低企业的市场风险和研究与开发投入。但是无论在任何企业，任何时代，只要市场上有竞争存在，核心技术都是保密的。任何一家企业对于自己的技术和商业秘密都是高度重视，将核心信息资源与网络相分离，或设立防火墙，以有效地防止网络黑客攻击。因此，在网络时代的竞争中，引进新产品策略只能作为一种对抗性的防御性策略，适应于双方技术差距较大的情况下使用。而企业要想真正实现产品和技术超越，就必须在掌握市场和商品信息的基础上进行综合创新。

(3)产品差异化策略

产品差异化是指在现有产品线上开发出各种具有差异性的新产品。网络时代消费个性化的趋势使需求差异性增大，市场不断细分。为了以有效的方式占领各个细分市场，企业开始更加关注人们对产品多样化的需求，更加致力于围绕现有核心产品开发出多种多样的产品来吸引顾客。例如，通过产品线扩张和区域扩展，亚马逊由最初的图书音像领域扩展到个人护理品、鞋靴、珠宝首饰、钟表等领域，为消费者提供了大量的丰富的产品。

采用这种产品差异化策略迎合了消费者的消费心理，可以更好地满足不同层次的差异性需求，树立产品在消费者心目中的独特地位，使产品的价格弹性减少，将价格竞争转为非价格竞争，保证企业利润目标的实现。此外，由于这是在成功产品上进行的再开发，新产品开发的风险较低。

(4)产品改进策略

产品改进是指用改进性或有更大感知价值的新产品替换旧产品。新产品改善了原有产品的某些功能或加大了原有产品的感知价值。例如，以网站为基础的电子邮件系统是对基于客户端的电子邮件系统(如 Outlook)的发展，用户可以从任何联网的计算机上收发电子邮件。在网络上，消费者选择范围大，信息来源广泛，他们的需求层次日益提高。此外，互联网信息传播速度快、扩散范围广的优势，也使产品的功能、价值升级有了无限的空间。企业必须不断改进现有产品，进行升级换代，才能避免被淘汰。

(5)降低成本策略

降低成本是指推出同样性能但成本降低的新产品。在网络时代,消费者的消费意识更趋理性化,只有能为顾客提供更多让渡价值的产品才能获得消费者青睐。争取成本领先是企业获取竞争优势的一种重要手段,企业须在产品的性能和质量不变甚至不断提高的前提下,通过提高管理水平来节约库存管理工作量,通过改进销售方式来减少中间环节,持续降低产品成本在市场上立足。

(6)重新定位策略

重新定位是指对现有产品进行重新定位,以新的细分市场为目标市场。例如雅虎公司开始定位于网络搜索引擎,后来又将自己定位于门户网站(提供多种服务),如今,该公司将自己重新定位于生活引擎。由此看来,雅虎公司开始是与行业领军者美国在线公司抗衡,如今却是避免与主要的竞争对手谷歌公司正面冲突。网络时代企业的市场环境更加动荡多变,由于消费者偏好的变化、新的竞争产品的出现、企业市场范围的变化等原因,企业往往需要对产品进行再定位,使之适应新的市场环境,重新焕发生机。产品再定位须先了解市场,将企业原来的经营计划与市场现实进行比较检验,寻找两者差距,然后重新给产品定位,找出消除差距的最佳途径。

总之,在网络时代,通过规模个性化产销,通过智能的计算机技术和全球覆盖的网络技术,企业既能实现产销的低成本,又能满足消费者多种多样的个性化需求。网络经济的发展给企业提供了一个巨大的发展空间,同时对企业新产品开发产生巨大影响。企业应充分利用互联网上丰富的市场资源和技术资源,进行一系列的商业分析、产品开发和市场测试等活动,是新产品开发适应互联网时代的需求,以开拓市场,保持竞争地位。

6.2.3 网络营销新产品开发的程序

为保持企业可持续赢利的能力,每一家公司都需要去寻找和开发现有产品的替代品或补充品。所以,一个企业能否适时地开发出新产品以适应不断变化的市场需求,对于企业在行业中的地位和前途至关重要。所谓新产品开发,根据其创新程度主要指两方面:公司通过自主研发开发出具有突破性的创新产品或者公司利用现有品牌对目前产品的属性进行改善和调整。创新可以给企业带来巨大收益,稳固市场地位,提高竞争力,同时它又意味着企业需要承担由此而产生的高风险和高成本。而对现有产品的派生和增强固然可以节省在新产品导入期的促销成本,但是若新产品在市场上失败,也可能给现有品牌的形象带来负面影响,动摇现有的客户基础。所以企业在开发新产品时要权衡突破性创新和对现有产品的改良和调整之间的效益与风险,进行许多不确定性的决策,并且应当制定科学的程序和有效的管理方法,对开发的全过程进行严格管理。

一般来说,新产品开发的主要程序是一个从构思产品创意、筛选产品创意、形成产品概念、商业分析、产品开发、产品试销一直到商品化的过程。传统上的做法是在此过程中的每一步骤结束时,都要进行是否继续进入下一步骤、返回前一步骤或停止项目的决策,目的在于最大限度地挖掘未被满足的市场需求,在投入大量的资源前将任何可能的决策失误降到最低点。

(1)构思产品创意。构思产品创意阶段的目标是积聚许多关于新产品或产品改进的想法或创意。创意的来源有很多,可能来自研发、制造、营销等内部群体或个人,也可能来自外部的客户、供应商、销售商,甚至可能从同类竞争产品中获得启发。但由于企业开发产品是为了满足顾客需求,所以最重要来源还是依靠顾客来引导产品的构思。

网络营销的一个重要特性是与顾客的交互性,通过信息技术和网络技术,企业可以实现宽范围、低成本、交互式的市场调研,发现顾客的现实需求和潜在需求,从而形成产品构思。此外,互联网也为企业快速跟踪科技前沿,掌握竞争者动向,加强与供应商和经销商的联系,收集各种信息提供了极大的方便。

(2)筛选产品创意。新产品或产品改进创意形成后,需要对收集到的创意进行分组和筛选。这时参与产品开发过程的所有人参加,对聚集的创意进行分类和识别,从中筛选出有价值的创意,并建立一个高效的创意评分系统,使最好的创意继续前进。此外,通过筛选也要尽可能早地发现和放弃错误的创意,以避免不应有的损失。

在筛选创意时,关键要考虑的是产品创意的市场发展潜力及其与企业目标的一致性,如果创意极有吸引力,在考虑企业有无能力发展这一产品时,可不受企业自身资源条件的限制,应视企业是否能从外部获得所需资源而定。在资金方面,企业可以借助风险投资来发展;在业务方面,企业可以通过价值链的分解与整合,将业务外包。

(3)形成产品概念。富有吸引力的新产品创意经提炼后需形成产品概念。产品创意指的是公司希望为市场提供的可行的产品构思,而产品概念指用有意义的顾客语言来表述的产品构思,具体包括满足顾客需求的描述、产品解决方案的形式、初步的产品规范和设计、产品定位和经济可行性。创意通过概念形成阶段需达到一系列的特定指标。一旦创意通过了形成产品概念阶段,风险和产品开发过程的资源需求就增加,开始需要考虑初始的市场预测、制造的可行性、供应链以及财务标杆等。

(4)商业分析。确定了一个有发展前途的产品概念后,企业管理者需对它的商业吸引力作出评价,这包括估计销售量、估计成本和利润。企业可根据网上虚拟店铺中顾客的行为估计产品的销售量,然后与开发部门、制造部门、营销部门和财务部门研究据此估算成本,最后估算出该产品的利润。这里应注意的是在估算利润时要考虑风险因素和资金的时间价值。如果产品概念经过商业测试有利可图,就可以把它交到研究与开发部门，把它发展为实体产品。

(5)产品开发。与传统新产品开发不同，顾客可以通过网络全程参与和协作概念形成后的新产品研制开发工作。顾客参与新产品研制与开发不再是简单的被动接受测试和表达感受，而是主动参与和协助产品的研制开发工作。与此同时，与企业关联的供应商和经销商也可以直接参与新产品的研制与开发，因为网络时代企业之间的关系主流是合作，只有通过合作才可能增强企业竞争能力，才能在激烈的市场竞争中站稳脚跟。通过互联网，企业可以与供应商、经销商和顾客进行双向沟通和交流，这种全程的沟通与协作极大限度地提高了新产品研制与开发速度和成功的可能性。

(6)产品试销。产品试销是一种小规模的营销实验，它的目的是通过对小规模实验中采用的一些营销变量进行观察、测试和识别，制定出一个适宜于产品大量导入市场阶段的营销支持模式：广告、分销、包装、定价和促销等。利用在线营销实验可对新产品的销售潜力进行评估，如公司服务器可以随机向不同的来访者展现不同的产品，然后通过跟踪其点击率来测量来访者对不同产品的反应，了解被测试的各营销变量间的因果关系，预测它们在市场的潜在性。

网络市场的消费者一般具有较强的好奇心和消费领导性，喜欢尝试新产品。通过网络营销推动新产品试销是比较好的策略和方式，但需要注意的是，网上市场群体还有一定的局限性，目前的消费意向比较单一，所以并不是任何一种新产品都适合在网上试销和推广的。一般对于与技术相关的新产品，在网上试销和推广的效果比较理想，一是可以有效地覆盖目标市场；二是可以利用网络与顾客直接沟通，有利于顾客了解产品，也有利于企业对新产品的改进；三是可以节省大量调查经费。

(7)商品化。市场测试为管理者提供了足够的信息，帮助他们做出是否将新产品商业化的最后决策。产品的商品化涉及产品的市场导入计划，首先，企业要建立或租用一个全面的生产制造基地，然后，企业要花费大量的广告费用和促销费用来把新产品引入市场。企业在选择网络作为营销渠道时，要根据网上顾客的类型和个性化需求来设计网络促销组合，同时企业还要保证顾客网上购物的安全性，并提供高效可靠的物流配送服务和售后服务。

6.3　网络营销品牌策略

网络营销的主要消费群体是对品牌个性有着执著追求的消费者，随着互联网的不断普及，网络已经成为企业品牌形象和企业产品形象塑造的重要工具之一。而对于任何企业来说如何在激烈竞争的网络市场环境中不断提高品牌忠诚度、形成良好的品牌资产成为其首要目标之一。因此，品牌建设是企业开展网络营销的核心内容，如何将网络环境下的品牌构建好则成为企业关注的焦点和成功的关键。

6.3.1 网络品牌概述

1. 网络品牌的内涵

美国市场营销学会将品牌定义为“一种名称、术语、标记、符号或设计，或是它们的组合运用，其目的是借以辨认某个或某类产品或服务，并使之与竞争对手的产品或服务区别开来。”许多厂商已经意识到，品牌是对客户的一种承诺。通过传递这种承诺，可以在客户中建立信任，使他们降低风险，帮助客户减少因转换所使用的产品进行决策而产生的压力。在网络环境中，由于存在着安全问题和隐私权保护问题，又由于厂商与客户相距遥远，帮助客户减轻这种压力尤为重要。因此品牌优势在网上市场竞争中尤为明显，网络品牌对网络市场有着非常大的影响力，品牌的有效运营和管理能够增加产品的价值。这种资产的价值反映在消费者的选择产品时的购买决策上，消费者的购买意愿自然会增加企业产品的市场份额。例如微软和戴尔已经在消费者中建立了信任，蕴涵着客户能够感知的客户价值，因此，客户愿意为获得的商品或服务支付较高的价格。

对于许多企业来说，互联网意味着全新的营销渠道、更大的市场、更多的客户、全球化的品牌及更为激烈的市场竞争，但它并未改变基本的商业规则，也没有改变品牌的基本定义和基本作用。网络品牌可定义为：企业利用各种网络传播手段（如企业网站、网络广告、虚拟社区等），在互联网环境中塑造或传播的具有一定知名度的品牌。

2. 网络品牌的类型

网络品牌可分为以下三种类型。

(1)纯网络品牌

纯网络品牌(pure-online brand)是随着互联网的产生和发展所形成的新兴品牌。这类品牌是完全依托于网络手段建立起来的，或者是完全依赖于网络环境生存的，其产品完全通过网络进行销售。一类典型的纯网络品牌，如QQ等即时通信、在线服务等数字化的产品，以及百度、Google、腾讯、新浪、搜狐等提供这些产品的企业，其产品销售以及顾客互动体验或感知都是通过网络实现的；还有一类纯网络品牌，如Amazon、当当网等，它们在网络市场中建立了自己的新兴品牌，与前一类有所不同的是它们提供的产品很大一部分是实体产品，但这些产品的销售是在网上进行的，顾客对于这类品牌的感知也是完全通过网络体验到的。

(2)不完全网络品牌

不完全网络品牌(semi-online brand)可以理解为传统品牌在互联网上延伸而形成的网络品牌，它们的产品可以是数字化产品，也可以是实体产品，顾客可以通过线上或线下两种方式对产品进行体验。这类品牌中比较典型的品牌如Disney、海尔等。作为娱乐产品提供商，如今的 Disney 横跨影视、音乐、IT、主题公园、服装、礼品等诸多领域。Disney 的产品既有数字化产品，如音乐、游戏等，又有实体产品如画册、饰品等，它的产品既能通过网络进行在线订购，又能在其专卖店直接购买，顾客对 Disney 这个传统品牌的体验可以通过网上或网下两种方式实现。

(3)"伪"网络品牌

"伪"网络品牌(fake-online brand)可以理解为传统企业在互联网环境下建立起来的品牌，以实现对其企业及产品的宣传作用，然而企业的经营核心仍专注于传统领域业务。因而也可以理解为是传统型企业借助于网络实现原有品牌的延伸(brand extension)，或者说拓展到互联网上，即传统品牌的网络化。

对于宝洁、耐克、可口可乐这些拥有传统世界名牌的企业来说，互联网已经成为他们品牌创新的有力工具，借助于互联网，这些企业的品牌影响力更加深远。大多数情况下，传统型企业把互联网作为一种市场推广的传播渠道，而不是作为一种分销渠道直接销售产品。

以星巴克为例，星巴克的主要经营理念一直是向客户提供顶级的咖啡产品，为顾客营造一个介于工作场所和家之间的空间，直到今天，星巴克仍恪守这一理念。在互联网时代，星巴克同样也利用网络来提升和扩大自己的品牌影响力。但星巴克只是利用网站来宣传其产品、产品文化和企业文化以及强化与顾客的互动体验，而并不在网上销售咖啡。对于众多具有传统品牌的企业来说，互联网只是企业塑造和推广品牌的一个新领域或途径，不一定意味着要创建另外一个品牌。

3. 网络品牌资产构成

网络品牌资产代表了品牌的有效识别、顾客价值、社会意义等众多的因素。探讨网络品牌资产可以深入挖掘网络品牌的核心价值，以促使更多深具品牌价值的网络品牌的打造和产生。网络品牌资产由一系列要素构成，这些要素分别以各自的方式影响着网络品牌价值。这些要素包括网络品牌忠诚度、网络品牌价值、网络品牌认知度、网络品牌影响力、网络品牌联想等。

(1)网络品牌忠诚度

一个品牌对企业的价值很大程度上是由其支配的客户忠诚度创造的，一个品牌从某种程度上代表了一组忠诚的顾客。高忠诚度的消费者，通常能够产生可预知的销售额和利润。另外，忠诚度还意味着品牌对客户的价值，并对营销成本的影响巨大，因为维系老顾客比吸引新顾客的成本低得多。因此，将品牌忠诚度列为品牌资产构成要素，将有助于创造和提高品牌资产价值。网络品牌忠诚度可以通过品牌网站客户回访率、客户重复购买率等指标衡量。

(2)网络品牌价值

网络品牌的价值是构成网络品牌资产的核心，它代表了企业网络品牌的终极目标。比如 Google 的理念是"整合全球网络资源为全球网民服务"，耐克满足了追求第一、不断挑战的生活态度，Disney 则传播着快乐、童真的价值观。品牌的价值是比较复杂的概念，也是难以量化的指标。在实际操作中，网络品牌价值可以通过测评与消费者生活的关联性、消费者对网络品牌的价值评价和价值认可度、消费者生活对特定品牌的依赖程度、网络品牌的获利能力等指标衡量。

2011 年 5 月 9 日，华通明略发布的 Brandz 全球最具价值品牌 100 强排行榜，品牌的排名主要依据三个关键指标。

①品牌价值：以美元计算的品牌经济价值。

②品牌贡献：品牌对企业盈利能力的贡献，根据品牌对顾客购买决策的影响来计算。

③品牌动力：反映品牌价值近期增长前景的指标。

表 6-1　2011 年 Brandz 全球部分最具价值品牌排名

排名	升降	品牌名称	行业	品牌价值（百万美元）	品牌价值变化	品牌贡献	品牌动力
1	2	苹果	科技	153 285	84%	4	9
2	−1	谷歌	科技	111 498	−2%	4	4
3	−1	IBM	科技	100 849	17%	3	5
4	2	麦当劳	快餐	81 016	23%	4	7
5	−1	微软	科技	78 243	2%	4	7
6	−1	可口可乐	软饮料	73 752	8%	5	9
7	15	AT&T	电信	69 916	N/A	3	4
8	−1	万宝路	烟草	67 522	18%	4	4
9	−1	中国移动	移动运营商	57 326	9%	4	9
10	−1	通用电气	综合集团	50 318	12%	1	2
14	1	亚马逊	零售	37 628	37%	3	10
29	46	百度	科技	22 555	141%	5	10
35	新上榜	Facebook	社交网站	19 102	246%	3	5
52	新上榜	腾讯	科技	15 131	N/A	4	9
82	−6	eBay	零售	10 731	15%	2	8

（3）网络品牌认知度

消费者对品牌的认知程度在很大程度上影响着其购买和选择。可以说认知度是建立网络品牌识别的最终策略和目的，它代表了消费者对品牌总体质量感受和在品质认知上的整体印象和体验。将网络品牌的认知度作为品牌资产因素将有助于构建与消费者高度互动的网络品牌。当消费者对品牌的认知度提高时，消费者对品牌的感知会大大改善。网络品牌认知度可通过目标客户对网络品牌的认知程度、已有客户中有购买行为的客户所占的比率等指标来衡量。

(4)网络品牌影响力

品牌影响力从某种程度上反映了品牌的市场份额,或者代表了品牌在某一市场中的知名度。消费者对品牌的了解和接触,会产生品牌的熟悉感。心理学研究表明,认知本身可引起对几乎所有事物更为积极的感受,无论这个事物是音乐、人、语言文字或品牌。消费者做品牌选择时,甚至在决策购买行为时,了解和熟悉的品牌就会占优势。使消费者识别和再现品牌,建立品牌影响力可以极大地增加品牌资产。不过,简单地再现、认知和熟悉只是建立品牌知名度挑战的一部分,不足以成为品牌建设战略;最强大的品牌不是为实现普遍的知名度,而是为实现战略知名度而战。网络品牌影响力可以通过品牌网站的浏览量,网站访问者中目标客户的比率等指标来衡量。

(5)网络品牌标识

网络品牌标识代表了网络品牌的基础识别,是构成网络品牌资产的重要部分。主要组成因素包括品牌网站名称、网站地址、网络形象设计、品牌网络行为识别等因素,代表了消费者认知、识别、记忆某品牌的能力。它的价值可以通过其注册商标或专利等无形资产的价值体现出来,也可以通过有关品牌识别的调查或监测指标获得客观评价。

从上述的内容可以看出,网络品牌同传统的品牌一样,代表了一系列资产。因此,对网络品牌资产的管理就应包括创造并增加资产的投资。网络品牌资产的每个构成因素都以不同的形式影响并创造价值,为有效地管理这些资产,同时为网络品牌建设活动制定基于可靠消费的决策,认知网络品牌资产每个构成要素的作用很有必要。网络品牌资产同时为消费者和企业创造价值。网络品牌名称和品牌URL是网上消费者识别品牌的关键要素,对于网络品牌的塑造至关重要。

6.3.2 网络品牌策略

1. 塑造网络品牌

在网络营销中,要实现自己品牌的独一无二,就必须使自己企业的品牌具备个性化及人性化。我们可以从新产品宣传、产品服务策略两方面来分析塑造产品的网络品牌。

(1)新产品宣传

网络时代电子商务的发展改变了现行商业交易方式,在网络上可以直接实现沟通和完成买卖。因此,企业在新产品市场化的过程中要充分重视网络宣传的作用,在网络上建立企业自身的品牌形象,增加顾客对企业和产品的了解。要做到这一点,企业就要完善网页的特性,采取一些生动明快、人性化及个性化的页面设计,并使网址容易记忆;要不断更新网页,吸引顾客不断得到企业的信息,增加点击率,从而为企业带来潜在的商机;同时还可以捕获消费者的注意力为中心,以某种新产品为对象制造热点事件或创造新奇概念,进行大规模广告宣传,赋予产品特定内涵和品位,迅速占领市场份额。如农夫矿泉水突出“有点甜”,这就是企业通过不同的概念诉求产品差异化。“概念”作为无形资产,在顾客心中一旦确立其地位,一般是不容易取代的。

(2)产品服务

在网络营销过程中,服务是一个重要的组成部分,良好的服务可以提高顾客的满意度,同时可以为企业带来潜在的客户。企业可以从以下几个方面来改进对网络营销产品的服务。

①售前服务

目前大多数企业的购物网站,虽然可以将每款产品的图片、参数都悉数列出,顾客可以通过点击某款产品来了解常规参数。然而,这些信息对于一般的消费者来说是不够的,特别是对与一些还属于比较新兴的电子产品,普通消费者很难根据这些参数来了解产品性能、分辨产品优劣。如果可以设立针对每款产品的视频讲解,将每款产品的特点、功能、安装使用注意事项等,通过视频的方式向顾客介绍,必定能为顾客在选购产品方面以很大的帮助。

此外,当顾客了解了相关信息,对产品产生购买意向以后,顾客一定希望能针对产品是否有现货、是否能优惠、到货方式及付款方式等问题进行进一步的咨询。这就需要企业在其购物网站首页的醒目位置,放置在线咨询控件。顾客可以根据自己使用的哪种在线沟通工具来选择咨询渠道,例如 QQ、MSN 等。客户点击控件,立刻可以进入企业的后台与客服人员进行即时的沟通。

②售中服务

消费者在通过网络商城或者其他购物平台购买企业产品的过程中,应该尽可能的得到便利。在产品选择、填资料等操作时,应简化消费者自己动手输入的工作。消费者只要按照提示进行选择即可,使消费者获得方便快捷的购物体验。如淘宝网站上,当消费者点击立即购买某个产品以后,系统会自动记录顾客的地址信息,消费者只需要做几个点选就可以完成订单。

当消费者完成支付程序后,系统提供顾客的订单查询功能及物流信息查询等,这样,顾客可以清楚的了解到自己所购买产品的物流状态。

此外,在交易达成后,系统还可以自动通过电子邮件或者短信方式,给客户发送致谢信息,这样让消费者时刻感受到关怀和被尊重。

③售后服务

对于产品的售后服务,包括维修、软件升级、电话咨询等。对于网络商城来说,企业可以在其官方网站上建立公司产品的使用论坛来为顾客或潜在顾客提供技术交流、产品体验交流的平台。这个平台的链接,也应该放在网上商城的首页醒目位置。此外,对于消费者十分关心的产品的升级服务、售后服务等问题,要专门设立区域，列明全国各地可以升级的地址、联系人信息等，方便客户前往。

通过以上售前、售中、售后的产品策略的改进，以期达到使企业在网络产品的人性化方面得到加强，使之更贴近消费者的需求。

2. 网络品牌推广策略

很多企业在传统市场渠道或者部分区域中已经具备了一定品牌知名度。然而，传统品牌优势不一定能够形成网络上的优势品牌，因为网络媒体与传统媒体的受众构成有很大不同，所以网络品牌和传统品牌有着很大不同。

美国著名的咨询公司的调查报告就指出：知名品牌与网站的访问量之间并没有必然的联系。因此，企业想要在网络营销中取得品牌优势，单靠传统渠道的品牌优势是不够的。还应该在网络上进行仔细的规划，努力使产品符合网络受众对品牌的要求。企业可以从以下方面在网络上推广自己的品牌。

(1)选择合适的品牌元素。品牌元素，即能鉴定并且使品牌具备差异的那些可识别的图案。大多数知名品牌都拥有多个品牌元素。移动公司神州行“我看行”，动感地带“我的地盘我做主”这些品牌元素就充分考虑了不同消费群的特征。

(2)对品牌进行多方位宣传。企业应善用传统的平面与电子媒体，并舍得耗费资金大打品牌广告。企业还应利用网站、网页的特点在做广告的同时，进行品牌内涵解释，让人们了解品牌的特定含义及品牌文化。

(3)建立完善平台网站的交互功能来提高网站的品牌知名度。采用交互式的方式，让企业的部分网站页面的显示由网友来自行编辑的方式，称作“Web2.0”时代。在这种技术平台下，企业网站可以与客户之间进行及时有效的沟通，实践证明，这种网站模式更有利于提高企业品牌的生命力、维系品牌的忠诚度。

(4)保障质量，维护品牌形象。品牌的声誉是建立在产品质量和服务质量上的，所以企业始终要注重产品和服务质量，同时在网页的设计上更要考虑满足顾客的需求，使顾客在网站上积累整体浏览感受和购买经验。

(5)利用公共关系不断塑造品牌形象。抓住一切可利用的事件和机会，广行善举，开放门户，利用公关造势，建立品牌，塑造品牌形象。

(6)通过法律手段保护品牌。品牌在市场上唯有注册才受法律保护，而国际上多数国家采用注册在先原则，即谁先注册，谁就拥有专用权，我国也不例外。所以企业在品牌推广中，要想获得合法权利就必须注册。

此外，域名作为互联网的单位名称和在互联网上使用的网页所有者的身份标识，由于域名的所有权属于注册者，所以域名具有商标属性。在网络时代，由于域名系统(DNS)是国际共有资源，可较好地实现信息传播，这就决定了它有巨大的商业价值。随着互联网的广泛普及和大量应用，注册域名的企业越来越多，许多企业还把知名商标注册成域名，一般人们所知道的驰名商标几乎都成了互联网上的域名。

凡客的品牌价值

凡客诚品自2007年发布，以自有服装品牌网上销售的B2C电子商业模式、高性价比产品和服务体验的经营之道、顺应互联网时尚消费潮流的品牌文化和突出的市场执行力快速成长，现已成为一个根植中国互联网的领军在线服装品牌，并跻身中国网上B2C领域收入规模前四位。

品牌的价值关键体现在差异化价值的竞争优势上。美国品牌专家凯文·莱思·凯勒曾提出：品牌来源于消费者反映的差异，如果没有差异发生，那么具有品牌名称的产品本质上仍是一般意义上的产品。

1. 品牌产品

凡客诚品以男士衬衫网络销售为切入点，逐步扩展到综合服装类的全线销售，目前已拓展涵盖至男装、女装、童装、鞋、配饰、家居六大类。

男士衬衫主要是由欧美著名设计师领衔企划，集结顶级男装品牌经典款式之精华，同时参考亚洲男士体型特点，精选高支面料贴身制作，由一流的代工企业进行生产，质量与品牌衬衫相媲美，而价格却非常的大众化，让用户以中等价位享受奢侈品质，提倡简约、纵深、自在、环保。

凡客诚品的整体设计风格简单而优雅，产品以休闲为主兼售正装，吸引了众多价格敏感型的年轻用户，但是对高端白领年轻用户的吸引力比较一般。

2. 品牌服务

(1)网站。作为一个在线品牌，企业网站是为顾客提供服务的最直接的平台，网站的页面设计、功能设置往往体现着品牌服务的理念。凡客诚品的网站设计风格让人感觉非常专业，头部导航栏目一目了然，中间的热门分类也方便消费者快速找到自己需要的产品；产品的图片处理的很好，清晰自然，结合产品的促销战略，吸引来访者进行点击；购买流程设计的也比较简单，购买转化率也大大的提高，给人以非一般的购物体验。

(2)物流。物流是在线品牌服务的另一个重要方面。“30天退换货保障”、“全场免运费”、“1000城市送货上门”、“货到付款”是吸引客户、刺激消费的客户体验。凡客诚品旗下的物流子公司如风达主要承担凡客北京、上海、广州、苏州和杭州的物流配送，它在行业内率先开展试穿、上门办理现金退换货、POS机刷卡等多项特色服务，不断提高用户体验。快速的配送速度、真诚的客户服务态度和完善的用户体验使如风达成为凡客品牌影响力中极为重要的一部分，快递员成为“凡客名片”。

(3)包装。凡客诚品的外包装曾经历多次更改升级,最终被定型为3层牛皮纸外盒附加环保无纺布内包装。3层牛皮纸确保了硬度足够强,在快递过程中不会被压坏。同时根据顾客不同的商品购买量,凡客诚品都配以不同型号的外包装盒,具体的尺寸都是经过细致的手工测量确定的。而无纺布袋是附在装衣服的塑料袋外面,让消费者在打开外包装的时候感觉舒服。这种细节处的关怀为凡客诚品赢得更多顾客的青睐,也增强了品牌的亲和力。

3. 品牌个性

凡客诚品提倡简单得体的生活方式,希望跟别人打交道时是得体的,且在这个浮华远去回归真实的氛围里。随着80后、90后消费比重的增长,凡客诚品更体现出一种年轻自然、追求自由、个性、时尚的活力。

6.3.3 网络品牌体验

随着商品经济的演化和消费者需求层次的提升,品牌所蕴涵的意义日益丰富,更加注重品牌与消费者之间的互动关系,注重消费者的感官、情感、生活方式等因素,逐渐生发出更多的意义,与消费者的价值观和生活方式达成关联。美国西北大学营销学教授唐·舒尔茨指出:"品牌塑造主要是客户信任和依赖的结果,而不是营销组织的依赖。品牌建立在客户对组织的产品和服务长期满意的体验之上。"因此品牌首先是体验的提供者。企业应该想方设法将体验嵌入品牌之中。体验营销者将体验这一全新的营销理念运用到品牌中,创造出个性化、互动的营销方式——品牌体验。

1. 品牌体验的内涵

体验营销是指以服务为舞台,以产品为道具,以消费者为中心,创造能够使消费者参与并且值得回忆的活动。体验营销的关键在于促进顾客和企业之间建立一种良好的互动关系,体验的主要目的是使顾客在此过程中获得心理的愉悦和满足,留下深刻的印象,并在此过程中把暗含的企业和品牌的知识与形象传达给他们。

网络是实现"体验"的最佳场所,企业借助于网络技术以较低的成本为顾客提供高度个性化的体验,可以直接影响消费者的认知与行为。虚拟体验影响顾客的产品学习行为,进而影响他们对产品的态度。由此可见,体验营销的价值就在于它把以往被视为负担和成本的活动变成一种令人愉悦的体验,将顾客的注意力深入地沉浸于所处的网络环境,促使他们有更强的动力去搜索更多信息进行学习,以此提高对该网络环境的认识,以及学习的效率和效果。这些都有助于顾客快速、正确地建立对网络品牌的认知和偏好，形成积极的网络品牌态度。

与产品体验不同的是，品牌体验是品牌与体验的结合，是品牌与客户之间的互动过程，并通过令人耳目一新的品牌标识、鲜明的品牌个性、丰富的品牌联想等品牌相关要素的深度接触，让客户产生个性化的经历和身心愉悦的感受，从而与品牌建立起强有力的关系，达到高度的品牌忠诚。

2. 网络环境下品牌体验的策略实现

建设网络品牌的关键在于为顾客提供满意的虚拟体验。体验是高度个性化的，不同顾客对体验有不同的要求，网络环境下消费者接触的信息越来越多，品牌的竞争也日趋激烈，抓住消费者的眼球、情感、感觉等体验要素成为品牌体验的重要内容，也是实现品牌体验成功的关键。

(1)深入分析顾客需求，以向消费者提供独特价值作为宗旨

有效地运用各种创意手段迎合客户的感官与心理需求，为顾客提供满意的体验是体验营销战略的重点，这就要求企业必须充分了解潜在的目标消费者个性特征、知识结构、价值喜好等，分析他们的上网动机，找出顾客的意愿和偏好；大量收集资讯，分析相关数据，找出他们的期望与实际体验的差距。企业只有透彻地了解这些后，才知道应该如何为顾客创造和增加其所追求的价值，也最终才能有效发挥创意，吸引消费者的注意，引起消费者共鸣，增强客户体验和提升品牌。因特网是进行顾客需求分析的最佳平台，因为因特网可以在全球范围内大量而且迅速地传递信息，所以商家必须有时间来研究各国消费者的不同需求，为建立一个能被全世界接受的网络品牌。

(2)确定网络品牌形象的核心

品牌形象的定位是品牌战略的基石，企业无论追求何种营销策略，都须先有一个深入、清晰而一贯的品牌定位，将品牌的功能、特征与消费需求联系起来。只有恰当定位的品牌核心形象，才能使品牌显示出独特的个性和特定的文化内涵，使顾客产生特殊的体验。企业网络品牌建设此时面临一个问题，企业该为消费者创造一个独立的网络品牌还是将传统品牌形象的核心移植到网络中去，目前部分高端时尚品牌，由于其目标顾客是新兴白领消费群体，有很强的网络购物欲望，但是企业又为了维护传统品牌形象，采取了推出独立网络品牌的模式。比如，著名服装品牌报喜鸟，为了开拓网络营销，推出了“BONO”品牌和同名的网络商城。相比独立的网络品牌，大多数企业采用的是将已有的品牌形象网络化。

(3)构建与品牌一致的顾客体验，树立良好品牌形象

企业向顾客提供的体验必须与自身的定位和网络品牌所传递的理念相一致，只有这样，才能树立起良好的品牌形象，有力地吸引目标顾客，给顾客留下必要的感受烙印。体验的项目既可以是体验性产品，也可以是体验性服务。网络体验营销的核心是吸引消费者的参与，并借参与产生互动，让消费者真正成为品牌的主人，从而促使消费者接受品牌所传递的信息，并产生消费的引力，塑造品牌形象，建

立品牌忠诚,提高品牌竞争力。

(4)提炼凝聚品牌化体验

无论是对企业还是消费者来说,品牌意识是非常重要的,企业要致力于提供与众不同的体验,营造出一种品牌化的体验营销体系,让消费者需要某种体验时自然产生主导型品牌联想。传统品牌中已经有很多做到了这一点,如提到“去屑”就想到海飞丝,提到“清爽,透心凉”就自然会想到雪碧,网络品牌的建设也是以这样的品牌联想为目的,如提到“我要买,我要卖”就会想到淘宝,提到男士职业装就会想到 VANCL 等。

(5)吸引客户参与品牌互动,激发在线体验的情绪

体验营销的核心是吸引消费者的参与,并借参与产生互动,让消费者真正成为品牌的主人,从而促使消费者接受品牌所传递的信息,并产生消费的动力,建立品牌忠诚。吸引客户参与品牌互动已成为越来越多的企业在开拓市场、塑造品牌和品牌管理中常用的方法,并取得了很大的成功。

可口可乐公司不断地用创新的手段加强与年轻消费者的沟通,并致力于带给他们最新潮的消费理念。2005 年 4 月,为拓展中国市场,可口可乐推出了娱乐网站 iCoke,完美地诠释了这一品牌的战略方向。该网站一经推出,立即受到国内广大年轻消费者的欢迎。2006 年,已拥有 120 多万用户的 iCoke 网站又与腾讯公司结成战略合作伙伴,借助腾讯最新推出的 3DQQ 秀网络虚拟形象,可口可乐将 iCoke 互动社区全面升级为中国首个运用 3D 形象的在线社区,为年轻消费者提供新的互动沟通时尚体验,使其娱乐性和互动性跨上新的台阶,共同打造深受年轻人喜爱的在线娱乐休闲生活。在这种消费者与品牌的互动中,不仅满足了消费者体验的心理需求,也使消费者进一步了解、感受和认同了可口可乐的品牌,在国内饮料市场激烈的竞争中,可口可乐品牌一直发挥着它始终如一的魅力和影响。

案例研讨

腾讯产品组合策略

在中国今天的年轻群体中,手机、邮箱、QQ 号已经成为必备的三大联络方式。从 1998 年“QQ”诞生到现在,同时在线用户数已突破 1 亿,成为当今最有品牌知名度和价值空间的网络产品。它正逐步形成包括基础服务、无线增值服务、基础增值服务、企业 IM 业务、广告服务、形象授权服务在内的六大服务体系,成为亚洲第一大,仅次于微软、美国 ICQ 居世界第三的及时通信服务提供商,令众多网络服务商望其项背。这个以聊天为核心功能的网络产品依靠一只小小的、围着红围巾的卡通企鹅为品牌传播形象,蹿红在网络用户中。那么,QQ 有现在的成就,运用了哪些产品营销策略呢?

(1)精准的产品定位

所谓产品定位是指顾客心目中企业产品的位置。由于 QQ 是一种网络产品，而网络的使用者大部分是 16～30 岁的年轻人，这些人使用网络的最初目的是为了更快、更好的沟通，这种沟通方式不仅要迅速，而且使用起来非常的便宜。因此，腾讯 QQ 根据产品使用者定位，以“即时信息沟通”为核心，牢牢抓住了 16～30 岁年龄段的网络用户。这个年龄段的人思想最为活跃，最容易接受新鲜事物，观念最超前。他们处在当今社会竞争环境最为激烈的地方，不是忙于学业的学生就是忙于工作的办公人员，学习或工作占据了他们的绝大部分时间，沟通少，朋友少，娱乐少成了他们的通病。而 QQ 以其操作的便捷性，休闲的新颖性成为他们释放自己、休息娱乐的最佳方式。在 QQ 王国里，人们可以随意抒发自己最真实的情感、观点、思想，不必担心周围人的眼光，实现现实生活中所不能的愿望。QQ 迎合了目标人群的心态，使他们成为自己的忠实用户。

(2)专注所长，做精、做细核心产品

所谓核心产品是指能为企业扩大市场、生命周期长、能为企业长期带来利益的产品。当企业进入市场时，虽然核心产品并不能让企业迅速占领市场，但它是企业核心竞争力的代表，能让企业击败对手，长期立于不败之地。

QQ 刚起步并开始发展的时候，一个简单功能就能满足用户的需求，但随时间的推移，用户的需求越来越高。为保证用户对品牌的忠诚度，腾讯所有的业务都紧紧围绕着“即时通信”这个核心点来开展，从这个点去纵深、拓展，为 QQ 注入娱乐休闲新元素。腾讯会不断改善产品功能，不断推出新版本，成功的聚集了人气，为其版图的扩张奠定了良好的基础。专注成就，完美和丰富壮大了核心产品，积累了品牌竞争力。

(3)加强与实力商业伙伴合作，合理品牌延伸

想让一个品牌长盛不衰，除了有稳定的核心产品外，还可以通过品牌延伸来增强企业的竞争力。所谓品牌延伸策略是指企业利用其成功品牌的知名度和声誉将新产品或改良产品推进市场的策略。腾讯公司正是利用其核心产品 QQ 的知名度进行了品牌延伸。

目前，腾讯的合作伙伴主要包括中国移动等电信营运商，Moto、Nokia、Siemens 等国际著名手机厂商。在与他们的合作过程中，腾讯始终坚持立足自己的核心专长，凭借移动收费系统，实现服创造利润的盈利模式，推出一些具有独特卖点的附属功能产品，如“QQ 私语”、“QQ 非常男女”等、通过固定电话实现 QQ 用户之间的语音交流、用户可以通过这项服务收听网友给自己的留言并给任何网友留言等。与优秀的合作伙伴合作，专注核心产品的研究完善，使得腾讯在规模和特色方面始终走在互联网无线业务的行业前沿。

(4)腾讯寻找有“眼光和能力”的传统商业合作伙伴，将 QQ 这一品牌从在线延伸到线下，传播品牌形象，积累品牌核心价值的项目

网络毕竟是虚拟产品，如何将虚拟产品与实物产品相结合是腾讯公司的新问题。腾讯公司利用其 QQ 产品的知名度，将品牌外包，即保留品牌，而由具体的制造企业制造实物产品，腾讯公司将品牌形象外包，授权给广州东利行公司，推出一系列产品服饰：手表、风铃、公毛仔、鼠标垫，Q 包，从公毛仔到小饰品、衣帽、服装全面开花，大街小巷，到处能见到这只小小的、围着红围巾的卡通企鹅。腾讯依靠这样的品牌策略"壮大"了小企鹅，品牌和企业一举双赢：自身全力在熟悉的业务做精细开发，从而成为中国 SP 营销典范；副业壮大主业，主业受益副业；同时，通过"品牌外包"，品牌得以从不同领域延伸，迅速扩大了品牌知名度。

(5)树立健康网络品牌形象

赋予品牌新的文化、人文内涵，将 QQ 形象进一步重新定位，从一般的网络聊天工具定位到健康时尚的品牌。

优秀的品牌和品牌人物都是社会主流文化的倡导和拥护者，随着小企鹅的长大，特别是腾讯在香港成功上市以及马化腾在网上拍卖其个人"88888"QQ 号，资助印尼难民的慈善义举公布后腾讯公司诚信健康、进取有为、创新经营的品牌形象深入用户内心。

"Q"人类，"Q"文化，适时打造品牌文化影响力。当腾讯形象授权商的第一家 Q-GEN 服装专卖店开张之后，腾讯适时提出了"Q 时代，R 人类，Q 生活"的口号，走下网络，走进"寻常百姓家"，为"以 QQ 为生活娱乐方式或工作方式的 C2 人类"建立起沟通无限、传递快乐的"Q 文化"。这个文化内涵里有故事、有感受、有文字、有图片、有实物、有影音——我们可以背着 QQ 背包、穿着 QQ 服装、窗头摆着 QQ 像架、床上放着 QQ 抱枕……它已经成为了我们生活的一部分。

随着腾讯品牌文化内涵的不断扩大，QQ 从一款即时通信软件提升为一种文化象征，从而使得聊天品牌有了更稳固的优势。

目前腾讯公司又进一步推出了电子商务活动，将腾讯公司的经营范围进一步扩大，目前，腾讯公司已成为具有其自身的特色的大型网络公司，正是由于其抓住了产品，实施了恰当的营销策略，才使公司在激励的竞争中立于不败之地。

思考题

(1)网络营销的产品策略有哪些？请简要阐述。

(2)腾讯 QQ 在产品设计采用了哪些策略？效果如何？

(3)结合本案例，请谈谈互联网企业如何能使开发的产品迅速进入市场。

本章小结

(1)网络营销产品是指网络营销活动中，消费者所期望的能满足自己需求的所有有形产品和无形服务的总称。网络营销产品整体划分为五个层次：核心产品层是指消费者所期望的通过交换活动得到的最为核心或最为基本的效用；形式产品层是核心产品的物质载体，产品的基本效用通过形式产品的物质形态反应与体现出来；期望产品层是网络营销产品的整体概念中特有的层次，指网络目标市场上，消费者在购买产品前对所购产品的质量水平、特性、使用方便程度等方面的期望值；附加产品层是指在购物过程中时，产品的生产者或经营者为消费者提供的附加服务；潜在产品层，位于附加产品层之外，是指企业向消费者提供的能满足其潜在需求的产品层次。

(2)与传统营销不同，网络营销最明显的特征是信息流以电子数字信息的传输为主；拥有一个覆盖全球的互联网络通道，电子信息在这一通道上具有"海的容量，光的速度"。一般而言，适合在互联网上销售传递的产品通常具有以下特征：产品形式易于数字化、信息化；属于质量差异不大的同质产品或非选购品；拥有知名品牌；产品价格具有低价优势；其目标市场是顾客群容量大、覆盖范围广、容易配送；具有不可替代的垄断性。

(3)一般来说，新产品开发的主要程序是一个从构思产品创意、筛选产品创意、形成产品概念、商业分析、产品开发、产品试销一直到商品化的过程，传统上的做法是在此过程中的每一步骤结束时，都要进行是否继续进入下一步骤、返回前一步骤或停止项目的决策，目的在于最大限度地挖掘未被满足的市场需求，在投入大量的资源前将任何可能的决策失误降到最低点。

(4)网络品牌指企业利用各种网络传播手段(如企业网站、网络广告、虚拟社区等)，在互联网环境中塑造或传播的具有一定知名度的品牌。网络品牌可分为三种类型：纯网络品牌、不完全网络品牌和"伪"网络品牌。网络品牌忠诚度、网络品牌价值、网络品牌认知度、网络品牌影响力、网络品牌联想分别以各自的方式影响着网络品牌价值。

(5)网络品牌的成功塑造与推广和消费者在网上对企业品牌的价值体验紧密相关。产品的网络品牌可以从新产品宣传、产品服务策略两方面来塑造。建设网络品牌的关键在于为顾客提供满意的虚拟体验，可以通过深入分析顾客需求、确定网络品牌形象的核心、构建与品牌一致的顾客体验、提炼凝聚品牌化体验、吸引客户参与品牌互动，为顾客营造难忘的品牌体验。

思考题

(1)什么是网络营销产品？它整体上包含了哪些层次？

(2)适合在互联网上销售传递的产品的主要特征有哪些？

(3)网络营销新产品开发策略有哪些？

(4)网络营销新产品开发的主要程序包括哪些步骤？

(5)什么是网络品牌？它的类型有哪些？

(6)影响网络品牌价值的要素有哪些？各要素的衡量指标是什么？

(7)请阐述现代企业在网络品牌的塑造和推广中需要采取的策略。

(8)为什么说营造好的品牌体验是网络品牌经营成功的关键？实现品牌体验的策略有哪些？

参考文献

[1] 张卫东．试论网络营销产品的概念与特点[J]．南通纺织职业技术学院学报(综合版),2002,2(3):40-43.

[2] 邓少灵．网络营销学[M]．广州:中山大学出版社,2009.

[3] 韩睿．网络时代企业的新产品开发策略[J]．科学管理研究,2001,19(6):38-40.

[4] 陈志浩．网络营销[M]．武汉:华中科技大学出版社,2010.

[5] 万泉．网络环境下的品牌体验策略研究[J]．电子商务,2008(11):76-78.

[6] 周贺来．网络营销实用教程[M]．北京:机械工业出版社,2010.

[7] 陶燕燕．基于体验营销的网络品牌发展之路[J]．合作经济与科技,2009(11):44-45.

第7章 网络营销价格策略

本章概要：选择合适的网络营销价格策略，是企业制定网络营销策略的基本要素之一。本章主要阐述了网络营销中的企业定价目标、影响因素以及与传统营销在定价上的区别，重点是网络营销的定价方法以及具体的价格策略等内容。

引例

淘宝宝贝定价策略

淘宝网上宝贝的价格是顾客购买产品最关注的问题。人人都想以最少的价钱买最好的东西，做网络销售也是如此。总之都是顾客心理的作用，淘宝把握了顾客的这个心理，做出放长线钓大鱼的政策，做出局部商品调整，做出暂时的牺牲，换取流量，促使成交，打出店铺无人问津的局面，从而获取长久的利益。淘宝常做的就是去龙尾的方法，只是将价格的“尾”部微微向下落一落，就会给人一下降很多感觉，例如标价198元和标价200元，经常给人两个水平的感觉，其实相差只有两元，只占百分之一，这些都是买家心理的作用，但淘宝却充分利用。针对买家的消费心理，淘宝在大部分商品价格上留下一个小尾巴，一件商品定价99元人们会感觉比100便宜很多，说还不到100元，定价101元人们则会感觉太贵，较之99元价格仿佛又上了一个台阶，利用心理定价格策略会给人一种商店价格在整体上的都很低的印象，从而达到吸引并留住顾客的目的。还有一种就是错觉定位，比如说奶粉500克装，定价9.3元，又推出一种450克装的产品，定价8.5元，一时销路看好，因为消费者有时对重量的敏感远远低于价格，仔细算一下会发现，二者单位定价相差无几，而且后者还略高一些。

淘宝没有一味地在价格本身做文章，也根据产品淡旺季和消费者购买的时间、数量，来决定是否给予折扣，折扣多少的定价策略。许多商店推出的“换季大甩卖”就属于这种类型，这种定价运用得当不仅可以吸引消费者，还可以有效调节客流淡季过少等情况，使店面顾客盈门。现在淘宝也在做促销活动，促销活动也是提升人气最快捷、最有效的方法，但前提是一定要懂得促销的方法，否则就有可能适得其反。

7.1 概　述

价格是市场的杠杆，是古典经济学中的“看不见的手”，具有强烈的竞争性和多因素的综合性。因此，无论是在传统营销还是在网络营销中，价格策略都是最富有灵活性、艺术性、竞争性的策略，是企业营销组合策略中的重要组成部分。在网络营销中，企业如何发挥产品价格的杠杆作用来获得市场竞争的优势，价格策略的运用十分重要。

7.1.1 网络对价格的影响

狭义地讲，价格是人们为得到某种商品或服务支付的货币数量。从广义上说，价格是指消费者为获得某种商品或服务与销售者所做的交换，这其中包括货币、时间、精力和心理成本等。在整个经济发展过程中，价格都是由买卖双方协商确定的。在一些新兴的市场经济国家，人们依然用这种模式来确定价格。固定价格策略（即对所有的消费这规定相同的售价）是一种相对新颖的价格策略，它是伴随着19世纪末商品制造业和零售业的发展而兴起的。如今，一个世纪后，互联网将我们带回到动态定价时代，即针对不同的消费者制定不同的商品价格。

信息技术的发展，使得网络市场中商品定价更复杂，同时改变了厂商的定价方式，对网络经营者来说更是如此。此外，由于消费者权力的增加，他们在一定程度上拥有了商品的定价权（例如网上拍卖商品）。在互联网环境中，特别是当人们将互联网作为信息渠道时，商品定价增加了价格透明度，厂商和消费者都可以通过网络了解一种商品所有生产厂商的售价。如果产品的价格标准不一致或经常改变，客户和产品的代理商都会很快通过互联网获得信息，从而加剧了高价销售的不利影响。因此，互联网先进的网络浏览和服务器会使变化不定且存在差异的价格水平趋于一致。

基于这样一种共识，一些学者认为，企业应该从关注价格转变为关注成本，定价应更为遵循市场导向，从传统的“价格＝成本＋利润”公式变为新时期的“利润＝价格－成本”。那种在自身成本基础上加上一定利润作为定价依据的做法越来越行不通了，正确的观念应该是在既定市场价格的基础上，通过提高管理水平、采用先进设备和生产技术来缩减成本，从而获取利润。

7.1.2　网络营销与传统营销的定价区别

传统营销以成本为基准定价，其中营销成本在综合成本中占有相当高的比重，因为传统营销是依赖层层严密的渠道，并以大量人力与宣传投入来争夺市场的。网络营销中，这种传统的定价模式不再适用，代之的是以顾客能接受的成本来定价，并依据该成本来组织生产和销售的模式。这种定价模式既符合网络营销的实现真正意义上的以顾客为中心的服务观念，网络营销的低成本也使得这种定价方式成为可能。在未来，人员营销、市场调查、广告促销、经销代理等传统营销手法，将与网络营销相结合，并充分利用网上的各项资源，形成以最低成本投入，获得最大市场销量的新型营销模式。

企业以顾客为中心定价，必须测定市场中顾客的需求以及对价格认同的标准。传统营销难以做到这一点，网络上则可以很容易实现，顾客通过互联网络提出接受的成本，企业根据顾客的成本提供柔性的产品设计和生产方案供用户选择，直到顾客认同确认后再组织生产和销售。

7.1.3　网络营销定价的影响因素

厂商定价时，会考虑定价的内部和外部因素。内部因素包括厂商总体的定价目标、生产和销售成本等；外部因素包括供求关系、竞争因素，它对网上定价影响尤其大。

1. 内部因素

(1)定价目标

厂商考虑了利润、市场和竞争等因素之后，需要确定定价目标。最普遍的定价策略就是以利润为目标，追求利润最大化。该策略主要考虑眼前的利润最大化，而不是长远利益。一些网络市场调研公司(如 Forrester 市场调研公司和 Gartner 公司)采用的是利润导向型的定价策略，客户若想从它们的网站上下载最新的电子商务研究报告，要支付一定的费用。

厂商还可以选择各种以市场为目标的定价策略。消费者数量的不断增加有助于降低公司成本，取得较大的长远利益。低价格有助于公司占领市场，谈判和拍卖等也是以占领市场为目标的定价策略。

以竞争为目标的定价策略是指厂商根据竞争对手的价格而不是自己的生产费

用和市场需求来定价。互联网的透明度使得厂商能更快地了解竞争对手的价格变化,并随时做出价格调整。

(2)成本因素

成本是商品定价的最低界限,对企业营销价格有很大的影响。产品成本是由产品在生产过程、流通过程和维护过程中耗费的物质资料和支付的人员薪酬等形成的,一般由固定成本和变动成本两部分组成。在确定网络交易的价格时,首先必须要考虑成本因素。

2. 外部因素

(1)供求关系

供求关系是影响企业产品交易价格形成的一个基本因素。一般而言,当企业的产品在市场上处于供小于求的卖方市场条件时,企业产品可以实行高价策略;反之,当企业的产品在市场上处于供大于求的买方市场时,企业应该实行低价策略;当企业的产品在市场上处于供给等于需求的均衡市场时,交易价格的形成基本处于均衡价格处。此外,在供求关系中,企业产品营销价格还受到供求弹性的影响。一般来说,需求价格弹性较大的商品,其营销价格相对较低,而需求价格弹性较小的商品,其营销价格相对较高。

(2)竞争因素

竞争因素对价格的影响,主要考虑商品的供求关系及其变化趋势,竞争对手的定价目标和定价策略以及变化趋势。在营销实践中,以竞争对手为导向的定价方法主要有三种:一是低于竞争对手的价格;二是随行就市与竞争对手同价;三是高于竞争对手的价格。

在企业网络营销实践中,除了上述三个主要因素外,网络营销的其他组合因素,如产品特点、分销渠道、促销手段、消费者心理因素,以及企业本身的规模、声誉、品牌和国家政策等,都会对企业的营销价格产生不同程度的影响。

企业在进行网络营销决策时,必须综合考虑上述因素,以便制订有效的定价策略。

7.2 网络营销的定价策略

网络环境下的市场竞争,其激烈程度甚至超过了传统市场,而价格作为营销组合策略的重要组成部分,不仅是企业参与网上市场竞争的重要手段,也是一门艺术,需要一定的策略和技巧。定价方法侧重于确定产品的基础价格,而定价策略和技巧则侧重于根据市场的具体情况,从定价的目标出发,灵活运用价格手段,来实现企业的营销目标。下面将介绍一些常见的产品定价策略。

7.2.1 低价渗透策略

1. 低价渗透策略的含义

所谓低价渗透策略，就是以直接低价、价格折扣、赠送奖券或积分等形式，直接或间接地降低产品的价格，从而促进产品的销售。这对于那些具有高度价格敏感度的商品和人群是非常具有吸引力的。它实质上也是企业促销的一种重要手段。

借助互联网进行销售，比传统销售渠道的费用低廉，因此网上销售价格一般来说比传统的市场价格要低。由于网上的信息是公开和易于搜索比较的，因此网上的价格信息对消费者的购买起着重要作用。根据研究，消费者选择网上购物，一方面是因为网上购物比较方便，另一方面是因为从网上可以获取更多的产品信息，从而以最优惠的价格购买商品。

2. 低价渗透策略的方式

在实施低价渗透策略的时候，还有不同的方式可以选择。主要有以下几种方式。

(1)直接低价策略

直接低价定价策略就是由于定价时大多采用成本加一定利润，有的甚至是零利润，因此这种定价在公开价格时就比同类产品要低。它一般是制造业企业在网上进行直销时采用的定价方式。采用直接低价策略的基础，主要是由于通过互联网进行网络营销的公司可以节省大量的成本费用。

(2)折扣定价策略

折扣定价策略是销售者为回报或鼓励购买者的某些行为，如批量购买、提前付款、淡季购买等，将其产品基本价格调低，给购买者一定比例的价格优惠。其中的折扣方式包括数量折扣、现金折扣、季节折扣、功能折扣、购买时间段折扣等。这种定价方式可以让顾客直接了解产品的降价幅度以促进顾客的购买，它主要用在一些网上商店，按照市面上的流行价格进行折扣定价。如 Amazon 的图书价格一般都达到 3～5 折，我国的当当书店也是通过图书打折增加消费者的购买积极性，扩大销售，而不断拓展市场的。

(3)促销定价策略

许多网络零售商为开发新客户，维系老客户，完成销售指标，会采取促销定价策略。许多促销活动会规定促销限期以营造一种紧张气氛。例如，只要在聚美优品购物两件商品以上，公司就会为用户免费递送商品。由于网上的消费者面很广而且具有很大的购买能力，许多企业为打开网上销售局面和推广新产品，采用网络促销定价策略。促销定价除了前面提到的折扣策略外，比较常用的是有奖销售和附带赠品销售。

(4)优惠卡低价策略

优惠卡是顾客以低于商品或服务价格进行消费的凭证,也是一种折扣方式,折扣率一般从5%～60%不等,适用范围可由网上商店规定,如可以是一个特定的商品或服务,也可以是同一品牌的系列商品甚至可以是商家所有商品;有效期可以是几个月、一年或更长时间。例如,中国酒店预订网就是采用了优惠卡的促销方法,消费者可以通过网络参加这一酒店预定系统,登记注册后,在该系统内的所有酒店住宿均可享受4～6折的优惠。还有的网上商店对每一位消费的顾客发放积分优惠卡,该优惠卡按消费者在网上消费金额的多少打分,再按分数的多少赠送礼品。这样,网上商店就可以把消费者锁定在自己的网站上。

7.2.2 定制生产定价策略

1. 定制生产内涵

作为个性化服务的重要组成部分,按照顾客需求进行定制生产是网络时代满足顾客个性化需求的基本形式。定制化生产根据顾客对象可以分为两类,一类是面对工业组织市场的定制生产,这部分市场属于供应商与订货商的协作问题,如波音公司在设计和生产新型飞机时,要求其供应商按照其飞机总体设计标准和成本要求来组织生产。这类属于工业组织市场的定制生产主要通过产业价值链,从下游企业向上游企业提出需求和成本控制要求,上游企业通过与下游企业进行协作设计、开发并生产满足下游企业需要的零配件产品。

另一类是面对大众消费者市场的定制生产。由于消费者的个性化需求差异性大,加上消费者的需求量又少,因此企业实行定制生产必须在管理、供应、生产和配送各个环节上,都必须适应这种小批量、多式样、多规格和多品种的生产和销售变化。

2. 定制定价策略

定制定价策略是在企业能实行定制生产的基础上,利用网络技术和辅助设计软件,帮助消费者选择配置或者自行设计能满足自己需求的个性化产品,同时承担自己愿意付出的价格成本。

DELL公司的用户可以通过其网页了解本型号产品的基本配置和基本功能,根据实际需要和在能承担的价格内,配置出自己最满意的产品,使消费者能够一次性买到自己中意的产品。在上面配置计算机的同时,消费者也相应地选择了自己认为价格合适的产品,因此对产品价格有比较透明的认识,增加企业在消费者面前的信用。

目前这种允许消费者定制定价订货的尝试还只是初步阶段,消费者只能在有限的范围内进行挑选,还不能完全要求企业满足自己所有的个性化需求。

7.2.3 使用定价策略

传统交易关系中，产品买卖是完全产权式的，顾客购买产品后即拥有对产品的完全产权。但随着经济的发展，人民生活水平的提高，人们对产品的需求越来越多，而且产品的使用周期也越来越短，许多产品购买后使用几次就不再使用，非常浪费，因此制约许多顾客对这些产品的需求。为改变这种情况，可以在网上采用类似租赁的按使用次数定价的方式。

所谓使用定价，就是顾客通过互联网注册后可以直接使用某公司的产品，顾客只需要根据使用次数进行付费，而不需要将产品完全购买。这一方面减少了企业为完全出售产品而进行的不必要的大量的生产和包装浪费，另一方面还可以吸引过去那些有顾虑的顾客使用产品，扩大市场份额。顾客每次只是根据使用次数付款，节省了购买产品、安装产品、处置产品的麻烦，还可以节省不必要的开销。

采用按使用次数定价，一般要考虑产品是否适合通过互联网传输，是否可以实现远程调用。目前，比较适合的产品有软件、音乐、电影等产品。

对于软件，如我国的用友软件公司推出网络财务软件，用户在网上注册后在网上直接处理帐务，而无须购买软件和担心软件的升级、维护等非常麻烦的事情。

对于音乐产品，也可以通过网上下载或使用专用软件点播；对于电影产品，则可以通过现在的视频点播系统 VOD 来实现远程点播，无须购买影带。

另外，采用按次数定价对互联网的带宽提出了很高的要求，因为许多信息都要通过互联网进行传输，如互联网带宽不够将影响数据传输，势必会影响顾客租赁使用和观看。

7.2.4 拍卖竞价策略

网上拍卖是目前发展比较快的领域，经济学认为市场要想形成最合理价格，拍卖竞价是最合理的方式。网上拍卖由消费者通过互联网轮流公开竞价，在规定时间内价高者赢得。

根据供需关系，网上拍卖竞价方式有以下几种。

(1)竞价拍卖：最大量的是 C2C 的交易，包括二手货、收藏品，也可以是普通商品以拍卖方式进行出售。

(2)竞价拍买：是竞价拍卖的反向过程，消费者提出一个价格范围，求购某一商品，由商家出价，出价可以是公开的或隐蔽的，消费者将与出价最低或最接近的商家成交。

(3)集体议价：在互联网出现以前，这一种方式在国外主要是多个零售商结合起来，向批发商(或生产商)以数量换价格的方式。互联网出现后，使得普通的消费者能使用这种方式购买商品。集合竞价模式,是一种由消费者集体议价的交易方式。这在目前的国内网络竞价市场中,还是一种全新的交易方式。

就价格而言,理论上有两种价格模式:浮动价格模式和固定价格模式。浮动价格模式包括竞价拍卖、竞价拍买和集体议价等竞价模式;固定价格模式包括供方定价直销、需方定价求购等定价模式。随着互联网市场拓展,将有越来越多的产品通过互联网竞价。目前针对购买群体主要是消费者市场,个体消费者是目前拍卖市场的主体。因此,采用拍卖竞价并不是企业目前首要选择的定价方法,因为拍卖竞价可能会破坏企业原有的营销和价格策略的制订。采用网上拍卖竞价的产品,比较合适的是企业一些库存积压产品;当然也可以是企业一些新产品,通过拍卖展示起到促销效果,许多公司将产品以低廉价格在网上拍卖,以吸引消费者的关注,例如一家计算机公司将其推出的新产品通过网易网站进行拍卖,结果拍卖价格比公司原来预定的价格还要高。

7.2.5 动态定价策略

网络技术的飞速发展使企业获得消费者信息的成本大幅下降,在信息管理技术日趋完善的网络营销环境下,微观经济学中传统的差别定价进一步发展成为动态定价。动态定价是指企业根据单个交易水平的供给状况即时确定购买(出售)产品或服务的价格。动态定价方法之所以能吸引大多数企业,是因为它能及时根据单个消费者购买意愿制定价格,在满足消费者需求的同时,将全部或部分消费者剩余转化成厂商剩余。

网络动态定价的实现首先需要下列基本条件:

(1)快速收集、处理消费者信息的技术。企业的网站引擎应具有用户友好界面与可用性;企业的动态定价系统应能迅速分析数据与信息的变化,正确进行消费者细分。

(2)定价维护技术。企业的动态定价系统必须能综合运用各种定价策略,尽可能适时刷新产品价格。

(3)网络安全技术。消费者对网络消费存在顾虑的一个重要原因是网络的安全性,强劲的网络安全技术是企业网络营销成功的重要因素。

企业网络营销中的动态定价要从收集与分析信息开始,根据内外部制约条件,为企业产品制定最优价格,但与传统营销中的定价过程不同,通过网络动态系统制定的产品价格是随着市场供求、促销活动等因素的变化而实时变化的,产品价格始终处于不断调整的过程中。网络动态定价过程在产品销售周期中循环往复地进行着。

表 7-1　搜狐网站常规频道 2011Q4—2012Q1 网络广告(部分)报价

1.背投广告(Super Pop Under)			
搜狐首页两轮播背投	22 万元/轮/天	新闻首页两轮播背投	15 万元/轮/天
汽车首页两轮播背投	12 万元/轮/天	财经首页背投	20 万元/天
体育首页背投	18 万元/天	娱乐首页背投	15 万元/天
女性首页背投	10 万元/天	科技首页背投	9 万元/天
博客首页背投	6.5 万元/天	乐库首页背投	4 万元/天
2.全屏(Interstitial)			
搜狐首页	40 万元/小时(动态全屏 9:00—12:59)	新闻首页	50 万元/小时
财经首页	65 万元/小时	汽车首页	32 万元/小时
体育首页	24 万元/小时	女性首页	4 万元/小时
娱乐首页	12 万元/小时	科技首页	4 万元/小时
理财首页	4 万元/小时	F1 首页	5.5 万元/小时
游戏首页	3 万元/小时	手机/星座/乐库/旅游/军事/教育	2 万元/小时
尚品首页	2 万元/小时		
3.焦点图广告(Focus Picture)			
汽车首页焦点图	40 万元/帧/天	财经首页焦点图	30 万元/帧/天
体育首页焦点图	22 万元/帧/天	娱乐首页焦点图	20 万元/帧/天
女性首页焦点图	9.5 万元/帧/天	博客首页焦点图	12 万元/帧/天
科技首页焦点图	7.5 万元/帧/天	育儿首页焦点图	4 万元/帧/天
理财首页焦点图	6 万元/帧/天	视频首页焦点图	15 万元/帧/天
F1 首页焦点图	5 万元/帧/天	尚品首页焦点图	3.6 万元/帧/天
旅游首页焦点图	3.6 万元/帧/天	手机/音乐/饮食/读书	3 万元/帧/天
健康首页焦点图	2 万元/帧/天		

7.2.6　免费价格策略

在网络营销中，免费价格策略不仅仅是一种促销策略，它还是一种非常有效的产品和服务定价策略。具体说,免费价格策略就是将企业的产品和服务以零价格形式提供给顾客使用,满足顾客的需求。

目前,企业在网络营销中采用免费策略,其主要目的有以下四点。

(1)在产品初生期,以免费策略吸引用户。许多软件产品正是使用这样的推广策略,通过免费的试用期推广,吸引顾客下载使用,在用户中形成口碑之后,实现更大范围的推广。

(2)以免费产品促进企业其他产品的销售。新浪网在2005年推出名人博客,这一新闻形式之后,经过一年多的发展,目前新浪博客的日访问量已经过亿,巨大的访问量为新浪网的广告增收和无线业务增收打下了很好的基础。

(3)通过免费使用,让顾客形成使用习惯,然后再收费。微软在推出Office 2007的时候,授权计算机厂商们在新计算机上安装一个免费试用60天的零售版Office 2007,在过了两个月的试用期后,消费者可以通过购买一个合法的密码来"解锁"自己的Office 2007。

(4)免费定价是企业售后服务策略的一部分。许多正版软件均可实现不限次数的免费在线升级版本;而消费者购买了数码产品后,可以在企业网站上免费下载升级软件、驱动程序等,这些都是企业售后服务的重要组成部分。

为了实现以上营销目的,免费价格策略主要有以下几种形式。

(1)产品完全免费,即产品从购买、使用和售后服务所有环节都实行免费。如门户网站向用户提供完全免费的产品,并不能直接从用户身上获得收入,但可以通过免费产品(例如新闻资讯、搜索引擎、电子邮箱、电子书籍、升级软件等)来吸引用户浏览网站,增加网站人气和知名度,建立企业品牌形象,最终目的是先占领市场、然后再在市场通过别的收费业务(如无线增值业务、广告)获取收益。

(2)对产品实行限制免费,即产品的全部功能可以被使用,但用户会受到一定的限制。这种限制主要有两种形式:一种是使用时间限制,就是说用户只能在一段时间期限内免费使用这种产品,超过期限之后,用户必须付费才可以继续使用该产品;另一种是使用次数限制,用户只能使用一定次数的免费产品,超过次数之后,用户同样需要付费使用。目前许多软件都是使用这种定价形式,这种免费形式的好处是,用户可以通过免费试用产品和服务,满意则付钱购买,不满意则不进行购买,让用户有选择余地。

(3)对产品实行部分免费,即消费者可以使用产品的其中一种或几种功能,但要使用全部功能则必须通过付费购买。如游戏商把一些网络游戏免费向游戏玩家开放,玩家可以享受到游戏的基本功能,但如果玩家需要的话,可以通过付费购买游戏中的虚拟产品来更好地享受游戏的乐趣,商家从而实现营收。

(4)对产品实行捆绑式免费,即购买某产品或者服务时赠送其他产品。一些软件会实行捆绑式免费策略,通过成熟软件的销售带动新软件进入市场。如微软公司在推出IE浏览器的时候,将IE浏览器与Windows操作系统进行捆绑销售,当用户购买并安装 Windows 操作系统，IE 浏览器也就免费安装在用户的计算机上并可以免费不受限制地使用。捆绑式免费策略并不能为企业带来直接收入，其好处是让企业的产品迅速占领市场份额。微软公司通过这一定价策略，由于 Windows 操作系统占据了绝大部分的市场份额，因此也带动 IE 浏览器迅速占据了全球大部分的浏览器市场份额。

免费价格策略获取成功的关键是要获得市场认可。互联网上通过免费策略已经获得成功的公司都有一个特点，就是提供的产品或服务受到市场的极大欢迎。企业要选择合适的时机，在互联网上推出免费产品来抢占市场。如果市场已经被占领或者已经比较成熟，则要审视推出的产品或服务的竞争能力，精心策划和推广。如 3721 网站通过新闻形式介绍中文域名概念，宣传中文域名的作用和便捷性，然后与一些著名 ISP 和 ICP 合作，建立免费软件下载链接。同时还与 PC 制造商合作提供捆绑预装中文域名软件。互联网是信息海洋，对于免费的产品或服务，网上用户已经习惯。因此，要吸引用户关注免费产品或服务，应当与推广其他产品一样有严密的营销策划。

案例研讨

京东商城和当当网的价格大战

临近年末，一场由京东商城和当当网引发的网上购书价格大战，迅速席卷了网络。看到网上打折后不到 10 元的图书，很多网友都加入其中，选购自己喜爱的图书。不过业内人士表示，低价图书目前看来可能更多的还是一个宣传噱头，不过低价卖书的现状有可能会保持下去。

1. 价格大战

消费者赚到了？3 家网站频出 5 元书。

“当当上市，满 119 送 30，群友一齐买书，省钱吃雪糕如何?”上周，小杨经常在 QQ 群上看到类似的信息。在京东、当当、卓越等网络书店纷纷承诺自己图书将为全网最低后，三家网上书店的大部分图书都出现了大降价。小杨身边的同事就有不少借此机会买了大量图书。

登录三家网站的主页可以看到，当当打出了“图书音像满 69 返 10，满 119 返 30，满 199 返 50，满 999 返 300”的口号，京东打出了“惊喜让利大狂欢，低至 1 折”的广告，卓越则在显著位置标明“年度最给‘利’，图书低价再降 20％＋满 100 元返 15 元”。

点击具体的网页，在当当的特价书中可以看到，15 元以下的图书就多达 3 578 本，5 折以下图书超过 4 000 本。京东商城特价书中，大多图书的原价均在三四十元，而商城最终卖价也都在 10 元钱左右，很多列在显眼位置的图书，价格只有 5 元钱左右。拨打京东和当当的客服电话，对方均表示，自己的图书价格肯定是全网最低。

2. 内幕解析

网络书店玩得起？低折扣换来点击量。

标价40多元的图书，可以降到20元，再加上各类返券，个别网络书店还会免邮费，如此下来，网络书店每本书的最终价格只有原价的4～5折，如此低廉的价格还能有利润吗？记者就此采访了国内著名出版人丹飞。丹飞表示，虽然价格降到如此之低，但几家网络书店仍然有赚头。

当当网和卓越之前也有5折的图书，一些热门图书也有十分便宜的情况。目前的返券、打折活动的确使图书更便宜了一些，但书店绝不是在赔本赚吆喝。“出版商给实体店的价格一般是图书定价的5.5～6.5折，而给网络书店，可以给到4折左右。这里还涉及书店和出版商之间的协议，有时进书量大的话，折扣还可以更低。所以，网络书店的可降价空间很大，即使5折销售仍拥有一定的利润。”

“不论当当、卓越，还是新进来的京东，他们除了卖书，也卖其他一些商品。现在几大图书网站其他商品所占的比重都越来越大，产生的利润也不断上涨。图书低价优惠可以吸引更多的网友前来选购商品，这也可以使得网站其他商品的销量提升，最终等于让出一部分图书的利润，换取到更多的利润。实际上卖书的利润空间并不大，如果换来其他商品的销量上升，对网店来说收益会更高。”对于电子商务网站而言，没有点击量，再便宜也没有意义。细看京东商场所赠抵值券可以用于购买商场内所有商品的广告，网络低价卖书的做法确有醉翁之意不在酒的感觉。

3. 未来预期

价格战要收兵？不排除继续下去的可能。

在网络图书价格战激战正酣的时候，京东商城CEO刘强东曾通过微博表示，当当网威胁各大出版商，要求他们停止向京东供货。一些出版商在接受媒体采访时也表示，已经向京东发出抗议，要求其恢复原价。看起来轰轰烈烈的图书价格大战马上就要鸣金收兵，但丹飞表示，目前还看不清事态的最终发展，不排除继续下去的可能。

目前看来，网络书店和实体书店各有优势。实体店的利润会略高一些，但回款时间在半年甚至一年以上。网络书店的总销量目前还低于实体店，但回款速度一般在3个月左右，也拥有一大批不去实体书店、只在网上购书的受众，所以出版商不会放弃网络书店。由于出版商给网络书店的折扣相对更低，这就给了网络书店低价竞争的生存空间。“可能个别图书的确是在无利润销售，甚至赔钱卖，但其他盈利图书的利润可以保证网店在卖书业务上是有赚头的。再加上网站大量的广告收入和其他商品的销售额，利润还是可以保证的。除非主管机构对这一现象做出监管，否则几家网络书店都还玩得起。”

思考题

(1)网络营销的定价策略有哪些？

(2)京东商城和当当网实施的定价策略是什么？效果怎样？

(3)结合本案例，请你评价京东商城和当当网实施的定价策略。

本章小结

(1)价格是市场营销组合中唯一为企业提供收益的因素，同时价格又是市场竞争的一种重要手段。定价是否恰当将直接关系产品的稍售黄和企业的利润顺。价格策略一直是营销理论研究中的一个难题，价格对企业、消费者乃至中间商来说都是最为敏感的问题。

(2)与传统营销以成本为基准的定价模式不同，网络营销是以顾客能接受的成本来定价，并依据该成本来组织生产和销售。在网络营销中，企业定价是基于降低采购成本费用、降低库存、生产成本控制三点进行的。而影响企业定价的因素又是多方面的，如需求因素、供给因素、供求关系和竞争因素等。

(3)在不同的市场条件下，企业追求的定价目标和定价的侧重点有所不同，相应的方法和策略也会有明显的差异。从目前的营销实践来看，企业定价目标一般可分为利润导向目标、销售导向目标、竞争导向目标。网络营销中基本的定价方法有需求导向定价法、成本导向定价法、竞争导向定价法，定价策略更是层出不穷，例如低价渗透策略、定制生产定价策略、使用低价策略、拍卖竞价策略、动态定价策略和免费定价策略等。企业在网络营销中最终选择何种定价策略，是与其全部的网络营销和生产组合相联系的。随着经济环境的变化和竞争者、客户行为的变化，不同的企业都有不同的选择。企业在选择定价策略时，要采用适合本企业的、系统的、合乎逻辑的策略。

思考题

(1)什么是网络营销的价格策略？与传统营销有什么不同？

(2)简要说明网络营销企业的定价目标。

(3)网络营销定价的基础是什么？

(4)影响网络营销定价的因素有哪些？

(5)网络营销的定价方法有哪些？每种方法又包括哪些具体方法？

(6)网络营销的定价策略有哪些？每种策略又包括哪些具体内容？

参考文献

[1] 樊澎涛．网络营销对定价的影响[D]．重庆：四川外国语学院，2008：1.

[2] 林华．中国化妆品网络营销策略的研究[D]．湖南：湖南农业大学，2005：10-11.

[3] 李琪．网络营销学[M]．重庆：重庆大学出版社，2004.

[4] 瞿彭志：网络营销[M]．北京：高等教育出版社，2002.

[5] 吴长顺．营销管理[M]．广州：广东人民出版社，2003.

第8章　网络营销渠道策略

本章概要：选择适合网络营销的渠道，是企业制定网络营销策略的基本要素之一。本章主要阐述了互联网对渠道的影响、网络直接销售渠道策略网络间接分销。本章的重点是掌握网络环境下网络营销渠道效用和类型、网络直销的实现方式不足与解决方式等内容。

引例

凡客诚品联手苏宁

——传统渠道与互联网渠道的联姻

2010年8月26日起，凡客诚品与国内电器连锁领军品牌苏宁联手，进行线下线上的深度合作。凡客诚品的会员凭借其服装标签或者穿着凡客诚品的服装直接到北京苏宁的各大门店消费，购买相机每台可以减现金50元，购买单反相机或者摄像机每台可以减现金100元，并且可以同时享受店内的其他优惠。苏宁电器的会员则凭借会员卡号，在首次登录凡客诚品官网购物时，可独享5元现金券，在购物过程中即可直接减免。据悉，活动将持续到2010年10月31日。

此次两大知名品牌的跨界合作，被视作传统渠道与互联网渠道的联姻，双方借异业营销的方式拓展潜在的市场。作为电子商务中的翘楚，虽然创业仅三载，凡客诚品公司始终保持高速增长，在市场中的影响力和号召力与日俱增。

相关业内人士分析表示，数码产品的受众年龄段与网络购物人群的年龄段有很大程度的互补性，双方在强化目标市场的同时，可以借此相互拓展大批潜在消费人群。两家所属行业的代表公司将分散的各利益主体共置于一个公共的平台上，双方均能在共同愿景的达成中实现自己的利益诉求。

凡客诚品相关负责人告诉记者，目前企业和国内外多家一线品牌有合作关系，除了此次和苏宁电器合作，如麦当劳、国航、中国移动、完美时空等企业均在其合作伙伴榜单之中。

8.1 概　　述

与传统营销渠道一样，以互联网作为支撑的网络营销渠道也应具备传统营销渠道的功能。营销渠道是指与提供产品或服务以供使用或消费这一过程有关的一整套相互依存的机构，它涉及信息沟通、资金转移和事物转移等。网络营销渠道策略是企业营销策略的重要构成部分，对网络营销渠道策略概念与特点的深入理解与认识，对企业销售业绩有着至关重要的影响。

8.1.1 互联网对渠道的影响

随着营销观念的演进，营销中渠道管理的重心也在发生着变化，从注重分销、销售转向注重渠道与客户关系的建立与保持。建立并维系与客户的良好关系已成为渠道管理的核心。渠道不再是单向的，而是高度交互的。因此，渠道不再停留于通过促成一次交易满足客户需求，而是渠道成员间通过深度合作与客户沟通互动，促成并维护与客户间长期的交易关系。要实现这一点，渠道成员间的信息即时共享与协同合作是必须的。信息技术为渠道成员的紧密联系提供了条件，并帮助渠道成员充分挖掘和即时传递客户信息，不仅使渠道功能更加个性化、互动化和高效化，而且进一步促进了渠道成员建立战略合作伙伴关系。

互联网使渠道成员间的联系效率得到大大提高，但是其沟通生产与消费的核心职能并未发生变化。网络环境下渠道的基本功能仍在履行，只是其中某些功能的实现形式发生了变化，渠道成员形式及渠道结构发生了变化，具体体现在以下几方面。

(1)渠道的部分功能实现形式虚拟化

由制造商、批发商、代理商和零售商共同组成的传统渠道是实体的，电子商务的出现，使营销渠道和分销渠道的部分功能实现形式虚拟化了。电子支付、网上零售、网上批发、网上拍卖、网上采购和网上配送等使渠道的这些功能由实变虚、由单向静止变双向互动。这一变化从电子商务刚刚诞生之日就已被学者们所发现，并得出了这样的结论：电子市场是由实物渠道和信息渠道或者叫虚拟渠道共同组成的。

(2)渠道的覆盖范围得到扩展

通过互联网，企业的经营范围和产品的销售渠道拓展到了全球市场。但与传统的国际贸易的交易方式不同，它不仅范围更广、效率更高，而且实现交易所依托的渠道、交易的对象也发生了很大的变化，可以说依托互联网，国际贸易已经演变成国际商务。

(3)渠道的畅通性得到改善

网络使传统环境中常见的渠道“牛鞭”效应弱化。“牛鞭”效应是对制造商的主要困扰。传统分销渠道不畅通主要有两个原因：一是渠道各成员利益是独立的，各成员使自己利润最大化的隐含前提是使对方利益最小化，这样渠道的各个环节主体因为互不信任而互设关卡，合作效率低下，使其难以形成长期稳定的协作关系；二是上下游之间信息沟通不畅，信息严重不对称，这也是造成渠道成员之间零和博弈关系的原因。

网络市场的特征，一方面是进入门槛较低，在加剧分销渠道间竞争的同时，也使渠道成员逐渐意识到原来做法的危险性。迫于竞争压力，他们不得不放弃各自为政的行为，走向合作双赢。另一方面，基于互联网的电子化供应链管理将渠道成员的信息与利益联系在一起。每个成员的任何一个生产或销售信息可以通过网络迅速地传递到所有成员那里。其他成员可以据此调整自己的经营或库存。由于信息沟通成本低、效率高，分销渠道各环节的信息能充分沟通，因而各分销渠道主体之间的关系逐渐由零和博弈转变成非零和博弈，最终形成了双赢的合作竞争。

(4)分销渠道的结构发生了变化

分销渠道分为直接分销渠道和间接分销渠道。由生产者直接将产品卖给终端客户的分销渠道做直接分销渠道；而至少包括一个以上中间面的分销渠道叫做间接分销渠道。根据中间商数目的多少，可以将分销渠道分为若干级别。直接分销渠道没有中间商，因而叫做零级分销渠道；间接分销渠道则包括一级、二级、三级乃至级数更多的渠道。

互联网的发展改变了分销渠道的结构。目前，企业在开展网络营销活动时仍然采用两种渠道方式，但其运作的环境却从传统的物理时空转移到基于互联网的电子时空中，建立在此基础上的分销渠道即网络直接分销渠道和网络间接分销渠道。

利用互联网的信息交互特点，网上直销市场得到大力发展。网络直接分销渠道和传统直接分销渠道一样，都是零级分销渠道，但前者是通过互联网将产品从生产者直接提供给消费者的直接分销。网上直销渠道的建立，使得生产者和终端客户可以通过网络直接联系或沟通，没有时间、空间的限制。但制造商要向全球各地的客户直接提供产品，需要解决配送和支付结算的问题，在这个过程中，一些传统中间商的位置发生了迁移，传统营销渠道中的一些辅助商变为网络直销渠道中提供服务的中间商，如提供货物运输配送服务的专业物流公司、提供支付结算服务的网上银行，以及提供产品信息发布和网站建设的 ISP 和电子商务应用服务商等。它们的职能并未改变，但原来是营销渠道中的成员现在却到了分销渠道中，即两类渠道的功能在网络环境中出现了交叉。

渠道结构变化较大的是网络间接分销渠道，网络营销中的分销渠道只有一级，即只存在一个电子中间商为交易双方提供实现销售的相关服务，而不存在多个批发商和零售商的多级分销渠道。在网络间接分销渠道中，由于融合了互联网技术，大大提高了中间商的交易效率、专门化程度和规模经济效益。

(5)促成了新兴电子中间商的崛起

消除中介，又称为“中介弱化”，是指在一个给定的价值链中去除负责特定中介环节的组织或业务流程。在网络直销中，生产商绕过批发商和零售商，直接向消费者出售产品。当 DELL 等公司利用互联网开展网上直销取得了巨大成功时，人们曾预言互联网将消除中间商，导致分销渠道非中介化。但事实并非如此，在互联网环境下，一些传统的渠道成员不仅没有被非中介化，反而还出现了大量再中介化现象。

再中介化，即利用互联网创造各种新型的在线中间商和中介手段，取代传统中介角色的现象。互联网的发展不仅使传统的连接生产者和消费者的中间商效率更高，而且还导致了一种新型的基于网络的、以提供信息为主要中介手段的新型渠道成员——电子中间商的出现。在线交易，甚至很小的交易，都会包含各类中介。这个过程不仅涉及批发商、零售商，还有内容提供商、搜索引擎、商业搜索、电子支付、智能代理和许多未被归类命名的新生者。

与传统中间商一样，电子中间商起着连接生产者和消费者的桥梁作用，同样帮助消费者进行购买决策和满足需求，帮助生产者掌握产品销售状况，降低生产者为达成与消费者交易的成本费用。如表 8-1 所示。

表 8-1　网络营销渠道对比传统营销渠道的优缺点

	信息传播	需求传递	货币支付	商品/服务配送
优势	一对一传播、 翔实、生动、 即时性、 互动性、 低成本	高速、 随时随地、 低成本、 互动性、 更加规范和易于统计、 私人性、 海量	方便快捷	节省通路成本、 即时高速
劣势	点击率有限、 有效性受限、 缺少现实感	真实性下降、 信息来源有限	安全性	局限性、 物流配送落后

8.1.2　网络营销渠道功能

一个完善的网上销售渠道应有三大功能：订货功能、结算功能和配送功能。

(1)订货系统。它为消费者提供产品信息，同时方便厂家获取消费者的需求信息，以求达到供求平衡。一个完善的订货系统，可以最大限度降低库存，减少销售费用。因此许多企业，特别是与计算机相关的行业发展最快，如美国的 PC 厂家

DELL 公司提供的网上供货系统,通过它的销售额就达到每天 3 000 万美元,占公司总收入的 60%左右。

(2)结算系统。消费者在购买产品后,可以有多种方式方便地进行付款,因此商家应有多种结算方式。目前国外流行的几种方式有:信用卡、电子货币、网上划款等。而国内付款结算方式主要有:邮局汇款、货到付款、信用卡等。

(3)配送系统。一般来说,产品分为有形产品和无形产品,对于无形产品如服务、软件、音乐等产品可以直接通过网上进行配送,对于有形产品的配送,要涉及运输和仓储问题。国外已经形成了专业的配送公司,如著名的美国联邦快递公司,它的业务覆盖全球,实现全球快速的专递服务,以致于从事网上直销的 DELL 公司将美国货物的配送业务都交给它完成。因此,专业配送公司的存在是国外网上商店发展较为迅速的一个原因所在,在美国就有良好的专业配送服务体系作为网络营销的支撑。

8.1.3 网络营销渠道类型

网络营销渠道的类型主要分为两类,一类是通过互联网实现的从生产者到消费者的网络直接营销渠道。这时传统中间商的职能发生了改变,由过去环节的中间力量变成为直销渠道提供服务的中介机构,如提供货物运输配送服务的专业配送公司、提供货款网上结算服务的网上银行以及提供产品信息发布和网站建设的 ISP 和电子商务服务商。网上直销渠道的建立,使得生产者和最终消费者直接连接和沟通。

另一类是通过融入互联网技术后的中间商提供网络间接营销渠道。传统中间商由于融合了互联网技术,大大提高了中间商的交易效率、专门化程度和更大的规模经济,从而比某些企业通过网上直销更有效率。例如,网上商店利用互联网的虚拟性,可以低成本地扩大目标市场范围。

8.2 网络直接销售渠道

8.2.1 网络直销的实现方式

1."鼠标+水泥"模式

"鼠标+水泥"模式即传统渠道和网络渠道并用的直销方式,这是全球许多传统制造商采用的网上直销方式,如 IT 企业、汽车、家用电器等传统制造业,这些企业太多有健全的传统分销渠道,网上直销作为一种新的分销渠道,由于其明显的优势,不仅可以提高效率,而且可以更有效地支持消费者按订单生产的请求。因此,正受到越来越广泛的关注和采用。

目前常见的网络直销有两种主要方式:一种是企业在互联网上建立自己的网站,申请域名,制作主页和销售页面,由专业的网络管理者或营销人员通过互联网直接受理世界各地传来的订货业务;另一种是企业委托信息服务商在其网站上发布信息,企业利用有关信息与客户联系,直接销售产品,虽然在这一过程中有信息服务商参加,但主要的销售活动仍然是在买卖双方之间完成的。

当当网"鼠标+水泥"的运营模式

互联网提供了可以无线伸展的展示空间,可以容纳无限的商品或图样以及内容。在当当网,消费者无论是购物还是查询,都不受时间和地域的任何限制。在消费者享受"鼠标轻轻一点,精品尽在眼前"的背后,是当当网耗时7年多修建的"水泥支持"——庞大的物流体系,近2万平方米的仓库分布在北京、华东和华南,员工使用当当网自行开发、基于网络构架和无线技术的物流、客户管理、财务等各种软件支持,每天把大量货物通过空运、铁路、公路等不同运输手段发往全国和世界各地。在全国180个城市里,大量本地快递公司为当当网的顾客提供"送货上门,当面收款"的服务。当当网这样的网络零售公司帮助推动了银行网上支付服务、邮政、速递等服务行业的迅速发展。

2. 完全的电子零售商

完全的电子零售商是指企业通过互联网直接将商品出售给终端客户,而不用维持一个实体销售渠道。完全的电子零售商分为综合型和专门型两类。

综合型电子零售商通过互联网先向消费者出售种类繁多的商品。他们利用互联网覆盖面广和交互性强的优势接触到大量的消费者。当年 Amazon 从书籍和音像制品零售起家,如今直接或通过与其他企业合作,销售的产品包括计算机产品、家居用品、汽车、服装和许多其他种类的大众消费品,成为名副其实的网上商城。

专门型电子零售商仅向某个特定或细分市场销售产品。他们利用自己在某个特定产品领域的专长大量采购或聚集某种或某类产品,并采取有效的手段吸引潜在顾客。这种专门电子零售商的细分市场领域包括书籍、服装、消费电子产品、计算机硬件和软件、汽车等。近年来崛起的京东商城就是以经营3C产品为主的电子零售商,它以其品种全、价格低、送货及时而受到国内消费者的青睐,尤其是低廉的价格,使"京东价"已成为国内3C产品市场的指导价格。

8.2.2 网络直销的优点

网上直销即是通过互联网实现的从生产者到消费者的网络直接营销渠道。它不仅包括企业对消费者的消费方式(B2C),而且包括企业对企业(B2B)的网上直接交易。网上直销渠道的建立,与传统分销渠道相比有诸多竞争优势。

首先,利用互联网的交互特性、过去单向信息沟通变成双向直接信息沟通,增强了生产者与消费者的直接联系。一方面,企业可以在互联网上直接发布有关产品的价格、性能、使用方法等信息;另一方面,消费者也可以直接通过互联网直接访问了解产品信息。可以做出合理的购买决策,同时生产者还可以直接了解消费者对产品购买和使用的反馈。

其次,网上直销可以提供更加便捷的服务。一是生产者可以通过互联网提供支付服务,顾客可以直接在网上订货和付款,然后就等着送货上门,这一切大大方便了顾客。二是生产者可以通过网上营销渠道为客户提供售后服务和技术支持,特别是对于一些技术性比较强的行业如 IT 业,提供网上远程技术支持和培训服务,既方便顾客,同时生产者也可以最低成本为顾客服务。

最后,网上营销渠道的高效性,可以大大减少过去传统分销渠道中的流通环节,有效降低成本。对于网上直接营销渠道、生产者可以根据顾客的订单按需生产,实现零库存管理。同时网上直接销售还可以减少过去依靠推销员上门推销的昂贵的销售费用、最大限度地控制营销成本。

DELL 网络直销的开创者

DELL 计算机公司是世界上最成功的网络直销的计算机公司,这个公司于 1984 年由企业家 M. Dell 创立。他的理念非常简单:按客户要求制造计算机、并向客户直接发货。这个理念使 DELL 公司能够更有效和明确地了解客户的需求,继而迅速地做出回应。DELL 公司作为最著名的网上电脑直销商,它推出的一对一的柔性定制网上电脑的销售,使公司取得了很大的成功和效率。正是这种大胆的直接与客户接触的网络营销观念使得 DELL 成 20 世纪 90 年代最成功的公司之一。这种革命性的举措和独到的先见之明已使 DELL 公司成为全球领先的计算机系统直销商,跻身业内主要制造商之列。DELL 公司通过首创的“直线订购模式”,与大型跨国企业、政府部门、教育机构、中小型企业以及个人消费者建立直接联系。公司的管理者认为,DELL 公司的网站带来了巨大的商机,并且将会继续在整个业务中占据越来越大的比重。在今后的几年中,预计公司 50% 的业务将在网上完成。

8.2.3　网络直销的不足与解决策略

1. 网络直销的不足

(1)企业直销网站的效率不高。面对大量分散的域名，网络访问者很难有耐心一个个去访问一般企业的主页。特别是对于一些不知名的中小企业，大部分网络漫游者不愿意在此浪费时间，或者只是在“路过”时走马观花地看一眼。我国目前建立的大众企业网站，除个别行业和部分特殊企业外，大部分网站访问者寥寥无几，营销数额不大。为解决这个问题，必须从两方面入手：一方面需要尽快组建具有高水平的专门服务于商务活动的网络信息服务点，另一方面需要从直接分销渠道去寻找解决办法。从近几年国外发展情况看，虽然几乎每个企业在网络上都有自己的站点，但绝大多数企业仍然委托知名度较高的信息服务商。

网络直销目前主要应用于 B2B 领域。而在 B2C 领域网上直销的效果并不显著，原因是多方面的，如同类产品的网站太多，网站知名度不高，尤其是广大中小企业，用户很难有耐心一个个去访问这些企业的网站。从国外的发展情况看，虽然几乎每个企业在网上建立了自己的网站，但绝大多数企业仍然委托知名度较高的信息服务商开展业务。

(2)物流配送尚不能满足网上直销发展的需求。对于网上直销的制造商来说，物流配送成为制约网上直销的一个新问题，也是目前一些企业对网上直销望而却步的主要原因之一，而一些 B2C 电子商务企业则认为，最难控制的是物流配送环节。网上卖场需要控制的除了市场推广、网站运营等环节外，还有物流、库存、破损残次品备件等环节且比较难控制，不仅如此，不论是自营物流还是外包物流，相对于 B2B 的批量型配送，B2C 的零散型配送不仅增大了工作量，也提高了物流的成本。因此，虽然互联网消除了地域的概念与束缚，但在网络营销的实践中，直销企业还是不能忽视自身产品在营销中的覆盖范围，防止发生远方的客户购买后无法配送，使企业声誉受到影响或客户流失或进行配送时物流成本过高的状况。

从物流企业的服务情况来看，也存在一些问题。目前，国内的物流企业尤其是民营企业还不具备提供全球物流服务的能力，在我国的国际快件市场上，国外四大物流巨头 FedEx、UPS、DHL、INT 的市场优势地位明显。而在国内商务快件市场中，邮政 EMS 一直保持着最大的市场份额，但在同城快递、时限性较高的商务快件中，民营快递占据了较大市场比重，其市场总和超过了邮政。但在国内的不同地区其网点分布不均匀，国内民营物流企业中知名的“宅急送”、“申通”和“顺丰”的配送网点分别集中在环渤海、长三角和珠三角地区，而对于广大中西部地区，其配送力量就难以满足网上直销的需求。

2. 网络直销不足的解决策略

(1)优化供应链管理模式

①建立"多对多"交易网络服务平台,实现交易活动的电子化

作为整个链条中的一环,企业的业务交易活动将涉及上游供应商和下游客户。从一家特定的企业角度来说,业务交易活动是一个"一对多"的网络。但对于整个行业来说,业务交易活动则是一个典型的"多对多"网络,并且只有通过一个"多对多"的交易网络,才能够提高整个行业的交易效率。

建立"多对多"交易网络服务平台,首先必须实现众多买卖双方的网络互联,其次必须实现各企业商品订单格式的互相转换,以及各企业间个性化商品编码的转换等问题。同时,在建立"多对多"交易网络服务平台时,可以采用依靠基于互联网的第三方供应链管理平台提供商提供服务的形式为企业实现低成本的交易电子化。

②简化业务流程,处理好供应链管理与品牌经营之间的关系

大规模定制在提高服务质量的同时,简化了整个需求判断的过程,并且使大家认识到只有提供那些能够反映顾客特定需求的产品才是最好的服务。在传统的生产模式下,制造商对顾客的需求往往缺乏真正的了解,而品牌经营的目的就试图通过形象来弥补这个缺陷。大规模定制能够充分了解、捕捉与满足顾客的真正需求,因为它是根据顾客的实际选择,按订单制造、交货的,没有生产效率的损失,且实现了一对一的直接联系。

③注重最终用户,建立一种消费者提供动力的需求链

需求链管理强调向平台提供消费者实际所需要的产品,它通过收集和分析有关客户的问题和最终需求,确定合作伙伴来履行需求链中的各项功能。将有关功能性任务交给渠道成员来做,达到高效的目的:将有关消费者和客户的信息、技术和后勤管理以及机会的信息与链中的其他成员分享,以合理的方式向消费者提供产品和服务。

(2)建设好网络直销渠道

①从消费者角度设计渠道

准确的产品和市场定位很重要,网络直销面对的消费者主要是那些受过良好教育、具有创新精神、经济富裕的人,销售的产品具有较高的信息集中性。最好采用消费者比较放心,容易接受的网上购物方式,如货到付款。

②设计简洁的订货系统

不要让消费者填写太多信息,而应该采用现在流行的"购物车"方式模拟超市,让消费者一边看物品比较选择,一边进行选购。在购物结束后,一次性进行结算。订货系统还应该提供商品搜索和分类查找功能,以便于消费者在最短时间内找到需要的商品及其重要信息。

③选择多种结算方式

在结算时尽量提供多种方式方便消费者选择，同时还要采用安全的间接的安全结算方式，如将其信用卡号和账号公开，消费者可以自己通过信用卡终端自行转账，避免了网上输入账号和密码被丢失的风险。

④建立完善的配送系统

开展网上直销的生产企业可以有两种途径管理和控制物流。一种是利用自己的力量建设自己的物流系统；另一种方式，是通过选择合作伙伴，利用专业的物流公司为网上直销提供物流服务。在现阶段中国配送体系还不成熟的时候，在进行网上销售时还要考虑到该产品是否适合于配送体系。

卓越亚马逊的业务流程优化

卓越亚马逊提倡一种从客户体验出发，而非单纯的从成本出发的业务流程优化理念，这种理念和实践为客户提供了方便，快捷的服务体验，同时也为企业赢得了新的竞争优势。

消费者购物的流程为：展示（消费者下订单）—进货—仓库中转—送货（消费者手中，同时支付）四个步骤。

在支付问题解决后，"能否快速而准确地获得商品"就成为影响消费者购物体验最迫切的问题。消费者最关心的是物流配送的及时、准确、便捷。由此，卓越亚马逊改革企业的内部流程。

自建物流中心是卓越亚马逊一个基于消费者需求和体验出发的"非常规"举措。这种直接物流分配模式对于B2C网站来说，虽然可能意味着增加成本，但对于全程掌控消费者的体验来说却至关重要。

自建配送队伍也是卓越亚马逊的一个不同于其他电子商务公司的举措。同时，卓越亚马逊不断根据形势，对仓库进行扩充。扩容仓库，加大库存给企业带来的直接影响是加大了库存压力和管理风险，而尽量去满足消费者的需求。

卓越亚马逊在对第三方物流公司的管理方面，包括对物流供应商的选择。财务管理和质量管理等，以及实现订单分拆等业务要求时，均采取了以消费者满意度为考评标准。

(3)力争与中间商双赢

电子商务的发展最终由消费者对便利和专业化服务的需求所驱动。因此生产商和销售商只有共同努力才能实现共同的目标。

①赋予零售商新的角色

生产商在最前端，零售商在后端，顾客在网站上研究、比较、下订单，然后去零售商那里履行交款取货并接受服务。零售商也可以销售附加产品，补充部件和最适合在商店购买的产品。这样不仅不会完全抛开零售商,还可以发挥他们的优势并降低他们的库存成本。

②向零售商提供更多网络产品

生产商可以让零售商销售那些需要实际感受的产品(如试用、试驾驶等),而在自己的网站上提供其他的产品,甚至是二类或断代产品。尝试销售这些不会发生退货的其他产品。另外使网站与众不同的办法是按价目单销售全部产品,让零售商领头提供打折。

③对销售商进行奖励

生产商可以在销售商的网站上做自己的网站广告。如果有点击进入并实现成交,则向他们支付一定比例的利润。这样可以向他们提供奖金以支持自己的网站,并利用他们的知名度创造网站的浏览量。

8.3 网络间接分销

8.3.1 网络营销中间商的选择

在现代化大生产和市场经济条件下,企业在网络营销活动中除了自己建立网站外,大部分都是积极利用网络间接渠道销售自己的产品,通过中间商的信息服务、广告服务和撮合服务,扩大企业的影响,开拓企业产品的销售空间,降低销售成本。因此,对于从事网络营销活动的企业来说,必须熟悉、研究国内外网络营销中间商的类型、业务性质、功能、特点及其他有关情况,必须能够正确地选择网络营销中间商,顺利地完成商品从生产到消费的整个转移过程。

在筛选网络营销中间商时,必须考虑成本、信用、覆盖、特色、连续性五个方面的因素。这五个方面的因素可以称之为网络间接营销的五大关键因素,也称为5C因素。如表8-2所示。

表8-2 网络间接营销的5C因素

成本	指使用中间商信息服务的支出。这种支出可分为两类:一类是在中间商网络服务站建立主页的费用,另一类是维持正常运行时的费用。在两类费用中,维持费用是经常的,不同的中间商之间有较大的差别
信用	指网络信息服务商所具有信用程度的大小
覆盖	指网络宣传所能够波及的地区和人数,即网络站点所能影响的市场区域。对于企业来讲,站点覆盖并非越广越好。而是要看市场覆盖面是否合理、有效、是否能最终给企业带来经济效益

续表

特色	每一个网络站点都要受到中间商总体规模、财力、文化素质、服务态度、工作精神的影响,在设计、更新过程中表现出各自不同的特色,因而具有不同的访问群。因此,企业应当研究这些顾客群的特点、购买渠道和购买频率,为选择不同的电子中间商打下一个良好的基础
连续性	选择具有连续性的网络站点,在用户或消费者中建立品牌信誉、服务信誉

8.3.2 网络营销中间商的运营

1. 网络中间商的类型

由于网络的信息资源丰富、信息处理速度快,基于网络的服务可以便于搜索产品,但在产品(信息、软件产品除外)实体分销方面却难以胜任。目前出现许多基于网络的提供信息服务中介功能的新型中间商,可称之为网络中间商。下面分类介绍这种以信息服务为核心的电子中间商。

(1)目录服务商。利用 Internet 上的目录化的 Web 站点提供菜单驱动进行搜索,现在这种服务是免费的,将来可能收取一定的费用。现在有三种目录服务,第一种是通用目录(如 Yahoo!),可以对各种不同站点进行检索,所包含的站点分类按层次组织在一起;第二种是商业目录(如 Internet 商店目录),提供各种商业 Web 站点的索引,类似于印刷出版的工业指南手册;第三种是专业目录,针对某个领域或主题建立 Web 站点。目录服务的收入主要来源于为客户提供 Internet 广告服务。

(2)搜索引擎服务商。与目录不同,搜索站点为用户提供基于关键词的检索服务,站点利用大型数据库分类存储各种站点介绍和页面内容。搜索站点不允许用户直接浏览数据库,但允许用户向数据库添加条目。

(3)虚拟商业街。虚拟商业街是指在一个站点内连接两个或以上的商业站点。虚拟商业街与目录服务的区别是,虚拟商业街定位某一地理位置和某一特定类型的生产者和零售商,在虚拟商业街销售各种商品、提供不同服务站点的主要收入来源依靠其他商业站点对其的租用。如我国的新浪网开设的电子商务服务中,就提供网上专卖店店面出租。

(4)网上出版商。由于网络信息传输及时而且具有交互性,网络出版 Web 站点可以提供大量有趣和有用的信息给消费者,目前出现的联机报纸、联机杂志属于此类型。由于内容丰富而且基本上免费,此类站点访问量特别大,因此出版商利用站点做 Internet 广告或提供产品目录,并以广告访问次数进行收费。如 ICP 属于此类型。

(5)虚拟零售店(网上商店)。虚拟零售店不同于虚拟商业街,虚拟零售店拥有自己的货物清单和直接销售产品给消费者。通常这些虚拟零售店是专业性的,定位于某类产品,它们直接从生产者进货,然后折扣销售给消费者。目前网上商店主要有三种类型:第一种是电子零售型,这种网上商店直接在网上设立网站,网站中提供一类或几类产品的信息供选择购买;第二种是电子拍卖型,这种网上商店提供商品信息,但不确定商品的价格,商品价格通过拍卖形式由会员在网上相互叫价确定,价高者就可以购买该商品;第三种是电子直销型(e-Sale),这类站点是由生产型企业开通的网上直销站点,它绕过传统的中间商环节,直接让最终消费者从网上选择购买。

2. 网络中间商与传统的中间商的异同

与传统中间商一样,电子中间商起着连接生产者和消费者的桥梁作用,同样帮助消费者进行购买决策和满足需求,帮助生产者掌握产品销售状况,降低生产者为达成与消费者交易的成本费用。但电子中间商与传统的中间商存在着很大区别。如表8-3所示。

表8-3 传统中间商与网络中间商的比较

	传统中间商	网络中间商
存在的前提	生产者和消费者直接达成交易成本较高	传统直销的替代,是中间商职能和功效在新的领域的发展和延伸
交易主体	直接参加生产者和消费者交易活动	独立主体,不直接参与生产者和消费者的交易活动,但提供媒体和场所,同时为消费者提供产品和服务信息,为生产者传递产品服务信息和需求购买信息
交易内容	参与交易活动,需要承担物质、信息、资金等交换活动,交换活动是伴随交易同时发生	交易中间的信息交换与实体交换分离
交易方式	承担具体实体交换,包括实物、资金等	主要进行信息交换,属于虚拟交换,它可以代替部分不必要的实体交换
交易效率	信息交换不畅通,生产者和消费者之间缺乏直接沟通	消除生产者和消费者之间的信息不对称,降低交易成本,提高交易效率和质量

8.3.3 网络中间商的发展趋势

网络时代的到来对于中间商来说是一把双刃剑。中间商要主动、正确地调整定位,积极发挥服务与物流方面的优势,打造优秀品牌,融入网络营销。网络中间商未来的发展会呈现出以下几个方面的趋势。

(1)重新定位。中间商要将自身在网络运营环境中相对于生产厂商的竞争优势进行定位。这种竞争优势在于,厂商往往更长于技术的研究和开发,而中间商则长于营销的组织和服务。在网络条件下,中间商应加强自己在这方面的优势。

(2)以服务促效益。根据以上的定位,对于中间商来说,加强服务就意味着效益。由于其本身就处于直接面向客户的地位,客户使用过程中的问题,以及企业产品的市场定位等方面的问题都通过他们反馈给渠道上游企业,售后服务的大部分也可由其来完成,中间商在这方面的价值不可低估。随着社会分工向着更深、更细的方向发展,在营销的组织和服务上,中间商应向着更为专业化的方向发展。

(3)建立物流配送中心。物流业的滞后是国内发展电子商务的瓶颈所在,有瓶颈就意味着有商机。作为中间商,原先拥有的仓储、运输设施成为竞争优势,便于建立物流中心。越来越多的企业开始意识到物流过程中蕴涵的巨大的利润空间。中间商可以立足已有基础吸引投资,结合科研积极组建物流配送中心。

(4)提高物流敏捷度。通过加强在配送手段、物流管理、经营理念等方面的建设,中间商企业应当谋求在现代物流中的一席之地。西方国家的物流发展经验表明:当独立的第三方物流占社会物流的50%时,物流产业才能形成。中间商在传统渠道销售模式中处于渠道的中下游,他们真正促进了产品与用户之间的直接接触,能比较容易地介入物流配送体系。而如何提高敏捷度,是中间商应该考虑的问题。

(5)推进代理制。尤其争取国外产品的总代理。在开展代理过程中,双方在观念和行为上要协调一致,平衡利益、规范行为、遵守合同,做到利益共享、风险共担、联合开拓市场。

(6)网络直销与店面销售结合。中间商经营的是实体店面的销售,但网络营销对其而言,也是可以运用的方式。依托自身的传统优势,自建网站,将实体店面销售和虚拟店销售结合起来将更具实力。

(7)创立中间商品牌。重塑中间商的市场定位,注入专业的经营理念和营销技巧,在激烈的渠道竞争中找出最适应市场需求的切入点,创立中间商品牌,进行品牌经营,是我国商品流通环节发展的关键。

8.4　网络分销渠道的建设与管理

8.4.1　网络环境下渠道建设的基本原则

企业的分销渠道不是随意形成的,互联网环境下同样如此,面对层出不穷的渠道形式和功能作用各异的网络渠道,应当规划设计好适合自己企业或产品的营销渠道与分销渠道,这是每个开展网络营销的企业在渠道运营中必须解决的首要问题。

渠道规划设计是指与形成新的渠道或对已有渠道进行选择的有关决策。传统环境下的渠道规划从结构、层次到选择渠道成员都是规划的内容,而对于网络渠道来说，不仅渠道成员的功能发生了变化，而且随着科技的进步还将持续不断地变化，新的渠道成员不断涌现；另外，互联网使企业对渠道及其成员的选择范围也发生了变化，因此传统渠道的规划设计思想和建设模式都难以适用于网络渠道，截至目前，也没有固定的模式可以借鉴，下面是根据国内外一些实践经验提出的网络渠道规划设计与建设中应把握的基本原则。

(1)网络渠道的建设应当循序渐进

渠道策略必须与企业的营销战略一致，同时应满足必要的效率要求，确保企业达到预期的业绩目标，并且能适应企业当前和今后经营发展战略的需要。在网络营销的环境和实施条件尚不完全具备的情况下，应当有计划、分阶段地逐步推进网络渠道的建设，实行传统渠道与网络渠道并行和逐步整合的渠道运营策略，是符合中国国情尤其是广大中小企业经营实际的。

(2)慎重选择渠道成员或合作伙伴

与传统环境一样，网络渠道的建设、渠道成员或合作伙伴的选择十分重要。制造商选择那些与自己的观念、目标基本一致的经销商，将有利于进行沟通和合作，也有助于制造商对渠道的管理和控制。对于网络渠道中提供相关服务功能的其他成员，在选择上要求进行严格的评估和审核，要按照经济性、适应性、控制性和发展性的原则来选择，以确保企业对网络渠道的合理掌控和有效管理。

(3)渠道应与产品属性相匹配

渠道接触性要与产品复杂性相匹配。产品复杂性和渠道接触性的有机结合是渠道选择的重要原则。在传统环境中，技术含量较高，使用维护比较复杂的产品或服务一般都采用高接触性的直销渠道；反之，比较简单的产品，可采用较低成本、较低接触性的社会渠道(如零售商和分销商)销售。为降低渠道成本，企业不应大量采用人员销售，而应尽可能寻找机会，采用低成本的社会渠道。然而，网络和信息技术的发展使高接触性的直销渠道成本也逐渐降低，因此越来越多的产品可以采用网络直销渠道。

要与产品可定义性相匹配。产品的可定义性是指产品可以用熟知的和易了解的实物形式销售，有明确的使用范围和目的，使用者可获得可清楚表达的利益。产品的可定义程度越低，在销售产品时就要更多地解释和说明产品的使用目的和收益。通常情况是，产品的定义越明确，识别这种产品、其用途和收益越容易实现，越有可能在低成本、低接触性的渠道中生存和发展。通过互联网可以大大提高产品的可定义性，提升网络渠道的价值。

8.4.2 网络渠道冲突管理

1. 渠道冲突概述

渠道冲突是指某渠道成员从事的活动阻碍或者不利于本组织实现自身的目

标，进而发生的种种矛盾和纠纷。分销渠道的设计是渠道成员在不同角度、不同利益和不同方法等多因素的影响下完成的，因此渠道冲突是不可避免的。在网络营销中，渠道冲突问题在某种程度上说可能比渠道合作更能影响营销的绩效。渠道冲突是指分销渠道成员因为实际存在的或感觉到的回报、政策或支持上的差异而相互敌对。

渠道冲突分为三种类型：垂直渠道冲突、多渠道冲突和水平渠道冲突。垂直渠道冲突是指同一渠道中不同层次渠道成员之间的冲突。多渠道冲突是指一个企业建立了两条或两条以上的渠道向同一市场出售其产品而发生的冲突。许多传统企业在选择网络分销渠道时，实际上是建立了一条新的营销渠道。如一个制造商通过传统代理商和新的电子中介机构销售产品，同时，还通过网络直接向终端客户销售产品，在这种情况下有可能发生渠道冲突。水平渠道冲突是指存在于渠道中同一层次的渠道成员之间的冲突。产生渠道冲突的原因主要有以下三个方面。

(1)目标冲突。渠道合作各方是相互依赖但又各自独立的利益实体在所追求目标的不一致，可能会因此而产生经营中的冲突。

(2)认知冲突。由于渠道中每个成员关注的问题不同，加上不同的文化差异导致对某个问题的理解不同，这是产生许多无谓冲突的主要原因。

(3)领域冲突。经营范围与权限发生纠纷将直接导致领域冲突的发生。如供应商通过多种渠道向市场渗透，分销商同时还代理竞争对手的产品等。

渠道中的竞争和冲突始终客观存在，已是竞争激烈的市场环境中的正常摩擦。一方面，它具有一定的促进作用，对那些不努力或运作不经济的分销商具有制约作用，会刺激企业和原有的分销渠道创新和变革。如能导致各分销商在竞争中优胜劣汰，改善网络结构，促使渠道分销效率的提高等。另一方面，有些危险和恶性渠道冲突的确极具破坏性，甚至动摇企业整个分销网络。如为争夺顾客恶性竞争，使得分销渠道利润大幅降低。受到冲击的主力分销渠道的销量大而利润低，于是要求企业加大返利和促销等经济补偿，或者逼迫企业退出与其冲突的分销渠道。

2. 网络渠道的冲突

在网络环境中，最突出的冲突往往发生在网络渠道与传统渠道之间，这种冲突已成为延缓和妨碍许多企业进行渠道及策略革新的一种心理障碍。

随着互联网应用和网络营销的发展，网络渠道与传统渠道的冲突问题凸显出来，尤其对于那些“鼠标＋水泥”的企业。一方面，网络渠道在效率和成本上的优势增强了企业的竞争力，同时，也让一些企业为这种渠道的创新和战略转型付出了较高的代价，而使网络渠道的优势能够普遍发挥却仍需时日。另一方面，网络渠道的力量虽不可小视，但传统渠道的许多功能，如服务，仍是网络渠道目前尚无法完全替代的。

(1)成本方面的矛盾。网络分销相对于传统分销在产品最终价格上有较大竞争优势，这主要有以下几个原因：

①企业库存成本降低。网络营销采取了按订单生产的方式,同时采用产品定制化,降低了企业库存的压力,甚至可以实现零库存,从而减少了企业的库存成本;

②流通环节减少。以前企业的产品从生产者到最后的消费者,一般要经过批发商、零售商等多个中间环节,而每经过一个环节,为了使中间商有一定的利润空间,必然要使产品的价格上升20%～30%,这样就使得最终的销售价格大大超过生产成本。而网络营销一般是消费者直接与生产企业联系,商品直接由生产者通过自己的分销渠道或第三方物流公司送达。这样商品的流通环节就会大大减少,商品的销售成本也随之大大减少,这必将引起商品价格的下降;

③价格竞争的结果。通过网络,消费者可以在更多的卖家中选择,并且可以获取更多的产品价格信息,在这种激烈的市场竞争中,为了吸引消费者购买,企业和网络中间商不得不制定较低的价格;

④信息对称的结果。在传统营销中,生产者在定价中处于有利的地位,因为生产者掌握了更多的信息,而消费者根本不清楚商品的生产成本到底是多少,这也导致了成本只有几元钱的商品在市场上可以卖到上百元,而在网络时代,消费者要获得有关产品的制造成本的信息将不会很困难,他们在信息的掌握方面已经可以和企业处于一种平等的地位,这使得企业想再凭借信息优势获得超额利润已不太可能。

(2)效率和效果方面的冲突。传统的销售渠道有固定的地点和不变的营业时间。而互联网上的企业没有时间和空间的限制。传统的营销手段只能提供单项的信息输送,营销部门因无法及时获得消费者的反馈信息而影响企业的盈利。网络的互动能力为企业提供了高效率,网络可以提供即时的交流,销售商可以根据顾客反馈信息对产品进行改进或推出新品,使得新产品的开发周期大大缩短。

(3)消费者心理方面的反差。顾客对网络购物这种新生事物的接受要经过一个过程,目前大部分消费者还是习惯到传统的商店去购物。传统购物心理是眼见为实,消费者可以通过味觉、触觉、听觉等来感受商品,从而影响其购买行为;网上购物方式属于人机交往,网络营销无法适应所有的产品,网络营销因其虚拟性,生产者虽然可以尽情展示其产品的内部结构、功能等,但消费者无法接触到有形产品是它最大的缺陷。

3. 网络营销渠道冲突的解决方案

(1)规划设计合理的企业营销渠道体系

在出现渠道冲突时,应以实现共同目标、共同利益为纲领,来统一协商解决问题,这是解决网络营销渠道与传统营销渠道冲突的基础。因此,企业必须做好网络营销渠道与传统营销渠道各层次间的整体匹配设计,提高渠道整体的协调性,避免市场冲突、资源浪费。这包括:设计创新性的网络营销渠道,构造合理的新型营销渠道,制定渠道科学促销方案,还有对具体的促销形式、人力与资金的投入、地域分布等有效设计,以及渠道控制、市场定位、消费者服务等都要有效。企业必须明确长远的渠道策略，通过对网络营销渠道与传统营销渠道的有效合理定位，不断调整其营销组合策略和强化对各种渠道的管理，引导各项渠道之间的互补、合作与协同，从战略的高度与战术上的细化，设计和实施标本兼治的系统整合方案。

(2)进行合理的产品区分

在不同渠道分别提供不同的、各适其所的产品和品牌企业可以限制其在网上销售的产品，使不同的渠道分别销售不同的产品，可以在网络营销渠道和传统营销渠道分别引入型号不同但实质上却相类似的产品，或进行品牌分流，实现多品牌组合等，避开同一产品在同一区域因在不同渠道的分销而引发窜货、压价等风险。这样就减少了不同渠道产品的可比性，产品不同，价格不同，即使网络营销采用低价策略，也可避免价格冲突。

(3)适当的市场细分或者顾客群细分

解决网络营销渠道和传统营销渠道冲突的方法其实和解决传统渠道冲突的方法是一致的。市场细分或者顾客群细分是市场营销的基本方法，也是解决渠道冲突的有效方法。企业主动进行市场划分或者顾客群划分，从本质上讲就是把一部分消费者留给传统渠道，另一部分划归网络营销渠道，使新旧渠道进一步互为规避礼让，和谐共存。这种做法表面上看是企业主导的，实际上企业也是根据客户的需求特点和环境的变化进行调整的行为。

(4)对网络营销渠道与传统营销渠道有效分工

在充分发挥新旧渠道互补性网络营销模式下，信息和资金的传送都在网上进行，而物流配送绝大部分仍需通过专业的物流配送公司进行。企业可把传统渠道成员发展成为提供货物运输。

案例研讨

麦当劳与易趣合作实现跨行业网络渠道营销的整合

麦当劳与全球领先的交易网站 eBay(易趣)宣布达成战略合作，双方将利用餐厅零售与在线交易平台的优势实现资源互补，建立全新的整合营销渠道。

麦当劳和 eBay(易趣)对此次战略合作寄予了极大的期望。麦当劳(中国)有限公司副总裁、首席市场推广及公司事务官罗凯睿先生说："麦当劳一直致力于探索多种多样的跨行业整合营销机会。随着国内互联网应用安全性的日益提升，麦当劳自然而然希望借助网络与顾客保持更为紧密的联系，而与 eBay(易趣)的战略合作恰好为麦当劳提供了理想的平台。通过'飞行棋大赢家'的系列活动，麦当劳旨在利用 eBay(易趣)成熟的交易平台和独特的社区，开拓互联网营销的全新途径。"

eBay 中国首席执行官吴世雄先生表示："目前中国在线交易市场还处于初级阶段，因此需要投入更多以培育本地市场。借助食品零售行业的营销渠道来扩大影响力,无疑是一种十分有效的途径。对于 eBay(易趣)来说,与麦当劳进行战略合作的主要目的是通过与即将启动的'飞行棋大赢家'的整合,扩大自身的品牌知名度。eBay(易趣)的品牌形象将在麦当劳遍布全国的 750 多家餐厅以及各种宣传资料上频频曝光。希望据此逐步开拓出一条互联网和线下零售渠道并行的全新营销渠道。"

此外,一系列促销和竞拍活动将同期在麦当劳全国 750 多家餐厅和 eBay(易趣)网站上正式开始。本次主题为"飞行棋大赢家"的系列活动期间,消费者只要在麦当劳全国任一家餐厅购买中号或大号超值套餐,就能获得一张或多张游戏卡,刮开如出现"中奖标识"即可获得所示奖品。据悉,本次活动会送出超过 820 万份奖品,其中 eBay(易趣)会以奖品赞助商身份送出近 200 万份、价值 4 000 万元人民币的购物抵用券。

eBay(易趣)专为本次活动开设的"麦当劳全球限量版玩偶"专区也正式上线。麦当劳为此专门了捐赠 50 套限量版的玩偶组合,当初它们在全球各地的麦当劳餐厅面世时都颇受欢迎。本次拍卖的全部所得将由双方共同捐赠给中国儿童少年基金会。

麦当劳与 eBay(易趣)的战略合作意义不仅在于强强联合。作为食品零售行业和互联网行业的领军企业,双方无疑为整合线上及线下用户的营销渠道开辟了一条新颖的途径。

思考题

(1)麦当劳为什么要和 eBay(易趣)实行跨行业合作?

(2)此次两家企业的联合采用的是何种网络直销方式?你如何看待这种方式?

本章小结

(1)互联网对网络渠道的影响:渠道的部分功能实现形式虚拟化,渠道的覆盖范围得到扩展。

(2)网上销售渠道的三大功能:订货功能、结算功能和配送功能。

(3)网络直销是指生产厂家通过自己经营的网络分销渠道直接销售产品。其价值在于企业基于网站直接面向用户提供产品销售或服务,改变传统的分销渠道,减少中间流通环节,从而降低成本,增强竞争力。从该意义上说,传统中介被消灭了。网上直销与传统直接分销渠道一样,都是没有营销中间商。网上直销渠道一样也要具有上面营销渠道中的订货功能、支付功能和配送功能。网上直销与传统直接分销渠道不一样的是,生产企业可以通过建设网络营销站点,让顾客可以直接从网站进行订货。通过与一些电子商务服务机构如网上银行合作,可以通过网站直接提供支付结算功能,简化了过去资金流转的问题。对于配送方面,网上直销渠道可以利用互联网技术来构造有效的物流系统,也可以通过互联网与一些专业物流公司进行合作,建立有效的物流体系。利用互联网的交互特性,网上营销渠道从过去单向信息沟通变成双向直接信息沟通，增强了生产者与消费者的直接连接。

(4)与传统中间商一样，电子中间商起着连接生产者和消费者的桥梁作用，同样帮助消费者进行购买决策和满足需求，帮助生产者掌握产品销售状况，降低生产者为达成与消费者交易的成本费用。但电子中间商与传统的中间商存在着很大区别：存在前提不同、交易主体不同、交易内容不同、交易方式不同。

(5)渠道冲突分为三种类型：垂直渠道冲突、多渠道冲突和水平渠道冲突。垂直渠道冲突是指同一渠道中不同层次渠道成员之间的冲突。多渠道冲突是指一个企业建立了两条或两条以上的渠道向同一市场出售其产品而发生的冲突。许多传统企业在选择网络分销渠道时，实际上是建立了一条新的营销渠道。如一个制造商通过传统代理商和新的电子中介机构销售产品，同时，还通过网络直接向终端客户销售产品，在这种情况下有可能发生渠道冲突。水平渠道冲突是指存在于渠道中同一层次的渠道成员之间的冲突。产生渠道冲突的原因主要有以下三个方面：目标冲突、认知冲突、领域冲突。

思考题

(1)互联网对于渠道的影响有哪些？

(2)网络营销渠道的效用和功能是什么？

(3)什么是“鼠标＋水泥”模式？

(4)网络直销的不足有哪些？有什么解决策略？

(5)网络间接营销中的5C指的是什么？

(6)网络中间商的类型有哪些？网络中间商与传统的中间商的异同是什么？

(7)网络渠道冲突产生的原因是什么？如何解决？

参考文献

[1] 杨坚争．电子商务基础与应用[M].6版．西安：电子科技大学出版社，2008.

[2] 科特勒．市场营销原理[M].11版．北京：清华大学出版社，2007.

[3] 朱迪·施特劳斯．网络营销[M].4版．北京：中国人民大学出版社，2007。

[4] 爱德华·J. 迪克．电子商务与网络经济学[M]. 大连：东北财经大学出版社，2006.

[5] 田广通．网络环境下营销渠道冲突及应对策略研究[J]. 产业与科技论坛，2011(3):28-29.

第9章 网络营销促销策略

本章概要:本章主要介绍了网络营销促销的基本知识,包括网络营销促销的特点、实现方式和实施步骤,然后分类型介绍了主要的网络促销形式——网络广告、网络站点推广和网络公共关系的特点、形式以及相关策略等。本章的重点是充分理解网络促销的作用,能够识别各种常用网络广告的形式与作用,掌握网络营销站点推广的主要方法,熟悉网络公共关系的形式等内容。

引例

悦活携手腾讯主打"悦活年"

对于快速消费品这个媒体依存度很高的行业来说,悦活绕开已被其他饮品企业密集占领的传统媒体,利用SNS营销吸引了网友围观,并帮助悦活品牌完成再次传播。

2011年元旦及春节期间,悦活为配合线下促销活动在腾讯开展了一次三位一体的网络整合营销,主打"悦活年"。比如,开通微博,结合热点发布相关题;在QQ农场植入悦活娃娃形象植物;让用户体验中粮的"全产业链"概念;为用户提供将游戏成果兑换为奖品的机会。

悦活在腾讯上演的"悦活年"虽然只有一个月,但通过活动Minisite、腾讯微博及QQ农场三个平台的在线营销,达成了1+1+1>3的整合飞跃。基于三大平台的打通,用户进入任一平台均可玩转整个"悦活年"活动。一些创新性的独特应用也在此过程中充当起有趣又有效的枢纽角色。微博同步机器人对话包揽了所有活动信息的及时、精准传播,承担了活动导流的重任。悦活账户机器人通过@Ta,与发布相关悦活话题的用户实现对话,不仅告之派发农场悦活娃娃种子的活动信息,还附加领取链接,并引导用户进入QQ农场和活动Minisite。同时,用户在活动Minisite发表话题后,会在Minisite、微博同步展示,实现双平台关注。活动Minisite在基本无硬广支持的情况下,仍借助微博与农场的强势导流获得了1 800万的页面流量,使悦活品牌信息得到了充分、有效的传播。

此次营销活动，悦活抢占了新社会化媒体整合先机，有效利用腾讯泛关系链把品牌信息传递出去。业内人士指出，如果网络营销只停留在单一平台，将无法持久满足用户需求，通过打通平台来实现关系链互动，才能保持用户对品牌的持久新鲜感和参与度。可以预见，在网络应用不断推陈出新的今天，这样围绕网民新触点的营销探索将日益增多。随时洞察用户需求与习惯，找寻切合品牌的在线营销脉络，才能真正触达用户内心，从而达成良好的在线营销目标。

9.1 概　　述

促销是企业拓展市场的重要方法和手段，根据具体情况，选择符合实际的促销策略和方式是企业实现其经营价值和利润的关键性环节。在传统的市场环境下，企业的促销活动已经形成了一套有效的、完整的模式。因特网的出现，极大地改变了原有的市场营销理论和实务存在的基础，使得促销活动在方式、手段、环境条件等方面都发生了深刻的变化。我们的企业要充分认识这一点，从传统的促销模式转变过来，在现代市场营销理念的指导下，正确运用各种新的促销方法，提高自己的产品在网络市场上的占有率。

9.1.1 网络营销促销及实现方式

1. 网络营销促销及特点

促销是指企业为了激发顾客的购买欲望，影响他们的消费行为，扩大产品销售而进行的一系列宣传报道、说服、激励、联络等促进性工作。

网络促销是指利用现代化的网络技术向虚拟市场传递有关商品和劳务的信息，以启发需要，引起消费者购买欲望和购买行为的各种活动。网络促销的核心问题是如何吸引消费者，为其提供具有价值诱因的商品信息。网络促销手段的运用突出表现为以下三个明显的特点：

(1)网络促销通过网络技术传递商品和劳务的存在、性能、功效及特征等信息。

多媒体技术提供了用于现实交易过程中的商品表现形式，双向的、快捷的信息传播模式，将互不见面的交易双方的意愿表达得淋漓尽致，也留给对方充分思考的时间。在这种环境下，传统的促销方法显得软弱无力，这种建立在现代计算机与通讯技术基础之上的促销方式将随着计算机和网络技术的不断发展而改进。因此，网络促销不仅需要营销者熟悉传统的营销技巧，而且需要相应的计算机和网络技术知识，包括各种软件的操作和某些硬件的使用，以一系列新的促销方法和手段，促进交易双方撮合。

(2)网络促销是在因特网这个虚拟市场环境下进行的。

因特网是一个媒体，是一个连接世界各国的大网络，它在虚拟的网络社会中聚集了广泛的人口，融合了多种生活和消费观念，显现出全新的无地域、无时间限制的电子时空观。这个环境中，消费者行为都发生了很大的变化，他们普遍实行大范围的选择和理性的消费，许多消费者还直接参与生产和流通的循环。所以，网络营销者需要跳出实体市场局限性，采用虚拟市场的思维方法，调整自己的促销策略和实施方案。

(3)因特网虚拟市场的出现，将所有的企业，不论是大企业，还是中小企业，都推向了一个世界统一的市场。传统的区域性市场的小圈子正在被一步步打破，全球性的竞争迫使每个企业都必须学会在全球统一的大市场上作生意。

2. 网络促销的实现方式

网络促销的形式是十分丰富的，我们参照传统营销的四种促销形式：广告、销售促进、宣传推广和人员推销，也可以将网络促销的实现方式分为以下四种：网络广告、销售促进、站点推广和公共关系营销。其中网络广告和站点促销是主要的网络营销促销形式。

(1)网络广告

网络广告已经形成了一个很有影响力的产业市场，因此企业的首选促销形式就是网络广告。网络广告类型很多，根据形式不同可以分为旗帜广告、电子邮件广告、电子杂志广告、新闻组广告、公告栏广告等。网络广告主要是借助网上知名站点(如 ISP 或者 ICP)、免费电子邮件和一些免费公开的交互站点(如新闻组、公告栏)发布企业的产品信息，对企业和产品进行宣传推广。网络广告作为有效而可控制的促销手段，被许多企业用于在网上促销，但花费的费用也不少。

(2)销售促进

销售促进就是企业利用可以直接销售的网络营销站点，采用一些销售促进方法如价格折扣、有奖销售、拍卖销售等方式，宣传和推广产品。例如，在卓越亚马逊的首页左上角方向我们会看到一个促销专区的导航，引领消费者对其产生兴趣，主动去购买产品。在这里，卓越亚马逊开展了分秒必争促销活动，将分秒必争到的产品添加到购物车后然后确认，以便确保享受该产品的分秒必争促销价格。

(3)站点推广

站点推广是利用网络营销策略扩大站点的知名度，吸引上网者访问网站，起到宣传和推广企业以及企业产品的效果。站点推广主要有两类方法，一类是通过改进网站内容和服务，吸引用户访问，起到推广效果；另一类是通过网络广告宣传推广站点。前一类方法费用较低，而且容易稳定顾客访问流量，但推广速度比较慢；后一类方法，可以在短时间内扩大站点知名度，但费用较高。

(4)公共关系营销

公共关系营销是通过借助互联网的交互功能吸引用户与企业保持密切关系，培养顾客忠诚度，提高企业收益率。如宣传企业文化和经营理念，可以增强消费者对企业及其产品的信心；举行丰富多彩的网上联谊活动，吸引消费者经常参与，以加深对企业的印象，扩大企业的知名度。

9.1.2 网络促销的实施

对于任何企业来说，如何实施网络促销都是一个新问题，网络促销人员必然面对众多的挑战。每一个营销人员都必须摆正自己的位置，深入了解商品信息在网络上传播的特点，分析网络信息的接收对象，设定合理的网络促销目标，通过科学的实施程序，打开网络促销的新局面。

根据国内外网络促销的大量实践，网络促销的实施程序可以由六个方面组成。

(1)确定网络促销对象

网络促销对象是针对可能在网络虚拟市场上产生购买行为的消费者群体提出来的。随着网络的迅速普及，这一群体也在不断膨胀。这一群体主要包括三部分人员。

①产品的使用者。这里指实际使用或消费产品的人。实际的需求构成了这些顾客购买的直接动因。抓住了这一部分消费者，网络销售就有了稳定的市场。

②产品购买的决策者。这里指实际决定购买产品的人。在许多情况下，产品的使用者和购买决策者是一致的，特别是在虚拟市场上更是如此。因为大部分的上网人员都有独立的决策能力，也有一定的经济收入。但在另外一些情况下，产品的购买决策者和使用者则是分离的。例如，中小学生在网络光盘市场上看到富有挑战性的游戏，非常希望购买，但购买决策往往需要学生的父母做出。所以，网络促销同样应当把购买决策者放在重要的位置上。

③产品购买的影响者。这里指看法或建议上对最终购买决策可以产生一定影响的人。在低价、易耗日用品的购买决策中，产品购买的影响者的影响力较小，但在高价耐用消费品的购买决策上，产品影响者的影响力较大。这是因为对高价耐用品的购买，购买者往往比较谨慎，希望广泛征求意见后再做决定。

(2)设计网络促销内容

网络促销的最终目标是希望引起购买。这个最终目标是要通过设计具体的信息内容来实现的。消费者的购买过程是一个复杂的、多阶段的过程，促销内容应当根据购买者目前所处的购买决策过程的不同阶段和产品所处的经济寿命周期的不同阶段来决定。一般来讲，一项产品完成试制定型后，从投入市场到退出市场，大体上要经历四个阶段：投入期、成长期、成熟期和衰退期。如表 9-1 所示。

表 9-1 各阶段促销内容

阶 段	特 征	促销内容
投入期	消费者对该种产品非常生疏	侧重于宣传产品的特点,引起消费者的注意
成长期	产品在市场上已有了一定的影响力	需要偏重于唤起消费者的购买欲望;同时,还需要创造品牌的知名度
成熟期	市场竞争变得十分激烈	除了针对产品本身的宣传外,还需要对企业形象做大量的宣传工作,树立消费者对企业产品的信心
衰退期	产品在市场上的影响力减弱	在于密切与消费者之间的感情沟通,通过各种让利促销,延长产品的生命周期

(3)决定网络促销组合方式

促销组合是一个非常复杂的问题。网络促销活动主要通过网络广告促销和网络站点促销两种促销方法展开。但由于企业的产品种类不同,销售对象不同,促销方法与产品种类和销售对象之间将会产生多种网络促销的组合方式。企业应当根据网络广告促销和站点促销两种方法各自的特点和优势,根据自己产品的市场情况、顾客情况,扬长避短,合理组合,以达到最佳促销效果。

网络广告促销主要实施"推战略",其主要功能是将企业的产品推向市场,获得广大消费者的认可。网络站点促销主要实施"拉战略",其主要功能是将顾客牢牢地吸引过来,保持稳定的市场份额。

一般说来,日用消费品,如化妆品、食品饮料、医药制品、家用电器等,网络广告促销的效果比较好。而大型机械产品、专用品则采用站点促销的方法比较有效。在产品的成长期,应侧重于网络广告促销,宣传产品的新性能、新特点。在产品的成熟期,则应加强自身站点的建设,树立企业形象,巩固已有市场。企业应当根据自身网络促销的能力确定两种网络促销方法配合使用的比例。

(4)制定网络促销预算方案

网络促销实施过程中,使企业感到最困难的是预算方案的制定。因特网上促销,对于任何人来说都是一个新问题。所有的价格、条件都需要在实践中不断学习、比较和体会,不断的总结经验。只有这样,才可能用有限的精力和有限的资金收到尽可能好的效果,做到事半功倍。

首先,必须明确网上促销的方法及组合的办法。选择不同的信息服务商,宣传的价格可能悬殊极大。这好比在不同的电视台上做广告。在中央电视台上做广告的价格远远高于在地方电视台上做广告的价格。而自己设立站点宣传价格最低,但宣传的覆盖面可能最小。所以,企业应当认真比较投放站点的服务质量和服务价格,从中筛选适合于本企业的、质量与价格匹配的信息服务站点。

其次，需要确定网络促销的目标，是树立企业形象，是宣传产品，还是宣传售后服务？围绕这些目标再来策划投放内容的多少，包括文案的数量、图形的多少、色彩的复杂程度；投放时间的长短、频率和密度；广告宣传的位置、内容更换的时间间隔以及效果检测的方法等。这些细节确定好了，对整体的投资数额就有了预算的依据，与信息服务商谈判就有了一定的把握。

再次，需要明确希望影响的是哪个群体，哪个阶层，是国外的还是国内的？因为在服务对象上，各个站点有较大的差别。有的站点侧重于中青年，有的站点侧重于学术界，有的站点侧重于商品消费者。一般来讲，侧重于学术交流的站点的服务费用较低，专门从事商品推销的站点的服务费用较高，而某些综合性的网络站点费用最高。在宣传范围上，单纯使用中文促销的费用较低，使用中英文促销则费用较高。企业促销人员应当熟知自己产品的销售对象和销售范围，根据自己的产品选择适当的促销形式。

(5)衡量网络促销效果

网络促销的实施过程到了这一阶段，必须对已经执行的促销内容进行评价，衡量一下促销的实际效果是否达到了预期的促销目标。对促销效果的评价主要依赖于两个方面的数据。一方面，要充分利用因特网上的统计软件，及时对促销活动的好坏作出统计。这些数据包括主页访问人次、点击次数、千人广告成本等。因为网络宣传不像报纸或电视那样的媒体，难以确认实际阅读和观看的人数。在网上，可以很容易地统计出自己的站点的访问人数，也可以很容易地统计广告的阅览人数，甚至可以告诉访问者，他是第几个访问者。利用这些统计数字，网上促销人员可以了解自己在网上的优势与弱点，以及与其他促销者的差距。另一方面，效果评价要建立在对实际效果全面调查的基础上，通过调查市场占有率的变化情况，产品销售量的增加情况，利润的变化情况，促销成本的降低情况，判断促销决策是否正确。同时，还应注意促销对象、促销内容、促销组合等方面与促销目标的因果关系的分析，从中对整个促销工作作出正确的判断。

(6)加强网络促销过程的综合管理

网络促销是一项崭新的事业。要在这个领域中取得成功，科学的管理起着极为重要的作用。在衡量网络促销效果的基础上，对偏离预期促销目标的活动进行调整是保证促销取得最佳效果的必不可少的程序。同时，在促销实施过程中，不断地进行信息沟通的协调，也是保证企业促销连续性、统一性的需要。

9.1.3　互联网对促销活动的影响

1. 网络媒体及优势特征

网络的出现给大众传播无论在媒介形式、采访方式、报道方式、传播方式，还是在受众地位、受众行为等诸方面都带来根本性变革。网络媒体不仅仅是诸如新浪、搜狐、雅虎这样的专业性门户网站,从最初的电子版到网络版,到综合性门户信息发布平台,网络媒体经历了一个逐步成熟,逐步专业化,逐步媒体化和逐步互联网化的过程。网站逐步成为一个功能多样的政治性强,技术性特强,各种资本力量大碰撞,大多数人都离不开的综合信息发布平台。

网络作为一种新型的大众媒体,较传统媒体而言在传播上有更多的优势特征。

(1)即时传播

在网络媒体上,新闻内容总在不断滚动更新,头条新闻更新速度快,借助数码摄录设备和手机等现代数字化影像处理和通信工具,网络新闻记者可以很方便地进行事件"现场直播",在网络上第一时间图文并茂地报道出来,特别是面对突发事件的时候,网络信息编辑比传统纸媒、电视、广播时间更短暂、更迅捷,公众在网络上可以即时看到事件的发展进程,网络后台的编辑们还可以迅速调出与事件相关的背景图文资料,让社会公众更全面更直观地了解事件真相、新闻后面的故事和细节。

近年来,随着博客、微博的兴起,以及手机拍摄功能的不断普及,网民们已经不满足仅仅从网上获取新闻,而是开始越来越多用文字、影像文件随时记录身边发生的事情,并在第一时间发布到网络上,极大地扩充了网络即时新闻的信息量。

(2)多媒体整合传播

区别于传统媒体单一的传播形式,网络集多种媒体传播于一身。多媒体有两个概念:一是多种信息形态的复合,网络不仅可以用文字、图片进行信息记录,网络流媒技术的发展,使得影音图像也被整合到网络传播中来。二是多个传播平台的复合,除了主流的网络新闻、BBS讨论外,网络技术的发展使得更多种的新型传播平台开始更多地被大众接受并运用,即时聊天工具的多人对话功能、博客、RSS网络聚合、VIKI百科等。

多种信息形态的复合提高了信息的传播效果,图片能弥补文字不够形象直观的天然不足,影音在图像的基础上又能刺激听觉感官系统,而文字最能捕捉图片和影像之外的情感。文字加图片加影像的整合使得信息的传递更加全面、细致,受众对信息的感知也更加深刻了。

多个传播平台的复合则大大提高了信息的覆盖率和有效达到率。网络就像信息的图书馆一样,信息刊载在一个位置后必须要通过唯一地址才能被访问,公众在查询信息时先要获取该信息的地址后再通过该地址的链接才能进行访问。而即时聊天工具的多人对话功能则使得信息的发布不再受到特定网络地址的局限,随时随刻发送,只要开启了即时聊天工具,并处在该对话覆盖范围内的受众都可以接收到。加上RSS的信息聚合功能,公众可以非常方便地获取网络上相关主题的大量信息。

(3)有效重复阅读

信息的可重复阅读和方便查询是公共关系有效传播的一项重要评估标准。在传统的大众传媒中如何保留信息并进行方便查询对于公共关系从业人员来说是一项非常烦琐的工作。区别于纸媒的大量剪报搜集和电视电台的影音文件存档，网络海量的存储功能和快捷的搜索引擎可以帮助公关人很方便的搜集到相关的信息资讯。

对于普通受众而言，传统纸媒和电视电台媒体时代，要查询“过时”的新闻需要到图书馆查阅相关的剪报或费力气去掉存档的影音文件。网络时代他们却只需要在搜索引擎中输入相关的关键词就可以轻松调出需要的信息。这也使得信息的可重复阅读性得到了大大的提升。

(4)目标公众直达

网络上的人们大多是“群体化”活动，网络巨大的信息量和多种类型的网络空间，让不同地方的人通过趣缘、地缘等因素结为网友，活跃在特定的网络里。例如BBS的讨论区，进入该讨论区的人必须了解该讨论区的主题，并只能发布与之相关的言论和信息，这就使得活动在该网络区域的人群具有了某些相同特征，并展开群体化的活动。

网络媒体与传统媒体最大的不同就是，网络具有小众性甚至是个体性的特点。网络媒体所依赖的信息传播方式是以受众为导向的，而且网络受众依据自己的需求查阅自己感兴趣的信息，登录特定的网站，记录自己需要的信息。随着网络搜索引擎技术的迅速发展，受众还可以通过简单的关键词寻找到想要的信息材料。这一变化带来的直接结果就是：组织可以通过面对特定网站、网络空间，将信息直接送达目标公众。区别于传统媒体的“广而告之”，网络公关更倾向于针对性强、目标直达的“窄告”。

(5)“多对多”的互动交流

在网络传播中，受众与传播者或者受众与受众之间可以在一定程度上进行直接双向交流，这就是网络“多对多”的交流特性，也被称为网络交互性。

互动交流可以说是网络上信息发布的低门槛和信息传播方式灵活性而带来的直接结果，事实上，互动性不仅仅体现在“传受”双方交流的增强，还体现在整个信息形成过程的改变。在一个真正的互动的环境中，信息不再是依赖于某一方发出，而是在双方的交流过程中形成的。也就是说，网络上不再有信息传播控制者，而只存在信息传播参与者。但是把网络的互动性简单理解为网站与网民“一对多”的双向传播关系是不够的。事实上，网民之间“多对多”的互动关系是互动中的一个重要部分，甚至可以说，没有网民之间“多对多”的互动关系，网站与网民的互动，无论从强度、频度还是效果上都十分有限。

(6)全球化信息覆盖

网络是一个没有疆界的海量存储空间，其网络技术的实施可以让全世界任何一台连接在互联网上的计算机都能通过相同的访问地址同时共享一个信息，实现了信息地球村的梦想。

2. 网络促销面临的机遇与挑战

促销策略是市场营销组合的基本策略之一，实施有效的促销策略也是网络营销成败的关键，网络环境对企业开展促销活动是机遇也充满着挑战。

(1)机遇

互联网的个性化与互动性为网络促销提供了技术条件和创新的机遇。网络传播机制使促销由过去单向的传送转向允许按个人偏好选择信息的互动式传播，一方面可以让企业借此充分了解客户需求，并针对网络环境下受众的常见心态开展促销，使促销活动更好地满足客户多元化的需求；另一方面提供了多种交流和沟通渠道，便于创建和维系与客户更密切的联系。

(2)挑战

网络技术环境允许个人选择、处理和控制信息流，这对传统的以企业为主导的促销策略是一个挑战。在网络促销中处于主动地位的客户可以轻易地过滤、删除不受其欢迎的传播信息(如内容过滤技术就使广告在网络传播中的强制性大大降低)，轻点鼠标即可转换网址，进入新的页面，而且网络中的口碑效用更为明显。在线生活的虚实与否关键在于是否对用户的行为、观念、价值产生实际的影响。因此，网络促销必须适应这些新的特点，不断创造和设计新的促销方式和内容，以吸引和保持客户的注意力，提高促销的效能。

9.2 网络广告

9.2.1 网络广告的概念和特点

作为网络营销的一种强有力的促销手段，网络广告迅速崛起并得到了极大的发展，它能促使企业建立品牌形象以及激发消费者的潜在购买意愿。它已成为网络营销中最重要的营销促进手段。

1. 网络广告的概念

网络广告可以分为广义和狭义两种，广义的网络广告指企业在互联网上发布的一切信息，包括公益性信息、企业的商品信息以及企业自身的互联网域名、网站、网页等；狭义的网络广告是指可确认的广告主通过付费在互联网上发布的、异步传播的具有声音、文字、图像、影像和动画等多媒体元素、可供上网者观看，并能进行交互式操作的商业信息传播形式。

网络广告的构成要素包括以下几方面。

(1)网络广告主，即网络广告客户，是进行网络广告的广告者，包括发布网络广告的企业、团体或个人。

(2)网络广告信息,是指通过网络广告要传达的主要内容,包括企业商品信息、劳务信息、观念信息等。

(3)网络广告媒体,是指网络广告信息传播的中介物,即因特网。

(4)网络广告受众,是指网络广告信息的接收者,即网民。

(5)网络广告费用,是发布网络广告所需付出的费用。

(6)网络广告目的,是影响人们对所作广告的商品或服务的态度,并进而诱发其购买行为,从而使广告主得到利益。

2. 网络广告的特点

在因特网之前,主要的媒介形式是电视、广播、报纸、杂志四大媒体,这四大媒体只能单向交流,强制发布信息,受众只能被动接受,不能及时、准确地得到或反馈信息。与此相反,网络广告因含有更多的技术成分,与传统的广告形式相比有着明显的特点和优势。

(1)信息传递的互动性

网络信息共享的特点决定了网络广告的互动性。网上的信息是互动传播的,用户可以获取自己认为有用的信息,厂商也可以随时得到宝贵的用户反馈信息。例如,用户在访问广告的发布站点时,除可以有选择地阅读有关产品的详细资料外,还可以通过在线提交表单或发送电子邮件等方式,向厂家请求特殊咨询服务。厂商一般在很短的时间内就能收到信息,并根据客户的要求和建议及时做出积极反馈。

此外,许多用户在网站上提供的个人资料,也将成为广告商推出不同广告的依据。例如,某个用户居住在某一地区,曾经表示过自己对某种产品或生活方式的偏好等,也将成为厂商了解客户需求的信息,厂家会据此"量身定做"出一整套促销方案。网络广告提高了目标受众的互动性,与传统广告不同,网络广告的启动,需要目标群体的主动搜寻和连接,属于"软件广告"。而主动搜寻本公司广告的受众往往带有更多的目的性,从而提高了网络广告的促销作用。

(2)传播时空的广泛性

传统的大众媒介,包括报纸、电视等,广告刊播时间受购买时段或刊期限制,目标群体容易错过,并且广告信息难以保留,广告主需要频繁地刊播广告以保证本公司的广告不被消费者遗忘。同时,由于局限于某一特定区域内的传播,要想把国内刊播的广告在国外发布,则涉及经过政府批准,在当地寻找合适的广告代理人,洽谈并购买当地媒体等一系列复杂的工作。而网络则是以自由方式扩张的网状媒体,连通全球,只要目标群体的计算机连接到因特网上,公司的广告信息就可以到达,从而避免了当地政府、广告代理商和当地媒体等问题。同时,网上广告信息存储在广告主的服务器中,消费者可在一定时期内的任何时间里随时查询,广告主无须再为广告排期问题大伤脑筋。

与电话、电传之类的个体媒介相比,网络广告的沟通双方无须同时在通道两端固定的时间、空间出现，在时间上更自由。同时，由于个人的通信地址不是与某台计算机连接，而是与一个密码相连的网络使用权，可在任何一台联入因特网的计算机上使用，相当于一个随手携带的邮箱，不受地点的限制。

(3)视听效果的综合性

几乎每项计算机新技术的涌现，都会引起网络广告表现形式的变革。网络广告发展初期的表现形式仅有静止的画面和文字，随着计算机技术的发展，互联网广告具有了文字、声音、图片、动画、电影、三维空间等丰富多彩的广告形式。视听效果的综合性可达到两个目的。

一是增加了广告的创意手段，可吸引访问者的"眼球"，增强访问者对广告的记忆程度；二是产品展示更真实。例如，戴尔计算机公司的一款笔记本计算机广告采用了三维动画技术，访问者可以从各个方位观看产品的形状和颜色，而且只要点击某个部件，就可以放大观看该部件的外形和结构，并且可以看到该部件性能的详细介绍。有些产品，比如手机、掌上计算机等，还可以在模拟机上实际操作一番。

(4)投入成本的经济性

传统广告的投入成本非常高，其中广告媒体费用要占到总费用的近 80%，他们空间有限且价格昂贵，不论购买空间多大，均按宣传的成本和时间计费，空间越大，广告篇幅越大，收费就越高。而网络广告的平均费仅为传统媒体的 3%，并可以进行全球性传播。因此网络广告在价格具有极强的竞争力。

(5)广告效果的可测性

运用传统媒体发布广告的营销效果相对来说比较难以测试、评估，我们无法准确测算有多少人接收到所发布的广告信息，更不可能统计出有多少人受广告的影响而做出购买决策，网络广告则可以通过受众回复的 E-mail 直接了解到受众的反应，还可以通过设置服务器端的 Log 访问记录软件随时获得本网址的访问人数、访问过程、浏览的主要信息等记录，以随时监测广告投放的有效程度，从而及时调整营销策略。

(6)信息诉求的针对性

网络广告的投放能够很好的进行市场细分，广告主可以针对不同的消费群体投放不同的广告，让企业接触到目标顾客和大量的潜在顾客，有机会建立一对一的营销关系。在网络世界中，有着共同兴趣、爱好和议题的人们往往聚合成一个个群体，网络媒体顺应这种"群体化"趋势，使得特定网络媒体的目标受众十分明确。例如某站点是专门的体育运动站点，那么它吸引的大都是爱好体育的人。如果生产体育器材或运动服饰的广告主想在网络上投放广告的话，就可以考虑将广告投放在这样的站点上。广告主将特定的商品广告投放到有相应消费人群的地方，其目标市场很明确，从而做到有的放矢，将广告准确地投放到具有明确目标受众的市场中。

9.2.2 网络广告的类型

网络广告具备先进的多媒体技术，拥有灵活多样的广告投放形式。目前，在国内外的网站页面上常见的网络广告形式大致有以下几种。

1. 作为广告的网站

网站自身就是网络广告的一种形式。很多企业建立自己的网站的直接目的就是宣传企业及其产品或者告知能够提供哪些服务。企业建立网站的最初目标是让网站像企业手册和产品目录等印刷品广告那样将企业的产品、资源、组织、特点、宗旨等充分表现出来。当然，目前企业网站的功能已经扩展到了市场调查、企业管理等很多方面，但是广告仍是其重要的功能之一。

随着商业网站的增多，仅仅建立网站是远远不够的。对大多数网站而言，消费者不知道它们的网址，更谈不上主动访问这些网站。有些网站只是有一些简单的网页提供一些有限的信息，不能实时提供具有深度的企业有关信息。因此，用于广告的企业网站其目标就是通过互联网上的链接功能尽量把消费者吸引到企业网站，从而深入地影响消费者的购买行为。

2. Web 站点广告

Web 是绝大多数网络用户使用的信息数据平台，具有多种传输模式、大容量信息传送、24 小时在线以及在广告主和受众之间的互动功能等。通过网站经销商 Web 网页发布的广告是最直观的网络广告形式，目前，在国内外的网站页面上常见的网络广告形式大致有以下几种。

(1)旗帜广告

旗帜广告(Banner)也被称作网幅广告或横幅广告，是目前全球网络广告的主要形式之一。旗帜广告允许客户用极简炼的语言、图片介绍企业的产品或宣传企业形象。旗帜广告还可分为非链接型和链接型两种。非链接型不与广告主的主页或网站相链接，浏览者也可以点选，进而看到广告主想要传递的更详细的信息。为了吸引更多的浏览者注意并点选，旗帜广告在制作上经历了由静态向动态的演变。动态旗帜广告利用多种多样的艺术形式进行处理，往往做成动画形式，具有跳动效果或霓虹灯的闪烁效果，非常具有吸引力。此种广告重在树立企业的形象，扩大企业的知名度。

(2)按钮广告

这是网络广告最早的和最常见的形式。它显示的常常是公司、产品或品牌的标志。按钮式广告的优点是可以被设置在网页的任何一处，图标在主页上是不动的，通过点击可链接到客户的广告内容上去，按钮广告的不足在于其被动性和有限性，它没有广告标语，更没能广告正文，所以信息量比较有限，要求浏览者主动点选它，才能了解到有关企业或产品的更为详尽的信息。

(3)文字链接广告

文字链接广告采用文字标识的方式，鼠标移动到该处时鼠标图形变成一只手的形状，点击后将链接到相关网址。该方式点中率高、价格低、效果好，通常用于分类栏目中。链接广告往往在热门站点的 Web 页上放置可以直接访问其他站点的链接，通过热门站点的访问，吸引一部分用户链接站点。

在 Web 网页上只是一小段可链接的文字(一般在 20 字以内)。虽然它没有网幅广告和按钮式广告那么显眼，但是效果并不差。因为它经常看起来根本不像人们心目中传统广告，而只是一条具有吸引力的信息。例如“玩电脑游戏中万元大奖”、“精品服饰大甩卖”等。文本链接广告是一种对浏览者干扰最少的形式，在广告页面上显示的一般是小段具有很强吸引力的文字，让人产生好奇心去看个究竟。

(4)弹出式广告

弹出式广告又名插播式广告，它是指广告主选择与自己产品相关的网站或栏目，在该网站或栏目出现之前插入一个新的浏览视窗显示广告，在访客登录网页时等待网页下载的空档期间出现。它没有向被访问者明确请求过，是带有一定强迫性的广告。

(5)浮图广告

浮图广告是指网页上不停漂浮的图标广告，目的在于吸引冲浪者的眼球，增加点击该广告的概率。浮图广告改变比较呆板的横幅广告的广告形式，它是一种可以在屏幕上移动的小型图片广告。用户用鼠标点击该小型图片时，浮图广告会自动扩大成大的窗口。浮图广告在许多网站的主页上使用比较广泛，但广告随着页面的移动飘忽不定，会影响上网者的视觉而让人厌烦，有一定的负面效应。

(6)赞助式广告

赞助式广告形式很多样，有内容赞助、节目赞助、节日赞助、竞赛和推广式广告等。节日赞助是指网站在特别节日所推出的网站推广活动。广告主可根据自己所感兴趣的网站内容或网站节目进行赞助，或者与网站一起合办他们认为受众感兴趣的时效性网站，进行网上竞赛或发布网上推广式广告。图 9-1 所示为新浪主页上各种广告形式。

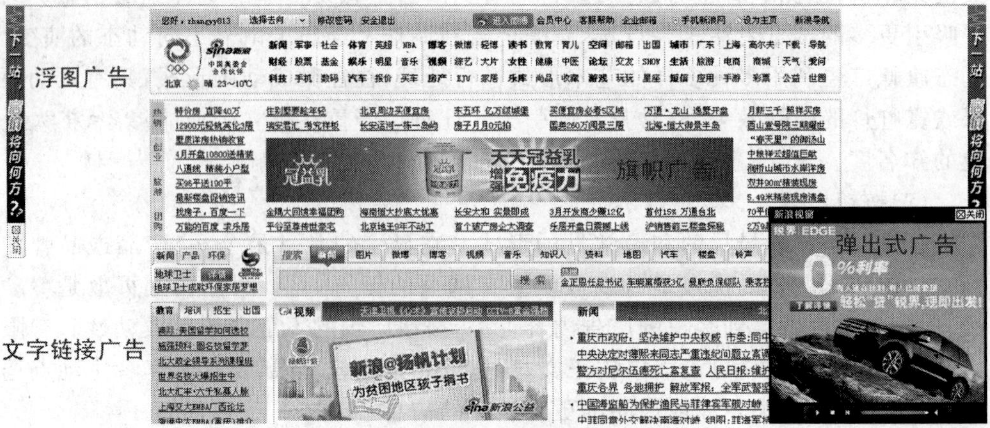

图 9-1　Web 站点广告的类型

3. E-mail 广告

电子邮件是网民最经常使用的因特网工具,它被认为是一种重要的营销渠道和其他广告手段相比,电子邮件广告(E-mail)成本更低,顾客的反应也更快。可以针对电子邮件列表上的某一个人或群体发送特定的广告,用户收到邮件后,可随时反馈信息,与企业做进一步沟通。电子邮件广告是一种能将广告和客户服务相结合的交互式广告,在促进与客户的关系和满足个性化需求方面有一定的优势。

4. 新闻讨论组

新闻讨论组是指企业针对自己的某一产品,在网站组织新闻讨论,从而起到宣传产品的广告效应。通常新闻讨论组都有自己讨论的主题,可以就产品性能、优缺点等内容进行群体讨论及观点发布,有时也可以组织专家就某一方面问题进行在线解答或设置论坛。

在新闻讨论组中广告信息常用的方式主要有:(1)在新闻组中自己定义话题。采取此种方式的关键是该话题要具有一定的吸引力,能够吸引更多的预定受众对象加入到新闻讨论组中来,这种讨论的方式也是一种广告形式。(2)选定一个话题,并以适当的方式加入其中。在讨论组中发现某个话题正好与自己将要发布的广告信息相关时,就可以介入进去,发表自己的观点,同时巧妙地将广告信息融入其中。(3)采取张贴广告的方式。在新闻讨论组中可以采用张贴代替发送,张贴的信息可以立刻被在线的所有用户看到,但是帖子的内容也要符合新闻讨论组的规定。一般说来,张贴广告信息的时间不能超过一个月,而且要尽量避免在几个新闻讨论组之间交叉张贴相同广告信息的做法。

5. 电子公告牌

电子公告牌是一种以文本为主的网上讨论组织。在这里,可以通过网络,以文字的形式,与别人聊天、发表文章、阅读信息、讨论某一问题或在站内通信等。在访客多的电子公告牌上发布广告信息,或开设专门的信息讨论区研讨解决有关问题,传播新信息等。它具有宽松、自由的讨论氛围,吸引着众多爱好者在各个讨论区中发表自己的观点,它最大的优势在于所提供的与他人交流的方式以及这种氛围,参与者既可以提出问题请求帮助又可以提供给别人自己所知道的信息,这为广告发布者提供了一种简单可行的途径将自己的信息融入其中。

总体来说,网络广告的形式丰富多彩,而且正处在不断的发展变化之中,我国的网络广告形式正在逐渐走向大尺寸化、多元化,网络广告效果也会越来越好,更多的网络广告主会采用因特网作为企业开展网络营销,树立网站或产品品牌的促销方式。

9.2.3 网络广告的策略

在网络营销条件下,市场营销环境发生了很大的改变,它是一种以消费者为导向的营销方式。对消费者而言,他们将拥有比过去更大的选择自由,他们可以根据自己的特点和需求,在全球范围内寻找满意的产品,不受地域限制。这就意味着市场经济体制更趋自由化和网络化。网络广告能够协助企业建立品牌形象,激发消费者心中的潜在欲望,它具有很多与其他媒体不同的特点。因此,掌握并合理运用相应的网络广告策略,充分发挥网络媒体的优势,对于增强网络广告的效果,实现新环境下企业网络营销至关重要。

1. 网络广告定位策略

网络广告定位就是网络广告所宣传的产品、劳务、企业形象的市场定位,在消费者心目中为网络广告主的产品、劳务、企业的形象确定一个位置,一个独特的、不同于他人的位置。在企业竞争日趋激烈的今天,要想只靠产品质量和数量来战胜对手已不容易,因为企业在这方面的差异逐渐变小。因此,网络广告必须给网络营销中的产品一个恰当的定位,网络广告定位策略主要分为以下几种。

(1)领导者定位策略

领导者定位策略就是利用人们认知心理先入为主的特点,使网络广告所宣传的产品、服务或企业形象,率先占领消费者的心理位置,在消费者心目中树立一个"第一"的位置。心理学研究证明,首先进入大脑的信息,常常有不易排挤的位置,"第一"的产品自然也会成为他们消费时的第一选择,而在消费者心目中这种先入为主的印象自然为企业开展网络营销带来无限的商机。突出"第一"的定位策略将企业或产品的有利优势发挥得淋漓尽致,所达到的效果可以说是事半功倍的。

(2)比附定位策略

比附定位策略是一种攀龙附凤的定位方法,借用其他已存在的、已知的定位,来说明本产品的位置的方法。第一品牌、领导者地位已被别人占领,跟进者要想正面抗争十分困难,于是网络广告主往往委曲求全以比照攀附领导者的方法,使自己的产品占有一席之地。比附定位策略是在网络广告中展现自身的不足,认可自身不如"第一",但也因此会倍加努力。

(3)空隙定位策略

空隙定位策略即寻找消费者所重视的,尚未被占领的空隙,网络广告诉求的重点就是填补这种空隙。比如在价格方面的高价格或低价格,在技术上的新技术,在时间段上的不寻常等。这些如果是领导者企业所忽视的市场空隙,跟进者就应该毫不犹豫地占领它们。

(4)观念定位策略

观念定位策略就是强调商品的新观念,重在改变消费者的习惯心理,树立新的商品观念和消费观念。有时某种产品由于种种原因,形成了消费观念上的障碍,采取观念定位,有助于推动产品为消费者所接受。日本排名第一的手机品牌 NEC,凭借着雄厚的科技实力以及多年来对中国市场的诠释,接连推出数款高端手机产品,其中则以 2005 年的一款 Ngoo 铂爵最为惹人瞩目。该网络广告的标语是

"Ngoo 铂爵——少数派的荣耀",并在网站上设置了专门的栏目"少数派必读",除了提供出广告主的产品信息以及售后服务以外,主要是用来测试一下观看者是否为所谓的"少数派"人士,为了不使测试问题变得死板,每一次去回答,题目还是随机从题库里抽取的,并以期来强化"少数派"这个广告标语。这则网络广告产品的广告语打出少数派的荣耀,充分表明了产品要带给使用者与别人不一样的个性感受,针对人们所持有的逆反心理思维而采用了观念定位策略。旨在改变了人们从众的心理,一贯认为自己属于多数派,在突出少数派的基础上强调这款手机出异于常人。在该网站上还设有少数派验证的小花头,目的是加强观看者对于自我的少数类型的个性之情。

网络广告定位策略避免了广告设计上的盲目性,规定了广告设计的方向性,使之成为更加有效的信息传达手段。美国著名广告专家罗曼曾说:"广告里首先在设计上要决定的事,也是最重要的事,就是如何确定产品在市场上的位置"。由于网络广告定位是以市场为导向来建立网络广告和消费者进行沟通的桥梁,并以此制定创作的目标,因此它能够克服网络设计上华而不实、不着边际的现象。

2. 网络广告心理策略

网络广告心理策略是指针对消费者购买过程中不同阶段的心理特征,进行网络广告诉求,从而引导消费者从认知产品直至实现购买的一种策略。在所有网络广告中,消费者不是简单的被动接受,而是主动的选择,消费者可以根据自己的要求、喜好,选择是否接受以及接受哪些广告信息。AIDAS 是根据消费者的购买心理过程提出来的五字经,即 A(Attention),引起消费者注意;I(Interest),使消费者发生兴趣;D(Desire),使消费者产生购买欲望;A(Action),使购买欲望变成购买行为;S(Satisfaction),使消费者购买后感到满意。根据消费者的购买心理过程的不同,网络广告心理策略也有所不同。

(1)感知心理策略

感知心理策略是网络广告心理策略中最重要的问题,也是首先应考虑的问题。消费者的知觉是有选择性的,只有那些能引起人们注意的事物,才能引发人对它们的知觉。所以,要想吸引消费者的注意,必须先在设计上下工夫。有研究表明,网络广告引起消费者的注意,若要呈数量级增长,那么网络广告面积大小就应呈几何级数的增长。但鉴于显示器屏幕的大小是一定的,所以网络上的广告就不可能像现实中的广告能够做得足够大,如果想让某一广告特别能够引起受众的注意,那它就应该做得比其他广告大得多。另外,居于屏幕左边上角位置的网络广告最容易引起消费者的注意。感知心理策略除了常用的强调尺度与最佳位置等手段之外,还要突出设计对比度,运用夺目的色彩、动人的声音、优美的形象等,别出心裁的设计会令消费者产生共鸣,从而使消费者产生兴趣。

(2)记忆心理策略

记忆心理策略是强调网络广告要能给消费者产生想象的空间,以独特的创意迎合消费者的心理，让人们产生良好印象的一种策略。对于网络广告信息的记忆，是消费者思索消费，做出购买决定不可缺少的条件。因为在大多数情况下，消费者接受了广告传递的信息之后，即使对此广告产生良好印象，一般也不会立即去购买。如果广告组成元素难以使其产生记忆，消费者对这则广告很快遗忘，那么这则广告的刺激功能就不能充分发挥作用，广告效果也必然不理想。因此，在广告创作之中，有意识地运用记忆心理策略，增强广告的记忆效果，就显得必要而且必需。网络广告在唤醒消费者的知觉后，记忆心理策略重点是突出产品的可靠性，提高企业和产品的知名度，介绍网络广告产品相对于同类其他产品所具有的特殊功效，创设一个享有网络广告产品的美好形象或美好生活氛围，得到消费者的心理认同，从而激发其购买欲望。

(3)行为心理策略

行为心理策略是消费者完成从注意到兴趣再到动机以后，运用该策略使消费者最终达到实现购买的目的。消费者购买商品除了受经济条件制约以外，还要受其他因素的影响，例如消费经验、价值观念、文化水平、社会流行方式等，对于一种新产品而言，消费者存在潜在的需要，但对该产品不了解，缺乏使用经验，就不可能去购买。因此正确引导消费者，用最通俗易懂的语言介绍产品的好处，是行为心理策略的重点。此外，购买的实现，是网络广告成功的象征.但是购买过程的完成，并非是一帆风顺的，也不应当是网络广告的最终结果。受众购买后是否满意，下次是否再会购买，直接关系到产品的命运。所以，行为心理策略重点除了宣传说明产品的特点、好处、用途以外，还应该强调产品的售后服务，如果消费者有不满意的地方应尽快设法改进产品。

3. 网络广告表现策略

网络广告表现策略是指网络广告在加工信息、传递信息的过程中运用各种策略、方法和手段，使目标消费者对网络广告所传递的信息内容获得认知，产生心理变化。消费者有权决定是否接受广告信息或接受哪些类型的信息，甚至可以为自己定制产品。根据网络广告的本质特征互动性的这一优势，其网络广告表现策略的类型各有不同。

(1)个性化策略

个性化策略是指以目标网民为中心，根据其需要、品位、兴趣取向、上网习惯、消费习惯为个人特别定制和定向发布特定广告的策略。这是利用网络广告双向沟通交互性的特点，网上消费者不但可以主动在网上随意选择感兴趣的商品信息，还可以在网上同厂商直接对话，实现上网定制自己所偏爱的特殊要求的产品，满足其个性化需要。

网络广告作为一种推拉互动式的信息传播方式，是以分类商品信息的方式将相关产品所有的信息组织上网，等待着消费者查询或向消费者推荐相关的信息。消费者成为交流的主动方，他们在某种个性化需求的驱动下主动、自由的去寻找相关的信息，浏览企业的广告，遇到符合自身需求的内容可以进一步详细地了解，并可以通过正在浏览的页面直接向公司发出 E-mail 进行更详细的查询或直接下订单，甚至是根据自己的喜好、需求定制个性化的产品和服务。广告主一旦接收到信息，就应该立即活动起来，根据顾客的要求和建议及时做出积极反馈，使出浑身解数将顾客留住。网络广告的即时交互特性使广告传播成为一对一的个体沟通模式，提高了目标顾客的选择性。

诺基亚 3510 手机的网络广告提出“您适合哪一种彩壳”的问题后，运用 5 个不同性格的卡通人物，分别传出 5 种彩壳的特别功能。网友可根据自己的兴趣点击不同的手机彩壳，了解其个性特点。而传统广告，如果只突出一款手机，则无法满足不同消费者的个性需求；如果把所有信息堆砌上去，则导致重点模糊，消费者难以仔细挑选。

(2)激励性策略

激励性策略是指企业通过发布带有激励性的网络广告以促进产品销售的网络广告策略。实质上是一种奖励购买的策略，其目的是为了获得更大的利润。在网络广告活动中，设置实时可以获得的奖励，以诱导目标受众主动参与，从而达到深度诉求的效果。从心理学的角度来看，行动源于需要而发于诱因，网上互动要有驱策力。奖励诱因是目标受众对行销活动产生行动的原动力。这种策略可采用赠券、奖金、买一赠一、减价销售、荣誉会员等吸引顾客的有效手段，这些手段让顾客得到了实惠，激发了顾客的购买欲望。另外幸运抽奖、以旧换新、分期付款等也是有力的激励措施，网络广告公司将这些信息在互联网上进行传播，是提高人气指数的一种有效的网络广告策略。

福特汽车为了测试电视广告片的效果，举行“积累点数赢得奖品”的活动，在这次活动中，网民可以访问福特公司的主页，通过回答一些选择性的问题，网民可以选择自己认为合适的福特汽车的电视广告的脚本。根据大家的选择，将有四个脚本被选出并陆续播放，在每一支广告片播放的中间，参加此活动的网民可以继续登录网页，对播放过的广告片进行投票，同时还可以提出自己对下一则播放的广告片的设想，网民还能够通过参加这次活动累积点数从而获得奖品。这一切主要归因于福特的品牌价值和奖品的吸引力。

(3)体验性策略

体验性策略指通过利用虚拟现实等技术，引导网民参与使用品牌(产品或服务)，以预先获得消费体验，对该品牌(产品或服务)产生了解、认同和共鸣，从而达成广告目的。在网络广告中，这种感受是多感官立体式和实时的。这种策略可以完成从知名—试用—进一步说服甚至购买行动的多层次交互效果，并通常具有娱乐性。市场营销理论认为，“求新”是消费者的基本购买动机。新的品牌、产品或服务，容易激发试用欲望，网上免费的、带有趣味性的使用，自然会引发互动效应。

诺基亚 3250 型手机举办的“铃 Sing 王”挑战赛，运用了网络广告体验式策略。

广告旨在突出产品可以在网上自创音乐的功能，让消费者可以充分体验到这款手机的音乐特色功能。详细内容是手机用户只要登录其网站，即可下载活动提供的音乐素材，把3250广告音乐作为背景设计制作属于自己的铃声，使受众能亲身体验到自创音乐的乐趣，运用该策略从而引起消费者的购买欲望。

(4)多元化策略

多元化策略指信息传递方式的多元化和网络广告的内容多元化。网络广告信息传递方式的多元化主要有：通过互联网的专题论坛，用电子信息方式发布广告；利用邮件目录以电子信件方式做广告；建立自己Web网站，申请自己的独立域名，在已有的Internet服务器上，进行站点推广与其他有关网站链接，吸引更多用户；通过付费方式租用专业化网络广告公司服务器的空间，建立自己的网址来发布广告信息。

网络广告的内容多样化主要有：网络广告以互联网为媒体传播信息，内容应丰富多彩，其内容不仅有产品的价值信息，还有相关的科技知识和文化信息。对进行多元化生产和经营的企业或进出口商，在进行网络广告策划时，首先应根据不同国别和地区的网民年龄、职业、文化程度、语言、文字、宗教信仰、风俗习惯和禁忌、偏好的差异性进行市场细分化，划分成许多不同类型的消费群，即细分市场。然后，针对不同的市场(最好用该国文字和语言，便于识别)进行丰富多彩的内容设计，分别满足不同市场消费者群的偏爱和需要。开展网上导购、网上聊天、网上寻呼、网上VOD(视频点播)、AOD(音频点播)等服务。

松下手机DMC-FX9型投放在网易上的广告，这则广告与网页结合紧密，以多媒体技术突破带宽的限制，耗费最小的资源显示最大的画面，收放自如不受约束。广告将人物、文字、图像、音频多元化信息传递方式以及层出不穷的多元化表现内容——四款不同颜色的新型松下"防抖"手机相结合，改变了以往的网络广告在内容与形式上较为单一的现象，以多元化的特征让人赏心悦目。

(5)游戏性策略

游戏性策略即以娱乐为诱因，以互动游戏为载体，在受众参与的过程中传播广告信息，从而达到潜移默化诉求的广告效果。网络互动、自主的传播特性，使受众可以只"点击"他们感兴趣的广告，这要求网络广告更加具备服务性，或娱乐性、或者两者兼备，只有这样，才能增强网络广告的黏合力和吸引力。按照广告内容和游戏的融合程度，游戏策略分成两个层面：第一是在网站提供的免费游戏的开头、中间、结尾，或者游戏的四周发布广告。品牌(产品)特性与游戏内容无明显关联。广告成为"免费游戏"的"附带条件"，由于受众比较投入，对广告的注意值也较高。第二是用互动游戏技术，将品牌(产品)信息嵌入游戏环境当中，通过网民的互动游戏，产生更强的说服效果。

芒果网为了提升自己品牌的知名度，促进消费，以"评选中华新五岳"的主题活动吸引用户完成注册活动，通过构思性格测试游戏激活人气并且促进主动传播，利用几个游戏性的步骤“在芒果网上选择一个最东的省份”、“在城市列表中选择你去过的最东边的城市”等一系列问答和确认按钮“好的”促使消费者按照提示一步步完成，在富含游戏色彩的操作中成为芒果网的消费用户。

(6)悬念性策略

悬念性策略指通过制造悬念、设置疑问，在网页上提出一个问题，先不作正面回答，经过一段时间后，再公布答案，揭开谜底。为受众创造行动导向，实现层层递进诉求的广告目的。它的核心是利用受众的好奇心、参与欲望和解惑的需求，它依赖的不是娱乐式的驱动力，而是寻求问题答案的驱动力，倾向于理智型。悬念性策略使受众从不自觉的被动状态变为自觉的主动状态，最后达到促使受众积极查询信息、提问、注册等互动效果。悬念性策略的有效实施，关键在于要能提供确实的解决办法和足够的信息。太平洋女性网在关爱女性容颜方面针对秋冬季节气候，用了一则“秋冬季节，女性如何保养自己的肌肤？完成注册，答案三天之后立即揭晓”的广告语，吸引了无数爱美的时尚女性。太平洋女性网使用悬念性策略，三天之后公布答案，不仅让广大女性成为其忠实用户，而且很大程度上提高了网站的点击率和知名度。

9.2.4 网络广告效果评估

1. 网络广告效果评估及其特点

网络广告效果是指网络广告作品通过网络媒体发布后所产生的作用和影响，或者说目标受众对广告宣传的结果性反应。网络广告效果同传统广告效果一样具有复合性，包括传播效果、经济效果、社会效果。而网络广告效果的评估就是利用一定的指标、方法和技术对网络广告效果进行综合衡量和评定的活动，相应地，网络广告效果的评估也应该包括传播效果评估、经济效果评估和社会效果评估。

由于网络广告是建立在计算机、通信等多种网络技术和媒体技术之上，所以在效果评估方面显示了传统广告所无法比拟的优势和特点：

(1)网络媒体的交互性使得网络受众在观看完广告后能够在线提交调查表或发送 E-mail，广告主可以在很短的时间内收到反馈信息，然后就可以迅速对广告效果进行评估。

(2)广告主可以利用网络上的统计软件方便准确地统计出具体数据，而且网络广告受众在回答问题时可以不受调查人员的主观影响，从而大大提高了回答问题的质量，增强了网络广告效果评估结果的客观性与准确性。

(3)Internet 是一个全天候开放的全球化网络系统，网络广告的受众数量是无限庞大的，因此网络广告效果调查能在网上大范围内展开，参与调查的目标群体的样本数量能够得到保证。

(4)网络广告效果评估在很大程度上依靠技术手段，与传统广告评估相比，耗费的人力、物力比较少，相应地广告成本就比较低。

2. 网络广告传播效果评估的内容

广告的根本目的是在于促成消费者购买产品，但是由于网络广告的作用是一项缓慢的过程，其效果也不仅仅表现为销售效果，应对广告的传播效果综合衡量，并按照网络广告活动过程分阶段进行评估。

广告除了具备复合性特点之外，还具备阶段性特点。这是因为网络广告对于广告主来说最终目的是促进产品销售，但是这个广告目的不可能一步实现，中间势必要经过几个阶段。于是有人针对这一广告传播的阶段性过程提出了“AIDA 公式”(AIDA Formula)，它指的是潜在消费者从接触广告开始，一直到完成某种消费行为的几个动作，具体阶段如下：A(Attention)注意、I(Interest)兴趣、D(Desire)欲望、A(Action)行动。

与传统广告相比，网络广告在传播渠道上发生了变化，广告的表现方式也不一样，但是，广告基本的“AIDA 公式”却仍是值得遵从的法则。广告主可以依据不同的广告目的，用“AIDA”来检验网络广告的效果。

广告的 AIDA 的每一个阶段都可以作为网络广告传播效果评估的内容，这与评估指标的对应关系如表 9-2 所示。

表 9-2 网络广告传播效果的评估指标

网络广告 AIDA(评估内容)		网络广告的传播效果评估指标	
Attention	注意	Advertising Impression	广告曝光次数(媒体网站)
Interest	兴趣	Click&ClickThroughRate (CTR)	点击次数与点击率(媒体网站)
Desire	欲望	Page View	网页阅读次数(广告主网站)
Action	行动	Conversion&ConverionRate	转化次数与转化率(广告主网站)

9.3 网络站点的推广

网络营销站点作为企业在网上市场进行营销活动的阵地，站点能否吸引大量流量是企业开展网络营销成败的关键，也是网络营销的基础。站点推广就是通过对企业网络营销站点的宣传吸引用户访问，同时树立企业网上品牌形象，为企业的营销目标实现打下坚实的基础。站点推广是一个系统性的工作，它与企业营销目标是相一致的。网站推广的策略，就是对各种网络手段和方法的具体应用。

9.3.1 网络站点的推广方式

1. 搜索引擎营销策略

搜索引擎营销是最常用的网络营销方法之一，主要用于网站推广、网络品牌建设、产品促销等方面。搜索引擎可分为两种基本形式：搜索引擎登录及排名（搜索引擎优化）、基于搜索引擎检索内容定位的关键词广告。早期的搜索引擎营销基本上属于搜索引擎登录及排名，目前这种方法仍然在部分搜索引擎中可以利用，但多数主要搜索引擎都采用了收费登录网站的方式，因此网站排名结果通常是和所支付的费用相关，具体表现形式有固定排名和竞价排名等。关键词广告也称关键词检索，是在搜索引擎检索结果页面的一种广告形式，通常采用按点击会费模式（CPC），由于关键词广告具有定位程度高、价格相对低廉等优点而受到关注，2003年之后在搜索引擎营销中开始快速发展。

凡客的促销策略

作为一个互联网时尚生活品牌，凡客通过更成熟和有效地利用多种网络渠道显示出更为强大的生命力。常见的网络促销策略有以下几点。

(1)在主要门户和专业网站投放广告和链接。VANCL在迅雷、新浪、雅虎、腾讯、凤凰网、便宜网等大型网站投放了广告和链接，并采用了统一的广告风格，让消费者加深对品牌的认知度。

(2)设置搜索引擎广告。凡客在百度和Google都做了竞价，搜索和排名都是第一位。

(3)电子邮件营销。许可电子邮件营销，给网站用户发一些促销的信息，让老客户回访网站，或者通过发送最新上架商品信息让顾客了解最新动态。

(4)博客话题营销。凡客以产品为话题征集博客用户写用户体验文章，并提供免费礼品（如凡客68元衬衫），以用户角度对产品进行体验式营销。

(5)口碑营销——用户试穿、体验物流、PK模特。

2. E-mail 营销策略

基于用户许可的电子邮件营销与滥发邮件（SPAM）不同，许可营销比传统的推广方式或未经许可的电子邮件营销具有明显的优势，比如可以减少广告对用户的滋扰、增加潜在客房定位的准确度、增强与客房的关系、提高品牌忠诚度等。根据许可电子邮件营销所应用的用户电子邮件地址资源的所有形式可以分为内部列表电子邮件营销和外部列表电子邮件营销，或简称内部列表和外部列表。内部列表也就是通常所说的邮件列表，是利用网站的注册用户资料开展电子邮件营销的方式，常见的形式如新闻邮件、会员通信、电子刊物等。外部列表电子邮件营销则是利用专业服务商的用户电子邮件地址来开展电子邮件营销，也就是以电子邮件广告的形式向服务商的用户发送信息。许可电子邮件营销是网络营销方法体系中相对独立的一种，既可以与其他网络营销方法相结合，也可以独立应用。

服装零售商优衣库通过发送电子邮件邀请函，将对优衣库感兴趣的淘宝会员，转化为优衣库的活跃用户。定期向新老会员发送电邮杂志，开展EDM营销，向客户推荐新产品，提高客户的品牌忠诚度。经过半年的EDM运营，优衣库的活跃用户增长近70%，电子邮件营销渠道产生了约20%的销售额，电子邮件已成为优衣库重要的网络营销渠道。

3. 链接营销策略

每个企业网站均可以拥有自己的资源，这种资源可以表现为一定的访问量、注册用户信息有价值的内容和功能、网络广告空间等，利用网站的资源与合作伙伴开展合作，实现资源共享，共同扩大收益的目的。在这些资源合作形式中，交换链接是最简单的一种命令方式，调查表明也网站推广的有效方式之一。交换链接或称互惠链接，是具有一定互补优势的网站之间的简单合作形式，即分别在自己的网站上放置对方的网站的Logo或网站名称并设置对方网站的超级链接，使得用户可以从合作网站中发现自己的网站，达到互相推广的目的。交换链接的作用主要表现在获得访问量、增加用户时的印象、在搜索引擎排名中增加优势、通过合作网站的推荐增加访问者的可信度等方面。交换链接还有比是否可以取得直接效果更深一层的意义，一般来说，每个网站都向于链接价值高的其他网站，因此获得其他网站的链接也就意味着获得了合作伙伴和一个领域内同类网站的认可。

4. 病毒性营销策略

病毒性营销并非真的以传播病毒方式开展营销，而是通过用户口碑宣传网络，信息像病毒一样传播和扩散，利用快速复制的方式传向数以千计、数以万计的受众。病毒性营销既可被看作是一种网络营销方法，也可以被认为是一种网络营销思想，即通过提供有价值的信息和服务，利用用户之间的主动传播来实现网络营销信息传递的目的。

可口可乐火炬在线传递

2008 年 3 月 24 日，可口可乐公司联合腾讯 QQ 推出了火炬在线传递，这个活动被称为经典的病毒性营销案例。

如果你争取到了火炬在线传递的资格，将获得“火炬大使”的称号，头像处将出现一枚未点亮的图标，之后就可以向你的一个好友发送邀请。

如果 10 分钟内可以成功邀请其他用户参加活动，你的图标将被成功点亮，同时将获取“可口可乐”火炬在线传递活动专属 QQ 皮肤的使用权。而这个好友就可以继续邀请下一个好友进行火炬的在线传递。以此类推。

网民们以成为在线火炬传递手为荣，“病毒式”的链式反应一发不可收拾，“犹如滔滔江水，绵延不绝”。

这个活动在短短 40 天内就“拉拢”了 4 000 万人参与其中，平均起来，每秒钟就有 12 万多人参与，一个多月的时间内，在大家不知不觉中，身边有很多朋友的 QQ 上都多了一个火红的圣火图标，同时包含可口可乐的元素。

9.3.2 提高网络站点访问率的策略

目前网站主要分为这样几类：

(1)内容信息类，主要为访问者提供各种信息、知识等有价值的内容，如新浪提供的新闻服务，搜狐提供的网站搜索服务。

(2)中介服务类，主要通过网站架设桥梁为访问者提供某种服务，如网易提供的虚拟社区信息交流服务，3721 网站提供的中文域名服务。

(3)电子商务类，这类站点主要是通过互联网作为开展商务活动的平台。对于电子商务类站点，一般有两种方式，一种是纯粹的网上电子商务企业，另一种是传统企业将其业务拓展到电子商务，如 8848 网站属于前一种，北京图书大厦网站属于后一种。

(4)其他，这类网站一般不是以赢利为目的的，如个人网站、组织机构网站等，它们一般是结合自己的具体情况，开展网上信息交流活动。

不同类型的网站，要增加访问率需要采取不同的策略。对于内容信息类，它的目标就是起到一个媒体的作用，要扩大访问量主要是通过提供及时的信息和大容量的数据库检索服务；对于中介服务类，它的关键是要提供有特色的别的网站所不具备，同时又是网民需要的服务；对于电子商务类，它的关键是为网民提供更便捷的网上购物渠道，更丰富的产品和更优惠的价格。对于传统企业将业务拓展到电子商务的站点，要注意遵循互联网的规律，传统市场优势品牌在网上不一定能吸引大量访问量，必须提供网上用户需要的一些服务，如产品知识、网上直销、免费增值服务等。

9.4 网络公共关系

近年来，公共关系作为组织通过传播沟通、形象塑造、利益协调等手段与公众建立关系的一种活动，被誉为“组织致胜的秘密武器”并广泛地分布于社会的各行各业中。随着网络时代的到来，网络对人类社会各个领域带来了极富深远意义的变革，网络媒体的出现更是为公共关系传播打开了一片新天地，使公共关系真正实现了双向对称传播。如何顺应网络时代的潮流趋利避害，在较短时间内大力发展和健全网络公关，并加强与传统公关的紧密合作，树立企业传播形象，促进企业营销发展，是当今公关从业人员面临的一项紧迫的任务。

9.4.1 网络公共关系构成要素和特点

1. 网络公共关系及构成要素

公共关系是利用各种手段唤起人们的好感、兴趣、信心和信赖，目的是争取理解，树立形象。公共关系既要收集信息、传递信息，还要反馈信息，是一种双向的交流，其作为营销沟通的手段，在提升企业形象、赢得顾客信任，为企业发展创造良好的外部环境方面发挥着越来越重要的作用。

网络的飞速发展为企业进行公关活动、管理组织形象、与公众取得沟通搭建了一个优质的平台，网络公共关系应运而生。网络公共关系是指企业通过互联网络发布组织信息、监测组织的网络环境、与公众保持沟通交流、有效引导网络公众舆论等公共关系活动，经营企业的形象、协调沟通企业内外关系、传播企业文化，从而为企业创造最有利的网络运作环境。网络公共关系利用网络的高科技表达手段营造企业形象，为现代公共关系提供了新的思维方式、策划思路和传播媒体。

从企业网络公关的定义中我们可以看出，企业网络公关的组成主要有三大要素：企业组织、互联网络、网众。企业组织是公关主体，社会公众是公关客体，互联网络是公关中介。

(1)网络公关的主体，是指建立自己的网站，主动利用网络及其技术实现特定公关目标的各种组织、团体、企业、个人等，主要是指网上的社会组织，包括盈利组织与非盈利组织。由于网络具有互动的特性，使企业在网络公关活动的几乎所有环节中都能发挥主动作用。这一特征是网络公关与传统公关相比更具优势的根本原因所在。

（2）网络公关的客体，又称公关对象，是指能够接触到网络，并同一个网上社会组织发生直接或间接的关系、与该组织的发展有现实或潜在的影响的个人或群体、团体的总和。一类是围绕网上企业由利益驱动形成的垂直型公关对象，包括投资者、供应商、分销商、顾客、雇员，及目标市场中的其他成员等。另一类是围绕某一主题形成的横向公关对象，包括生产类似产品和提供相应服务的其他企业，以及同企业一样面临类似问题，分享相同价值观的个人、其他组织、社会团体、行业协会及联合会等，这两类社区的成员和相关网上企业都存在着实际或潜在的利害关系，所以他们是网上企业公关的客体。

（3）公关中介就是网络媒体，即那些为企业提供公关传播活动的网站，也包括企业自建的站点。目前网络公关的传播手段主要有利用网站发布信息、各类网络论坛、BBS、新闻组、电子邮件、网上会议等。由于网络传播技术、方式和手段仍在不断的发展变化之中，因而必然会导致网络公关在网络技术的不同发展阶段有着不同的方式和特点。

2. 网络公共关系的特点

网络公关突破了传统公关的时空限制、传统媒体的限制，使组织拥有更大的主动权和传播优势。网络媒体具有即时性、互动性、无地域时间限制、信息化、全球化多媒体、低成本以及全方位传播等多重特性，摒弃了传统公关必须借助传统传媒以及必须通过其“把关人”信息过滤，使组织能够即时发布信息而不必借助传统媒体，可以直接与公众交流对公众产生影响，从而绕开新闻媒体严格的审查以免贻误商机。同时，网络公关可以充当组织的新闻发言人，成为媒体获知组织最新信息的新闻源。网络公关即时、灵敏的反应速度为组织的信息传播提供了有力的工具，也为组织提供更多人性化的增值服务创造了可能。

网络公共关系的目标与基本任务与传统的公共关系并无太大差异，但由于网络的开放性和互动性特征，使得网络公共关系又具有一些新的特点。

（1）网络公共关系主体的主动性增强

网络公共关系的主体可以是网络上的各种社会组织。网络所特有的互动性使企业等社会组织在网络公共关系中的主动性得以凸显，网上企业几乎在公共关系活动的任何环节都可以拥有主动权。比如网上企业可以在网络上通过网上论坛、BBS、新闻组、E-mail 等直接面向目标公众及时发布新闻，并且不受篇幅、媒体空间与时间的限制，不需要通过新闻媒介的审批，打破了传统公共关系活动利用新闻媒介的局限性，使企业能够更好地开展公共关系活动，能按自己的想法去影响目标公众，达到公关目标，同时也有助于与新闻记者保持密切的联系，建立良好的新闻媒介关系。

（2）网络公共关系客体的权威性得到强化

在网络公共关系活动中，网众对网上企业的影响变得更直接、更迅速，因为传统公共关系活动的信息传播和反馈过程相对过长，公众从知晓到行动有一个时间差，企业公共关系人员可利用这个时间差调整、改进下一步的行动；而在网络上信息传播与反馈速度快、范围广，有关企业的信息可以迅速传遍整个网络，引起公众反应，导致企业公众环境的迅速变化；同样，公众的意见、态度、观点和行为也会迅速在网络上扩散，对企业产生重大影响，甚至会决定企业的成败。因此，网络公共关系人员必须充分认识到公众的权威性，事先控制信息传播的内容、方向、范围，监控公众的反应，及时采取有效措施化解对企业的不良影响。可见，寻找公众，确定公众，分析公众内在的联系及具体存在方式，是增强公共关系活动目的性、针对性的必要环节。

(3)网络公共关系传播的效能性大大提高

网络作为公共关系的传播媒体，彻底改变了传统公共关系的信息传播方式。传统公共关系所采用的传播媒介，无论是报纸、杂志还是电视、广播，其传播方式都是大众传播，是"一对多"沟通，社会组织与公众之间的双向沟通由于受到传播媒介的限制而使效能大大降低。而网络上的传播方式可以选择双向互动式的、"一对一"的沟通，这种个体沟通方式使受众可以在阅读信息的同时与主持者和其他读者展开讨论，还可以对信息内容进行控制，使企业在传播信息时可以根据每个受众不同的需要，不同的反应程度，提供个性化的信息服务。另外，网络可以将几乎所有传统媒体所使用的信息表现手法都整合在一起，充分发挥出文字、色彩、声音、图片、音乐、电影、三维动画、虚拟视觉等信息载体的功能，给网众带来具有极强的视觉和听觉冲击力的综合的信息传播效果。显然，网络公共关系传播方式更具体、更深入、更生动，从而其效能更明显。

(4)网络公共关系的传播时空更广泛

同传统公共关系相比，网络公共关系的传播时空大为扩展。从传播的信息空间上来看，传统公共关系中所撰写的新闻稿件，受到版面、播放时间的制约，必须提纲挈领、简洁明了，许多重要的信息只好忍痛割爱，公众也很难从简短的新闻中获得完整的、感兴趣的信息。网络公共关系中没有这种限制，企业有足够的空间传播内容详尽的信息，并可通过与其他相关信息的超链接增加信息容量，实现企业与网众之间的即时互动。从传播的地理空间上来看，传统媒体的地域性与国界性大大限制了企业开展跨区域、跨国界的公关活动的自由度，而因特网(Internet)彻底打破了区域国界的限制，为经济全球化背景下的现代企业特别是跨国企业开展国际公关活动提供了有力工具。

9.4.2 网络公共关系的形式

在网络上开展公共关系工作的一般形式主要有以下几种。

(1)站点宣传

宣传企业网站是提高企业网站知名度的主要环节，是开展企业网络公共关系活动的基础任务之一。企业网站是网上企业的总部，建立自己的网站不但可以起到广告宣传的作用，更是树立企业形象的最佳工具。因此，网上企业建立站点后，首先要在有影响力的传统媒体上宣传站点的建立，以使公众知晓并访问企业站点。其次，要不断使站点内容更新，并通过各种媒体的宣传吸引更多的公众访问企业的网址。再次，鼓励其他站点复制企业站点的内容或创建到企业站点的链接。还有可以利用网络论坛、邮件列表、名片等宣传企业站点。

企业站点的知名度可以在短期内扩大，但能否让网上冲浪者在千千万万的网上企业中对自己的站点产生兴趣并频繁访问，关键是网页对访问者有没有吸引力，访问者能否在自己的站点上快速准确地找到他感兴趣的信息。设计与组织良好的网页，可以将企业的多种信息充分表示出来，还可以利用网络互动的特点与其他相关资料链接，从而将企业和顾客更紧密地联系起来。站点的主页更是网上企业的门面，他给冲浪者留下对企业的第一印象，设计良好的主页不仅显示了企业形象，还能吸引更多的网上冲浪者访问。

(2)网上新闻发布

网上新闻发布完全摒弃了传统新闻发布会需花费大量人力、物力和财力进行筹划和安排的方式，可以以较少的费用、最快的速度将新闻传播出去。在网上发布新闻可以通过以下几种方式实现。

①通过网络新闻服务线发布新闻。许多记者和公众都习惯通过在线网络新闻服务获取信息，企业利用网络新闻服务线发布新闻，可以确保企业新闻能够即时传播出去。虽然提供网络新闻服务线的服务商要收取一定的费用，但与召开新闻发布会相比可为企业节约许多费用，如招待费、场地费、打印费等。

②通过企业自己的站点发布新闻。大多数企业的站点都有新闻稿页面，企业可以在该页面直接面向公众动态发布新闻。如果是重大新闻，还可以放在站点的主页上发布并做相应的标记。新闻稿页面一般包含有联系信息，记者和公众能够与企业快速取得联系，增加了新闻稿的互动性，同时新闻稿页面的新闻通过链接，可以获得事件的发展过程信息、其他站点的相关信息，以及图片信息等。

③通过相应的新闻组或邮件列表发布新闻。一个简短新闻如出版社的新书预告、计算机公司的新产品及升级信息等可以在符合主题的新闻组张贴，或者通过企业掌握的邮件列表发布。

(3)栏目赞助

由企业对网站的某些栏目提供赞助，访问者可以通过赞助页面直接链接到企业的页面，从而扩大企业页面的知名度。企业赞助对象一般是一些会议、公众信息、政府或非赢利性活动的页面，如赞助一个电视剧展出页面，以吸引观众对自己的企业、产品或服务的注意。

例如，Xerox 是亚特兰大奥运会页面的主要赞助商，Sprint 则赞助世界杯足球赛页面，它们企业的主页上都提供一条超级链接指向相关的运动页面，其目的都是为了吸引体育爱好者的注意。

网上会议的赞助商通常提供从公司页面到会议页面的超级链接，有的还为会议提供列表服务器，支持热门论坛。赞助非赢利活动页面需要对方确认后在其页面提供指向其赞助商的超链接。

(4)参加或主持网上会议

各网络服务商的网络论坛经常举办一些专题讨论会，有的网络会议吸引了许多消费者参加，网络会议的参加者可以看到其他人提交给会议的发言，同时自己的发言也处于许多人的关注之下。参加与企业有关的专题会议，并积极提交富有见解的发言稿，可以提高企业的形象和知名度。

有些网上会议需要一些专家作为客串主持人，提出基本问题引发讨论，并回答公众的提问。企业可利用网络服务商提供的网络会议服务，自己组织网上会议，有可能的话，邀请一些著名的专家作为客串主持，利用专家的名气吸引公众。通过公众与客串专家频繁地接触，可以起到树立企业权威形象、提高企业知名度、树立企业良好形象的作用。

(5)发送电子宣传信

网络公共关系工作的一种常用形式就是给新闻记者或编辑发送电子宣传信，在信中简述企业新闻的内容及对他们的请求(请求他们写文章或采访有关人员、参观等)。企业公共关系人员要与新闻记者或编辑建立起稳固的关系，就要通过多种途径搜集有关新闻记者和编辑的 E-mail 地址，企业一有新闻题材，即可给新闻记者或编辑发送电子宣传信，请求他们采取行动。为了使电子宣传信更能吸引新闻记者或编辑的注意，写作电子宣传信要注意做到主题明确、标题鲜明、内容简洁、并且根据记者的需要合理安排内容等。

(6)在网络论坛、新闻组中发送信息传单

网络论坛为网上企业提供了就专门主题进行交流的方法。企业让自己的页面加入某个讨论组能吸引更多的用户访问自己的站点。企业加入网络论坛一方面可以了解公众的真实想法，监控公众舆论；另一方面可以在了解公众舆论的基础上，积极回应，在增进与公众之间联系的同时引导公共舆论。一旦选定主题加入某个讨论组后，企业不要急着发送自己的信息，先要花些时间仔细阅读别人发送的电子邮件，待对主题有了深入了解后再提交自己的看法。企业加入网络论坛的目的是为了了解公众的真实看法，并积极回应，以增进与公众之间的联系，千万不能试图把讨论组作为自己的工具，去左右讨论组。

除了加入公共论坛外，为了鼓励公众就本企业关心的专题进行更深入的讨论，或者当网络上不存在与企业有关的讨论组时，企业一定要积极主动地扩大与公众的交流渠道，可以在本企业网站上建立论坛，鼓励和引导公众对自己的企业或产品展开讨论。拥有自己的讨论组为企业大规模分发信息提供了机会。参与到讨论组中去的企业公关人员一定注意一点：在参与讨论、发布与企业相关的信息时一定注意对外口径的一致性，以免引起企业形象错位。

加入新闻组也是吸引用户访问本企业站点的有效方法。网络上的新闻组，几乎覆盖了所有方面的主题，企业可以选择与自己有关的主题加入。参与新闻组的最好方法是访问他们的FAQs(Frequently Asked Questions)，了解他们的章程、每组的消息类型、参与者的类型及应遵守的规则。当选定所有要加入的新闻组之后，就可以按照新闻组的要求提交自己的信息了。在向新闻组提交信息时千万不要忘记将企业主页的网址信息加入到签名文件(Sig)中。

(7)网上调查

利用互联网进行企业形象调查、公众需求心理调查及市场调查。目前，人们常用的网上调查方法主要有三种：主动问卷调查法、被动问卷调查法和讨论组调查法。主动问卷调查法是指采用向被调查者主动发送电子调查问卷(电子邮件)然后等待被调查者写完回复以后收集整理的方法，这种方法一般事先要征得被调查者的同意后再向其发送电子邮件且要给予回复者一定的物质报酬。使用问卷调查的另一种方法是将问卷直接放置在Web网站上，等待访问者访问时主动填写问卷，这种方法被称为被动问卷调查法。另一种网上调查的方法的通过讨论组的方式进行。可在讨论组的话题目录或话题内容中寻找需要调查的目标公众，然后登录相应的讨论组，通过登录过滤系统去发现讨论组中有用的信息。Internet上免费提供各种过滤软件，以帮助上网者去搜索有关的信息。也可向相关讨论组邮去简略的问卷或邮去相关信息并指向放在Web网站上的问卷，或在自动回复的信箱内放上详细问卷，然后通知讨论组并鼓励他们访问此问卷。为了能提高问卷的答卷率，可通过提供礼品或礼金，或提供调查报告副本的办法。

随着网络技术的飞速发展及人们对网络认识的深化，相信人们会创造出越来越多的网络公关形式。

9.4.3 网络公共关系的实施

网络公共关系是网络营销的重要组成部分，它利用互联网的高科技表达手段营造企业形象，为现代公共关系提供了新的思维方式、策划思路和传播媒介。网络公共关系的实施包括以下几个方面。

(1)与网络新闻媒体合作

网络新闻媒体一般有两大类，一类是传统媒体上网，通过互联网发布媒体信息。其主要模式是将在传统媒体播放的节目进行数字化，转换成能在网上下载和浏览的格式，用户不用依靠传统渠道就可以直接通过互联网了解媒体报道的信息。另一类媒体，是新兴的真正的网上媒体，它们没有传统媒体的依托。

不管是哪一类媒体，互联网出现后，企业与新闻媒体的合作可以更加密切了，可以充分利用互联网的信息交互特点，更好进行沟通。为加强与媒体合作，企业可以通过互联网定期或不定期将企业的信息和有新闻价值的资料通过互联网直接发给媒体,与媒体保持紧密合作关系。企业也可以通过媒体的网站直接了解媒体关注的热点和报道重点,及时提供信息与媒体合作。

(2)宣传和推广产品

宣传和推广产品是网络公共关系重要职能之一。互联网最初是作为信息交流和沟通渠道,因此互联网上建设有许多类似社区性质的新闻组和公告栏。企业在利用一些直接促销工具的同时,采用一些软性的工具如讨论、介绍、展示等方法来宣传推广产品效果可能更好。在利用新闻组和公告栏宣传和推广产品时,要注意"有礼有节"。

(3)建立沟通渠道

企业的网络营销站点一个重要功能就是为企业与企业相关者建立沟通渠道。在前面分析网站建设的主要功能和设计架构时,其中的一个重要因素是网站是否具有交互功能。通过网站的交互功能,企业可以与目标顾客直接进行沟通,了解顾客对产品的评价和顾客提出的还没有满足的需求,保持与顾客的紧密关系维系顾客的忠诚度。同时,企业通过网站对企业自身以及产品、服务的介绍,让对企业感兴趣的群体可以充分认识和了解企业,提高企业在公众中的透明度。

斯柯达全品牌网络公关

2009年,斯柯达产品布局进一步完善,Fabia晶锐已经上市,Superb即将推出,三大车系出击市场。斯柯达对不同品牌车型采取了一系列网络公关措施,实现精准传播,进一步提升斯柯达的品牌影响力,形成有效的品牌联想。

(1)晶锐

晶锐的消费人群主要为活跃型,对博客、社区、创意性视频或图文以及搜索都有着广泛的涉猎,并且这类消费群体多以感性认知为主。各种博客意见领袖的舆论比理性的产品分析更能打动潜在消费者。

晶锐在上市半年内,良好的车主口碑也对晶锐的销量提升有很大帮助。因此,斯柯达将舆论公关阵地更多的集中在博客和社区上,以感性或带有创意的内容规划作为载体,以达到最精确地影响潜在人群的效果。

(2)明锐

明锐的消费人群主要为半活跃型,最为关注的是网站新闻(对比评测、市场导购)以及博客(意见领袖、市场评论)两大块。明锐的消费群体,开始看重车辆的技术实力和配置,包含理性的思考,以及感性的认识。

因明锐上市已超过一年，感性认识的良好口碑已经基本达成，因此 2009 年斯柯达将公关舆论阵地更多的涉及博客舆论引导以及 2009 年小改款的上市新闻导购上。

(3)昊锐

昊锐的消费人群主要为潜水型，也是三种消费人群中最为理性的。昊锐是 2009 年重要的上市新车，加大其核心媒体的舆论曝光量和知名度是一大重要的任务。

因此昊锐的舆论公关阵地主要集中在主流媒体的新闻舆论高地，配以名家博客的舆论造势烘托。

案例研讨

通用汽车搭载上海世博会

2010 年，全世界的镜头和灯光都不约而同地聚焦在盛装举行的上海世博会。对于企业来说，持续 184 天的世博会是企业的营销战场。如何在这场营销持久战役中与消费者建立更加紧密的互动和联系，让企业的品牌和产品赢得更深远的影响，是每个企业思考的重大课题。

作为 2010 年世博会全球合作伙伴，通用汽车除了在世博会现场以非常精彩的主题——“直达 2030”的企业展馆呈现给世界一个未来的交通生活理念外，更借助互联网开启了广阔的世博营销平台。

1. 融合资源，凸显世博会的全国合作伙伴

通用通过营销推广全方位展现和凸显上海通用汽车作为上海世博会全球合作伙伴的价值；与此还借助互联网平台与受众深入的互动交流，来提升汽车品牌形象和好感度。据百度统计，上海世博会、世博会门票、世博展馆等已经神速般地进入数以亿网民的搜索与关注焦点，凭借对互联网数以亿计网民搜索请求和关注点的聚集，以及对受众社区行为的深入洞察，上海通用汽车全面整合和调动百度搜索及社区资源，还有就是与网民深入持久互动，分享世博乐趣。

2. 品牌航空母舰，建立于搭建网站平台

很显然，当网友在百度搜索“世博会”、“上海世博会”等关键词时，就会发现在搜索结果页面中会跳出“2011 年上海世博会百度专题”网站链接。根据不同的投放阶段，有时在搜索结果页面顶端右侧，也会看到上海通用汽车与百度合作的世博专题擎天柱广告，点击即可进入上海通用汽车百度 2010 年世博会专题网站。可以说该网站是通用品牌的航空母舰，无所不包。以此来增加上海通用汽车的展现和曝光。

3. 敢问路在何方？世博出行我最清楚

2010 年 4 月，上海通用汽车携手百度知道推出“世博出行我知道”系列有奖问答活动，邀请网友一起解答世博出行的各种问题。提交问题就有机会获取“精彩提问奖”，问题按照驾车出行、公共交通、地标直达等分为不同类别，根据积分的最终排名，活动还将选出“世博出行知道专家奖”、“世博出行知道达人奖”等精彩大奖。同时还结合了百度地图，推出通用汽车的推荐路线，提供上海火车站、东方明珠、虹桥机场等十几处热点地段去往世博会的路线。

4. 智慧大比拼，世博会团队 PK 赛

“城市让生活更美好”是 2010 上海世博会的口号。作为活跃在知道平台的网友，可以做什么呢？是智慧！基于百度知道平台的超大流量和用户的高活跃度。2010 年 5 月份，上海通用汽车联合百度推出“传递绿色世博，绿色分享智慧”为理念的：上海世博会团队 PK 赛活动，只要被百度知道分类下的问题并被采纳即可获得个人积分，同时为团队加贡献分，最高者将获得丰富奖品。

5. 根据消费者路径，引领创新搜索引擎时尚

上海通用汽车与百度合作，联手百度百科、百度空间等更多重磅资源，构建以消费者关系为核心的整合营销平台，在此的营销合作中，百度全面整合并打造了知道、贴吧、百科、地图、空间五大频道优势资源，创造更多的时间和接触点，让上海通用汽车与消费者全面、深入互动。“世博会团队 PK 赛”活动，已经解决问题 3 839 个，涵盖了关于世博展品、展馆、活动、美食、住宿问题。

(http://www.admin5.com/article/20110426/335728.shtml)

思考题：

(1)上海通用汽车借势上海世博会采取了哪些营销策略？效果如何？

(2)什么是搜索引擎营销？其优势有哪些？

(3)结合本案例，请谈谈上海通用汽车是如何利用百度进行推广营销的？

本章小结

(1)网络促销是指利用现代化的网络技术向虚拟市场传递有关商品和劳务的信息，以启发需要，引起消费者购买欲望和购买行为的各种活动。网络促销手段的运用突出表现为以下三个明显的特点：网络促销通过网络技术传递商品和劳务的存在、性能、功效及特征等信息；网络促销是在因特网这个虚拟市场环境下进行的；因特网虚拟市场的出现，将所有的企业，不论是大企业，还是中小企业，都推向了一个世界统一的市场。

(2)与传统媒体不同，网络媒体在传播上具有更多优势特征：即时传播、多媒体整合传播、有效重复阅读、目标公众直达、“多对多”的互动交流、全球化信息覆盖。

(3)网络广告可以分为广义和狭义两种，广义的网络广告指企业在互联网上发布的一切信息，包括公益性信息、企业的商品信息以及企业自身的互联网域名、网站、网页等；狭义的网络广告是指可确认的广告主通过付费在互联网上发布的、异步传播的具有声音、文字、图像、影像和动画等多媒体元素、可供上网者观看，并能进行交互式操作的商业信息传播形式。网络广告具有以下特点：信息传递的互动性、传播时空的广泛性、视听效果的综合性、投入成本的经济性、广告效果的可测性和信息诉求的针对性。

(4)网络公共关系是指企业通过互联网络发布组织信息、监测组织的网络环境、与公众保持沟通交流、有效引导网络公众舆论等公共关系活动，经营企业的形象、协调沟通企业内外关系、传播企业文化，从而为企业创造最有利的网络运作环境。企业网络公关的组成主要有三大要素：企业组织、互联网络、网众。企业组织是公关主体，社会公众是公关客体，互联网络是公关中介。

(5)在网络上开展公共关系工作的一般形式主要有以下几种：站点宣传、网上新闻发布、栏目赞助、参加或主持网上会议、发送电子宣传信，在网络论坛、新闻组中发送信息传单和网上调查等。

思考题

(1)网络促销的实施包括哪些步骤？

(2)与传统媒介相比，网络媒介在传播上有哪些优势？

(3)网络广告由哪些要素组成？它有什么特点？

(4)简述网络广告的类型及其作用。

(5)分别阐述网络广告的定位策略、心理策略和表现策略。

(6)网络站点的推广方式有哪些？

(7)阐述网络公共关系的含义和特点。

(8)在网络上开展公共关系工作的形式有哪些？

参考文献

[1] 叶莉．网络公共关系探析[D]．北京，北京林业大学，2008：5-10.

[2] 李宏．网络营销促销的探讨[J]．企业活力，2004(7)：120-121.

[3] 周伟祯．网络营销的广告策略研究[D]．山东：山东师范大学，2004：13-19.

[4] 杜珺．网络环境下的企业公共关系策略研究[D]．北京：北京交通大学，2009：11-15.

第10章 从4P到4C、4R的营销组合

本章概要：随着网络环境和电子商务的发展，市场营销理论和关注的重心发生了很大的变化。当代企业的营销组合模式正在从以传统产品为中心的4P，向当代以客户为中心的4C和以关联为中心的4R演变。本章主要阐述了4C和4R营销组合的内容，以及各个营销组合的特征。本章的重点是掌握4P、4C、4R营销组合的不同特点。

引例

4C理论助力宝洁成长

去超市买洗发水拎回家，还是去网上买等待送货上门，这两个选择对不少中国消费者来说，几年前和现在，做出的决定完全不同。当中国有将近5亿人在使用互联网进行网上购物，互联网无疑已经完全改变了消费者的一系列行为和购物的方式。

宝洁公司大中华区销售总裁翟锋在第13届中国连锁店展览会间隙对《第一财经日报》表示，宝洁的服务形式已经不再局限于产品和实体店，而是在升级版"4C"理论构建品牌数字化模型下，创新地利用网络便捷的沟通平台，与消费者直接对话，更为有效地为他们服务。

由于在不同阶段，能倾听消费者的声音，采用领先的营销策略，拥有174年历史的宝洁，从美国辛辛那提的一个小小蜡烛和肥皂生产商，变成了销售收入已经接近830亿美元的全球最大的消费品公司。

那么面对数字化时代，翟锋说，宝洁的新"4C"理论，依然是以消费者为中心，但是更加注重对网络渠道的重视，更全面地拥抱消费者。在他看来，这不仅可以增加宝洁的销售渠道，而且能够更加亲近消费者，更加及时了解、精准定位消费者。

目前，宝洁在淘宝、1号店等网络平台上都开设有自己的渠道，同时在电子商务领域已经组建了专门的团队，在经费上也有了“超前的投入”，但宝洁目前线上的市场份额与线下的市场份额相比还有很大差距。

“最大的挑战在于新的领域发展太快，消费者的心理行为变化也非常快。”翟锋发现，所以无论在认知上，还是人力、物力的支持上，宝洁有时都不得不加快追赶的步伐。一个例子是，以前宝洁得到一份关于消费者的调研数据差不多可以用2年，但是现在却不得不及时更新。

10.1 以客户为中心的4C营销组合

营销是企业经营和运作的一项重要内容。制定合理的营销策略是企业将自己的产品或技术转化为市场所需商品的一种努力，是企业实现其劳动价值和目的的一项十分重要的工作。

传统营销把营销活动的因素分为可控因素和不可控因素，市场营销环境是不可控因素。1964年，美国哈佛大学教授尼尔·鲍敦提出了市场营销组合概念，是指市场营销人员综合运用并优化组合多种可控因素，以实现其目标的活动总称。这些可控因素后来被麦卡锡归并为四类即4P营销理论。4P营销组合自提出以来，对市场营销理论和实践产生了深刻的影响，被营销经理们奉为营销理论中的经典。

而网络环境和电子商务的发展，彻底地改变了传统市场营销策略的基础，绝大多数行业已成为典型的买方市场，消费者在市场中真正处于主动地位，消费更加理性，消费需求的个性化、多样化特征日渐突出。白热化的竞争迫使企业必须将消费者的需要和利益作为营销活动的出发点和归宿。而一般意义上被动地满足顾客的需要已不能适应竞争激烈的形势，只有从消费者的利益出发更加主动地了解并不断满足他们的需求、甚至超越他们的期望，才能提高消费者的满意程度和依赖程度，才能在竞争中取胜。正是基于营销行为中消费者地位的变化，1990年美国学者劳特朋教授根据影响现代营销活动的4个因素提出了与传统营销的4P营销组合相对应的4C营销组合，即Consumer（消费者）、Cost（成本）、Convenience（便利）、Communication（沟通）。

10.1.1 消费者

消费者(Consumer)是指消费者的需要和欲望,要生产消费者想要买的而不是企业能生产的产品。

从 Product(产品)向 Consumer(消费者)的转变,体现了企业的营销活动以满足消费者需求为核心,提供让消费者满意的产品和服务的基本思想。随着互联网在商业领域的应用和发展,不仅是交易场所从有形市场转向虚拟网络市场,交易的参与者也从传统的消费者转向了网络消费者。只有以网络消费者为中心,结合其特点提供产品和服务,企业才能更好地实现其营销目标。

面对极具个性化的网络购物,可以说一个消费者就是一个细分市场。这种特性反映在产品策略中就是企业必须实行全程营销的互动性,即从产品的设计阶段就开始充分考虑消费者的需求和意愿。为了更好地理解消费者的信息需求、消费习惯以及偏好等,企业更加注重市场调研以及消费者行为研究,以更加准确地对市场进行细分,并作为企业个性化产品研发的根据。

随着社会的网络化和信息化进程,产品策略中信息因素所占的比重越来越多。传统的产品策略开始发生倾斜,逐步演变为满足消费者需求的营销策略。在这方面,美国微软公司就是一个很好的例子。软件只是微软公司产品的一部分,通过软件产品公司还售出一系列的技术标准、产品和公司的形象、完善的售后服务体系等"无形"产品。而这一切都是非正式用户无法享受的。例如,Office 的正式用户通过联机注册后,随时可以反映或询问使用中的问题,并通过网络很快能得到解答。同时,公司通过对这些反馈信息的分析制定相应的更新策略。于是老版本还处在成熟期时公司就开始下一代系列产品的研制。系列产品的推出取代了旧产品的饱和期和衰退期,使产品永远朝气蓬勃,保持旺盛的生命力。

10.1.2 成本

成本(Cost)是指消费者为了满足其信息需求愿意付出的成本。

无论是任何时代的消费者,价格都是影响其消费的重要因素。在 4P 理论的指导下,企业往往偏重于从产品的生产成本加适当利润来确定产品的市场价格,或以竞争者产品价格为依据来确定自己产品的价格,即使是采取需求导向定价法,也没有完全满足顾客需求的差异,仅仅进行粗线条操作,不能真正做到需求导向,更没有从消费者角度来考虑消费者能接受的成本,或消费者购买商品所须付出的时间、精力、风险与货币成本等。传统定价方法,往往使企业的定价与消费者的需求相分离。

4C 营销组合对成本的强调,要求企业定价的思路不能再一味地按自己的成本和盈利进行自我定价,而是以消费者能够并愿意接受的成本来制定,进行真正的消费者需求导向定价。企业传统的定价思路：价格＝成本费用＋预期盈利，应改为：消费者接受的价格－适当的获利＝成本上限。

企业以消费者为中心进行定价，必须测定市场中消费者的需求以及对价格认同的标准，否则以消费者接受的成本来定价将成为空中阁。消费者可以通过互联网提出自己愿意接受的价格，企业则可以根据消费者愿意接受的价格成本提供柔性的产品设计和生产方案供消费者选择，直到消费者确认后再组织生产或销售。所有这一切都是顾客在公司的服务器程序的引导下完成的，并不需要专门的服务人员，因此成本也很低廉。这种定价模式说明了消费者在新型的网络竞争中变被动接受为主动选择，并引导着企业的生产，从而能通过充分的市场信息和信息沟通以最小成本获得自己最满意的产品或服务。

10.1.3　便利

便利(Convenience)指消费者购买和消费信息商品的便利性。

在4P组合中的渠道理论中，企业通过分销渠道，在适当的时间、适当的地点向适当的消费者销售信息商品，更多的是从企业角度出发，考虑分销成本的降低以及分销效率的提高，对消费者购买的便利性考虑不足。

信息社会生活的快节奏使消费者用于在商店购物的时间越来越短，越来越追求购物的方便性。愈演愈烈的市场竞争环境中，企业需要投入更多资源吸引顾客，关键的一点就是从消费者角度出发，考虑如何才能让消费者最方便的获取信息商品并进行消费。因此，4C营销组合更加强调消费者购买信息商品和消费信息商品的便利性，企业应该在充分了解消费者信息需求、消费习惯及偏好的基础上，向消费者提供全方位便利营销服务，最大限度地提高其获取信息商品的便利性，并提供相应的售前、售中及售后服务，提高用户消费的便利性。

网络营销的企业凭借其营销站点的购物导航快速引导消费者到达购物专区。与此同时通过网络可以实现一对一的、跨越时空的分销，消费者可以随时随地的利用互联网进行订货(或预约)和购买商品(或取得服务)。

网络营销新的销售渠道大致有两类：

(1)通过互联网实现从生产者到消费者的网络直销渠道。这样传统中间商就由过去环节的中间力量变成直销渠道中提供服务的中介机构，减少了中间传递环节，提高了效率。

(2)在专业化、规模化的基础上融入信息技术的中间机构帮助顾客对信息进行甄别、比较并协助其做出适当的决定提高交易效率。这些完全在线的中间机构所共同拥有的一大特点是：没有传统的零售实体地址，其功能更多地是通过使用因特网技术把制造商或零售商直接跟最终消费者连接起来提供信息化的服务。这些在线业务的开展，创造了一些新的商业模式如报价模式、寻求最佳价格模式、动态经纪模式、电子出价模式等。

10.1.4 沟通

沟通(Communication)是指企业与消费者之间的互动沟通,企业应该重视与顾客的双向沟通,建立基于共同利益关系之上的新型的企业、顾客关系。

在传统营销思想的指导下,企业利用各种手段,特别是非人员促销手段,单方面的将产品信息、服务信息、优惠活动信息等强加于消费者,目的在于通过大量的广告宣传在消费者心目中留下深刻印象,改变其个人选择;同时,利用各种销售促进技巧,在短期内刺激消费者购买原本可能并不需要的产品。由于市场竞争的白热化以及随之引起的促销手段同质化,企业相当于回到了同一起跑线,加上信息商品的信息不对称性,广告宣传的单方面劝导以及销售促进的效果并不理想。而且由于资金以及人力成本因素,人员促销在企业传统促销组合中的使用受到了一定限制。

因此,4C组合中强调企业与消费者之间的互动沟通,企业对消费者的充分了解是信息商品定制化、需求导向差异化定价以及提高购买消费便利性的基础,从而使消费者自愿地购买本企业产品。另外,只有通过与消费者的沟通,充分掌握消费者信息,提供充分满足其信息需求的产品和服务,才能建立本企业差异化的竞争优势。

企业微博营销中4C理论的应用

1. 以消费者为导向,让粉丝成为忠实的顾客

4C理论首先强调要满足消费者的需求。微博营销为企业如何赢得消费者提供了一个途径,当企业开通了官方微博后,消费过的老顾客自然就会关注这个企业,从而成为它的粉丝;而对于潜在的消费者,企业可以通过在微博上发布有诱惑的内容去引起注意,进而获得更多的粉丝。最后企业将产品信息发布在微博上,并与粉丝进行探讨,征求大家的意见,这样就有利于新产品的开发和推出。

湖南卫视的"快乐大本营"节目是一档深受年轻观众喜爱的综艺节目,从开播至今一直保持着很高的收视率。其节目内容新颖是一方面,另一方面在于其宣传到位,"快乐大本营"的五位主持人"快乐家族"在腾讯微博上总共有粉丝近7 800万,在每周六的节目播出之前五位主持人都会在微博上以文字、图片、视频形式发布本次节目播出的部分内容,这些内容是非常能吸引人眼球的节目爆料,然后通过粉丝间的互相转发,必然会吸引粉丝去关注本次节目,同时也会增加更多喜爱这个节目的人关注这五位主持人,从而获得更多的电视观众。

2. 降低产品宣传成本,让消费者真正受益

4C 理论中考虑的顾客的成本。如何让消费者获得一个满意的成本,微博营销可以帮助企业实现。首先,微博营销大大降低了网络营销的成本。企业只需要开通一个微博就可以在网上进行营销推广。其次,相比较传统的媒体,微博营销只需要创新的广告视频或者主题就能达到宣传的目的,这样不仅降低了广告成本,也间接的降低了产品的成本,进而消费者能够以比较满意的价格获得产品。再次,企业可以在微博上进行有奖调查,不仅能吸引新的消费者,而且可以就调查的问题与访问者做直接的交流,提高调查的效果,还降低了调查研究费用。这些途径可以有效降低企业的产品成本,进而让消费者获得一个满意的成本。

3. 考虑顾客购买和获取信息的便利性

4C 理论第三要考虑的是便利性。微博能够让消费者更方便的获取企业的产品信息,提高企业的曝光机会。企业第一时间将自己的产品信息发布在微博上时,粉丝可以最早获得该信息。同时粉丝可以对信息进行评论,这样企业也最及时的获得了消费者关于该产品的评论建议。这样的平台给企业和消费者都带来了便利。

4. 建立微博话题,与消费者互动,拉近与消费者的距离

微博搭建了一座企业与消费者之间沟通的桥梁,不仅能让消费者更直接地了解产品及企业文化,还能吸引更多的粉丝的关注,进而关注产品。微博话题能够吸引粉丝的关注和讨论,在话题讨论的过程中推出有奖互动环节就更能吸引粉丝的关注,并有助于让粉丝转变成消费者。王惠曾在文章《微博营销的最高境界——超越粉丝》中例举杜蕾丝频频引爆话题扩大影响和吸引更多关注数。

10.2 以关联为中心的 4R 营销组合

由于网络营销环境与传统营销环境相比存在巨大差异,而且在网络环境下,无论是企业的组织结构和运作方式,还是消费者的需求、消费方式以及消费习惯等发生了很大的变化,企业开展营销活动的整个流程都受到了影响,传统的 4P 理论日益暴露出甚局限性,4C 理论的提出,极大地丰富与发展了 4P 理论,但从营销实践和市场发展的趋势来看,仍然有不足之处。

美国学者 Don. E. Schultz 针对网络营销的特征以及影响网络营销的各方面因

素，提出了 4R 营销组合，包括 Reaction（反应）、Relativity（关联）、Relation（关系）、Retribution（回报）。

10.2.1 反应

反应（Reaction），即市场反应速度，指企业对瞬息多变的顾客需求迅速做出反应，快速满足顾客需求的营销策略与能力。

网络环境下，消费者新的需求方式已彻底改变了传统的一致性需求，并已逐渐从需求群体差异化、需求个性特征化向需求个性瞬间化、感觉化方向转变，并且这种需求发生快速变化的趋势越来越明显。这使得企业无法预测和寻找到其规律，以进行一定时期内的不变经营。因此今天的企业只知道眼前为消费者提供什么，难以知道明天顾客的需求。

基于这种瞬息力变的市场局而，对经营者来说最现实的问题不在于如何制定、实施和控制营销计划，而在于如何与顾客站在一起及时地倾听顾客的希望、渴望和需求，并及时答复和迅速做出反应，满足顾客的需求。

4R 营销理论阐明了企业应该对市场的快速变化做出快速反应，说明当代先进企业已从过去推测性商业模式，转移成高度回应需求的商业模式。企业能紧跟市场并做出回应，一方面可抢得先机，迅速占领市场；另一方面可充分了解顾客需求，最大限度地减少抱怨，稳定客户群，减少客户转移，增强企业竞争力。

提高企业的市场反应速度，要从多方面入手。

(1)建立快速反应和回应顾客需求的营销理念，彻底改变目前许多企业习惯于说给顾客听，而不是听顾客说，反应迟钝的弊病。

(2)建立和完善畅通的顾客信息渠道，借助于高度发达的信息系统，尤其是网络，作为快速反应市场的重要工具和手段。

(3)建立快速反应市场的企业运作机制，实现企业组织结构扁平化、虚拟化，营造团队合作精神，建立共同愿景，再造业务流程，提高企业自组织、自学习、自适应的能力，提高决策速度和效率。

(4)深入挖掘企业的核心资源和核心竞争能力，并充分利用外部资源，实行动态战略联盟与集成化管理，对顾客所需产品的所有资源进行重新组织与整合，实现敏捷制造，快速回应市场。

在快速响应市场方面，海尔集团和日本的一些企业的做法值得借鉴。海尔在洗衣机品种选择中，首先是听顾客的倾述，在充分了解顾客需求的情况下，迅速做出反应，海尔集团针对农村用户和大都市用户生产的两种洗衣机就是典型的代表。日本企业在质量上并不一味追求完美，而是根据顾客的需求，追求质量价格比，尽管这样难以保证产品不出问题，但他们在建立解决质量问题的快速反应机制上，提高服务水平。海尔与一些日本企业对顾客做出快速回应的做法取得了企业与顾客的双赢。

10.2.2 关联

关联(Relativity)是指企业以种种方式在供需之间形成价值链,与顾客建立长期的、较为固定的互需、互助、互求的关联关系。

在网络经济时代,发达的信息网络使顾客能方便快捷地获取和分享信息,改变了传统经济时代信息不对称的格局。网络在为顾客提供信息的同时,也赋予了顾客自由选择的权力,他们比以往任何时候有更多的改变需求的理由,易变和高动态成为现代顾客的特点。因此,要提高顾客的忠诚度、稳定顾客,就要以某些有效的方式在业务、产品、需求等方面与顾客建立长期的关联,将顾客流失的可能性尽量减小。

4R营销理论为企业建立顾客关联提供了理论依据,在实际中,关联的方式是多种多样的。

(1)用户关联——出售方案

传统的产品销售是一次性的,营销活动具有一维特征,交易的孤立性使得供需双方难以建立长期的交易关系。出售方案是一个连续交易的过程,它是利用系统集成的模式为用户提供一体化、系统化的解决方案,以保证整体最优。它与产品销售不同的是,方案销售是多维度的,在方案营销的过程中,企业将顾客纳入到了生产过程之中,与顾客可进行相互交流,以丰富和提高顾客价值为目的,提供对于顾客来说最具价值的产品、服务和信息的组合体,从而使企业与顾客之间建立起长久的互需互求、利益共享的牢靠关联纽带。对于顾客来说,顾客可以在方案实施过程中不断表达自己的意愿,与企业共同对方案进行改进、升级和换代,这就形成了卖主的转移成本,使双方关系更加巩固。对企业来说,则大大减弱了竞争对手的冲击。

(2)产品关联——对位需求

传统的营销活动主要是通过提高产品性能,以合适的售价和方便的营销渠道来促进顾客的购买,产品对顾客的需求对位是以大众化的需求为准则的,它的主要特征是产品品种单调、缺乏个性化,对顾客的需求层次对应程度低。对位需求的产品关联,是将产品层次与顾客的需求层次进行关联,提供符合客户特点和个性的具有特色或独特性的优质产品或服务,以满足不同顾客的需要。在实际中,如果用户的需求为使用需求、心理需求和潜在需求三个层次,那么企业提供产品的三个层次,核心产品、有形产品和无形产品应该与之关联并对准层位,对位越准,关联性越强。

为了对位用户需求,企业的生产经营方式也要发生变化,一是采用"大规模量身定制"的生产方式,以成组技术、柔性制造系统和计算机集成制造系统为支撑,进行多品种流水生产,减少零部件变化,提高生产效率。二是通过网络进行全球范围的市场集结,将特殊转化为"常规",从而实现规模经济要求。三是集结与整合外部资源扩展企业能力,实行业务外包,建立共生营销和关系营销。这样不但可以对位顾客需求,抢占市场先机,还可以更有效地吸引和巩固客户。

(3)利益关联——消费联盟

消费者联盟,也称消费者会员制,是以企业回报消费者利益为驱动机制的一种新型营销方式。它是消费者通过填表入会或持卡的方式取得消费资格,与企业以契约的方式固定下来成为企业的长期固定消费者。

消费联盟是以消费者获得利益为直接关联手段,如此发展下去则形成一个庞大的辐射状消费网络,将传统营销方式中由中间商瓜分的利润通过消费者的重复消费、规模消费而直接回馈给消费者,从而培养一批固定的消费群体,建立一种稳定的、人性化的产销关系。

目前,与消费者建立利益关联的手段有:营销主体将消费者在行销网络中的累计消费者金额换成消费积分,根据积分的多少进行现金或其他奖励的利益回馈;累计数量折扣、累计让利销售等。目前,我国一些商场、宾馆、休闲俱乐部都采用了这种营销方式,并获得了成功。

10.2.3 关系

关系(Relation)是指关系营销,它是以系统论为基本思想,将企业置身于社会经济大环境中来考虑企业的营销活动,认为企业营销乃是一个与消费者、竞争者、供应者、分销商、政府机构和社会组织发生互动作用的过程。通过建立、维护和巩固企业与顾客及其他利益群体的关系的活动,以诚实的交换及履行承诺的方式,使企业的营销目标在与各方的协调关系中得到实现。

4R 营销中的关系比关联有更加广泛的涉及对象和更加深层次的含义。关联的对象主体是顾客,而关系则包括了除顾客以外的影响企业营销活动的所有利益团体及组织。在营销层次方面,关联靠某种承诺和新颖的营销方式来吸纳顾客,关系则主要体现在企业兑现自己承诺的同时,重视交易后的顾客维系。

在网络时代,关系营销在竞争中将利用信息技术来建立和维持消费者关系。企业竞争将从争取市场份额转向争取消费者,由强调市场占有率转变为强调顾客占有率——即企业赢得一人一年或终身购买物的百分比。长期持续的顾客关系将成为另一个新的竞争资源,在制定竞争战略时成为不可忽视的要素。该要素要求与选择目标市场相比,企业应该更重视对个人消费者的识别,找到最符合企业利益的顾客并保持与这些顾客的长期关系。企业不是单纯地发现消费者的需求,而是保持与消费者的长期对话,并且邀请消费者参加到产品的开发和生产过程中,组成长期的合作伙伴关系。要实现这一伙伴关系,企业必须建立对话系统和消费者数据库,由此形成即时决策能力和市场反应能力。

关系营销还体现在企业与中间商、供应商、竞争商及其他社会组织等利益相关者的合作上。关系营销将营销视为一种关系、网络和互动行为,并由此导出结论——驱动市场的不仅是竞争,更是合作。

10.2.4 回报

回报(Retribution)是指企业通过贯彻上述营销思想,以满足顾客需求为前提,在顾客满意、社会满意和员工满意的基础上来实现企业满意,企业满意在很大程度上取决于企业的回报。

企业营销的最终目的在于给企业带来利益,它真实的价值体现就是带来短期或长期的收入和盈利的能力。追求回报既是营销发展的动力,又是维持市场关系的必要条件。人们常说不想盈利的企业不是好的企业,一切营销活动都必须以为顾客和股东创造价值为目的。

追求回报兼容了成本和双赢两个方面的内容,要求企业必须采用并融合更多的营销策略或其组合策略,优化营销方案,并对方案的实施进行动态控制,时时掌握盈利状况。这一方面要求企业实施低成本战略,充分考虑顾客愿意付出的成本,实现成本的最小化,并在此基础上获得更多的顾客份额,形成规模效益。另一方面又要为顾客提供价值和追求回报相辅相成、相互促进,客观上达到的是一种双赢的效果。

10.3 4P、4C、4R营销组合的比较

从4P到4C再到4R,代表了营销理论的发展和演变过程。三个营销理论产生于不同的经济时代和营销环境,具有不同的特点,如表10-1所示。

表10-1 4P、4R和4C的特征比较

	4P组合	4C组合	4R组合
营销理念	生产者导向	消费者导向	竞争者导向
营销模式	推动型	拉动型	供应链
满足需求	相同或相近需求	个性化需求	感觉需求
营销方式	规模营销	差异化营销	整合营销
营销目标	满足现实的、具有相同或相近的顾客需求,并获得目标利润最大化	满足现实或潜在的个性化需求,培养顾客忠诚度	适应需求变化,并创造需求,追求各方互惠关系最大化
顾客沟通	“一对多”单向沟通	“一对一”双向沟通	“一对一”双向或多向沟通或合作
投资成本和时间	短期低,长期高	短期较低,长期较高	短期高,长期低

在实际应用中,企业应根据自身所处的行业、产品的特性、企业所面对的消费者以及企业的营销任务,灵活地选择营销理论及其组合。以下对三种营销组合各方面的特征进行比较分析。

10.3.1 营销理念与营销模式

4P 理论是以生产者导向的集中反映,它以隐含的观点将厂商利润凌驾于满足顾客需求之上,脱离了顾客利益来开展营销活动。也就是说,生产者决定了制造某一产品后,设定一个能够收回成本且达到一定目标利润的价格经过生产者主控的销售通路,然后对企业销售进行相当程度的促销。从以上可以看出企业以 4P 为基本框架的传统营销是一种由内向外的推动式营销,它宣传的是"消费者请注意"。

4C 理论是以市场需求为导向,它宣传的是"请注意消费者",一切活动都是以满足顾客需要为出发点。营销模式也从由内向外的推动型转为由外向内的拉动型,从而完成消费者由"营销终点"向"营销起点"的转化,使消费者得到了他在市场中应有的地位。企业通过重视消费者需求和以之为起点的市场营销活动,使市场的不确定因素减少,生产者也更容易掌握市场对产品的实际需求。

4R 营销理论同样重视消费者的需求,但它更多地强调以竞争为导向,要求企业在不断成熟的市场环境和日趋激烈的行业竞争中,冷静地分析企业自身在竞争中的优、劣势并采取相应的策略。它通过实行供应链管理的营销模式,采用整合营销,快速响应市场,实现企业营销个性化和优势化,在竞争中求发展。

10.3.2 满足需求与营销方式

4P 理论将消费群体需求等同或相近看待,着重于对消费量的满足,它采用的营销方式是规模营销。为了提高生产效率,企业广泛采用大规模的流水线生产方式,生产往往是封闭或半封闭的,对外合作少。企业组织结构通常像一个越往上越小的金字塔,组织内各职能部门之间的联系不紧密。与顾客打交道的只是营销人员,其他部门的人员与顾客完全脱钩,市场营销人员也不参加产品的设计、生产,营销活动显得十分孤立。

由于顾客需求发生了明显变化,4C 理论指导下的营销策略开始走细分化的道路,通信工具和互联网也为这种个性化需求提供了技术支持。企业根据消费者的不同需求进行产品的设计和开发,实行差异化营销。为了满足顾客的不同需求,企业采用多品种、小批量的柔性生产或适应性定制生产,对外合作增强,营销活动与企业各部门、全员、全过程密切相关。

4R 与前两者存在很大区别,它认为:顾客需求已从对核心产品、延伸产品等物质的需要转变为对购买和使用过程中综合服务的需求;从需求个性特征化向需求个性瞬间化、感觉化方向转变;从终端产品交易向购买一揽子的全套解决方案转变,从强调规模经济,转变为强调经济范围。为了适应这一消费需求的转变,4R营销采用了整合营销方式。为了快速响应市场,满足用户需求,企业全面应用电子商务,采用大规模合作性定制生产,实行敏捷制造,使生产与最终需求同步,营销步入一个崭新的全方位、立体化的营销时代。与此同时,企业广泛利用外部资源,与竞争者、供应商、分销商结成动态联盟,与顾客建立关联,在组织上实行扁平化、虚拟化和网络化。

10.3.3 营销目标和营销工具

在4P市场营销组合运用中,某一产品的销售市场已经明确存在。不管消费者是否了解这种产品的所有信息,都只能在固定的不同品牌和不同供应商之间做出选择。所以说,进入市场的公司只要明确目标顾客,提供相应的产品,选择合适的营销方案,就能获得预期的利润,营销的目标就是使现实的需求得到实现。为了实现营销目标,可供选择的竞争手段就是4P,由于4P为企业的可控制因素,所以有较好的可操作性和可实现性。

4P的最大不足就是忽略了顾客这一营销的战略资源在未来企业成长中的重要性。因此,4C在对前者扬弃的基础上,将整个营销活动的重点目标置于现实消费者和潜在消费者身上,通过实现顾客满意度的最大化,培养消费者对公司及公司产品的忠诚。4C理论的营销工具是营销过程中消费者、成本等基本因素的组合运用,努力做到产品、服务、成本的和谐统一,最终使消费者满意,这由于包含有不可控因素,使营销活动的可操作性减弱。

4R理论强调建立快速回应顾客需求的营销机制与能力,积极适应顾客需求的变化,并且主动创造需求。通过为用户提供一揽子的全套解决方案,满足顾客多层次需求,产生某种利益回馈机制等关联、关系形式,使用户成为企业忠实的合作伙伴。并运用优化和系统的思想把企业与客户紧紧联系在一起,追求各方互惠关系的最大化,同时换取社会的认可和回报。4R更多的强调理念手段的运用,以关联、关系、互需、互惠为主要营销工具,所以实现难度较大,发挥的作用在短期内无法显现出来。

10.3.4 顾客沟通

在以4P为核心的传统营销中,卖方处于主动地位,而买方和消费者则处于被动境地。在交易方式上,主要通过中间商(多渠道、多层次)将产品传递到最终用户手中,受时空的限制较大。厂商与顾客之间的信息沟通是一对多的关系,传播由内向外进行,通常采用那种灌输式的、强加于人的单向信息传播方式。缺乏双向沟通与信息交流的互动性,难以与顾客建立长期合作关系,顾客回头率低。

4C 的创立者认识到了消费者对产品销售的决定作用,开始强调顾客与企业的双向互动沟通,发达的通信工具和互联网技术跨越了时间和空间的限制,为供需双方的信息沟通提供了便利条件。4C 强调与消费者进行平等的双向的一对一的沟通,把顾客作为诲人不倦的老师,共同创造价值的伙伴。通过充分倾听用户意见,满足他们的需求,来提高顾客的忠诚度,减少顾客的流失率。

但企业在运用中容易走向另一个极端。即企业为较多地占有市场份额,在没有充分考虑顾客需求的合理性和企业自身实力的情况下,被动适应顾客需求。短期来看,顾客的满意度达到了最大化。但在人口素质还没有达到顾客可以客观认识合理需求的水平,当企业以自身实力不能满足顾客的进一步需求时,就会影响企业的长远发展。

4R 理论与顾客进行平等的一对一的双向沟通基础上,通过企业与顾客之间的合作与关联,来达到与顾客建立长期的互利、互惠关系。4R 将顾客纳入企业,使他们成为企业中的一员,并强调顾客参与企业的产品设计、生产、维护等过程,创造共同价值。因此双方的沟通不仅仅是局限于狭义的一对一供需沟通,分工、责任、义务、权力、利益都可能是双方沟通的范围,沟通的手段更具先进性和多样化。通常在相互理解、相互要求中达到各自的满意度最大化。这种在企业与顾客之间建立的有别于传统的、新型的互动关系,不但快速达成交易,提高营销效率,实现双赢,而且有效弥补了 4C 理论的缺陷。

10.3.5 投资成本和时间

短期来看,4C 和 4R 的创建和开拓工作不但需要很高的技术支持,而且需要支出很多额外款项以赢得企业内部和外部各方的配合,因此投入成本相对较高。但是从长期来看,通过通信、数据库及网络的建设,可以帮助企业更为准确地找到目标顾客群、降低营销成本、提高营销效率。

对于 4P 下的传统营销渠道,建立实体营销渠道所花费用较少,但是企业容易受到突发事件的干扰,于是渠道的稳定性也将受到许多潜在的威胁;并且企业是以满足相同消费群为目标的,所以在面对个别顾客的特殊需求时,就会花费较高的成本,因此传统渠道在运作中的费用可能比预期的费用多得多。

与投资成本类似,由于所应用营销工具的不同,这三种理论在体现出工具的应用效果方面有很大的不同,4P 能在短期内获得较高的顾客占有率和顾客满意度,而后两者的效果必须经过较长的时间才能体现出来。

案例研讨

ZARA 的营销模式

西班牙知名服装品牌 ZARA 属于在西班牙排名第一、全球排名第三的服装零售商 Inditex 公司旗下的品牌，该公司在全球拥有近 2 700 家分店，其中 ZARA 是 Inditex 公司 9 个品牌中最著名的旗舰品牌，被认为是欧洲最具研究价值的品牌。ZARA 的成功在于其独特的市场定位和营销策略。ZARA 把奢华多变的时尚、品质与大众平价结合在一起，重新定义了时装的概念，实现了像卖汉堡一样贩卖“时装”。

ZARA 的目标消费群是收入较高并且有着较高学历的年青人，主要为 25～35 岁的顾客层，这一类的购买群体具备对时尚的高度敏感度并具备一定消费能力，但并不具备经常消费高档奢侈品牌的能力。为了满足目标消费群体的需求，ZARA 制定了一系列的营销策略，这些策略的实施成功正是 4R 营销理论的应用体现。

(1)全面与顾客建立稳定关联

国际服装界对 ZARA 公司的精辟评价是，一流的形象，二流的产品，三流的价格，这恰恰正是 ZARA 与顾客建立稳定需求关系的前提和基础。

一流的形象。ZARA 的卖场形象高档、装修豪华，陈列则是由米兰及巴黎的顶级设计师根据最新流行时尚进行设计和搭配，给顾客营造出美好的购物感受。一流形象营造的购物感觉使得顾客把逛 ZARA 店当作逛街必做的一项活动，与顾客建立起了稳定持续的联系。

二流的产品。二流产品是相对于国际顶级奢侈品牌来说的，ZARA 公司通过遍布世界各地的买手和公司一流的设计团队，从世界各地顶级品牌服装发布会及时尚场所中寻找设计灵感和流行元素，然后在极短的时间内设计生产并上市。每当时尚杂志还在预告流行潮流时，ZARA 橱窗已在展示和销售这些服装。

三流价格。ZARA 的低价策略与众不同，ZARA 认为再好的产品，如果不卖出去也只是占用库房、资金的一堆废品而已，与其待价而沽，不如赶紧产生现金，促成二次生产。例如 ZARA 专营店的女式上衣有的只卖 49～99 元，而同类型产品在其他品牌店要售到 99～199 元。这种低价策略的实施使 ZARA 与顾客的时尚服装需求紧密的关联在一起，ZARA 的平民化时尚深入人心，大大提高了顾客对 ZARA 品牌的忠诚度。

(2)建立极速供应链体系，提高市场反应速度

缩短前导时间是服装业的制胜法宝之一。ZARA 公司的前导时间只有 12 天，远低于同行业 3～6 个月的平均时间，这种极速反应体系是 ZARA 成功的最关键因素。当影视媒体、平面杂志中出现新的流行元素时，ZARA 只需几天的时间就可以完成对明星的装束或顶级服装大师创意作品的模仿。从流行趋势的识别到将迎合流行趋势的新款时装摆到店内，ZARA 平均只需两周时间。而其他国际品牌的则需要 3～4 个月，国内服装企业更是在 6～9 个月。在当时尚媒体正大力宣传明

年趋势时，ZARA 已经将融合这些流行元素的时装摆上橱窗。极速的供应链体系使得 ZARA 与顾客追求时尚的心态保持同步，能够更快地抓住每一个跃动的时尚讯号，吸引并打动顾客。

(3)ZARA 独特的“缺货”关系营销

ZARA 不只是卖服装，它卖给顾客的是对流行时尚的承诺，是对顾客追求时尚的责任承担。“消费者需要什么样的服装?”是 ZARA 公司经营最重要的参考目标。ZARA 依靠独特的“高速、少量、多款”销售策略与顾客建立起了稳定而良好的关系。

ZARA 不追求每种款式生产更多的数量，而是注重款式的多样性。ZARA 每年生产的服装款式超过 12 000 种，比起它的许多竞争对手，ZARA 能在流行时装上提供更多的选择。ZARA 商店每周供货两次，因为很少有对已售完款式的再定购，商店每隔 3～4 天全部更新陈列，保持顾客的新鲜感。紧跟时尚趋势、频繁的更新和更多的选择，造就了 ZARA 对顾客的独特吸引力，从而大大增加了顾客对 ZARA 的偏好与忠诚度。与其他服装零售商相比，ZARA 每一款服装的生产数量都非常小，这就人为地创造了一种稀缺。越是不容易得到的，就越能激发人的购买欲望。ZARA 执行永远“缺货”的策略，对于同一种款式的服装，零售店的库存一般只有几件，只要你一时犹豫，就会错失最终拥有它的机会，因为你明天看到的是摆放一新的货架，这种策略换来的是顾客每次光顾时果断的购买速度。

(4)追求合理企业回报

ZARA 公司在促销、广告、库存等方面完全体现了合理追求企业回报的要求。目前 ZARA 公司 16.2%的利润率远远高于美国第一大服装零售商 GAP 公司的 10.9%。在广告宣传方面，ZARA 几乎不作广告宣传，它的广告成本仅占其销售额的 0～0.3%，而行业平均水平则是 3.5%，广告费用的节省是 ZARA 追求回报的一种体现。在价格折扣方面，ZARA 公司采用少折扣策略。因为公司的产品都是“少量、多款”，消费者如不在第一时间购买，就存在着再也买不到的风险，所以往往无法等到季末或岁末打折就会迅速购买。ZARA 的打折商品数量平均约占它所有产品总数量的 18%左右，只有竞争者的一半水平。在库存方面，ZARA 公司的极速供应链体系下，公司库存量降至非常低的水平；目前库存量是 15%～20%，远低于其他服饰业者的 40%的平均水平。

思考题

(1)ZARA 在生产经营过程中实施的策略有哪些？效果如何？

(2)请结合 4R 营销组合，谈谈移动互联网时代移动运营商应该采取哪些措施应对同业、异业(互联网企业)竞争者？

本章小结

(1)4C 营销组合包括 Consumer(消费者)、Cost(成本)、Convenience(便利)、Communication(沟通)。Consumer,是指消费者的需要和欲望,要生产消费者想要买的而不是企业能生产的产品。Cost,是指消费者为了满足其信息需求愿意付出的成本。Convenience,指消费者购买和消费信息商品的便利性。Communication,是指企业与消费者之间的互动沟通。

(2)4R 营销组合包括 Reaction(反应)、Relativity(关联)、Relation(关系)、Retribution(回报)。反应,即市场反应速度,指企业对瞬息多变的顾客需求迅速做出反应,快速满足顾客需求的营销策略与能力。关联是指企业以种种方式在供需之间形成价值链,与顾客建立长期的、较为固定的互需、互助、互求的关联关系。关系是指关系营销,它是以系统论为基本思想,将企业置身于社会经济大环境中来考虑企业的营销活动,认为企业营销乃是一个与消费者、竞争者、供应者、分销商、政府机构和社会组织发生互动作用的过程。回报是指企业通过贯彻上述营销思想,以满足顾客需求为前提,在顾客满意、社会满意和员工满意的基础上来实现企业满意,企业满意在很大程度上取决于企业的回报。

思考题

(1)什么是 4C 营销组合?请简述 4C 营销组合的优势。

(2)什么是 4R 营销组合?请简述 4R 营销组合的优势。

(3)请阐述企业是如何与顾客建立关联关系的。

(4)简要说明从 4P 营销组合到 4C 营销组合的变化。

参考文献

[1] 车久菊,贾燕. 浅析基于 4C's 理论的网络营销组合[J]. 科技咨询导报,2007(3):191-192.

[2] 尹春兰. 4R——网络时代营销理论的最新演变[J]. 统计与决策,2002(12):57-58.

[3] 余晓钟. 4R——一种新的营销理论[J]. 管理现代化,2001(05):41-43.

[4] 余晓钟,冯彬. 4P、4C、4R 营销理论比较分析[J]. 生产力研究,2002(03):248-249.

第三篇　实践篇

第 11 章 Web1.0 营销

本章概要:网络营销的发展是随着 Web 技术的发展而不断发展的,Web1.0 技术作为第一代 Web 技术,为网络营销的迅速发展奠定了基础。本章将介绍 Web1.0 时代的概念、特点和该阶段主要的营销模式。重点是 Web1.0 的定义、特征和 4 种主要的营销方法——搜索引擎营销、许可 E-mail 营销、病毒式营销和网络广告营销的概念、特征、优势和应用方法和策略等。本章的难点在于理解不同的 Web1.0 营销方法的应用范围和实现策略。

引例

三星智能机"网圈"

2010 年 10 月份,三星系列智能手机以"网圈"之名集体亮相。"网圈"概念强调这一系列智能手机"一呼百应"的社圈(Social Hub)功能,将微博账号、社交网站账号、主流网站邮件账号统统收纳,一键登录。

由于是一系列产品而不是单一产品,所以三星希望站在品牌高度开展推广活动,并让消费者深入了解三星智能手机的用法,三星把目标对准了广受年轻消费者欢迎的网络视频短剧,推出"4+1"电影计划,将三星智能手机的社交圈功能植入剧情。同时选择新浪结成战略合作关系,联合出品了四部网络短剧《4 夜奇谭》,新浪整合了新浪视频、新浪娱乐、新浪微博等平台资源,配合网络短剧的拍摄和播出进行了同期宣传。

网络短剧拍摄之初,新浪娱乐频道进行了全面预热,用大量软性资源进行炒作。比如发布导演彭浩翔的报道,动员明星资源,在明星专区制造话题、上传明星谍照制造悬念,进行拍摄爆料引起关注。同时在新浪娱乐搭建了《4 夜奇谭》专题页面,为接下来全程宣传四部网络短剧的拍摄、播出情况提供了一个资讯平台。网络短剧播出阶段,新浪视频搭建了《4 夜奇谭》直播剧场,发布四部短剧的视频,通过快捷按钮将网剧分享到全网络。

在整个推广过程中,新浪以新浪视频、新浪娱乐作为 Web1.0 的宣传出口,使三星网络短剧得到了大范围的曝光。最终,四部短剧在新浪视频直播剧场的播放总数也达到了 4 823 万次。

三星智能机的“网圈”营销活动取得成功归于以下方面。

多功能整合:将众多 Web1.0 技术充分整合,为用户提供更加便捷的操作。

清晰的目标定位:年轻消费者热衷的网络视屏短剧。

大范围推广:充分利用各类媒体扩大舆论影响力。

11.1 概　述

Web1.0 是 2003 年以前的互联网模式,静态 HTML 下的 Web 时代,主要是完成人机对话,如我们常用到的 E-mail、BBS、QQ、聊天室等。Web1.0 是将要呈现的数据存储在数据库中,通过 Web 服务端的程序,应用户的请求,取出数据,加上事先设计的模板,动态的生成 HTML 代码,发送到用户的浏览器。

1. Web1.0 时代的起源

1990 年,英国人 Tim Berners-Lee 在自己负责的 Enquire(Enquire Within Upon Everything 的简称)项目的基础上发明了 Web。1990 年 11 月,第一个 Web 服务器 nxoc01. cern. ch 开始运行,Tim Berners-Lee 在自己编写的图形化 Web 浏览器“World Wide Web”上看到了最早的 Web 页面。1993 年,伊利诺伊大学学生安德里森在美国国家超级计算机应用中心实习时开发出图形界面浏览器 Mosai,互联网上的资源可以在一个网页里比较直观地表示出来,而且资源之间可以多元链接。人们把这种利用互联网络实现了人类海量资源共享的技术称为“Web1.0”。在 Web1.0 时代,网络技术的主要应用表现为企业网站、电子邮件、搜索引擎、网络广告等。

2. Web1.0 时代的任务

从知识生产的角度看,Web1.0 的任务,是将以前没有放在网上的知识,通过商业的力量,放到网上去;从内容产生者角度看,Web1.0 是商业公司为主体把内容往网上搬;从交互性角度看,Web1.0 是网站对用户为主;从技术上看,Web 客户端化使得工作效率越来越高。在 Web1.0 上作出巨大贡献的公司有 Netscape、Yahoo 和 Google。Netscape 研发出第一个大规模商用的浏览器,Yahoo 的杨致远提出了互联网黄页,而 Google 后来居上,推出了大受欢迎的搜索服务。

3. Web1.0 的主要特征

在 Web1.0 时代，虽然各个网站采用的手段和方法不同，但其具有诸多共同的特征。

(1)Web1.0 以技术创新为主导模式

信息技术的变革和使用对于网站的新生与发展起到了关键性的作用。新浪最初就是以技术平台起家，搜狐以搜索技术起家，腾讯以即时通信技术起家，盛大以网络游戏起家，在这些网站的创始阶段，都是以技术创新为主导模式。

(2)Web1.0 的发展驱向综合门户

早期的新浪与搜狐、网易等，继续坚持了门户网站的道路，而后来崛起的腾讯、MSN、Google 等网络新贵，也都纷纷走向了门户网络，尤其是对于新闻信息，有着极大的、共同的兴趣。这一情况的出现，在于门户网站本身的盈利空间更加广阔，盈利方式更加多元化，占据网站平台，可以更加有效地实现增值意图，并延伸到除主营业务之外的各类服务。

(3)Web1.0 形成了主营与兼营结合的明晰产业结构

新浪以新闻+广告为主，网易拓展游戏，搜狐延伸门户矩阵，各家以主营作为突破口，以兼营作为补充点，形成拳头加肉掌的发展方式。

11.2　搜索引擎营销

传统营销需要选择目标市场，通过创造、传递、传播优质的客户价值，获得、保持和发展优质客户。而在互联网时代，网站由于其内容丰富、查阅方便、不受时空限制、成本低等优势，广受网民和商家的喜爱，成为传递、传播价值的主要手段，并在获得、保持和发展客户方面呈现强大的潜力。因此，围绕网站的营销活动越来越丰富。

2011 年 9 月的百度世界大会以“撬动 5 亿消费者的营销之道”作为百度世界营销分论坛的主题。可见，即使互联网已经步入了 Web2.0 时代，搜索引擎营销依然是企业网络营销的关键策略之一，搜索引擎在未来将面向 5 亿的消费者展开营销。搜索引擎营销，就是根据用户使用搜索引擎的方式，利用用户检索信息的机会尽可能将营销信息传递给目标用户。搜索引擎目前是最主要的网站推广手段之一，尤其基于自然搜索结果的搜索引擎推广，受到众多网站的重视，搜索引擎营销方法也成为网络营销方法体系的主要组成部分。

11.2.1 搜索引擎营销概述

1. 搜索引擎营销的定义

当一个用户在搜索引擎里键入一个目标词,通过排列有序的搜索结果页面,链接到企业的网站,企业已经成功地吸引了一个潜在客户,如何吸引更多的用户,企业必须利用搜索引擎来完成具体的实施,这个过程称之为搜索引擎营销。

搜索引擎营销(Search Engine Marketing,SEM),是根据用户使用搜索引擎的方式,利用人们对搜索引擎的依赖和使用习惯,在人们检索信息的时候尽可能将营销信息传递给目标客户,是一种基于搜索引擎平台的网络营销。作为网民进入互联网的主要入口,搜索引擎对于企业推广的重要性不言而喻,对很多网站,尤其企业网站而言,绝大部分的流量来源都是搜索引擎,换言之,搜索引擎是一般企业网站流量来源的生命线。正因为如此,搜索引擎营销常被作为网站推广和产品促销的主要手段。如何有效的利用搜索引擎开展网络营销,不仅要了解搜索引擎的使用者特征,同时还要掌握搜索引擎自身的技术特征,只有把两方面协调好了,才可以发挥搜索引擎营销的盈利目的。

2. 搜索引擎营销的分类

搜索引擎的基本思想是让用户发现信息,并通过点击进入网站进一步了解他所需用的信息。按照工作原理的不同,可以把搜索引擎分为两个基本类别:全文搜索引擎(FullText Search Engine)和分类目录搜索引擎(Directory Search Engine)。

(1)全文搜索引擎

全文搜索引擎是纯技术型的全文检索搜索引擎,如 Google、AltaVista、Inktomi等,其原理是通过机器手(即 Spider 程序)到各个网站收集、存储信息形成数据库供用户查询。

(2)分类目录搜索引擎

分类目录搜索引擎并不是采集网上的任何信息,而是利用各网站向"搜索引擎"提交网站信息时填写的关键词和网站描述等资料,经过人工审核编辑后,如果符合网站登录的条件,则输入数据库以供查询。Yahoo 是分类目录的典型代表,国内的搜狐、新浪等搜索引擎也是从分类目录发展起来的。它的优点是数据质量比较高,缺点是数据量不够丰富,无法适应信息时代的海量信息检索需要,因此目前已基本被市场所淘汰。

11.2.2 搜索引擎的原理及工作流程

1. 搜索引擎的工作原理

搜索引擎系统一般由网页爬行器切词器、索引器、查询器几部分组成。网页爬行器是搜索引擎的主要劳动力，负责海量网页信息的筛选和甄别抓取工作，一般情况下，切词器和索引器一起使用，它们负责将抓取的网页内容进行切词处理并自动进行标引，建立索引数据库。查询器根据用户查询条件检索索引数据库并对检索结果进行排序和集合运算，如并集、交集运算，再提取网页简单摘要信息反馈给查询用户。

搜索引擎营销的工作原理是在搜索引擎工作原理基础上进行完善的，本质没有变，但是针对性更强。首先企业建立自己的产品网站，并将其链接到检索程序，从而收录到索引数据库，用户在用关键词检索时，通过网页爬行器程序连接到索引库，根据匹配原理，分析、整理出所需信息，反馈给用户。用户根据需求，进行商业活动，从而企业获利。企业发布信息到用户索取信息，这个过程展示了搜索引擎营销的基本工作原理。

简单地说，搜索引擎的流程就是在数据库中为用户匹配搜索请求，在匹配到的数据中安排网页的排序，最后为用户显示相应搜索的结果。如图 11-1 所示。

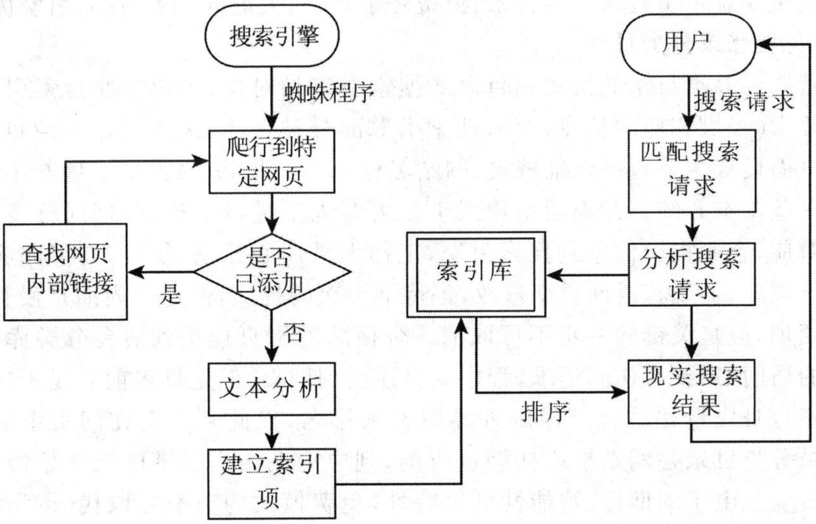

图 11-1 搜索引擎工作原理图

2. 搜索引擎的主要工作流程

(1)首先从网页爬行器开始,网页爬行器程序根据网页的重要性、安全性、稳定性和代表性、新颖性、权威性和原创度、深度、广度等因素,每隔一定的时间,自动启动并读取网页 URL 服务器上的 URL 相关列表,按深度优先或广度优先算法,抓取各 URL 所指向的网页,对抓取的网页用唯一的 ID 文档管理,压缩并存入到数据库,待进一步处理,同时网页的所有链接也会存入 URL 服务器。

(2)在进行抓取的同时,切词器和索引器将已经抓取的网页文档进行切词处理,以关键词在网页中出现的位置和频率分配权值并将切词结果导入索引数据库。

(3)整个抓取工作和索引工作完成后,更新整个索引数据库和文档数据库,这样用户就可以查询最新的网页信息。

(4)当用户搜索某个关键词时,搜索引擎查询机器人将用户输入的信息进行切词处理,检索出所有包含检索词的记录,通过计算网页权重和级别对查询记录进行排序和综合运算,最后从文档数据库中提取各网页的摘要信息反馈给查询用户。

11.2.4 搜索引擎营销的主要模式和发展策略

1. 搜索引擎营销的主要模式

就目前国内的网络营销环境及搜索引擎营销特点而言,比较常见的搜索引擎营销模式主要有免费登录分类目录、付费登录目录、关键词广告、搜索引擎优化。

(1)免费登录分类目录

免费登录分类目录的模式和目录式搜索引擎相对应,用户按照搜索引擎的页面设置要求,提供相应的信息,存入搜索引擎的分类目录,来达到点击的目的。搜索引擎页面设置主要包括地址链接、网站名称、关键词和联系人的一些基本信息及网站的一些基本介绍。此类营销模式也是需要人工进行审核,原理同分类式搜索引擎相对应,企业提交信息到搜索引擎,工作人员用心甄别、复查,如果内容合格,则存入分类库,否则将返回重新修改,等待下一次的提交,但这个周期是漫长的,操作比较烦琐,但是关键的一步不可取消。合格后的网页连接到后台分类库等待目标客户的访问,只要有访问请求,程序就会连接到网页,但是排名前后是不定的,要考虑网站自身质量并结合其他的外界因素来排名,以此来确定在网页中的位置。免费登录分类目录是网站推广初期进行的,到中后期搜索引擎已经开始慢慢向收费模式转变。由于周期慢、智能性低等特性,免费模式的渐渐被取代,市场功能性越来越淡化。

向搜索引擎免费登录自己的网站,目前网易的搜索引擎仍然采用此类方法吸引客户。而新浪的目录登录则需要收取一定的费用。

(2)付费登录目录

付费型登录目录是后期搜索引擎发展的必然趋势,也被广泛的应用。付费搜索引擎营销登录比免费的效率更好,工作原理同免费型的相似,技术性不强,只要按着要求支付一定的费用,根据搜索引擎的说明提交信息即可。然后程序会自动根据费用排名供用户点击。工作过程与免费型登录目录类似。

(3)关键词广告

关键词广告具有准确的定位性,能准确将企业网站推到用户面前。其工作模式是当用户向搜索引擎提供关键词或主题词时,搜索引擎会根据后台数据库的链接,返回和用户所需关键词相应的链接但同时和关键词相关的广告也会伴随一起显示出来,这种广告的出现给用户带来了极大吸引性,能用最少的时间来了解企业的产品信息,所以很多用户都倾向于此类模式,省时省力的得到产品信息,是每个潜在客户的追求。为了避免过于主动性的销售,广告类会排在显示结果页面的右边,用户具有很大的主动选择权,点击或是屏蔽完全由用户决定,通过这种方式点击的用户,有很大可能成为潜在客户,所以越来越多的企业采用此类模式来进行商业活动。短期内就可以看见收效,是效率比较高的模式。用户的费用相对低廉,按点击付费,多点多付,少点少付,同时可以设置点击上限,设置的灵活性也促使其发展迅速,同时搜索引擎对企业后台提供良好的售后服务,来保障服务的顺利进行。关键词的价格可控性,使得商家预算游刃有余,由于竞争的激烈,广告价格低廉,有后台服务支持方便管理,因此是企业的首选营销模式。

关键词广告主要包括固定排名和竞价排名。固定排名是搜索引擎供应商和企业之间协商的结果。通过对关键字设置双方认可的价钱,来固定网页位置,这种设置避免了竞争对手为争夺排名而进行盲目的价格战。固定排名模式具体是企业通过对关键字的竞价排名来确定的。针对相同的关键字,出价高的企业排名越靠前,当用户使用此类关键词时,付价高的网页将排在显示结果的固定位置,并且短期内排名不变,具体长短根据出价的多少,和所签订的合同有关。此类方式的缺点是修改关键字烦琐。若针对关键词改动,则需要重新制定条约,并且价格固定,如果企业效果不好想取消也不可行,因此此类模式局限性较大,企业的选择不多。

新浪的商业推广形式就是购买固定排名。根据关键字费用的不同来确定显示结果首页的名次。

1998 年 Overture 在商业模式上实现了突破,首次推出了付费搜索引擎服务,即竞价排名。它的出现推动了搜索引擎经济的快速发展,也使搜索引擎营销模式更加成熟。

竞价排名也是搜索引擎关键字广告的一种形式,其具体依据是根据点击付费法,对关键字进行排名,付费越高,排名越靠前。同时用户对关键字可以进行实时监控管理,可以根据用户反馈第一时间调整后台,用户具有强大的可操作性。但由于目前处于起步阶段,市场操作不够成熟,存在很多恶意竞争等不良竞争现象,导致此类方式也依然存在盲目性和风险性。但是此类方式在短期内能给企业带来收益,效果显著,也被越来越多的企业所采用。

固定排名相对而言费用较高、周期较长,用户覆盖面广。但缺乏针对性,适合大企业采用;而竞价排名由于采取关键词点击付费,用户相对来讲比较有针对性,且周期较短,收费相对低廉,适合中小型企业。

百度的商业盈利形式就是以竞价排名为主即根据点击率付费,企业对点击价出价越高排名则越靠前。此类模式由于人为的操作性较大,恶意竞争在所难免。

(4)搜索引擎优化

搜索引擎优化(Search Engine Optimization,SEO)是指企业通过了解各类搜索引擎的检索原则,来对企业网页设计进行优化,从而使网页在搜索引擎中排名靠前,达到提高网站访问量实现盈利目标的搜索引擎营销模式。

搜索引擎优化是最重要的搜索引擎营销策略,利用技术的改进来完成业务的提高,比利用增加广告的花费来增加业务销量来说更具有实用价值。

搜索引擎优化主要针对三方面进行优化部署,一是针对企业网站进行优化;二是针对关键字进行优化;三是对搜索引擎技术本身进行优化。

谷歌的推广形式就是通过搜索引擎优化来提高访问量的。搜索引擎优化和关键词广告的主要区别在于:搜索引擎优化适应搜索引擎的检索规则,从而使得自己的网站可以在检索结果中位于显著位置,但这种检索结果完全取决于搜索引擎,一般是无法做到自己控制或者保证某个网站在搜索引擎中的排名和索引信息内容,只能通过自己的努力在一定程度上影响搜索引擎的检索结果,随着搜索引擎网页数据库的刷新,这些信息可能会发生变化,从这些显示的信息中,未必可以出现用户感兴趣的内容;关键词广告则在很大程度上是广告用户可以自己控制的,如显示的广告内容、链接、期望的显示数量等,因此具有可预期的和可控制的特点,比正常的网页检索内容更有优势,当然这是以付出广告费用为代价的。

2. 搜索引擎营销的发展策略

搜索引擎营销作为网络营销最常用的一种方法,主要用于网站推广、网络品牌建设、产品促销等方面。这种影响方式主要有以下策略。

(1)选择适当的关键词

选择适当的关键词是搜索引擎营销的第一项工作,要从不同角度,选用多个与自身业务相关的关键词,关键词要包含企业的所有业务范围,又必须突出核心业务和核心竞争力;针对有实际需求的客户,关键词越专业、越具体、越精准越好;针对一般性了解信息、知识、无实际需求的公众,选词越宽泛、越概括,覆盖效果越好;选择关键词的数量要根据选定的细分市场确定。通常情况下,匹配程度越高、选择被搜索次数越多、竞争越小的关键词效果越好。选择关键词还要充分考虑目标客户的需要和行为动机。在买方市场的背景下,产品发展日趋同质化,消费者首先想到的是产品的性价比和偏好,而非品牌,客户更关心的是自己的需要。太偏、太专业、太强调自身品牌的关键词严重影响客户查询。

(2)搜索引擎关键词排名优化

搜索引擎通过它独有的技术优势帮助人们用最方便的手段在海量的信息中迅速找到自己最需要的结果。竞价排名发展至今已成为搜索行业商业模式的核心模块,对搜索业的发展可谓意义重大。根据国外专家用户网页浏览行为研究的网页浏览注意力“F 现象”,也描述为“金三角”现象,用户更倾向于在网页顶部阅读长句,搜索结果中排名靠前的内容更容易受到用户的关注和点击。

搜索引擎关键词排名优化是需要时间的,不是客户简单付费就可以提升的,不少客户看重短期效益,即短期是否能提高排名,提高到要求的排名范围。没有一个合理的过程,搜索引擎并不能认可这个网站,当然不少服务商为了利益,利用一些搜索引擎的漏洞,在短期内获得认可。但漏洞终究会被补上,那个时候也许就是被处罚的时候。

搜索引擎排名优化,指通过合理的网页设计技术,包括网站结构设计、页面布局设计、网页代码优化、导航标签优化,以及页面标签等页面因素的合理设计,使网站更能符合搜索引擎网页爬行器索引习惯,同时通过有效的外部链接建立策略,使网站相应页面核心关键词在搜索引擎搜索反馈结果里面能够有良好的自然排名,从而达到利用搜索引擎推广企业品牌和产品的效果。

(3)选择合适的搜索引擎载体

目前网上搜索引擎很多,特点和链接的信息也各不相同,公众使用习惯又千差万别,企业应该根据业务、专业和目标顾客认真选择链接载体。

同时还要考虑到各个网站的竞价排名服务,竞价排名服务是由客户为自己的网页购买关键字排名,按访问量计费的一种服务。可以通过调整每次点击付费价格,控制自己在特定关键字搜索结果中的排名。衡量搜索引擎网站还要考虑信息查询的速度和信息的更新速度,信息相关度,查询操作方式的易用程度,以及服务器和数据库的稳定性。

企业可根据其目的选择合适的搜索引擎载体,如出于查资料、国际、专业的目的,选择谷歌、雅虎等;出于娱乐、音像、新闻等目的,选择百度、搜狗;出于商务信息、国贸目的,选择阿里巴巴、慧聪。

案例研讨

好乐买:让消费者爱上你的品牌秀场

营销背景

网络购物已发展成为现代都市人生活中的一种习惯,这使得垂直领域网络购物企业的竞争也日趋激烈。好乐买作为一家销售品牌运动鞋的电子商务平台,其直接的目标就是能够有效影响广大消费者,提升网站的品牌美誉度,进而提高网站产品的销售量。然而,面对乐淘、卡路里等同类电子商务平台的竞争威胁,除了产品种类、价格、服务等影响因素外，谁能够让消费者在“网络”上满意，谁便能占据消费者心中“品牌空间”的高地。好乐买选择与百度合作，进行精准的广告投放，在互联网上增大品牌与消费者之间的接触点，提升品牌关注度与好感度，更好地促进广告投放的转化效果。

营销思路与主要内容

目标与策略：精耕细作，精准沟通实现品牌与销售的双面提升。

基于电子商务平台产品品牌众多、目标受众较为分散的特性，单一的广告展现很难吸引更多关注的目光。为此，百度专为电子商务客户提供了一套直观的、系统化的营销“掘金计划”，好乐买率先进行了尝试。百度“掘金计划”通过导入好乐买所有的商品信息，依托百度强大行为分析技术，为每个流量匹配更合适的商品，使展示类广告既发挥提升品牌形象的效应，又能最大化将流量转化为实际的销量，实现品牌与销售的双面提升。在具体的营销推广过程中，首先根据好乐买的产品分类和结构，借助百度司南分析目标用户的差异化检索行为；再根据用户在搜索引擎上的浏览行为锁定大量目标用户进行精准的广告展现；最后根据搜索关键词的变化进行持续的广告优化，提升广告转化量和营销ROI。

策略1——百度司南：细分目标消费者，精准沟通。在好乐买网站销售的产品中，拥有阿迪达斯、耐克、匡威、茵宝、李宁、安踏等众多体育品牌。要想制定高吻合度的营销决策，与消费者最关注的问题保持一致，就必须先了解消费者需求和行为偏好，这就要借助百度司南深入洞察消费者的强大力量，基于网民搜索行为、访问网站记录的海量数据进行精确分析。在执行过程中，百度司南选择了两周内在百度搜索过“好乐买”品牌词以及“耐克”、“阿迪达斯”等好乐买主营产品品牌词的用户，将其作为分析的样本，通过对这些用户的跟踪分析，从中提取出他们在百度的搜索行为和各频道浏览行为的偏好，精准地掌握好乐买不同产品的目标消费者特征，为下一步进行有针对性的广告投放提供真实的决策依据。不同的产品，目标用户也不同，这也决定了营销路径的多样化。透过对消费者浏览行为和兴趣关注点的分析，百度司南深知消费者意愿，并以其所需为出发点，让好乐买与不同产品的目标消费者进行最合适的对话。不仅在投放频道上精斟细酌，选择流量高、口碑影响力大的新闻、MP3、知道等频道，在广告投放形式上，也更具针对性，选择了营销效果极佳的精准广告、关联广告以及品牌专区。

策略2——掘金计划：“商品－人群－广告物料”精细化匹配提高广告转化。电子商务企业的营销目的远不止于在品牌层面的提升，更多看重的是广告投入的成本与回报的效果。因此，百度“掘金计划”为好乐买在广告物料和创意上也提供了行之有效的解决方案。比如，针对偏爱匡威品牌的目标消费者，在其浏览路径上投放的精准广告则会重点突出匡威的最新产品，让目标受众一目了然的看到新品的展示信息；对于搜索李宁和PUMA法拉利运动鞋的消费者，更多关注的是打折信息，那么呈现在他们面前的精准广告中则着重强调最新的折扣活动；而关注茵宝运动鞋的消费者则比较钟情一款"减震跑鞋",而此时相关的款式图片展示也会第一时间推送到消费者眼前。这种可实现"商品、人群、广告物料"三者精细化匹配,正是百度"掘金计划"与其他营销推广方式的差异所在。这样与消费者需求及时匹配的精细化展示类广告投放,使用户所看到的内容都是自己想要的,不仅大大减少了用户对广告的排斥感,反而可以增强用户对好乐买的品牌好感,增强广告转化率,进而拉动销售。

营销效果

好乐买最初在没有使用司南前,投放产生的CTR与同期其他非定向广告相当。经过使用百度司南+精准的投放方式后,CTR较之前提高了95%;随后,百度又配合好乐买,针对不同的细分人群进行专一的广告物料投放,例如对"耐克"感兴趣的人群,在投放的广告物料中呈现耐克运动鞋的最新信息,CTR进一步又提升了50%之多,达到了接近最初3倍的点击率。而独立Cookie点击率的提升效果更为明显,达到了同期同位置其他精准广告的3倍以上。其他资源位的点击效果也有一定提升。所有投放品牌专区的广告平均点击率是在50%左右,而好乐买的品牌专区广告点击率超过85%,大大超过了平均值。在图片关联广告位置,好乐买广告的点击率也超过同位置其他广告50%以上。可以看出,百度司南的力量不可小觑,为广告主提供强有力的数据支持,是广告主的营销利器。不仅如此,在百度"掘金计划"的有力推动下,好乐买也改变了以往人们对展示类广告提升品牌形象的单一认知,用翔实的数据证明了搜索引擎平台上展示类广告所蕴含的效果营销价值。好乐买广告上线仅十天,便带来百万次的品牌曝光以及十万次的广告点击,百度这种精准细分化的展示类广告也成为电子商务平台最直观、最高效的入口之一。

点评

好乐买利用搜索引擎营销,在互联网上增大品牌与消费者之间的接触点,提升品牌关注度与好感度,更好地促进广告投放的转化效果。随着消费者对品牌认知程度的加深,在搜索关键字上也会随之发生变化。应用全体网民搜索频率较高的关键词很难让推广品牌占据有利的搜索结果位置,很容易被网民"视而不见"。百度司南帮助好乐买从阿迪达斯的相关分析数据中发现,"阿迪达斯网球鞋"的区分度高达4.98,综合推荐指数也相对靠前。因此,应用区分度较高的关键词,搜索结果自然会跃然攀升,达到事半功倍的效果。

11.3 许可E-mail营销

2009年4月23日,优衣库淘宝旗舰店正式上线。优衣库进驻淘宝网的当天,销售额即突破30万元;至6月底,优衣库的网络总销售额已达到1 800万元;11月2日,优衣库的单日网络销售额更达到了惊人的113万元。短短的半年,优衣库迅速成为服装企业网络销售的领头羊。在全球经济危机的浪潮中，消费环境萎靡不振，优衣库之所以独树一帜，网络销售额持续增长，除了其令人信服的品质和适宜的价格，更是由于优衣库采用了高效的网络营销方式——E-mail营销。

E-mail是目前互联网上使用最多的功能，已逐渐成为最受网民青睐的一种交流方式。据IDC公司统计，2010年全世界平均每天发送的邮件多达2 940亿封，全世界有18.9亿的E-mail使用人群。人们与电子邮件的“亲密接触”使得E-mail开始成为企业营销的最佳手段之一。许多大公司已将其列为今后的头号营销策略，市场呈现出爆炸性增长态势。

11.3.1 许可E-mail营销概述

1. 许可E-mail营销的定义

E-mail营销的起源

最早的E-mail营销也来源于垃圾邮件。电子邮件并非专为营销而产生，但由于电子邮件成为大众的信息传播工具时，其营销价值也就逐渐体现出来。

E-mail营销的起源还得追溯到1994年4月12日，坎特和西格尔夫妇把一封“绿卡抽奖”的广告信发到他们可以发现的新闻组，这在当时引起了轩然大波，他们的“邮件炸弹”使很多服务商的服务处于瘫痪状态。后来这两位律师在1996年还合作编写了一本书——《网络赚钱术》，书中介绍了他们的这次辉煌经历：通过互联网发布广告信息，只花了不到20美元的上网通信费用就吸引来了2 5000个客户，赚了10万美元。他们认为，通过互联网进行E-mail营销是前所未有的几乎无须任何成本的营销方式。

许可E-mail营销(Permission E-mail Marketing)是在用户事先许可的前提下，通过电子邮件的方式向目标用户传递有价值信息的一种网络营销手段。

许可E-mail营销有三个基本因素：基于用户许可、通过电子邮件传递信息和信息对用户的价值。三个因素缺少一个，都不能称之为有效的E-mail营销。因此，真正意义上的E-mail营销也就是许可E-mail营销(简称“许可营销”)。

不同于传统营销方式，许可营销充分地体现现代市场营销观念，连促销都要基于消费者的许可。许可营销开始于消费者成为顾客之前，营销人员就提供相应的营销服务。图11-2为E-mail营销必须具备的环境条件。

2. 许可 E-mail 营销的分类及特点

根据许可 E-mail 营销所应用的用户电子邮件地址资源的所有形式，可以分为内部列表 E-mail 营销和外部列表 E-mail 营销，或简称内部列表和外部列表。内部列表也就是通常所说的邮件列表，是利用网站的注册用户资料开展 E-mail 营销的方式，常见的形式如新闻邮件、会员通信、电子刊物等。外部列表 E-mail 营销则是利用专业服务商的用户电子邮件地址来开展 E-mail 营销，也就是电子邮件广告的形式向服务商的用户发送信息。如表 11-1 所示。

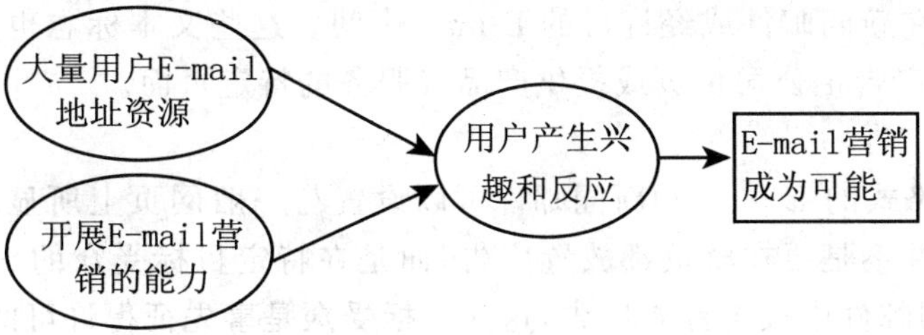

图 11-2　许可 E-mail 营销的环境条件

表 11-1　内部列表和外部列表 E-mail 营销比较

主要功能和特点	内部列表 E-mail 营销	外部列表 E-mail 营销
主要功能	顾客关系、顾客服务、品牌形象、产品推广、在线调查、资源合作	品牌形象、产品推广、在线调查
投入费用	相对固定，取决于日常经营和维护费用，与邮件发送数量无关，用户数量越多，平均费用越低	没有日常维护费用，营销费用由邮件发送数量、定位程度等决定，发送数量越多费用越高
用户信任程度	用户主动加入，对邮件内容信任程度高	邮件为第三方发送，用户对邮件的信任程度取决于服务商的信用、企业自身的品牌、邮件内容等因素
用户定位程度	高	取决于服务商邮件列表的质量
获得新用户的能力	用户相对固定，对获得新用户效果不显著	可针对新领域的用户进行推广，吸引新用户能力强
用户资源规模	需要逐步积累，一般内容类标用户比较少，无法在很短时间内向大量用户发送信息	在预算许可的情况下，可同时向大量用户发送邮件，信息传播覆盖面广
邮件列表维护和内容设计	需要专业人员操作，无法获得专人人士的建议	服务商专业人员负责，可对邮件发送、内容设计等提供相应的建议
E-mail 营销效果分析	由于是长期活动，较难准确评价每次邮件发送的效果，需要长期跟踪分析	由服务商提供专业分析报告，可快速了解每次活动的效果

11.3.2 许可 E-mail 营销的主要方式和实现过程

1. E-mail 营销的主要方式

E-mail 营销主要有以下实现方式。

(1)文本标志

E-mail 最通常的方式是文本标志,文本标志是一些有特定意义的字符,大约 5 行,一般放置在新闻邮件或经许可的 E-mail 中间。这些文本标志也可以设置一个 URL,链接到广告主公司主页或提供产品或服务的特定页面。

(2)标志广告

HTML 格式的 E-mail 和新闻邮件可以设置与一般网页上所显示的一样的标志广告,不过并不是要在整页都放置广告,而是在特定目标受众的 IITML 格式的 E-mail 和新闻邮件中放置标志广告,这些目标受众是事先征得许可的。

(3)其他方式

随着 E-mail 营销的不断发展,现在出现了一些更有吸引力的其他方式,有时是由广告主和第三方撰写的 E-mail,其中的一些营销方案中设有奖励或奖金计划。

2. 许可 E-mail 营销的实现过程

许可 E-mail 营销就是在得到潜在顾客许可之后,通过 E-mail 的方式向顾客发送产品或服务信息。在传统营销方式中,许可营销很难行得通,但是互联网的交互性使得许可营销成为可能。许可 E-mail 把营销的运作和作用推向了一个更精确、更有效率的地步,对公司而言可以有针对性地宣传产品,节省大量不必要的浪费,对顾客而言,则可获取更多、更详细的商品资料。网络即时互动的特点,增加了“许可营销”执行的可能,并由于其便利性大大降低了成本。因此,可以说许可 E-mail 营销是许可营销的加速器。

许可 E-mail 营销比传统的推广方式或未经许可 E-mail 营销具有明显的优势,可以减少广告对用户的滋扰,增加潜在顾客定位的准确度,增强与顾客的关系,提高顾客的品牌忠诚度。图 11-3 为许可 E-mail 营销的具体实现过程。

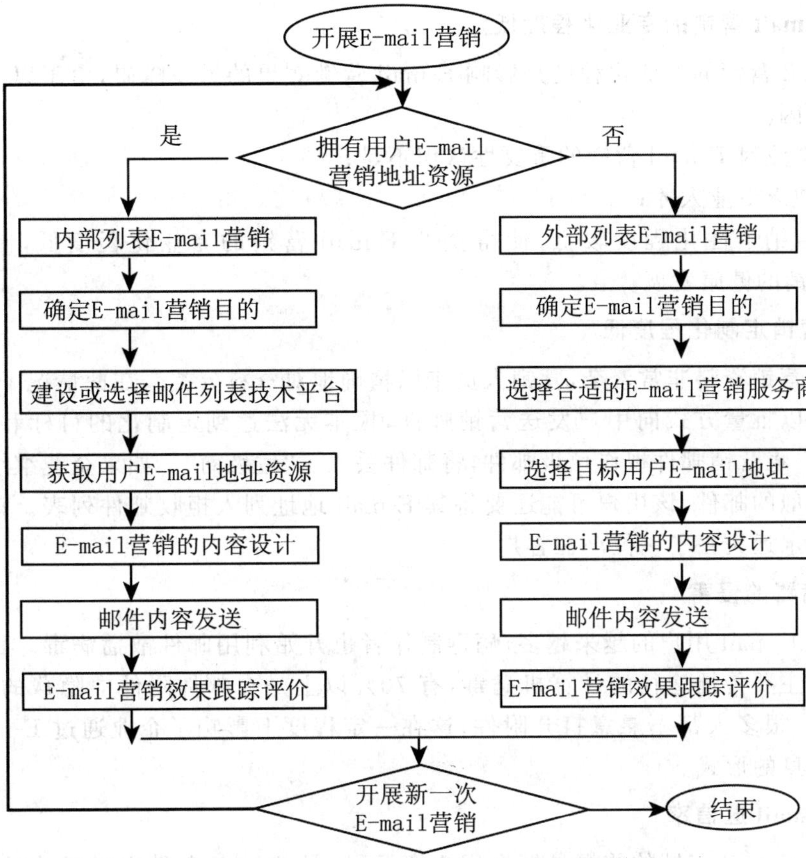

图 11-3　许可 E-mail 营销实现过程

11.3.3　E-mail 营销面临的难题

随着我国 E-mail 用户的急剧增长，人们与 E-mail 的“亲密接触”使其开始成为企业营销的最重要方式之一。尽管 E-mail 营销的市场潜力巨大，但国内 E-mail 营销仍处于起步阶段，无论对广告主还是广告商，都面临着几大营销难题，在很大程度上制约了 E-mail 营销的发展。

1. 垃圾邮件的影响

垃圾邮件，英文常称之为 Spam，正是因为 E-mail 营销成本低，因此 E-mail 营销被很多企业作为宣传企业的法宝，以致于被滥用，甚至引起了世界范围内的反垃圾邮件浪潮。垃圾邮件的危害主要体现在三个方面：一是破坏 E-mail 营销的形象，影响到用户对 E-mail 营销的看法；二是垃圾邮件的大量涌现，迫使服务商采取屏蔽的手段来过滤垃圾邮件；三是垃圾邮件占用大量网络传输带宽，影响网民的正常网络通信。由此可见，垃圾邮件已经泛滥成灾，成为不容忽视的网络发展隐患，阻碍了 E-mail 营销的健康发展。

2. E-mail 营销的专业化程度低

E-mail 营销的专业化程度是影响 E-mail 营销效果的另一障碍，由于以下三个方面的原因。

(1)企业对 E-mail 营销的重要性认识不足；

(2)缺乏专业人才；

(3)营销个性化程度较低，使得企业 E-mail 营销的专业化程度低，制约了 E-mail营销的健康发展。

3. 营销定制化程度低

由于营销资料非常繁杂，营销人员难以精确地对资料分类。在此情况下，许多企业通常以批量方式向用户发送营销邮件，根本无法达到定制化的目标和要求。于是，用户将营销邮件视作垃圾邮件，将邮件丢入了“垃圾筒”。如果企业继续给用户发送类似的邮件，该用户可能还要将其 E-mail 地址列入拒收邮件列表。该企业也许就此永远失去了一位潜在客户。

4. 病毒的侵害

随着 E-mail 用户的越来越多，病毒制作者也开始利用邮件散播病毒。目前以 E-mail 为主要传播途径的计算机病毒，有 70％以上是在邮件附件中隐藏的，因此出于警惕，很多人都不愿意打开附件，这在一定程度上影响了企业通过 E-mail 传递营销信息的形式。

5. E-mail 退信率

开展 E-mail 营销的前提是拥有用户资源，这是 E-mail 营销得以成功的根本。由于种种原因，E-mail 退信率不断增高，这在很大程度上降低了 E-mail 营销的效果。退信除了因为免费邮箱终止服务，使得信息无法正常传递之外，主要还有以下原因。

(1)一些邮件服务商互相屏蔽的问题。许多 ISP 和免费邮件服务商为了避免邮件系统承受过大的负荷，往往会过滤掉批量发送过来的邮件，同时，部分免费邮件服务商之间出于竞争关系，通常会屏蔽来自竞争对手服务器的邮件。屏蔽现象造成一部分用户电子邮箱无法正常接收到自己所订的信息，降低了实际的营销效果。

(2)来自于用户自身邮件地址变更等原因。有关调查显示，有将近一半的用户更换过 E-mail 地址，却很少会将变更后的资料通知自己注册的网站。

11.3.4 开展许可 E-mail 营销的发展建议和发展趋势

1. 许可 E-mail 营销的发展建议

(1)获得“积极赞同”。首先，顾客需要明确地选择加入许可 E-mail 的关系，这样才可以避免直接 E-mail 营销造成的潜在伤害，即顾客受骗而加入营销关系的感觉。从较长的一段时期来看，许可 E-mail 营销战略无论在反应率还是在总成本方面都领先于其他方式的营销。

(2)加深个性化服务。个性化服务不仅仅是在邮件里加上客户的名字，而应该创建更多的个性化许可 E-mail 活动。关于客户的信息除了名字和地址外还应该有更加详细的内容，创建一个与产品和服务相关的客户数据库，有助于维持许可列表的忠诚度，改善“信噪比”，并增加回应率。

(3)了解许可的水平。客户许可的水平有一定的连续性，在每一封发送的邮件中都包含着允许加入或退出营销关系的信息，用某些条件限制顾客退出营销关系是没有必要的。将企业的电子化营销服务模块化对满足顾客的需求有更加明显的效果，例如，可以在一系列不同的 E-mail 服务项目中提供顾客所需要的特定信息，如新闻邮件、特定产品信息、降价信息等，使顾客能够选择最能满足需求的服务，同时还可以传达对产品兴趣和频率敏感的信息。

(4)开展提醒服务。IMT Strategies 调查过的半数以上领先的营销人员已经进行过提醒服务和定制提醒计划的实验，包括时间提醒(如生日)、补充(如替换、升级)和服务备忘录(如预定维护)。研究表明，33%的 E-mail 登记了提醒服务。提醒服务专注于现行顾客需求并塑造了将来顾客的购买行为。总之，开展预定提醒服务即对顾客进行了定位。

(5)扩展鼓动性的应用。有资料表明，有 75%以上的顾客曾经收到过熟人的推荐，被调查的成功的营销人员中，有 50%利用已经建立起来的可信任的顾客关系产生杠杆作用，采取鼓动性实验营销计划(病毒性营销)。此外，20%的电子邮件用户利用熟人的口碑宣传发现并浏览新的网站。除了搜索引擎和自由冲浪之外，实现领先的营销战略还需要做其他宣传，如网络标志广告和电视广告等。

(6)采用交叉品牌/交叉商业计划。交叉品牌及与伙伴公司合作的营销战略是 E-mail 营销实践的部分内容，开展这些计划有利于建立与核心顾客社区的高度信任，影响新顾客社区并建立营销杠杆，并迅速扩张许可 E-mail 活动的宽度和价值。

(7)投资的绩效评价和回报。开展营销活动应该识别一个特定计划的总体反应率(例如点击率和转化率)并跟踪顾客的反应，从而根据顾客过去的反应行为作为将来的细分依据。然而，调查中发现，将近 70%的营销人员在 E-mail 营销活动中既没有测试点击率也没有测量转化率。投资的绩效评价和回报应该作为营销计划的基本内容。

(8)改进“频率”管理。E-mail 联系的频率应该与顾客的预期和需要相结合，这种频率预期与具体环境有密切关系，从每小时更新到每季度的促销诱导。这一点非常重要，因为顾客需要相应的、定位的内容和服务来取得许可，长期不变的非定位 E-mail 信息将造成已经建立营销关系的顾客撤销他们的许可。

2. E-mail营销的发展趋势

(1)E-mail营销的专业化趋势

E-mail营销是网络营销的一个专业领域，不是传统直销广告在网络上的延伸，也不是简单的E-mail发送，更不是垃圾邮件，真正有效的E-mail营销需要专业化的操作。E-mail营销专业化的含义包括以下几个方面：

①营销战略专业化。企业要从全局角度出发将E-mail营销纳入企业整体营销战略，充分利用各种资源来制定配套的营销策略，使E-mail营销成为企业营销战略的有机组成部分。

②营销人员专业化。企业营销人员专业化是指企业开展具有专业水平的E-mail营销，需要一批具备专业知识的营销人员，充分和恰当地利用用户资料进行E-mail营销。

③营销服务专业化。提升企业E-mail营销服务的专业化有两种方式：一是企业自行开展专业化的E-mail营销活动。这要求企业拥有大量的用户资料，这种方式对企业来讲实施较为困难；二是企业通过专业E-mail服务商开展营销活动。专业的E-mail服务商拥有大量潜在用户的资料，能在最短的时间内将信息发送到用户的电子邮箱中，同时具备专业的营销技巧，表现手段更为灵活，有助于企业达到最佳的营销效果。

(2)E-mail营销的主动化趋势

①自动回复邮件。自动回复，就是当邮箱收到一封来信时，它会按照预先的设置内容自动回复，无须人工干预。几乎所有的邮件服务器软件都内置这个功能，一般只需简单的设置就可以使用。比如当用户出差在外，无法收发信件时，用户可以设置自动回复，又或用户启用了新邮箱，可以在旧邮箱中设置自动回复"该邮箱已停止使用，请使用新地址"。

②特殊提醒邮件。特殊提醒邮件就是按特定日期发送的邮件。看看日历和用户递交的档案资料，在一年中能找到多少个特别的日子？特殊提醒邮件让用户感觉到即使是在由0和1构成的虚拟世界中，一样有着浓浓的人情味。而补充服务是提醒邮件服务的一个变种，如商家可以发E-mail告诉顾客，他们六个月前所购买的打印机墨盒需要更换了，继续购买可以得到优惠服务。

案例研讨

中国特奥会的许可E-mail营销

案例背景

中国特奥会为中国在身体和心智上有障碍的人带来了参赛的机会。在来中国时，阿诺德·施瓦辛格为特奥会做了线下宣传，他离开后，进一步的宣传活动需要开展，现在网利用它近7年的电子邮件市场经验为特奥会的中国市场做了很多工作。

营销思路

特奥会希望建立自己的邮件数据库。他们最初只有 300 个赞助商和志愿者的 E-mail 地址,这对于他们将来的工作是微乎其微的。特奥会有两方面的需求,即他们需要中国当地的志愿者帮助他们扩大规模,同时他们需要来自各大企业和政府的赞助,以在国内发展他们这个非营利组织。现在网根据这两方面的需求设计了两个不同的 E-mail 活动。

对于第一类人群,现在网利用 opt-in(可选性电子邮件)数据库里运动、保健和体育栏目里的 284 458 个用户,在特奥会的帮助下,设计了 6 个问答题并链接到了特奥会及其相关的网站里。然而,特奥会并不想人们只是加入他们的行列,他们希望吸引那些真情关注的人们并为这项慈善事业做贡献。因此,他们限制只有回答问题的正确性在半数以上的参与者才可以进入他们的数据库。现在网设计了国际知名网球明星休伊特亲笔签名的网球球拍和 T 恤衫和帽子作为优胜者的礼品来提高参与者的积极性。

为了能够时刻了解活动的成功性,现在网为特奥会创立了他们自己的基于网络的跟踪系统。这个在线的跟踪系统可以让特奥会了解每个参与者的问题回答的正确性。同时还可以了解到他们打开邮件的时间以及相关联的正确答案,甚至有多少用户把 E-mail 转发给了朋友而他们的朋友是否参与。

对于第二组人群,现在网创立了一个无声拍卖活动和英文的 opt-in,发送到了 107 191 个在华各大国际企业的外国人和职业人士的手里,此拍卖目标为在上海的 2002 年网球大师杯赛的价值 1 800 元人民币的门票。回复者可以参与此门票的竞标并选择是否进入特奥会的数据库参加以后的活动。

营销效果

对于中文用户,现在网采用了等级递进的方式运做提问测试。首先,10 000 个用户收到了信息,记录他们的回复和开启。其中 4 377 个邮件被打开,2 852 个回复了至少其中 4 个问题。在这些数据基础上,改变标题和邮件内容,把其中比较难的 3 个问题修改成容易一些的。这次的 10 000 个用户收到信息后有 6 370 个开启,4 229 人回答了 4 个或 4 个以上的问题,并有 379 人用户把信息转发给了朋友,这其中有 77%的人(294 人)打开了 E-mail,268 人回答了 4 个或 4 个以上的问题。而后,现在网在保持此标题的基础上变换了其中一个问题,把邮件发送给了其余的 264 458 个用户。最后 153 385 个用户开启了邮件,其中 93 566 个用户回答了 4 个或 4 个以上的问题,在这 9 万多个回复者中,53 883 人选择了加入以后特奥会的活动。

对于英文版的无声拍卖,最初的测试比较困难,因为比赛是进行中的。首先,现在网设计了一个好的标题"住在中国,帮助中国"("Since we're in China now, we might as well help!"),这些英文邮件使用者可以使用邮件里的 HTML 格式参与竞标。78%的用户打开了邮件,其中 21%参与了竞标,这大概是在华的竞标中外国人参与最多的一次了。总之,得到了 18 395 个竞标参与者,最后门票以 3 500 元的价格定标。

一些幸运优胜者获得了休伊特的亲笔签名服装,特奥会获得了一笔资金,重要的是,特奥会的数据库从 300 多个增至 75 000 个以上。通过 E-mail 工作的迅速性和低成本是很多人都知道的,然而有节奏而又有创造性地成功运用一个数据库并非像人们想象中那么容易。这是现在网成功运做中的一例,而且重要的是,它让更多的人了解了为那些特殊人群准备的“特奥会”。

11.4 病毒式营销

2011 年一部名为《步步惊心》的清宫剧热播,其相关话题在互联网上迅速广泛传播,成为大多数网民关注的焦点。在“网络力量”的推动下,《步步惊心》持续盘踞微博热门转发和评论的前三位。《步步惊心》的成功要归功于营销方式——“病毒式营销”的成功。

随着 Web 环境下交互式用户体验的不断增强,普通网民作为信息传播主体的地位也日益显现。借助虚拟社区、情景、博客以及网络聊天等方式,一条普通的信息可以轻易地被众多素不相识的人相互传播,而接受信息的人亦可能向更多的人传播,通过不断传播,信息就可能会以高于现实生活中传播方式几十倍甚至成千上万倍的速度在数以万计的网民中流传。因此,在“病毒式营销”中,作为常规营销活动主体的广告主往往“置身事外”,通过提供某些有价值的话题或产品,吸引网民就品牌和产品信息进行相互传播,以静制动,达到特定的营销目的。

11.4.1 病毒式营销概述

1. 病毒式营销的定义

病毒式营销(viral marketing)是一种常用的网络营销方法,它通过利用公众的积极性和人际网络,让营销信息像病毒一样传播和扩散,营销信息被快速复制传向数以万计、数以百万计的受众,它能够像病毒一样深入人脑,快速复制,广泛传播,将信息短时间内传向更多的受众。更具体一些,它是通过物质诱惑(免费)、娱乐吸引(视频)等方式激活消费者的参与意识。

病毒式营销利用了病毒扩散的原理,将产品或服务信息,制作成具有超强感染力的“种子”,通过种子激发目标群体(易感人群)的参与兴趣,使其从纯粹的受众变为传播者,并自发地使用自己的渠道,以指数级的速度将信息传播给下一级的易感人群,层层推进,迅速传播。常用于进行网站推广、品牌推广等。

2. 病毒式营销的特点

病毒式营销主要有以下特点。

(1)有吸引力的病源体

之所以说病毒营销是无成本的,主要指它利用了目标消费者的参与热情,但渠道使用的推广成本是依然存在的,只不过目标消费者受商家的信息刺激自愿参与到后续的传播过程中,原本应由商家承担的广告成本转嫁到了目标消费者身上,因此对于商家而言,病毒网络营销是无成本的。

目标消费者并不能从"为商家打工"中获利,他们为什么自愿提供传播渠道?原因在于第一传播者传递给目标群的信息不是赤裸裸的广告信息,而是经过加工的、具有很大吸引力的产品和品牌信息,而正是这一披在广告信息外面的漂亮外衣,突破了消费者戒备心理的"防火墙"促使其完成从纯粹受众到积极传播者的变化。

网络上盛极一时的"流氓兔"证明了"信息伪装"在病毒网络营销中的重要性。韩国动画新秀金在仁为儿童教育节目设计了一个新的卡通兔,这只兔子相貌猥琐、行为龌龊、思想简单、诡计多端、爱耍流氓、只占便宜不吃亏,然而正是这个充满缺点、活该被欺负的弱者成了反偶像明星,它挑战已有的价值观念,反映了大众渴望摆脱现实、逃脱制度限制所付出的努力与遭受的挫折。流氓兔的 Flash 出现在各 BBS 论坛、Flash 站点和门户网站,私下里网民们还通过聊天工具、电子邮件进行传播。如今这个网络虚拟明星衍生出的商品已经达到 1 000 多种,成了病毒营销的经典案例。

(2)几何倍数的传播速度

大众媒体发布广告的营销方式是"一点对多点"的辐射状传播,实际上无法确定广告信息是否真正到达了目标受众。病毒营销是自发的、扩张性的信息推广,它并非均衡、同时、无分别地传给社会上每一个人,而是通过类似于人际传播和群体传播的渠道,产品和品牌信息被消费者传递给那些与他们有着某种联系的个体。例如,目标受众读到一则有趣的 Flash,他的第一反应或许就是将这则 Flash 转发给好友、同事,无数个参与的转发者就构成了成几何倍数传播的主力。

(3)高效率的接收

大众媒体投放广告有一些难以克服的缺陷,如信息干扰强烈、接收环境复杂、受众戒备抵触心理严重。以电视广告为例,同一时段的电视有各种各样的广告同时投放,其中不乏同类产品"撞车"现象,大大减少了受众的接受效率。而对于那些可爱的"病毒",是受众从熟悉的人那里获得或是主动搜索而来的,在接受过程中自然会有积极的心态;接收渠道也比较私人化,如手机短信、电子邮件、封闭论坛等(存在几个人同时阅读的情况,这样反而扩大了传播效果)。以上方面的优势,使得病毒网络营销尽可能地克服了信息传播中的噪声影响,增强了传播的效果。

(4)更新速度快

网络产品有自己独特的生命周期,一般都是来得快去得也快,病毒营销的传播过程通常是呈 S 形曲线的,即在开始时很慢,当其扩大至受众的一半时速度加快,而接近最大饱和点时又慢下来。针对病毒营销传播力的衰减,一定要在受众对信息产生免疫力之前,将传播力转化为购买力,方可达到最佳的销售效果。

11.4.2 病毒式营销的基本原理

提起病毒,人们往往会心生畏惧。病毒之所以可怕,其本身的毒性只是一方面,它那独特的扩散方式才是真正"杀手锏"。病原体捕获易感人群中的个体使其成为最初的病毒携带者,病毒随着携带者的交往活动,传染给下一级的易感人群,如此"滚雪球"般地循环往复,病毒在很短时间内就会以几何倍数迅速扩散。

病毒式营销的传播方式与病毒的传播方式十分类似,只不过病毒传播的是其自身,依赖的是其自身的特性,而病毒式营销传播的是"种子",依赖的是"种子"的价值。"种子"的传播过程也可分为个阶段:吸引、参与、增值、满意、传递。当含有物质诱惑或娱乐吸引的"种子"被上传到网络上时,对此"种子"有兴趣的消费者就会被这个"种子"所吸引,并对该"种子"所提供的信息进行确认,即所谓参与。当消费者发现信息属实,并确实为消费者带来了价值时(增值),消费者就会感到满意或有趣,并把这一信息传递给自己的朋友以便共享,如此,"种子"就被复制,不停地在易感人群中进行"滚动式"的传播,达到营销的目的。

吃垮必胜客

必胜客有一款沙拉,是自助的 28 元水果沙拉。必胜客会给你一个碗,你能拿多少,就给你多少,前提是,只允许拿一次。盛沙拉的碗并不大、很浅,简单地装沙拉,装不了多少。所以,如何保证自己的 28 元花得最划算,尽可能把那只可怜的小碗装满你喜欢的水果沙拉,也就成了一门有趣的学问。

为了吸引更多的人来吃必胜客?中国台湾必胜客发动了一次名称叫做"吃垮必胜客"的网络营销活动。在这个题目叫作《吃垮必胜客》的邮件,里面介绍了盛取自助沙拉的好办法,巧妙地利用胡萝卜条、黄瓜片和菠萝块搭建更宽的碗边,可一次堆到七层沙拉,同时还配有真实照片。

所有收到邮件的网友,第一时间把邮件发给自己身边的亲友或同事,并去必胜客一试身手。有一位网友这样在网上留言:"我当时马上把邮件转发给我爱人了,并约好了去必胜客一试身手。到了必胜客，我们立即就要了一份自助沙拉，并迫不及待地开始按照邮件里介绍的方法盛取沙拉。努力了几次，终于发现盛沙拉用的夹子太大，做不了那么精细的搭建工艺，最多也就搭 2～3 层，不可能搭到 15 层。”而到必胜客试过身手，并且真的装满更多层沙拉的热心网友，会在网上发帖子，介绍自己“吃垮必胜客”的成功经验。甚至有网友从建筑学的角度，用 11 个步骤来论述他是如何吃垮必胜客的方法。但是，必胜客却通过一个个的消费的诱惑以及网友自发地在网上传递，不但没有被“吃垮”，利润反而大大上升了。

必胜客通过这种精心制作的、具有强大感染力的“病原体”，通过用户的口碑宣传网络，利用病毒传播原理快速复制、扩散开来。

企业的“病毒”只要做得够美够炫，传播效果简直无法“控制”，和传统营销手段巨额投入相比，它几乎可以说是无本的买卖。另外，它又有传播速度快、可信度高、受众抗拒心理低等优点。所以，病毒式营销正在成为众多企业的营销新宠。

11.4.3　病毒式营销的步骤和战略要素

1. 病毒式营销的实现步骤

病毒式营销的价值是巨大的，一个好的病毒式营销计划远远胜过投放大量广告所获得的效果，病毒式营销并不是随便可以做好的，有些看起来很好的创意，或者很有吸引力的服务，最终并不一定很获得预期的效果，如何才能取得病毒式营销的成功呢？通过对许多病毒式营销案例进行的跟踪研究发现，尽管每个网站具体的病毒式营销方案可能千差万别，但在实施病毒式营销的过程中，一般都需要经过方案的规划和设计、信息源和传递渠道的设计、原始信息发布、效果跟踪管理等基本步骤，认真对待每个步骤，病毒式营销才能最终取得成功。

(1)进行病毒式营销方案的整体规划，确认病毒式营销方案符合病毒式营销的基本思想，即传播的信息和服务对用户是有价值的，并且这种信息易于被用户自行传播。

(2)病毒式营销需要独特的创意，并且精心设计病毒式营销方案(无论是提供某项服务，还是提供某种信息)。最有效的病毒式营销往往是独创的。独创性的计划最有价值，跟风型的计划有些也可以获得一定效果，但要做相应的创新才更吸引人。同样一件事情，同样的表达方式，第一个是创意，第二个是跟风，第三个做同样事情的则可以说是无聊了，甚至会遭人反感，因此病毒式营销之所以吸引人之处就在于其创新性。在方案设计时，一个特别需要注意的问题是，如何将信息传播与营销目的结合起来？如果仅仅是为用户带来了娱乐价值(例如一些个人兴趣类的创意)或者实用功能、优惠服务而没有达到营销的目的，这样的病毒式营销计划对企业的价值就不大了，反之，如果广告气息太重，可能会引起用户反感而影响信息的传播。

(3)信息源和信息传播渠道的设计。虽然说病毒式营销信息是用户自行传播的，但是这些信息源和信息传递渠道需要进行静心的设计，例如要发布一个节日祝福的 Flash，首先要对这个 Flash 进行精心策划和设计，使其看起来更加吸引人，并且让人们更愿意自愿传播。仅仅做到这一步还是不够的，还需要考虑这种信息的传递渠道，是在某个网站下载(相应地在信息传播方式上主要是让更多的用户传递网址信息)、还是用户之间直接传递文件(通过电子邮件、IM 等)，或者是这两种形式的结合，这就需要对信息源进行相应的配置。

(4)原始信息的发布和推广。最终的大范围信息传播是从比较小的范围内开始的，如果希望病毒式营销方法可以很快传播，那么对于原始信息的发布也需要经过认真筹划，原始信息应该发布在用户容易发现，并且用户乐于传递这些信息的地方(比如活跃的网络社区)，如果必要，还可以在较大的范围内去主动传播这些信息，等到自愿参与传播的用户数量比较大之后，才让其自然传播。

(5)对病毒式营销的效果也需要进行跟踪和管理。当病毒式营销方案设计完成并开始实施之后(包括信息传递的形式、信息源、信息渠道、原始信息发布)，对于病毒式营销的最终效果实际上自己是无法控制的，但并不是说就不需要进行这种营销效果的跟踪和管理。实际上，对于病毒式营销的效果分析是非常重要的，不仅可以及时掌握营销信息传播所带来的反应(例如对于网站访问量的增长)，也可以从中发现这项病毒式营销计划可能存在的问题，以及可能的改进思路，将这些经验积累为下一次病毒式营销计划提供参考。

2. 病毒式营销的战略要素

如何有效地运用这一营销方式以实现良好的传播效果呢？需要从病毒式营销战略的六个基本要素考虑。一个病毒式营销战略不一定要包含所有的要素，但是包含的要素越多，营销效果往往会越好。这些要素主要有以下几方面。

(1)提供有价值的产品或服务

在市场营销人员的词汇中，“免费”是最有效的，大多数病毒式营销战略以提供免费产品或服务来引起注意。例如免费的 E-mail 服务、免费信息、具有强大功能的免费软件等。病毒式营销往往意味着报酬滞后，他们可能短期内不能盈利，但是如果他们能从一些免费服务中刺激高涨的需求或兴趣，获利将是不久的事情。

(2)提供无须努力便可向他人传递信息的方式

病毒只在易于传染的情况下才会传播，因此，携带营销信息的“种子”必须易于传递和复制，如 E-mail、视频、图表、软件等。病毒式营销在互联网上得以极好地发挥作用是因为通信变得容易而且廉价，数字格式使得复制更加简单，从营销的观点来看,必须把营销信息简单化,使信息容易传输,越简短越好,最经典的是:"Get your private,free E-mailat http://www.hotmail.com "。

(3)信息传递范围很容易向大规模扩散

为了满足病毒所带来的巨大需求,服务必须适应从小到大的迅速改变。Hotmail 模式的弱点在于免费 E-mail 服务需要有自己的邮件服务器,如果要想这种战略获得成功,就必须迅速增加邮件服务器,否则将抑制需求的快速增加。只有企业提前对增加服务器做好计划,病毒式营销战略的实施才没有问题。

(4)利用公众的积极性和行为

巧妙的病毒式营销战略是利用公众的积极性。在网络的早期使得"Netscape Now"按钮需求数目激增的原因正是由于人们渴望酷的感觉,渴望体验新的信息获取方式。在这种信息需求的驱动下产生了数以百万计的网站和数以亿计的 E-mail 信息,而且有越来越多的人加入进来。因此,建立在公众积极性和行为基础之上的营销战略将会取得成功。

(5)利用现有的通信网络

大多数人都是社会性的,每个人都生活在一个包含有 8～12 人的亲密网络之中,这个网络中包括了你的朋友、家人和同事。而由于每个人所处的社会地位不同,部分宽阔的人际网络可能包含几百人乃至数千人。现在互联网上的人们也同样在发展着网上关系网络,他们收集即时通信账号、电子邮件地址以及喜爱的论坛,通过这些网络,人们可以迅速地把各种信息扩散出去。

(6)利用别人的资源

最具创造性的病毒式营销战略是利用别人的资源来达到自己的目的。例如百度的唐伯虎系列广告视频。最初只是通过百度员工的邮件进行小范围传播,当网络上兴起了视频共享平台以后,只是通过简单的上传,便有更多的人可以通过这个平台下载观看,在极短的时间内获得了比以往多几倍的受众。这是利用公共资源完成病毒式营销目的的典型案例。

案例研讨

耐克的病毒式营销战略

营销背景

耐克一向很重视网络营销,因为网民的年龄结构与耐克球鞋的目标消费群的年龄层次基本重合,早在 2003 年 12 月,耐克就冠名新浪的竞技风暴,成为首家网络媒体栏目的赞助商。然而 2005 年之前耐克的网络营销还是以传统的网络营销为主,即通过弹出窗或者是 ICAST 的方式发布广告,并且它的广告都是邀请体育界炙手可热的天王巨星,并且以拍广告电影式的方法重金拍摄,场面浩大,如此前 NBA 小天王詹姆斯的系列广告就是如此。

然而，在 2005 年，耐克以天王巨星罗纳尔·迪尼奥代言的新球鞋 LEGEND 上市时，耐克采用了新的网络营销方法——病毒营销。

营销内容

在 2005 年国际足联一年一度的世界足球先生的评选即将颁布之前，关于小罗还是兰帕德谁更有资格问鼎世界足球先生的争论甚嚣尘上，就在这时候，耐克公司发布了一段以小罗纳尔多为主角的视频，在巴西国内引起了极大震动。球迷在观看了视频后，不由惊呼："他究竟是魔术师还是外星人"。

录像中，小罗纳尔多先是换穿了耐克公司为其量身打造的绣有 24K 纯金金线的 LEGEND 球鞋。

看起来对新鞋非常满意，小罗迫不及待地在球场上"秀"开了球技。禁区前一番眼花缭乱的颠球之后，小罗纳尔多的惊人之作诞生了。他用右脚把皮球撩到空中，然后凌空打门……他是在射门吗？回答是否定的。小罗射出的皮球击中横梁反弹又回到了自己的脚上。更令人瞠目结舌的是，小罗纳尔多意犹未尽，相同的动作竟做了四遍，而且次次都是打中横梁，再反弹回到脚上！

这段视频经《环球电视台》播放后，立即在巴西球迷间引起争论。有人惊叹小罗纳尔多的魔鬼球技，也有人对视频的真实性提出了质疑。他们认为这是《环球电视台》与耐克公司刻意制造的广告效果。这一超高难度的动作是经过后期处理后才达到了如此惊人的效果。不过随后《环球电视台》发表声明否认了这种说法。

耐克的中国合作伙伴新浪竞技频道也发布了这段视频，不过这一次，不是通过网络广告的形式发布，而是通过竞技风暴的国际足球专栏的一则足坛花边新闻发布。新浪发布了这段视频之后，迅即在各大球迷论坛掀起了一股讨论的风潮，一些网友惊诧小罗球技的同时，更认为这段视频明显经过后期制作才能达到这种效果。甚至有人提出："制作单位在球门处摆放了一道透明的玻璃墙。"也有很多网友引经据典，说马拉多纳和普斯卡什等前球王都有这种连续击中门柱的传说，力证该段视频是真的。

随即新浪很快就登出新闻，小罗亲自现身说法说视频是真的，随巴西队在阿联酋进行友谊赛的小罗纳尔多在记者面前证实，那段视频完全没有经过后期加工和特技处理。"那可是真的。(工作人员)当时就在现场，他们用摄像机记录下了当时的场景，没有经过特殊处理。"小罗没有想到这段"非广告"视频竟然引起了如此大的关注度，"那个动作我早就会做。有时训练结束后，我就做几次开心一下。在镜头前，只是重复我之前完成的动作而已。""我知道你们对这个动作感到不可思议。我用这个动作只是为了更好的展示我的新鞋，你们(记者)还是应该多看看我那双有金线的新鞋才对。"小罗继续说，"就像模特总得摆个姿势展示身上的漂亮的衣服一样，我的动作也是为了让我的新鞋看起来更漂亮。这段视频并非正式的广告，本来只是在网上播放。没想到后来电视台也放了，所以才有这么大的反应吧。不过我真的很喜欢那个动作，那是我完成得比较漂亮的一次，我很满意。"

营销效果

不管小罗的这段视频到底是真是假，耐克的这段粗糙的DV效果的病毒式短片，已经使耐克新上市的新球鞋赢得了足够多的眼球，相比耐克过往制作的美轮美奂的大片式的电视广告，由于其制作上的粗糙，使得其更加真实，这不禁让喜欢足球的网民多了一道谈资，而这正是耐克发布此视频短片用心良苦之处。

过往的投资巨大的广告大片，只能在密集投放的过程中，让受众感受到视觉刺激，效果无法持续，然而这个粗糙的用DV拍摄的短片，因为其真实的效果，使得热爱小罗的球迷见识到小罗在训练场上魔幻般的神奇脚法，从而愿意主动地通过网络跟其他人分享，这是过往任何一个广告大片都无法达到的效果，其传播效果更具互动性，而且更加有深度，达到了一种深度沟通的效果，并且投入很小，完全是通过网民的自发传播完成，传播成本几近于零，相信在未来，将会有更多的品牌会乐意采用这种方式来进行品牌传播。

本章小结

(1)Web1.0的特征是：①基本采用的是技术创新主导模式；②盈利都基于一个共同点——巨大的点击流量；③Web1.0的发展出现了向综合门户合流现象；④形成了主营与兼营结合的明晰产业结构。

(2)搜索引擎营销是根据用户使用搜索引擎的方式，利用人们对搜索引擎的依赖和使用习惯，在人们检索信息的时候尽可能将营销信息传递给目标客户，是一种基于搜索引擎平台的网络营销。

特点是：①搜索引擎营销方法与企业网站密不可分；②搜索引擎营销是一种用户主导的网络营销；③传受交互对产品销售的极大促进；④搜索引擎营销的效果主要表现为营销网站访问量的增加；⑤搜索引擎营销需要适应网络服务环境的发展变化。

(3)许可E-mail营销(是在用户事先许可的前提下，通过电子邮件的方式向目标用户传递有价值信息的一种网络营销手段)有三个基本因素：基于用户许可、通过电子邮件传递信息、信息对用户是有价值的。

基本步骤：①引起注意(Attention)阶段；②激发兴趣(Interest)阶段；③产生欲望(Desire)阶段；④采取行动(Action)阶段；⑤用户满意(Satisfaction)阶段；⑥继续服务(Keeping Servirce)阶段。

(4)病毒式营销利用了病毒扩散的原理，将产品或服务信息，制作成具有超强感染力的“种子”，通过种子激发目标群体(易感人群)的参与兴趣，使其从纯粹的受众变为传播者，并自发地使用自己的渠道，以指数级的速度将信息传播给下一级的易感人群，层层推进，迅速传播。

特点：①有吸引力的病源体；②几何倍数的传播速度；③高效率的接收；④更新速度快。

(5)网络广告是利用网站上的广告横幅、文本链接、多媒体的方法,在互联网上刊登或发布广告,通过网络传递到互联网用户的一种高科技广告运作方式。

特点:①传播对象面广;②表现手段丰富多彩;③内容种类繁多,信息面广;④多对多的传播过程;⑤具有互动性。

思考题

(1)Web1.0 的主要特征是什么?

(2)搜索引擎营销分为哪几类?它有什么优势?

(3)简述搜索引擎营销的原理及工作流程。

(4)许可 E-mail 营销的主要方式有哪些?包括哪些步骤?

(5)目前的许可 E-mail 营销面临哪些问题?有什么对策?

(6)病毒式营销的特点和基本原理是什么?

(7)简述病毒式营销的步骤和战略要素。

参考文献

[1] 冯英健 . 网络营销基础与实践[M]. 北京:清华大学出版社,2007.

[2] 季芳 . 中小企业实施搜索引擎营销策略分析[J]. 管理学研究,2009,07(2):90-92.

[3] 白东蕊 . 网络营销[M]. 北京:经济科学出版社 . 2010.

[4] 瞿彭志 . 网络营销[M]. 北京:高等教育出版社 . 2002.

[5] 李琪 . 网络营销学[M]. 重庆:重庆大学出版社,2004.

第12章　Web2.0营销

本章概要：从1993年至今，互联网已经从Web1.0时代过渡到了Web2.0时代，互联网的特征、应用与用户信息需求和信息行为也随之在不断演变中。本章将Web2.0时代的概念对比Web1.0时代的不同特征和该阶段主要的营销模式。本章的重点是Web2.0的定义、特征和6种主要的营销方法——博客营销、微博营销、网络社区营销、即时通信营销、视频营销和口碑营销的概念、特征、优势和应用方法和策略等。本章的难点在于理解不同的Web2.0营销方法的应用范围和实现策略。

引例

果缤纷的互动营销模式

Web2.0在经历了多年的喧嚣后，终于探索出其真正的实践模式。原本只是个数字的用户注册数，现在开始变成渐红的果实。一个个不断爆发，不断呈现的精彩案例显示出Web2.0企业的活力，也证明了Web2.0的价值。

2007年夏天，在全球最负盛誉、最具知名的果汁王国Tropicana纯果乐推出了一款具有独特美味的混合果汁饮料——果缤纷。这款产品迅速抢占了市场，这主要归功于成功的营销模式——互动营销。

果缤纷植入活动“缤纷果园”在策划之初，之所以选择在APP中进行植入，主要是基于：(1)产品特性与APP特性融合度高；(2)植入方式游戏性强，用户不会因为商业元素过度，而带来反感；(3)好玩的植入方式，并非使用生硬的在游戏中增加包装、品牌显现，而是真正给用户增添了一个游戏环节，更像是游戏本身的升级。

最终，缤纷果园活动取得了巨大的成功，参与用户超过一千万，制作的果缤纷瓶数更是达到了十亿之多，是预估KPI的20倍，这样的数据是任何同类网络活动历史数据均无法比拟的。

短短2个月中取得的成绩，说明了在Web2.0时代，互动营销模式中，要更多的贴近用户心理，与产品良好融合，并不是生搬硬造的加强广告品牌展现，只有这样才能够创造更大的惊喜！

12.1　Web2.0 的概述

在 Web1.0 形态下，“我发你看”，信息是单向传播的。然而，新闻跟帖、论坛/BBS、博客、播客、QQ 群，特别是微博客日趋活跃，宣告了网民自主发声、信息反向传播的 Web2.0 形态的崛起。

Web2.0 是互联网建设的一种新模型，是互联网的一次理念和思想体系的升级，由原来的自上而下的由少数资源控制着集中控制主导的互联网体系转化为自下而上的由广大用户集体智慧和力量主导的互联网体系。Web2.0 的出现使得互联网的创造力上升到了新的量级。

12.1.1　Web2.0 时代的产生

1. Web2.0 的产生背景

纵观 Web2.0 产生的宏观环境，其产生的背景来自以下四个方面。

(1)互联网发展从量变到质变。据 CNNIC 布的第二十八次中国互联网络发展状况统计报告，截至 2011 年 6 月底，中国网民规模达到 4.85 亿，较 2010 年年底增加 2 770 万人。量变引发质变。互联网通过 Web2.0 将资源的掌握权真正交给了广大用户，实现了在理念和思想体系上的巨大跨越。

(2)互联网用户的个性化和社会化需求日益强烈。互联网用户需求和行为一直牵动着互联网产业的发展。个性化和社会化是今天互联同用户日益深化的需求，也是未来不可阻挡的趋势。两者是有密切联系的，个性化是社会化的前提，Web2.0 寻求的是创造个性化与社会化的正向循环，其本质是社会化的互联网。

(3)互联网技术的升级换代为 Web2.0 提供了有力的技术支撑。如 Blog、Podcast、XML、Tag、RSS、trackback 等技术更及时、更多样地实现了信息的交流与传播；SNS(社会网络)、P2P 传输技术加强人们的直接沟通，消除中间环节；ALAX(异步传输)是多种技术的整合使数据处理速度加快；Microformat(微格式)与 Microcontent(微内容)等 Web 内容协同格式扩展了 Web2.0 网站的交互功能；开放式 APLs(开放式应用程序接口)和 RIA(富界面应用)融合更多的桌面软件应用与服务。通过这一系列技术的应用代表着互联网正在从由静态网页集合向提供软件服务的载体演进，为 Web2.0 的发展奠定基础。

(4)互联网需要创新模式。互联网正在升级换代不仅体现在技术上，更体现在互联网社会体制与模式的创新上。如微博的蓬勃发展，一些体现创新应用的轻量型的公司给用户带来了非凡的体验。Web2.0 作为新一代互联网应用和一种以人为本的新兴网络，不仅推动互联网从核心内容到外部应用的革命，更重要的是形成了崭新的互联网应用模式。

因此,Web2.0 是与互联网有关的一系列技术发展到一定阶段,应用的门槛逐步降低,技术与需求得以方便地结合,从而产生的一次大规模的应用普及,深刻影响着经济、文化、思想理念和社会生活等各方面。

2. Web2.0 的概念

Web2.0 始于 2004 年 3 月 O'Reilly Media 公司和 Media Live 国际公司的一次头脑风暴会议。之后不同的行业的人对 Web2.0 进行了不同的诠释:IT 草根看到了新的创业机会;网络精英与网络精神维护者看到了久违的 Internet 精神——平等、开放、协作共享、张扬个性、对于创造的高度尊重;风险投资人看到新的投资目标;大型 IT 公司看到了可以快速扩展的收购对象;网民们看到的是更好的网络体验,可享受更加人性化、便利化的"技术与观念",更加丰富、优质、可获得的网络信息服务,网络上的社区、互动、资源的自我组织等。

从大多数的用户角度来看,Web2.0 是相对于 Web1.0 的新的一类互联网应用的统称。用户可以通过浏览器获取信息是 Web1.0 时代的主要特点,Web2.0 时代更注重用户之间交互功能,用户既是网站内容的浏览者,同时也是网站内容的制造者。同时,Web2.0 时代在模式上由单纯的"读"向"写"以及"共同建设"发展;由被动地接收互联网信息向主动创造互联网信息发展,因此 Web2.0 时代的应用更加人性化,更加贴近用户。

12.1.2　Web2.0 营销的主要特点

Web2.0 是以 Web1.0 为基础和条件发展起来的,在形式和特征等诸多方面都与 Web1.0 有着很大区别,如表 12-1 所示。

表 12-1　Web1.0 与 Web2.0 的比较

	Web1.0	Web2.0
发起时间	1993—2003 年	2003 年至今
应用基础	操作系统	浏览器或桌面软件
信息传播目的	满足尽可能多的用户的共同需求	满足尽可能多的用户的个性化需求
形态	静态	动态
内容单元	网页	篇或记录
信息交互方式	网站对用户	群体、内容的 P2P 互动传播
信息组织方式	他人组织	自组织、协同组织
内容创建主题	网页编写者、IT 经营	任何人
体系结构	Client/Server(C/S)	Web/Server(W/S)
网络增值基点	信息加工	服务深化
创业基础	成本与门槛较高	成本低,融资额度与规模加大

通过以上 Web2.0 的概念与比较可以发现,Web2.0 是对 Web1.0 的集成与发

展，是一系列新思维在网络中的应用，形成了新的服务理念与模式。因此，可将Web2.0的特征归纳如下。

(1)参与性——去中心化，互联网成为平台(参与体系)，用户作为开发者，通过用户的"自服务"而服务于"长尾"；

(2)松散耦合性——高互操作性组建按需联络，统一消息传递机制；

(3)协同性——自组织协同创作，充分利用集体力量和智慧；

(4)集成性——通过带动分散的、独立的开发者把各个系统和网站汇集、聚合；

(5)整合性——概念整合、技术整合、服务整合；

(6)平台独立性——不同应用平台具有通用的界面、服务和通信等开放应用程序接口；

(7)网络外部性——分享和参与的架构驱动的网络效应；

(8)轻量型应用——通过内容和服务的联合使轻量的业务模型可行，分享经济的模式；

(9)持续更新性——注重用户体验的持续的服务，不仅仅是少数重要用户，而是渗透到全体用户。

12.1.3 Web2.0的技术及应用

Web2.0的应用主要包括博客(Blog)、简易信息聚合(RSS)、互联网百科全书(Wiki)、社会性网络服务(SNS)等，下面对Web2.0的相关应用进行简单介绍。

1. Blog——博客/网志

Blog的全名应该是Weblog，中文意思是"网络日志"。它是继电子邮箱、网络论坛、即时聊天之后出现的第四种网络交流方式。Blog是一个易于使用的网站，用户可以在其中迅速发布想法、与他人交流以及从事其他活动。博客是Web2.0兴起的标志，也是Web2.0的主流应用之一。

著名硅谷IT专栏作家丹·吉尔默总结说，Blog本身代表着"新闻媒体3.0"。1.0是指传统媒体或说旧媒体(Old Media，如"晚报、CCTV")，2.0就是人们通常所说的新媒体(New Media，如新浪、雅虎)，也叫作跨媒体，3.0就是以Blog为代表的(We Media)的个人媒体或者叫自媒体。Blog搭起从互联网阅读时代到写录时代的桥梁。

2. RSS——简易信息聚合

RSS是站点用来和其他站点之间共享内容的一种简易方式(也叫聚合内容)的技术。最初源自浏览器"新闻频道"的技术，现在通常被用于新闻和其他按顺序排列的网站，例如Blog。RSS具有以下特点：来源多样的个性化"聚合"特性，信息发布的时效、低成本特性、便利的本地内容管理特性。雅虎首席运营官丹尼尔·罗森格告诉我们，"RSS重新定义了信息分享的方法，颠覆了未来信息社会必须有一个核心的理念，虽然RSS眼下并不会为网络广告带来什么帮助，但是却能让所有人更好地分享信息。”

3. Wiki——互联网百科全书

Wiki是一种多人协作的写作工具。Wiki站点可以有多人(甚至任何访问者)维护，每个人都可以发表自己的意见，或者对共同的主题进行扩展或者探讨。Wiki也是一种超文本系统，支撑面向社群的协作式写作。Wiki可以理解为由网友自发维护的网络大百科全书，这个大百科全书由网友自发编辑并修改内容，每个人既可以是某个词条的读者，又可以是这个词条的编撰者，读者和编辑的界限在Wiki中被模糊了。首个Wiki网站的创建者WardCunningham说：“我创建第一个Wiki的初衷就是要建立一种环境，我们能够交流彼此的经验。”

4. SNS——社会性网络服务

SNS，全称Social Networking Services，即社会性网络服务，专指旨在帮助人们建立社会性网络的互联网应用服务。Google推出1GB免费信箱也是一个SNS应用，通过网友之间的互相邀请，Gmail在很短的时间内就获得了巨大的用户群。SNS是Web2.0体系下的一个技术应用的缩影。

在Web2.0技术基础上，逐渐形成的了Web2.0时代的几种主要的营销模式：博客营销、微博营销、社区营销、即时通信营销、视频营销等。本章将对这几种主流的营销模式详细介绍。

12.2 博客营销

近年来，互联网博客用户数量激增。2011年博客的使用人数达到了31 864万人，使用率达到了64%。如此大的受众量决定了其作为一种新型网络营销工具的价值和巨大潜力。

12.2.1 博客简介

1. 博客

博客，又被称为网络日志、部落格或部落阁等，是一种通常由个人管理、不定期张贴新的文章的网站。大多数博客专注在特定的课题上提供评论或新闻，其他则被作为个人的日记。一个典型的博客结合了文字、图像、其他博客或网站的链接及其他与主题相关的媒体。博客最重要的要素就是能够让读者以互动的方式留下意见。博客是社会媒体网络的一部分。

2. 博客价值链

随着注册数量的增多,博客以极快的速度融入到社会生活中,逐步大众化,成为基于互联网的基础服务。并随之带来一系列新的应用,诸如博客广告、移动博客、博客出版、博客搜索、企业博客、独立域名博客等创新商业模式,日益形成一条以博客为核心的价值链条。

该价值链条不仅包括博客平台提供商(BSP)、博客作者、博客读者、广告客户等传统博客价值链上的各种角色,也包含 RSS 订阅器等新兴角色,如图 12-1 所示。

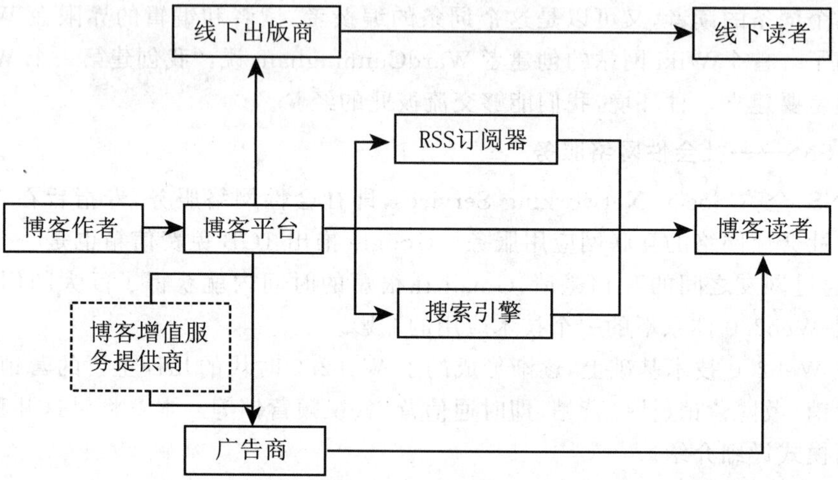

图 12-1　博客价值链

博客网站提供平台,博客作者撰写博客,并通过持续不断的更新获得与公众之间的交互沟通,积累"人气",提升知名度。通过不断增长的点击量为博客平台带来持续高涨的注意力。巨大的点击量又吸引广告商,形成良性循环。由此形成了博客营销模式。

"丢失的奥迪 A3 跑车"是最为抢眼和知名度最高的博客营销案例之一。在美国举办的纽约车展上,当其他展台上的香车美女争奇斗艳时,奥迪 A3 跑车的展台上却空空如也。取而代之的是三个告示牌,上面写着"注意:如果你有关丢失的奥迪 A3 跑车的任何线索,请即致电 1-866-657-3268。"这是一个语音信箱的号码,打进电话者将被要求提供丢失的奥迪 A3 跑车的信息。随后关于奥迪 A3 跑车的信息和图片在互联网博客上广为传播,把数十万美国人动员起来找寻丢失的跑车。尽管在车展上奥迪 A3 没有露面,但其形象却最终借博客之势深入人心。

12.2.2 博客营销

1. 博客营销的定义

博客营销是指通过博客网站或博客论坛接触博客作者和浏览者,利用博客作者个人的知识、兴趣和生活体验等传播商品信息的营销活动。公司、企业或者个人在博客这种网络交互性平台上，发布并更新企业、公司或个人的相关概况及信息，密切关注并及时回复平台上客户对于企业或个人的相关疑问以及咨询，通过较强的博客平台帮助企业或公司零成本获得搜索引擎的较前排位，以达到宣传目的。

2. 博客营销的特点

博客营销呈现出如下一些新的特点和优势。

(1)目标精准

博客的受众多因共同话题、兴趣集中在一起，受众集中且具有一致的特性。根据不同博客聚集受众的特征有针对性的投放广告，使广告投放目标更为精准，所获得的效果更加显著。

(2)广告的交互性

博客具有的交互性可以让企业与顾客直接进行交流，了解顾客想法，改善产品和服务，实现广告的交互性，这也是网络广告和 E-mail 营销所不及的效果。

(3)营销成本低

博客营销是几乎零成本的传播方式，Google、Yahoo 和 MSN 等搜索引擎都有强大的内容检索功能，可以利用博客来增加被搜索引擎收录的网页数量，提高网页内容搜索引擎可见性。

(4)传播效果更佳

博客营销改变了传统媒介缺乏用户参与，受众被动接受的现状，把营销的本质回归到口口相传的口碑式营销上，强调互动传播，强调小众传播影响大众传播。

(5)影响力大，引导网络舆论潮流

博客作为高端人群所形成的评论意见影响面和影响力度越来越大，博客渐渐成为了网民们的“意见领袖”引导着网民舆论潮流。

(6)有利于长远利益和培育忠实用户

运用口碑营销策略，网民所发表的评论对企业品牌造成巨大影响。随着满意顾客的增多，自然会出现更多的“信息播种机”、“意见领袖”，企业赢得良好的口碑，长远利益也就得到保证。

(7)改善内部沟通

虽然博客对一般公众往往是公开的，但也可以不这样做。拥有大量员工的企业或员工分布在较广的地理区域的企业，可以通过建立内部博客来改善沟通。这种博客可以以很多方式来使用，如作为一个数字化的意见箱，允许员工对公司发展发表自己的看法。博客还可以作为一个论坛，管理人员通过它使员工不断了解公司的新闻和信息，从而使员工与公司之间的联系更紧密，进而提高工作效率。

(8)改进客户服务

对于任何一个想要与其顾客维持长期关系的企业来说，客户服务是其核心内容。然而由于客户服务是一项不能直接转化为企业收益的费钱费事的工作，很多企业把客户服务项目看成一件烦人的但又必须做的事情。正由于此，一些企业尽其所能地降低客户服务的费用，导致产品质量下降和顾客不满意。

五粮液的博客营销

中国酒业大王五粮液集团全资子公司——五粮液葡萄酒有限责任公司就曾与国内最大的跨平台博客传播网络 BOLAA 网携手合作，成功通过该平台在博客红酒爱好者中组织了一次大规模的红酒新产品市场推广体验主题活动。博客红酒爱好者们体验新产品后，迅速在博客圈内引发了一股关于五粮液国邑干红口味感受和评价的热潮，得到了业界的广泛关注，产品品质得到认可，品牌得到大幅度提升，促进了产品销售。

12.2.3 博客营销的优势

发展好博客对企业发展有很大的优势，主要体现在以下几方面。

1. 感知市场波动

欲收集企业试图进入的市场信息，博客空间是一个理想的平台。研究各种各样的博客和读者留下的评论可以使营销人员有一个强烈的感知：什么是消费者欢迎的，哪些产品正趋向于没落，哪些正在发展，怎样营销才能适应行业的变化。另外，企业可能得到人们对自己以及竞争者的产品的评价等直接信息。这些信息使得营销人员能积极主动地针对目标顾客介绍新产品以及有效率地营销现有产品。

2. 提高知名度

通过在现有的博客上发表评论进而在博客空间里建立声望，确实有助于提高品牌的知名度。以自身的品牌的观点在一个博客上留下评论和建议与使用别人的博客公然留下推销和广告的留言相比，有很大的差别，前者的建议人们更乐于接受，而后者往往会引起人们的反感，这种方式也必然会慢慢地损坏品牌的形象。因此，通过博客营销的巧妙应用方式可以使得品牌的知名度提高。

3. 提升网站和博客的流量

某品牌在博客空间发挥积极的作用，会有助于提升其企业网站和博客的流量。在多数博客上，发表评论的人们也可以提供自己的网站或其他相关网页的链接。因此，营销人员通过在其他博客上发表评论来使别人听到他们的声音，并借此增加自己网站和博客的流量。

12.2.4 博客营销的实现策略

1. 博客营销的推广策略

博客推广方法很多，概括地讲，可以分为两类：一类是利用博客本身所在的平台资源来推广，另一类是利用其他推广工具来推广。下面我们就具体地来看一下这两类博客推广方法。

(1)利用博客所在平台的资料推广博客

由于每个博客平台的推广资源都大同小异，我们以阿里巴巴商人博客平台为例，来看如何利用博客平台推广博客。

①发表原创的高品质文章，获取博客推荐。

在阿里巴巴商人博客平台发表博文，原创且质量较高的博文可以去申请原创文章推荐。一旦申请通过，该博客将出现在阿里巴巴商人博客的首页，从而获取更多的推广曝光机会。

②在其他流量大的博客内留言，并在留言内放上用户想推荐的博文链接。

在阿里巴巴商人博客平台的首页，所显示的不仅有通过申请的原创文章，还有很多浏览量和点评量都非常大的博文，如“一周博文点击榜”、“一月博文点击榜”、“一周热评排行榜”、“一月热评排行榜”等，在这些受关注博文后面发表评论，并在评论后放上想要推广的那篇博文的标题和链接，就会引起一些人关注。

③与博友互换友情链接。

与博友互助交换友情链接是在短期内能获得较高的推广效果的一种非常重要的方法。交换友情链接的方式很多，如通过博客左边的友情链接交换，在其他博主的文章里加入博文的关键词链接等。通过文章的相互推荐，分享其他博主的部分流量，为企业博客营销取得更大的营销效果。

(2)利用各种工具推广博客

①利用 QQ、MSN 等即时聊天工具推广。

平时多注意即时聊天工具网友的添加和整理，可以利用即时聊天工具的群发功能向相关网友发送新的博文和链接地址，或利用 QQ 群等发送相关博文的标题和链接，从而达到推广博文的目的。

②去论坛多发帖或解答别人的问题，在论坛签名里写上博客名称和链接。

在阿里巴巴的商人论坛上，可以发布文字签名档和图片签名档。建议这两种签名档分别链接企业的诚信通旺铺和企业的博客。对其感兴趣的用户可以点击这两种签名档上的链接直接进入相应的旺铺和博客。

③在邮件签名加上博客网址。

大多数人知道在邮件签名中加入企业的网址，但往往忽视了在邮件签名档中加入企业博客的链接地址。应在邮件签名档中加入企业博客的链接地址，以利于企业博客的推广。

④线下推广企业博客。

企业可以在印刷一些宣传资料中添加企业博客网址，如产品手册、企业宣传册、宣传袋，甚至个人名片。

利用这些方法可以提高博客的曝光度，当然不同的企业可以选择其中一两种合适的方法，坚持做下去，博客一定能被越来越多的读者看到，达到推广博客及企业产品、服务的目的。

2. 博客营销的操作技巧

企业要运用好博客，必须要掌握一定的技巧。

(1)简化各种流程

尽量让客户轻松地进行每一步操作，并快速得到他想要的产品介绍或者结果。未来商家博客网络交易系统的开发必须尽量简化交易流程，从而提高商家博客的客户转化率。

(2)减少电子邮件与站内信息

尽量减少向客户垃圾邮件和站内信息的发送。先对客户进行分类，如核心客户、一般客户、潜在客户等，编撰不同类型客户需求的信息，进行告知与邀请。比如，一家公司推出了一系列的新服务，欲邀请已注册的老客户尝试，并在企业的博客上设置“新服务优先体验”的下载，用站内信的方式进行邀请，对于长期未登录的用户，可以使用电子邮箱进行邀请。不同的客户群差异化的营销方式才能获取更好的营销效果。

(3)针对目标客户需求的信息聚合

乏味、冗余的文字介绍不会提起太多人的兴趣，对于特色服务，充分利用图片和文字描述相结合的方式，才能引起客户的消费欲望。视频、声频等多媒体工具可以把宣传的作用发挥到极至。对于一些重要信息，不能没有更不能千年不换，可以换一种方式继续发挥他的作用。比如在“服务信息”展示的新服务的新鲜度已过，可以转移到别的栏目，展开客户批评的活动，明退暗进，继续发挥余热。这里强调的是重要信息的再利用。

(4)“常见问题解答”的积累与展示

可以在首页显要位置以问答的形式展示客户常见的疑问，包括客户所关注的产品重要信息、售后服务细节等，这样客户就不需要再进行提问，减少在线客户服务人员重复工作，也起到促进客户消费的作用。问题的积累与完善同样也是一项非常重要的工作。

(5)内容设计与功能设置以客户为中心

如何在潜在客户访问瞬间就抓住他们的需求，并且通过产品或服务的特色去吸引他们深入了解，是博客营销的关键。企业网络营销人员必须根据自身产品的性质与客户的差异，设计合适的博客内容与功能。客户支持人员必须对商家博客管理员进行系统的培训，并长期保持联系与支持，才能把博客营销的效果发挥到极致。

豆瓣网的图书博客营销

“豆瓣网”是目前国内将图书博客运用得比较成功的网站。进入“豆瓣网”简洁清新的界面，可以发现它综合了图书、音乐、电影等多方面的大众评论。

点击“读书”频道，就可以进入“豆瓣网”的图书世界。网上购书，一般来说，有的读者已经有目的，直接进行搜索；还有的读者没有目的性，只是逛，觉得喜欢的才买。对于前者，“豆瓣网”左上方的搜索功能，可以让读者搜索到自己想要的书，只要是网站所记录的。用户看到的内容首先是网站推荐的购买途径，如当当网、蔚蓝网、席殊书屋，读者只需打开链接即可，通常一本书有多个网上书店供读者进行多方面的比较选择。对于后者，即买书没有很强目的性的读者，“豆瓣网”的图书博客则发挥了巨大的作用。

在左下方，有“最有用的评论”。读过某本书并且觉得受益匪浅的读者可以在网站这个公共空间上自由发表评论，就如同写个人日记，把自己的看法和互联网上的用户一起分享。其他读者在阅读评论的时候，有权利给评论投票，决定所看到的这篇评论“有用”还是“没用”，从而动态地调整评论的次序，以方便读者阅读较为精彩的部分，同时也为其购书提供帮助，这种方式为书籍的销售提供了关键性的导向作用。“豆瓣网”的这一做法，打破了以往专家和媒体垄断书评的局面，将话语权交给每一个爱读书的人，让他们去写书评，并和别人共享书评，且有效地聚合了消费者的需求，有利于真正的好书的推广、宣传。

案例研讨

惠普的博客营销

营销背景

当大部分企业还对 Wiki 营销、IM 营销等持观望和怀疑态度的时候；当论坛营销虽然被接受，但却在不断地与“商业味道过重——删帖”做斗争的时候；当越来越多的企业逐渐对单纯的承诺 PV 产生的传播效果怀疑的时候；博客营销以自身独特的存在形态优势和传播效果优势脱颖而出，创造了越来越多的网络营销成功案例，HP DV3000 所作的博客营销就是其中之一。

营销内容

HP DV3000 博客营销的网络推广过程可以分为五步。

第一步:HP DV3000 产品发布会,邀请领袖级博客现场同步直播;

第二步:邀请 IT 界领袖博客进行 HP DV3000 测评及讨论;

第三步:“我的混搭数码生活博客接龙大赛”,面向用户,展开一个形式新颖的博客接龙活动;

第四步:HP DV3000“我的数码混搭生活视频大赛”的博客辅助宣传,邀请若干名博客对视频大赛进行辅助推广;

第五步:邀请几个营销评论博客对整个大赛做网络营销角度的评论。

点评

整个网络推广流程是一个推广思路和推广目标都极清晰的成功策划:五个网络推广步骤环环相扣,传播影响范围由小及大,每一个阶段的博客选择也非常有计划性和针对性。

整个网络营销首先瞄准的是 IT 圈,这个互联网上最活跃,博客营销最容易起步,也最适合 IT 产品做网络推广的圈子,HP DV3000 最核心的目标受众也就是这个圈子。

在第一步的发布会产品同步直播中,邀请到了 IT 圈中最有影响力的几个博客,而且加入了 Twitter 和 Flickr 这些相对“窄众”,但是在 IT 圈中很有影响力也几乎是只在 IT 圈子里流行的 Social Network 产品的运用。不但借助名人博客自身的影响力一炮打响 HP DV3000 在 IT 圈群中的知名度,还依靠一些 IT 圈群专属的沟通交流工具提升了目标受众对 HP DV3000 的产品好感和 HP 品牌好感。在第二步的推广中以邀请的方式,请 IT 圈中极有影响力的博客撰写文章,但是内容引申到了产品性能方面的讨论。以“点”引发,从“点”串联成“线”,通过前两步的推广,HP DV3000 在 IT 圈群中已经完成了基本的产品信息告知和产品性能解析。

第三步的网络推广是本次博客营销中最成功的一步。“博客接龙大赛”听起来就颇有吸引力,门槛极低且推广方式也很值得博客营销学习——Widget 的运用。Widget 建立了独立博客与某一个平台之间的联系,使用 Widget 的博主会获得一定的利益——功能方面的、盈利方面的、推广方面的等;而对于提供 widget 的平台来说,无异于拥有了无数个推广的终端(使用其博客)。

第四步的网络推广是作为一个视频大赛补充推广的博客评论行为,不需要费力的邀请和推广了。博客营销的原始“推动力”已经形成,邀请变成了自愿参与,博客营销的话题效应也就因此而显现了。

第五步,邀请四个互联网营销评论博客对此次营销进行评论,以“营销评论”的名义,将本次活动的影响进一步扩大。总体来说,HP DV3000 的博客营销从策划到执行都给以后的博客营销做了一个成功的参考:(1)有精准的目标群体分析;(2)有对博客的精确选择;(3)有网络推广步骤的循序渐进;(4)有针对不同人群的不同传播主题。

12.3　微博营销

2011年上半年，我国微博用户数量从6 311万迅速增长到1.95亿，半年新增微博用户1.32亿人，增长率高达208.9%，在网民中的使用率从13.8%提升到40.2%。微博营销成为当前企业关注的新焦点。

12.3.1　微博营销概述

1. 微博和微博营销

微博是微博客的简称，字数一般不超过140字。使用这种博客的用户可以及时、便捷地发布内容。微博的主要功能是：用户不仅可以用短信息的形式把文本发送给个人，而且可以发送给手机和个性化网站群，发送的内容包括网页、短信、电子邮件、即时讯息软件等，实现即时信息分享。微博有着开放性、即时性、交互性等诸多特点，其数量的飞速增长，使其在网民中的影响日益深化。

随着微博的热度上升，继而催生微博营销。微博营销以微博作为营销平台，每一个听众（粉丝）都是潜在营销对象，每个企业都可以注册一个微博，然后利用更新自己的微型博客向网友传播企业、产品的信息，树立良好的企业形象和产品形象。每天的更新的内容就可以跟大家交流，或者有大家所感兴趣的话题，这样就可以达到营销的目的，这样的方式就是新兴推出的微博营销，也称作“微营销”。

2. 微博与博客的区别

微博是一种微型博客，但微博营销与博客营销有一定区别，可以从下列三个方面进行简单的比较。

（1）信息源表现形式的差异

博客营销以博客文章（信息源）的价值为基础，并且以个人观点表述为主要模式，每篇博客文章表现为独立的一个网页，因此对内容的数量和质量有一定要求，这也是博客营销的瓶颈之一。微博内容则短小精炼，重点在于表达现在发生了什么有趣（有价值）的事情，而不是系统的、严谨的企业新闻或产品介绍。

（2）信息传播模式的差异

微博注重时效性，3天前发布的信息可能很少会有人再去问津，同时，微博的传播渠道除了相互关注的好友（粉丝）直接浏览之外，还可以通过好友的转发向更多的人群传播，因此是一个快速传播简短信息的方式。博客营销除了用户直接进入网站或者RSS订阅浏览之外，往往还可以通过搜索引擎搜索获得持续的浏览，博客对时效性要求不高的特点决定了博客可以获得多个渠道用户的长期关注，因此建立多渠道的传播对博客营销是非常有价值的，而对于未知群体进行没有目的的“微博营销”通常是没有任何意义的。

(3)用户获取信息及行为的差异

用户可以利用计算机、手机等多种终端方便地获取微博信息，发挥了“碎片时间资源集合”的价值，也正因为是信息碎片化以及时间碎片化，使得用户通常不会立即做出某种购买决策或者其他转化行为，因此作为硬性推广手段只能适得其反。

12.3.2 微博营销的优势

企业可以找准品牌和产品推广与微博的结合点来进行营销活动。国内外已经有很多品牌开始进军微博营销，如福特汽车、星巴克、可口可乐、肯德基等纷纷在微博上开疆拓土，取得了比较理想的营销效果。这主要归功于微博营销的以下优势。

1. 立体化

微博营销可以借助多种多媒体手段，以文字、图片、视频等形式对产品或者活动进行详细的描述，从而使消费者更形象地接受信息。多样化的展示方式，可以吸引广大微博用户的关注。

2. 速度快

微博最显著特征之一就是其传播速度迅猛。一条关注度较高的微博在互联网及手机 WAP 平台上发出后短时间内互动性转发就可以抵达世界的每一个角落。由于传播速度快，如果该信息具有极大的新闻价值或者能激发用户的互动参与，借助庞大的用户群，将会使目标受众产生几何级的增长。

3. 便捷性

微博营销与传统的广告行业相比，具有自身得天独厚的优势，这主要体现在使用微博途径发布信息的主体无须经过冗繁复杂的行政审批程序，从而节约了大量的时间和成本。

4. 影响广泛

通过粉丝关注的形式进行病毒式的传播，影响面非常广泛，同时，名人效应能够使事件的传播量呈几何级放大。具有重大价值的新闻，如政治、明星、企业促销等，对于在网络上的传播有很大的推动作用。

凡客的微博营销

凡客诚品的官方微博@VANCL粉丝团在2009年11月初发布了由徐静蕾设计、与VANCL合作出品的配饰。同时,VANCL送给姚晨两条围脖。不久,姚晨在自己微博贴出了围巾照片,有500多条评论,当晚,VANCL助理总裁@许晓辉便进行转发并评论:“想免费得到和姚晨一样的围脖吗?跟帖第190楼、290楼赠送和姚晨围脖一模一样的围脖各一条”,24小时内就获得评论超过300条。

12.3.3 微博营销实现方法

企业微博的定位是快速宣传企业新闻、产品、文化等的互动交流平台,同时对外提供一定的客户服务和技术支持反馈,形成企业对外信息发布的一个重要途径。

1. 内容建设

微博的内容维护相对简单,主要包含发布和交流两部分内容。和企业博客不同,企业微博具有非常鲜明的特色,例如发布门槛低(只有140个字)、实时性强、个性色彩浓厚、交互便捷等,企业利用微博营销必须注意微博的这些特色,才能形成良好的营销传播模式。

(1)发布信息,指的是单向地把企业自己的内容(如企业博客的文章、新品发布、企业新闻等)告知给自己的跟随者,以达到扩大宣传范围、提高知名度的效果。目前大部分中国企业都采取这种方式进行更新。

发布这类内容的时候需要注意,要保证跟随者阅读这些更新,一定要保证其有阅读价值,多发一些有趣、有特色的更新,会得到更多的转载率,并提高企业博客的关注度。

(2)互动交流,指的是通过和自己的跟随者进行交流,达到人际传播和推广的效果,这点是很多企业所忽视的。

为了形成良好的互动交流,企业微博应该关注更多的用户,并积极参与回复讨论。例如,新浪微博上的很多明星,拥有十多万的粉丝关注,而他们却几乎不关注任何一个人,形成了一种完全单向的交流通道,完全没有发挥出微博的推广作用,因此,其粉丝数反而低于善于交流的李开复等人。如果明星能善用微博营销,雇佣几个网络编辑代替其更新微博,多关注自己的粉丝,多回复,那么他们就有可能会形成更大的网络影响力,成为网络世界“意见领袖”的一员。

2. 推广方案

有了更新内容，就需要更好的对外推广，如果没有跟随者，那么再好的内容也无法得到有效的传播，企业微博的推广方式很多，这里总结了一些常用的技巧。

(1)开展有奖活动。提供免费奖品鼓励是一种营销模式，但是同时也是一种推广手段，很多人喜欢这种奖品，这种方式可以在短期内获得一定的用户。星巴克在微博上推出了自带环保杯可以免费获得一杯咖啡的互动活动，组织非常成功，网友纷纷上传自己领到免费咖啡时的照片，数以百万计的传播为星巴克的品牌形象做了大大的一次宣传。众多企业都在积极探索着微博营销的道路，也都从中取得了不错的收益。

(2)特价或打折信息。提供限时内的商品打折活动，也是一种有效的推广方法，例如销售主机或域名的企业微博，可以定时发布一些限时的优惠码，能以低廉的折扣购买，可以带来不错的传播效果。在 Twitter 上，戴尔公司的@DellOutlet 这个专门以优惠价出清存货的微博目前已经有了近 150 万名关注者；而通过这一渠道宣传促销而卖出的个人计算机、计算机配件和软件，已经让戴尔进账 650 万美元。

(3)广告宣传。在一些门户类网站、Google Adwords、百度推广等平台发布企业微博的广告，增加普通网民的关注度。2011 年，微博成为各个商家"兵家必争之地"。对汽车行业而言，坐拥 1.6 亿用户的腾讯微博成为众车企亟待开辟的"战场"。在刚刚结束的上海车展上，东风标致、长安汽车、比亚迪、华晨、长安铃木、上汽 MG 等车企展台纷纷联合腾讯汽车推出了微博上墙展示。"与其被微博营销，不如营销微博"成为了汽车企业的共识。

(4)企业内部宣传。一些大型企业本身就有不少员工，那么可以引导企业员工开通微博并在上面交流信息，对于大企业来说，这样操作可以在短时间内增加企业微博的大量粉丝，当订阅用户增多之后，就有可能在微博平台的首页曝光(例如现在新浪微博有 1 800 个订阅用户就可以上首页的草根关注排行榜)，以吸引更多的用户订阅跟随。

(5)合作宣传。联系微博平台的业务员，将企业微博的账号添加到"公司机构"等栏目，并通过实名身份认证。

(6)广送邀请。通过邮件或其他渠道，邀请企业自己的客户、潜在用户注册，注册链接使用是指定的注册链接，这样别人注册之后会自动关注企业微博。

3. 运营方案

企业微博的运营是长期的，可以考虑多个企业员工共同维护一个主账号的形式进行运营，内容的更新采用"人工＋自动"的方式。在推广初期，尽量采用人工的更新方式，保证每一条信息更新的质量，后期可以采用自动将企业博客 RSS 同步更新的方式，以方便维护。

案例研讨

新浪微博分享:随时随地分享

营销背景

距2006年Twitter现身美国已有6年,但在中国,微博真正进入人们的生活才不过1年中。许多中国微博先驱者先后进行了不懈探索,但大多以倒下告终,直到2009年8月新浪微博正式开通。新浪微博沿用博客推广的成功经验,短时间内迅速掀起国内微博风潮,"你围脖(微博)了吗?"成为很多人寒暄的第一句话。

作为国内最早由门户网站推出的微博,新浪微博已成为国内微博领域的领先者。《中国微博元年市场白皮书》数据显示,随着用户数的不断增长,新浪微博上每天都会产生海量信息。2010年7月,新浪微博产生的总微博数超过9 000万,每天产生的微博数超过300万,平均每秒会有近40条微博产生。

营销内容

2010年8月28日,新浪微博一周年。这一天,一场"微博快跑"活动绕城举行:十辆造型各异的MINI微博车队,载着特色礼物和8名网上征集的微博用户,从中关村出发,穿越北京的大街小巷,途经五道口、鸟巢、朝阳公园、天坛、西单、南锣鼓巷等北京地标性场所,将微博"随时随地分享"的精神传递给每一个路人。

"微博快跑"是新浪为庆祝微博开通一周年而组织的活动,是国内微博产品第一次大规模从线上延伸到线下,充分利用微博创新的特点,大胆突破常规的活动模式,以活动造事件,让博友自己创造内容并帮助传播。

从8月20日开始,"微博快跑"官方微博ID成立,通过话题讨论、悬念设置、投票PK、礼品激励等为活动预热。

营销效果

活动当天,车队每到一站都会组织车内、现场和线上的网友进行互动,共产生30 000多条微博内容,引发各大媒体高度关注和报道。活动结束后第三天,百度搜索"微博快跑"获得71万条相关结果。通过裂变式的传播,"微博快跑"的信息瞬间传递到了更多的网民,用户品牌好感度、忠诚度大幅提升。因此,从某种意义上来说,这不只是一场成功的庆生秀,更是新浪微博发展的新起点。

点评

线上和线下紧密结合,相互补充的创新模式,吸引了广大网民的眼球,实时的报道和转发更是将微博裂变式传播的优势发挥得淋漓尽致。这次不仅是新浪微博一周年的庆祝,更是新浪微博对自己领先者地位的宣传,同时也让更多的人认识微博、应用微博,是推动中国微博发展的一次里程碑式的推广活动。

12.4 网络社区营销

互联网的快速发展促进网络服务内容不断推陈出新，网民的网络需求也不断向个性化和细分化方向发展。依托于互联网的网络营销在营销理念方面发生了根本性的变化。Web2.0时代来临，网络社区无疑成为继门户和搜索之后中国互联网络未来发展的又一个热点；而基于其独特的用户群和黏性的服务，网络社区强大的营销价值也正日益被发掘。

12.4.1 网络社区营销概述

1. 网络社区的概念

网络社区是网上特有的一种虚拟社区，社区主要通过把具有共同兴趣的访问者集中到一个虚拟空间，达到成员相互沟通的目的。网络社区是用户常用的服务之一，由于有众多用户的参与，因而已不仅仅具备交流的功能，实际上也成为一种网络营销场所。

网络社区发展到现在，其产生的作用已经不仅仅是人群之间的互动沟通以及信息分享，更重要的是它的发展改变了人们的生活方式，形成了一个个虚拟的团体。通过网络社区这一平台的搭建，企业可以更大范围搜索消费者和传播对象，将分散的目标顾客和受众精准地聚集在一起，利用新的网络手段扩大口碑传播，获得更为精准的营销推广效果——真正网罗分众、汇聚目标群体、演绎精准营销。

2. 网络社区营销与传统营销的区别

网络社区营销与传统营销方式的最大区别在于以下两点。

(1)用户依据自身需求的主动搜索。传统广告形式是以“推”的形式引起用户的关注，因此受众的广泛性非常重要，导致广告投入巨大，但最终形成购买行为的人群很小。而在Web2.0时代，用户根据自己的喜好去主动搜索，使得用户能够更快、更准确地找到自己需要的产品，也使得企业的广告投放更具针对性。

(2)用户对体验结果的主动分享。传统营销模式终止于用户购买行为的发生，社区营销中，更重要的在于通过对产品的使用产生良好体验后，用户购买、体验产品之后的主动分享经验，可借助论坛、博客等多种社区互动平台进行快速、大范围的病毒式传播，从而形成网络上的众口相传。

因此，对于广告主和广告策划者而言，社区营销的关键在于，如何使得用户产生想了解的兴趣，推动他们去主动搜索；更重要的是在用户体验过产品之后，为用户打造一个互动交流的平台，并通过各种方式促使一部分愿意分享良好体验的用户加速传播和迅速扩大，从而可以影响更多的用户，形成众口相传的网络口碑营销。

12.4.2　网络社区的优势

1. 获取客户信任

商业性网站可以了解客户对产品或服务的意见，访问者很可能通过在线交流而成为企业真正的客户，因为人们更愿意从了解的商店或公司购买产品；学术性网站则可以方便地了解同行的观点，收集有用的信息，并有可能给自己带来启发。

2. 提高客户黏度

由于社交网站的主题具有针对性，用户会选择自己感兴趣、志趣相投的社区参加讨论或聊天，除了相互介绍各自的观点之外，一些有争议的问题也可以在此进行讨论。在此过程中把用户的兴趣和网站紧密结合，提高了客户的使用黏度。

3. 方便进行在线调查

无论是进行市场调研，还是对某些热点问题进行调查，在线调查都是一种高效廉价的手段。在主页或相关网页设置一个在线调查表是通常的做法，然而对多数访问者来说，由于占用额外的时间，大都不愿参与调查，即使提供某种奖励措施，参与的人数可能仍然不多。如果充分利用论坛和聊天室的功能，主动、热情地邀请访问者或会员参与调查，参与者的比例将会大幅增加。同时，通过收集 BBS 上顾客的留言也可以了解到一些关于产品和服务的反馈意见。

12.4.3　网络社区营销的实现策略

1. 企业利用网络社区进行网络营销的几种模式

Web2.0 时代，新兴的网络社区逐渐显示出强大的营销功能。通过网络社区这个平台，企业可以更大范围搜索消费者和传播对象，将分散的目标顾客和受众精准地聚集在一起，利用新的网络手段扩大口碑传播，并且在同趋明显的新消费模式(需求—搜索—行动—共享)中实现及时信息传输和反馈。目前，企业运用网络社区进行网络营销的模式一般有如下几种。

(1)提供信息型

即通过向顾客提供有用的信息刺激其消费欲望，增加购买力。企业通过在网络社区中自己发帖或跟帖来发布信息，向顾客提供包括新产品、产品的新用途等信息，通过介绍产品的新鲜感和有吸引力的卖点，刺激顾客的消费欲望，从而达到销售产品的目的。

(2)提供娱乐型

主要是通过为顾客提供更大的参与度来吸引顾客，以增强顾客对企业的忠诚度。顾客参与企业组织的活动,不只是为了购买,也是为了兴趣,通过网络社区组织一些有意思的线上线下活动,吸引顾客参与其中,顾客在参与的过程中增进了对该企业及产品的了解,同时也促进了顾客重复购买的欲望。

(3)服务顾客型

即利用网络的无地域无时间性和网络社区的互助性来向顾客提供完善的售后服务和其他增值服务,增强与顾客的关系,使顾客从情感上认同该企业,并建立起一种相互信赖的关系。

(4)创建品牌型

主要是通过网络社区提高品牌的知名度和美誉度,增加顾客的忠诚度,以品牌效应来增加产品的价值。可以选择话题炒作、互动活动策划、活动推广及舆论炒作、投票(调查)以及品牌风格展示等多种营销方式,从而使用户建立起对品牌的认知和好感,更好地理解品牌内涵。

2. 网络社区的推广方法

目前,网上的各种社区不计其数,并非每个社区都会有大量用户主动参与。因此,网络社区建成发布之后,还需要进行一系列的推广活动。

(1)通过搜索排名、广告等方式吸引用户的关注。网络社区的推广方法实际上类似于新网站的推广方法,可以提交给搜索引擎的相关分类目录,在分类广告中发布信息,到其他相关社区发布新社区开张的消息,甚至可以利用网络广告、邮件列表等方式吸引目标用户的注意。

(2)网络社区活动等推广活动。如果某个网站已经先于网络社区发布并拥有一定量的访问者,可以充分利用网站来为网络社区开展推广活动。例如,在网站上发布社区开张的消息;像为产品做广告宣传一样,在网站上宣传参与社区的好处;在网站公布其他成员参加社区取得收获的证明材料或推荐书;定期邀请专家或知名人士作为嘉宾参加社区的活动,与会员现场交流,或者解答会员的问题;为社区会员创建一份免费电子杂志,可以在每期电子刊物的结尾处提醒会员回来参与社区的活动。

案例研讨

中国第一亲子互动社区:蒙牛未来星

营销背景

2009年,蒙牛推出未来星儿童纯牛奶,这是国内首款针对3~9岁儿童的专业配方牛奶,它除一般纯牛奶所具有的营养成分外,还根据儿童时期身体及智力成长完善的需要,特别强化十八种营养元素助力于儿童智力的发育。蒙牛未来星关爱儿童健康,妈妈关爱宝宝成长,给孩子创造健康快乐的网络平台,让宝宝健康的成长,快乐的交朋友,亲子互动社区就此萌芽。

在全球大兴其道的 Web2.0 应用大潮下，Facebook、Myspace、Kaixin001、校内等社交网络迅猛发展，其基本的用户关联结构就运用了网络社区用户之间的网状关联，用户交互的内容转呈为新鲜事、状态、日志、相册、游戏、礼物等，而用户交互的链条则依托 SNS 天然的网状关联的好友关系，从而变得极为高效。

此 Web2.0 媒体平台模式与品牌营销的客户关系管理的原理极为相似，而 SNS 结构又使得品牌的客户关系管理从 Web1.0 形式下的数据库管理，单向交互结构升级到 Web2.0 模块中的品牌和用户，用户和用户多对多交互，从而不仅对已有的品牌忠诚用户实现了有效的黏着，同时对潜在消费者形成包围性，举证式的说服，变得更为柔性、更为有效，也更顺应用户民心。

必须借用最新的 SNS 平台结构，形成更高占位的 SRM 体系，只有这样的平台结构才能够承载蒙牛未来星社区的战略创新和市场目标实现。

营销思路与主要内容

针对蒙牛未来星消费群为儿童，决策者为妈妈的独特特点，未来星亲子社区采取了妈妈和宝宝双登陆的模式，一举解决了此类儿童产品的品牌宣传难以找到着力点的传统顽疾，使得妈妈和宝宝都萦绕在未来星亲子乐园周围，同时平台既有效承载了妈妈之间的育婴心得分享，又实现了妈妈和宝宝之间的息息相依的成长点滴，品牌感召氛围极佳。

SNS 的特性决定了产品在互动领域得天独厚的优势。SRM 的客户关系管理方式，彻底改变了以往来自于社会的自上而下，却忽略和压制了个体的力量的思维模式。而蒙牛未来星亲子社区，在个体、社会和企业之中，十分注重强调个体的娱乐与满足感，在个体满足中实现了品牌的有效渗透和关联。个体交互中的各种情感也形成了品牌情感的有效补充，不失为营销的上上之策。

在蒙牛未来星的营销过程中，个体的感受与愉悦感直接形成整个社会网络中的氛围与核心，并由此产生、黏住忠实于这一产品的个体的圈子和社会的社群，可以很清晰的看到社区的高黏性与活跃度，用户主动去接触、了解未来星的渴求在互动中快速增长。

为了进一步传播与吸引潜在客户，我们在同类受众高度吻合的 4399、摩尔庄园等媒体进行了推广投放，通过推广扩散到更大可能的规模受众。通过游戏嵌入等新型的广告模式为蒙牛未来星带来了大量外围潜在用户，不少孩子反映，蒙牛未来星社区就像“网络迪士尼”，“小游戏非常好玩”；家长也对各种开发智力小游戏点头认可，“绿色”、“安全”、“开发智力”，让孩子在未来星社区汲取营养，学会和小伙伴友爱的交流，“我们很放心”。

营销效果

未来星网站上线 3 个月，已经有十多万余注册用户，总浏览/参与用户近千万，与同类型产品官网、社区相比，表现卓越。且未来星亲子社区具有相当高的活跃度与黏性，用户的二次访问率高于同类社区 6 倍以上，内容互动更高于同类网站 10

倍！在品牌知名度和用户好感度层面，蒙牛未来星走在了同类产品的前沿。

未来星为广大儿童提供了大量开发智力的绿色小游戏，简单易操作，经过专家一致推荐的游戏配件对开发儿童的大脑、逻辑思维、协调能力具有显著的作用，因此同时赢取了家长与儿童的大力欢迎。

项目利用最新的效率极高的人际关系网络（SNS）的平台技术为"蒙牛未来星儿童牛奶"搭建了一个强大的客户关系管理体系（SRM，Social Relationship Management），实现了强力的品牌渗透和对目标用户的深度黏着以及在目标人群的快速病毒传播，在国内堪称SRM系统管理客户体系的典范。

在产品设计上，娱乐性与实用性并重，同时兼顾了产品的目标享用人群——儿童，和产品的实际购买人群——妈妈的有效连接，把亲子的情感关怀和未来星儿童牛奶的产品理念有效的结合起来，使得目标人群在平台上快乐生活、沟通交流的同时，对品牌的理解和认同更上一层楼。同时这种平台化、持续性的运营，带来了品牌的长效、持续传播，形成了品牌客户关系的有效积累，事半功倍，确实形成了新媒体背景下创新营销的一个典型之作。

点评

如何把一款产品内涵深刻的挖掘出来，如何让用户在体验中感受产品与品牌，蒙牛亲子社区无疑在这方面展现了一个好的案例。

(1)在未来星亲自社区，妈妈与孩子可以共同完成注册与各种产品体验，更有孩子喜闻乐见的在线小游戏、音乐、故事、互动等；

(2)针对家长专门设计的蒙牛健康专家、相册分享、育儿经验等。蒙牛未来星以SNS先天的优势同时完成了对两个目标消费群共同沟通，并通过将SNS的基本功能实现家长、孩子的多通道对话，通过营销专家指导孩子的健康成长，在潜移默化的社区互动体验中，实现了产品售前、售中与售后的服务理念；

(3)在深度交互体验中，蒙牛未来星不经意间渗透了其儿童奶的品牌，把开心、智慧、健康的形象与妈妈对孩子的期待与骄傲完美的联系起来。

12.5 即时通信营销

截至2011年6月，即时通信用户已经达到3.85亿，应用使用率从2010年年底的77.1%提升到79.4%，即时通信已经提升为用户规模第二大的应用类型。有强大的用户规模做后盾，IM蕴含的巨大市场营销价值已经为越来越多的企业所认可，而IM承载的传播形式更是变得越来越丰富。未来的营销战场，IM营销必不可少。因此，即时通信营销一直是企业最关注的营销模式之一。

12.5.1 即时通信营销概述

从当前企业网络营销发展的趋势来看，营销型网站已经成为网络营销的主要载体，而IM工具则是营销型网站的重要组成部分。同时IM工具作为区别于网站平台的营销载体，是企业网络营销平台模式的有机补充。

1. 即时通信营销的概念

IM营销又叫即时通信营销(Instant Messaging)，是企业通过即时工具IM帮助企业推广产品和品牌的一种手段。

在互联网时代，没有任何一项产品或服务能够像即时通信工具(IM，Instant Message)一样广为人们所接受，即时通信工具已经成为了人们生活离不开的沟通交流工具。目前国内互联网上常用的即时通信软件包括QQ、飞信、MSN等，即时通信正在由最初的“技术驱动”模式向“应用驱动”，再到“服务和用户驱动”模式进行转变。服务和用户驱动的模式为企业营销众多的营销创新机会。

肯德基与腾讯的合作就是一种基于即时通信平台的广告传播创新。2007年夏天，肯德基大力推广其饮料品牌，在营销方面，除了采用传统的购买产品赠送刮刮卡方法外，还联手腾讯开辟了集游戏、造型选秀、短信酷评于一体的kfc. qq. com平台，展开了“酷夏搜城记”。QQ即时通信平台更将KFC的品牌标志放在了企鹅卡通形象上，并且让企鹅“穿”上了代表饮料的各种的服装，其实施策略如图12-2所示。肯德基这种新颖的广告形式无疑是即时通信平台上软性广告的一个典型。

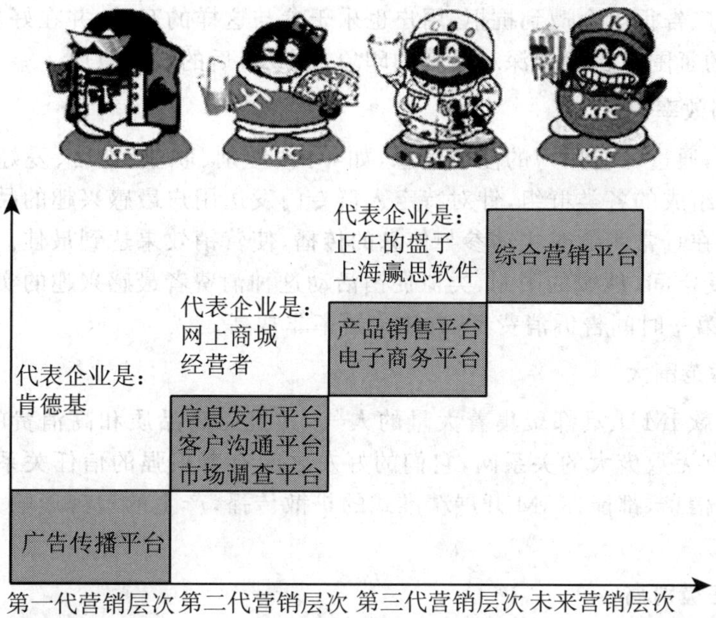

图12-2 肯德基的IM营销策略

2. 即时通信营销的应用方式

IM营销一般有两种应用方式：

(1)网络在线交流,中小企业在建立网店或者企业网站时一般会有即时通信在线,这样潜在的客户如果对产品或者服务感兴趣自然会主动和在线的商家联系。

(2)企业通过IM营销通信工具发布一些产品信息和促销信息,或者可以通过图片发布一些网友喜闻乐见的表情,同时加上企业要宣传的标志。

12.5.2 IM营销的主要优势

在网络营销1.0时代,网络营销服务商注重的仅仅是服务的内容和形式,而对于企业使用了网络营销服务后的实际效果,往往并不关注。进入网络营销2.0时代,则是全面围绕网络营销效果,进行网络营销资源整合的新阶段。IM营销也是效果营销的组成部分,它紧密围绕着商机挖掘和商机转化,客户和消费者均能直接感受到网络营销和网络采购所带来的效果。即时通信营销广泛被应用主要源于它的以下三方面的优势。

1. 互动性强

无论哪一种IM,都会有各自庞大的用户群,即时的在线交流方式可以让企业掌握主动权,摆脱以往等待关注的被动局面,将品牌信息主动地展示给消费者。当然这种主动不是让人厌倦的广告轰炸,而是巧妙利用IM的各种互动应用,可以借用IM的虚拟形象服务秀,也可以尝试IM聊天表情,将品牌不露痕迹地融入进去,这样的隐形广告很少会遭到抗拒,用户也乐于参与这样的互动,并在好友间广为传播,在愉快的氛围下自然加深对品牌的印象,促成日后的购买意愿。

2. 营销效率高

一方面,通过分析用户的注册信息,如年龄、性别、职业、地区、爱好等,以及兴趣相似的人组成的各类群组,针对特定人群专门发送用户最感兴趣的品牌信息,能够诱导用户在日常沟通时主动参与信息的传播,使营销效果达到最佳。另一方面,IM传播不受空间、地域的限制,类似促销活动这种消费者最感兴趣的实用信息,通过IM能在第一时间告诉消费者,有效传播率非常高。

3. 传播范围大

任何一款IM工具都聚集着大量的人气,并且以高品质和高消费的白领阶层为主。IM有无数庞大的关系网,它们的好友之间有着很强的信任关系,企业的任何有价值的信息,都能在IM开展精准式的扩散传播,产生的口碑影响力远非传统媒体可比。

4. 信任级别高

与一般的营销传播手段不同的是,IM营销面对的都是朋友或者熟人,所以信息宣传的有效性与针对性毫无疑问将会大大加强。在一个商业信息泛滥的社会中，许多消费者对一般性的商业广告已经熟视无睹，但是对朋友圈中来自好友的信息还是比较愿意接受的，这正是诸多企业看好 IM 营销的主要原因所在。

12.5.3 即时通信营销的运用战略

1. 即时通信营销的关键策略

(1)商机挖掘

商机挖掘是企业 IM 营销的一大特色。通过 IM 工具，网站管理员能够方便地知道网站实时访问情况，了解意向客户的访问轨迹及停留状态，以分析其潜在的需求。在此基础之上，可对判定有意向的访客主动发起交谈邀请，从而建立沟通互动，有效获取到宝贵的商机。

(2)商机转化

建立对话沟通只是获取商机的第一步，而商机转化则是中小企业 IM 营销更为重要的任务。通过 IM 工具，网站方能够获取客户第一手资料，了解客户需求，及时展示企业的产品信息和促销活动，通过提供一对一的网络营销服务，甚至能分析解决客户的个性化需求，为最终使该商机获得有效转化奠定基础。

(3)服务导航

对于购买意向并不明确或已成交客户，IM 工具也能发挥作用，主要体现在为其提供服务导航上面。通过 IM 工具，网站方能够快速对意向客户或已成交客户进行需求分拣，并提供解决问题的服务指南，使得客户能够获得满意的答案或解决实际问题，有利于提升客户的网络营销服务满意度和用户忠诚度。

2. 即时通信营销的关键应用

(1)在线客服

在线客服是 IM 营销的核心表现形式，它包括人工在线导购、人工客服咨询和自动咨询应答等形式。在线客服是联系目标客户与网站方的重要纽带，也是商机挖掘的直接载体。在技术层面，IM 的在线客服服务又分为需要客户端和直接嵌入网页不需客户端两种类型。

(2)商机管理

IM 营销往往是与商机管理分不开的。这里的商机，是通过 IM 系统在网站分析、访客管理等方面而产生的宝贵数据和资源。商机管理是 IM 营销中的重要环节，也是 IM 工具“在线客服”功能所产生的成果汇总，对于后续的网络营销活动开展及客户资源管理，起着非常重要的过渡作用。

(3)集成应用

IM 营销工具由于其“无所不在、实时监控”的特性，在企业投入应用的网络营销工具使用频率上，往往是最高的。因此 IM 营销工具作为企业实施网络营销管理的综合入口，还集成了相当多的各类应用在内，包括快速导航、集成登录、快捷搜索等。综合来看，在成熟使用 IM 营销的中小企业，其 IM 营销工具往往具备成为集成应用平台的趋势。

案例研讨

"可口可乐火炬在线传递"

营销背景

2008 年 3 月 24 日，2008 颗火炬在线传递火种在腾讯 QQ 即时通信工具上从不同方向开始蔓延传播，即"腾讯 & 可口可乐火炬在线传递营销活动"。和现实中的奥运圣火一样，网络火炬接力所到之处引来无数尖叫和沸腾，短短 130 天内，就有超过 6 200 万人在网络传递了圣火，参与人数之多也创下了国内互联网营销的纪录。

营销内容

腾讯网庞大的用户基础以及软件技术的发展，为可口可乐奥运火炬在线传递创造了技术和通路上的可能性，这为火炬在线传递活动的蔓延扩散提供了平台支撑。3.5 亿腾讯用户基础上的每日清晰数据收集，为合作伙伴可口可乐带来了每一刻活动情况，最终提供了多种数据化的明晰营销效果。而 QQ 用户作为此次活动的接触点，与可口可乐核心消费群体高度重合。在这次的营销传播活动中 QQ 既是品牌与受众的接触点，也是品牌传播的端口，达到了活动与用户的一对一接触，并且通过图标、小窗等手段让用户维持对这一活动的持续关注，从而达到受众与活动每分每秒的第一时间接触。

活动中，火炬传递以邀请代替灌输，以互动代替单向沟通，实现消费者的互动参与。腾讯与可口可乐通过邀 2008 名第一棒火炬在线传递大使，实现受众的卷入互动，通过这些大使的传递，实现更多的用户参与互动，使得整个活动出现广泛蔓延。

QQ 用户参与在线火炬传递只是消费者参与互动的一个方面。同时火炬传递大使还可以在 icoke.qq.com 线上平台上传个人照片，写下个人的奥运心情，还可以到 Qbar 参与火炬在线传递的讨论等，实现全方位的用户互动。与此同时，通过可口可乐在线火炬传递，QQ 用户得到的一次参与奥运的机会和体验，满足的是受众对参与奥运的心理需求，这本身就是一种价值交流。来自贵州的在线火炬手刘先生认为，参加线下火炬传递的几乎都是各行各业的名人，但火炬在线传递则是人人都可以参加的，这种完全草根化的参与方式更易为普通百姓所接受，同时也更有利于广泛传承发扬奥林匹克精神。

在此次活动中还设置了多种虚拟和实物奖项，调动了网民的参与积极性，延长了传播时间。例如在活动结束后，火炬手的 QQ 图标并未消失，所有参与活动的用户将通过 QQ 即时通信软件面板中的熊熊火炬支持奥运盛会的体育健儿。8 月底,第一棒网络火炬手们收到了腾讯网寄来的实物徽章,让许多人长久铭刻在心。

营销效果

此次营销在短短的 130 天时间里,吸引 1.35 亿双眼球的关注,超过四分之一的中国网民主动参与,引起 7 600 万竞相议论、产生 251 万讨论热帖,短时间内达到热度和广度的双丰收。这次成功的营销策划获得了《成功营销》杂志评选"2008 十大成功营销品牌与案例奖"。

点评

总结此次在线火炬传递的胜利,不能不提的是以下几个关键词:数据效果、互动式体验、精确化接触和差异化品牌诉求。

上述的各种活动为此次的合作方可口可乐打造了一个与其他奥运赞助商完全不同的"营销盛世",最终完成了品牌推广的差异化。"对于任何一个想尝试在线营销的广告主来说,可口可乐火炬在线传递活动,都是一个百看不厌的经典案例,无论是看最终的营销效果评估数据,还是从最初的策划、创意初衷,以及执行过程,都堪称精彩。因此它捧得成功营销案例奖是毫无悬念的。"业界专家表示。

一位可口可乐公司内部人士向记者表示,"正如腾讯网的口号,这一策划在网民中间引起极大的回响和共鸣,因此最终成就了如此之大的影响,并取得了多赢的营销效果。"

12.6 视频营销

随着国外的 YouTube、国内的土豆、优酷等网站的流行,视频在线播放成为视频应用的热门形式,视频作为营销工具开始出现并取得不错成果。在商务互联网时代,网络视频的商业价值很快凸显,连比尔·盖茨都在世界经济论坛上预言,五年内互联网将"颠覆"电视的地位。这话在一定程度上表明了互联网视频的势头。网络视频营销成为人们的关注点。

12.6.1 视频营销概述

1. 视频营销的概念

网络视频营销是指企业或者组织机构利用各种网络视频,比如科学视频、教育视频、企业视频等网络视频发布企业的信息、展示企业的产品、推广企业的各种营销活动,以及各种组织机构通过各种网络媒体,利用网络视频把最需要传达给最终目标客户的信息发布出去,宣传企业产品和服务,在消费者心中树立良好的品牌形象从而最终达到企业营销目的,这种创新营销形式兼顾形象传播与产品营销理念,既可传达产品概念，也可再现销售过程。

"视频"与"互联网"的结合，让这种创新营销形式具备了两者的优点：它具有电视短片的种种特征，例如感染力强、形式内容多样、有创意等，又具有互联网营销的优势，例如互动性、主动传播性、传播速度快、成本低廉等。可以说，网络视频营销，是将电视广告与互联网营销两者集于一身的。

2. 视频营销的发展趋势

当前，视频营销发展呈现出三个趋势：品牌视频化、视频网络化和广告内容化。

(1)品牌视频化

现在很多广告主将品牌广告通过视频展现出来，这个趋势现在非常明显。通过视频可以将品牌的特色和内涵以动态的形式展现，更具可观性，给用户留下更加深刻的映像。

(2)视频网络化

这个发展已经成为一种趋势。随着互联网的普及和在人们生活中应用的深入，视频的传播和分享主要依靠互联网这一平台，这一趋势使视频营销的影响范围更广。

(3)广告内容化

与电视节目间隙插入的广告不同，现在的视频营销更多的是将一个广告融入电视节目或电视节目，应用这种形式，让其成为所关注节目的重要组成元素的或者成为一个剧情纽带的时候，大家就愿意去看了。

12.6.2 视频营销的优势

在 Web2.0 时代，网络视频在 Internet 的传输速度快，应用范围非常广泛，视频作为营销工具取得不错的成果。视频营销之所以吸引了大多数企业的眼球是因为它的以下优势。

1. 成本低廉

让许多公司开始尝试网络视频广告的一个重要原因，就是网络视频营销投入的成本与传统的广告价格差太大了。一支电视广告，投入几十万元甚至上千万元都是很正常的事情，而几千元钱就可以搞定一支网络视频短片。甚至，一个好创意，几个员工，就可以做一个好短片，免费放到视频网站上进行传播。

与此同时，低廉的价格却带来非常高的性价比。根据 Burst Media 公司完成的研究结果表明，56.3%的在线视频观众可以记起视频里的广告内容。一支流传甚广的视频可以让公司以极小的成本获得极大的曝光。也正因为如此，虽然互联网视频广告的影响力越来越大，但是公司为此付出的资金却不会有多大增长。毫无疑问，在这种情况下，那些准备削减广告预算的公司必定会选择进行视频营销。

2. 目标精准

与传统营销方式的一个最大不同,网络营销能够比较精确地找到企业想找的潜在消费者。作为网络营销最新兴的方式,网络视频营销则是更精准地发挥了这一特性。

例如 YouTube 上有“群(Group)”的设置。这是在网络上有着相同视频兴趣倾向的网民的集合。YouTube 通过目标锁定识别特定受众群,并通过有效的可行途径影响他们,发掘、培养他们的兴趣点。令人感兴趣的内容能吸引受众,而受众的不断支持、回复、上传又能产生良好的内容。一传一受的交互方式,促进了群组织的形成。那么,广告商在特定的群投放产品,例如广告商在汽车群投放视频广告,或者在这个群征集作品,就能取得不错的效果。

3. 互动+主动

互联网营销具有互动性,这一点也被视频营销所继承。YouTube 编者和读者之间的回复便很好地证明了这一点:用户利用文字视频可新建对发布者的回复,也可以就回复进行回复,另外,观看者的回复也为该节目造势,有较高争议率的节目点击率也往往高调飙升。与此同时,网友还会把他们认为有趣的节目转贴在自己博客或者其他论坛中,让视频广告进行主动性的“病毒式传播”,让宣传片大范围传播出去,而不费企业任何推广费用和精力。这一优势是电视广告不具备的。

与此同时,与其他互联网营销形式不同,视频感染力更强,因此引起网友的主动传播性也更强。

4. 传播速度快

视频营销的这个特性已经在诸多案例中显露无疑。列举一个美国竞选的例子:在 2006 年 8 月,美国弗吉尼亚州的共和党参议员候选人乔治·艾伦在一次演讲中发现台下有一名印度裔的听众,结果他无意之间称呼这位听众为“非洲短尾猿”,这种说法带有很强的种族歧视色彩,这段视频被传到 YouTube 上,在非常短的时间被愤怒的网民们复制、粘贴、快速传播,导致艾伦的名声在几个月的时间快速下降,最终落选。

5. 效果可测

在种种叙述在线视频营销的语句中,可以看到大量的数字:“网络搜索集团评出几大视频网站——YouTube、MSN Video、YahooVideo、AOL Video、iFilm,这些网站的访问量是美国五大广播电视网网站访问量的两倍,且用户在前者的停留时间达 12 分钟/次,长于后者的 8 分钟/次”。这段视频短片,被点击 3 000 万次,转载 5 000 次并附有 2 400 条评论。

种种数字让企业视频营销的“每一笔费用都可以找出花在了哪里”。收集网友的评论,也可以总结这次视频广告的得失,大大提高效果监测率。

视频营销是将“有趣、有用、有效”的“三有”原则与“快者为王”结合在一起,这正是越来越多企业选择网络视频作为自己营销手段的原因。

12.6.3 视频营销的战略

视频营销虽然有很多的优势，但是想要成功的运用视频营销推广产品和业务需要选择正确的策略和方法。

1. 网民自创策略

网民的创造性是无穷的，而且在视频网站，网民们不再被动接收各类信息，而是能自制短片上传，和别人分享。除浏览和上传之外，网民还可以通过回帖就某个视频发表意见，并给它评分。因此，企业可以把广告片，以及一些有关品牌的元素、新产品信息等放到视频平台上来吸引网民的参与，例如向网友征集视频广告短片，对一些新产品进行评价等，这样不仅可以让网友有收入的机会，同时也是非常好的宣传机会。

2. 病毒营销策略

网民看到一些经典的、有趣的、轻松的视频总是愿意主动去传播，通过受众主动自发地传播企业品牌信息，视频就会带着企业的信息像病毒一样在互联网上扩散。病毒营销的关键在于企业需要有好的、有价值的视频内容，然后寻找到一些易感人群或者意见领袖帮助传播。七喜的广告视频让七喜重获关注。七喜的广告视频将故事性、可信度、实在的、有感情的、简单的和出乎意料六个元素很好的融合，成为网络视频的成功模型。

3. 事件营销策略

事件营销一直是线下活动的热点，国内很多品牌都依靠事件营销取得了成功，其实，策划有影响力的事件，编制一个有意思的故事，将这个事件拍摄成视频，也是一种非常好的方式。而且，有事件内容的视频更容易被网民传播，将事件营销思路放到视频营销上将会开辟出新的营销价值。

清东陵景区/游客巧遇一山西煤老板对导游发飙，强行亿元购买康熙墓。游客见此景遂拍摄下来上传网上，几日内引来网民、各大网站、电视媒体关注与积极讨论，短时间内达到百度风云榜第二名，亦成当时热门话题。此视频事件营销的目的主要是引起大家对清东陵康熙墓的保护意识，取得了良好的营销效果。

4. 整合传播策略

由于每一个用户的媒介和互联网接触行为习惯不同，这使得单一的视频传播很难有好的效果。因此，视频营销首先需要在公司的网站上开辟专区，吸引目标客户的关注，另外，也应该跟主流的门户、视频网站合作，提升视频的影响力，而且对于互联网的用户来说，线下活动和线下参与也是重要的一部分。因此通过互联网上的视频营销，整合线下的活动、线下的媒体等进行品牌传播，将会更加有效。

案例研讨

别克新一代君威凭借视频营销当红问世

营销背景

2002年12月26日上海通用公司终于兑现了“一年一款新车”的诺言，传闻已久却一直深藏不露的新车型在上海新国际博览中心隆重亮相。这款豪华车型取“君临天下，威重四海”之意，名定“君威”(Regal)。

营销思路与主要内容

新君威的品牌核心形象为“动感时尚，引领潮流”，同时这款车型代表着上海通用别克品牌年轻化的转型。基于此，锁定目标人群：

(1)深具对时代脉动的敏锐洞察，寻求在事业领域的前瞻与创新，渴望能够引领专业上发展的专业精英。

(2)对潮流异常敏感，紧盯社会新风尚，不愿循规蹈矩，渴求寻找新的灵感，始终站在时代前沿的潮流新锐。

基于这样的目标人群定位，确保产品主张在传播中能得以精准体现。同时，又在传统的互联网硬广投放中创新求变吸引目标人群的眼球。

新君威的营销活动旨在完成别克品牌在互联网上的年轻化转型；充分吸引受众关注新君威的激情上市；始终体现新君威时尚、动感、引领潮流的品牌形象。而冲破单纯的硬广投放瓶颈，使传播的效果具更广泛的影响力，人群更精准更渗透，让广告信息潜移默化地影响消费者并培养品牌好感度是新一代君威上市推广的重要课题。

新君威的营销策划不仅利用了硬广和传统网络渠道外，大胆借助SNS社区进行产品植入，使受众在游戏的同时愉悦的接受了产品广告信息，使广告效果优化。这样才能使君威品牌得到了广泛的展露，并与用户进行深层的互动。

执行过程

预热阶段，启动了声势浩大的造势，创意制作三段以北上广地标性建筑为载体并结合产品“动感时尚”特性的大胆创新宣传动画视频。新君威夺人眼球的大手笔广告，从北京水立方到上海浦东双塔，让观众在互联网的平台上过足了动态户外广告的瘾。此系列创意视频在各视频网站上进行病毒传播。

方案选定了某SNS网站“争车位”进行植入，网友在体验热门游戏虚拟交易的同时可以点击链接到产品网站了解新君威产品属性。产品作为道具出现在游戏中，用户不会有看硬广那样的厌恶感。通过游戏的展示，用户能对广告品牌及广告车型产生明确的认知，比如用户买了该车，那么该用户每次进行游戏时都会看到它，其所在停车位的好友也能看到它，这显然是广告主乐意看到的——这保证了品牌的曝光率和到达率。

此外，在广告投放站点和创意形式的选择上，除了几家主流的门户、汽车垂直网站，增加入了娱乐、时尚等频道的投放，以迎合新君威“引领潮流”的品牌诉求。

创意形式上结合疯狂广告、视频窗口等丰富多彩的媒体形式，以表现出品牌特征并吸引受众的注意，使得传播效果最大化。

营销效果

本次新君威的上市推广，通过预热的强力造势，上市阶段的网络环境产品植入运用，无论广度或深度都达到了良好的效果：新君威在消费者在期待中登场，中高端的准目标消费者在SNS社区的游戏中接触并了解产品。

新君威产品结合北上广地标性建筑的创新预热病毒视频上线两周，在网络上引起强烈反响，在网友间形成自主病毒传播，三段视频累计播放数达200万以上。评论中，网友对视频的创意和精美制作赞美有加。

点评

创新网络宣传的方式和渠道的有效组合，将“别克新一代君威”上市在网络宣传中推向了一个新的高度。

12.7 口碑营销

12.7.1 口碑营销概述

1. 口碑营销的内涵

口碑(word of mouth)是指消费者之间关于某产品或服务的特性、使用情况的所有非正式交流和沟通。由于口碑沟通没有商业目的，消费者往往比较信赖这种非正式沟通方式，因而口碑沟通能够影响顾客的购买决策。麦肯锡的一项研究表明：67%的快速消费品购买决策是基于口碑作出的。国外的实证研究还发现，口碑在增加新产品的知名度、传播产品信息、刺激产品试用、说服消费者采取行动等方面能发挥重要的影响作用。

从应用的角度看，主要有两种形式：一种是直接把消费者在网上对于某种产品品牌的评价作为消费者向其他人传播自己对该产品或服务的看法与意见；另一种是把消费者在网上发布的文字性的评价作为网络口碑的形式来进行研究。但是无论是哪种方法，它们之间的差别仅仅在于网络口碑的形式不同，其内涵并未变化，即消费者之间通过网络交流其对某种产品或服务的评价。

2. 口碑营销与传统营销的区别

(1)影响范围不同。传统口碑的影响一般都局限在一个本地的社会网络中；而网络口碑的传播速度更快，传播领域更广，其影响范围超越了时空的限制。

(2)形式与内容不同。传统口碑主要以面对面地口头表达为主，辅以肢体语言；而网络口碑一般不需要传播者和接受者面对面地直接接触，内容是通过网络传播的各种形式的数字化信息，形式多样且形象生动。

(3)涉及的社会关系不同。传统口碑的信息源是接受者熟悉的人(亲戚或朋友);而网络口碑则更多的来自陌生人。

(4)网络口碑具有更好的直观性。传统口碑中的信息主要通过私人对话来传递,所以直接观察不太可能;而绝大多数网络口碑的信息是文字,消费者一般比较容易了解它的质量和数量。

(5)网络口碑具有相对可控性。网络口碑中的一些信息,如企业自己网站上的用户评论是可以控制的,网站的管理者可以决定是否显示某条评论,并且可以规定一个被显示评论的具体范式,而传统口碑就难以做到这些。不过,对于来自网上数以万计的公共社区、论坛或个人博客以及其他网站等传播渠道中的口碑,相关内容涉及者便无法控制传播的内容了。

12.7.2 口碑营销的优势

相比于其他营销方式,口碑营销具有很多独特的优势,主要体现在以下几点。

(1)传播形式更直接、更真诚

当一个产品或者一项服务形成了良好的口碑之后,就会被广为传播。口碑传播形式往往借助于社会公众之间一对一的传播方式,信息的传播者和被传播者之间一般有着某种联系,这样信息的传播者就可以针对被传播者的具体情况,选择适当的传播内容和形式,形成良好的沟通效果。

(2)宣传费用低廉

良好的口碑是企业的一笔巨大财富,它的形成需要企业方方面面的配合以及前期较大的人力、物力、财力的投入,而企业的产品或者服务一旦在消费者中形成了一个好的口碑,消费者就会自行宣传企业的产品和服务,并且很容易形成稳定的忠实顾客,这样就会为企业大大地节省广告、宣传的费用。所谓"酒香不怕巷子深",好的口碑自然就会形成良好的宣传效应。

(3)可信度高

在信息化高度发展的今天,消费者每天都会接触很多的信息,有用的信息可以为顾客创造价值,极大地节省消费者的时间和精力,而一些垃圾信息不但会浪费消费者的时间和精力,而且有可能极大地伤害消费者。口碑传播的信息接受者和传播者之间因为总是存在着某种联系,信息的接受者对传播者传播的信息比较容易接受。另外,一个产品或者服务只有形成较高的满意度,才会被广为传诵,形成一个好的口碑。因此,口碑传播的信息对于受众来说,具有可信度非常高的特点。

(4)有利于树立良好的企业形象

口碑传播不同于利用广告宣传,前者是企业良好形象的象征,而后者仅仅是商家的一种商业行为。口碑传播是消费者对企业的产品或服务有较高的满意度的一个表现,而夸张的广告宣传有可能引起消费者的反感。拥有良好口碑的企业往往就是那些被社会公众所拥护和支持的企业，当一个企业赢得了一种好的口碑之后，其知名度和美誉度往往就会非常高，这样企业就拥有了良好的企业形象。这种良好的企业形象一经形成就会成为企业的一笔巨大的无形资产，对于产品的销售与推广、新产品的推出都有着积极的促进作用。

作为一种替代性强的认知方式，口碑传播在传播的针对性和传播深度方面明显优于媒体广告和任何一种营销活动，因此口碑传播是非常值得运用的一种信息传播渠道。

12.7.3 口碑营销的应用战略

1. 口碑对消费者购买行为的影响

要更好地使用口碑营销，首先要了解什么样的口碑对消费者的购买行为的影响更大。网络口碑对消费者购买行为的影响体现在整个购买决策过程的各个阶段，而且对各决策阶段影响力的大小也受不同因素的影响。

(1)相似的背景会增强网络口碑对决策各个阶段的影响力

社会学理论认为，背景相似的人之间的互动较多，也比较容易沟通，有利于信息的流动。因此，口碑传播最容易发生在年龄、性别和社会地位相似的人之间。就网络口碑来说，相似的经历往往能够引起沟通双方的共鸣，产生更高的信任感和亲密感。因此，如果沟通双方的背景相类似，接受口碑信息的一方在对产品产生兴趣和需求、进而评价产品并最后做出购买决定的可能性也越大。

(2)强关系下的网络口碑对确认需求阶段的影响显著

人与人之间的关系是一种基本的影响力，这种影响力的强弱用关系强度来描述。如果沟通双方的关系强度较高，则传递者发出的口碑信息对接受者的影响也更大。另外，当口碑沟通双方处于强关系时，接受者对传递者具有更高层次的信任感。不仅如此，关系的强弱还会影响接受者搜寻信息的主动性。在这样一个强关系的情境中，传递者和接受者处在一个密切的接触过程之中，因而促使接受者主动地搜寻口碑信息。

(3)来自专家的口碑对消费者的影响力更显著

专家通常指在某个方面具有较高水平专门知识的人，他一般具有丰富的工作阅历和独特的社会地位，能够运用所积累的经验和知识推导出可行的方案，保证信息的正确性，这对专门知识相对较少的口碑信息接受者来说是非常有用的。研究表明，中国人通常十分重视其他人的评论，特别是“权威人士”的评论，因此中国人比世界其他地方的人更相信口碑。

2. 口碑营销的运营策略

(1)建立并完善网络口碑的传播渠道

网络口碑的传播需借助于各种网上渠道，因此，企业应当为消费者搭建网上社区或论坛等网络沟通的有效渠道，并充分利用网站布告、帖子列表、讨论区、聊天室、电子邮件等网络口碑传播工具。这样做，一方面可使消费者的口碑信息借助这些渠道通畅地传播，不但可维系大批忠诚客户，而且可吸引大量的潜在客户参与其中；另一方面可以帮助企业及时搜集消费者的信息，并据此对产品或服务加以改进。

(2)策划与设计有效的口碑内容

实证研究表明，消费者满意程度与网上评论的数量近似呈"U"形分布。顾客一般是在非常满意或非常不满意时才会去发表评论。根据购后失衡理论，口碑行为是释放购后压力的重要形式，释放压力可以看作口碑行为的"预期心理收益"。非常满意或非常不满意的顾客在购买后产生的需要释放的压力大，他们对口碑的预期回报更大，所以口碑的传播意向更强烈。而在满意态度适中时，预期的心理收益小，从而降低口碑传播倾向。尽管来自于极端满意情绪顾客的口碑能给企业带来新的消费者，但这对企业长远的发展未必是件好事，因为口碑是形成消费预期的重要因素，根据顾客满足理论，顾客满意程度等于预期价值和实际价值的差，消费者看见夸大的口碑信息后，必然会提高对该产品的预期价值，这将加大与实际价值的差距，从而可能导致顾客的不满意，这种状况持续下去将影响企业的长远发展。可见，口碑的"U"形分布会给消费者和企业带来一定的福利损失。极端情绪的消费者往往过高或过低地评估产品，其观点不能客观地反映产品的真实质量。对消费者来说，失真的信息会误导其决策判断，增加决策风险和成本；而对企业来说，不公正的负面口碑固然会影响其声誉和产品或服务的销售，但夸大的正面口碑也并不一定有利于企业的长期发展。

因此，网络口碑的内容应客观和具有较高的可信度，这是策划与设计口碑内容应把握的基本原则。

(3)建立相应机制，减少和控制消极网络口碑传播

由于网络口碑具有相对可控性，企业对于发生在自己无法控制的传播渠道中的口碑应当给予足够的重视，尤其是当消极口碑出现时，应及时采取应对措施，防止马太效应的发生，以尽可能弱化对企业的形象或产品及品牌声誉的负面影响。

建立完整的顾客档案系统和应急反应机制，是有效控制负面网络口碑传播的关键。同时要鼓励顾客投诉，建立便捷的顾客投诉渠道，并及时有效地处理顾客的投诉。

针对网上已出现的社会影响力较大的负面口碑，企业的反应速度一定要快，可采取如下步骤。首先，分析原因，做出对策，以求在最短的时间内消除负面传播。其次，态度坦诚地面对产品或服务出现的问题，努力建立勇于承认错误、承担责任并能迅速改进企业中的不足之处的形象。再次，在处理消极口碑传播的过程中，实施口碑营销策划，借事件对产品或服务进行积极的口碑传播引导，维护企业的正面形象。

五粮液口碑营销+危机公关

在2011年年初五粮液与著名打假人士方舟子爆发冲突，方舟子直言五粮液黄金酒功效只是传说，并且爆料五粮液黄金酒多种虚假宣传，该信息已经有一定媒体进行传播。五粮液立即启动五粮液危机公关的防护服务，快速通过公关关系删除媒体的负面报道，并且发布大量正面、积极、健康的信息，通过健康的新闻稿、论坛、互动问答等多种互联网信息平台对五粮液进行口碑保护，处理危机公关的同时又进行正面的口碑营销策略，而仅仅通过三天的时间，百度搜索五粮液已经没有任何负面的报道，而新闻都是跟五粮液近期的动态、活动、公益、百科、财经相关有利信息。越大的企业越容易被竞争对手诽谤、越大的企业越容易被有攻击、越大的企业越容易引起矛盾被最大化，合理处理企业危机对一个企业来说起着深刻的影响和帮助，也是必不可缺的。

同时五粮液针对于五粮液的口碑情况定制一套完整的口碑方案，进行为期一年的关键字技术优化、舆论监测、口碑营销，以及安排专业人员随时跟踪五粮液信息的健康情况进行分析，保护五粮液不受任何不实报道的侵害。口碑营销对于企业的长期发展具有重要的意义。

案例研讨

网络口碑营销:"彪悍的小y"创千万点击

营销背景

"彪悍的小y"到底是谁？他是如何在天涯这样一个拥有超高流量的论坛里缔造横扫沙发和凡帖必复的神话？是否真的像媒体所说的"几个学生合伙上演的闹剧"？答案不言而喻。从抢沙发到凡帖必复，从爆料天涯各大教派到万人抢楼帖，环环相扣，步步为营，绝非一般人所为，而是一次极富创意、策划缜密的网络营销事件。

营销内容

"彪悍的小y"，是中国本土最大的公共关系机构——蓝色光标针对联想Ideapad Y460笔记本彪悍的性能和主流的价位所策划的一次网络口碑营销事件。

2010年9月，联想针对学生市场推出全面升级的联想Ideapad Y460学生机。在配置上联想Y460进行了全面升级，而价格直降千元。随着本次优惠活动的推出，联想打出了广告语"彪悍的小y，你懂的"，引发了学生市场的广泛关注和共鸣。"彪悍的小 y,你懂的"这句广告语也开始成为学生们的模仿和恶搞对象。从对笔记本的恶搞,再延伸到各种流行事件和校园图片,彪悍体图文"彪悍的××,你懂的"开始广泛流传,并被人称作"彪悍体"。

"彪悍的小 y"抓住了网民猎奇的心理,在短短 20 天内凭借着抢沙发和凡帖必复的彪悍行径引发了公众的广泛关注和追捧,在天涯搭起了"万丈高楼",并创下千万点击。

营销效果

"彪悍的小 y"在短短 2 天时间里抢占了天涯近三千个沙发,他在天涯的单网点击超过 1 300 万次,网友回复超过 17 000 楼。在《上海晨报》、《南方周末》及新浪等网络主流媒体的评论中,他是超越了"贾君鹏"的又一次网络营销案例。众所周知,"贾君鹏"在六小时内创造了近四十万的点击和近两万的回复,但根据媒体调查,很多网友只是记住了"贾君鹏"这个名字,却并不知道他到底是谁?为谁而生?最终,在大多数人看来,"贾君鹏"仅仅是一个网络红人的名字,而企业希望通过"贾君鹏"事件传达的相关信息却鲜为人知。而"彪悍的小 y"是的广大网民认识了联想 Ideapad Y460,这款产品的高性价比的特点深深的烙在人们心中。如果站在企业营销的角度来讲,"贾君鹏"事件只能算一次成功的网络热词炒作,而"彪悍的小 y"才是网络口碑营销的经典案例。

点评

反观"彪悍的小 y",天涯单网千万点击的背后是绝佳的网络营销创意,巧妙地利用抢沙发和凡帖必复等社区文化及网络新兴名词推动口碑营销在产品推广中的巨大作用,使得"彪悍的小 y"的种种彪悍行为与 ideapad Y460 产品彪悍的性能高度契合,从而为企业的产品营销带来了良好的效果,极大地拉动了销售,实现了网络营销的主旨。

本章小结

(1)Web2.0 是相对于 Web1.0 的新的一类互联网应用的统称。用户可以通过浏览器获取信息是 Web1.0 时代的主要特点。Web2.0 时代更注重用户之间交互功能,用户既是网站内容的浏览者,同时也是网站内容的制造者。Web2.0 是互联网建设的一种新模型,是互联网的一次理念和思想体系的升级。Web2.0 技术主要包括博客(Blog)、简易信息聚合(RSS)、互联网百科全书(Wiki)、社会性网络服务(SNS)等。相较 Web1.0 而言,Web2.0 的网站内容更加注重用户的参与制造,与用户的交互性更强。

(2)博客营销是指通过博客网站或博客论坛接触博客作者和浏览者,利用博客作者个人的知识、兴趣和生活体验等传播商品信息的营销活动。博客营销主要体现出:目标更为精准、广告的交互性、营销的低成本、更佳的传播效果、影响力大、有利于长远利益和培育忠实用户等优点。在进行博客营销时,需要注意简化流程,有效地聚合用户的信息，并结合线上线下结合的形式，借助 QQ 等其他工具合理的展开。

(3)微博是一种微型博客，但微博营销与博客营销的有一定的区别。微博营销具有立体化、速度快、便捷性和影响广泛等优势。在进行微博营销时，需要注重其内容建设、推广方案和运营策略，才能取得更好的效果。

(4)网络社区营销是把具有共同兴趣的访问者集中到一个虚拟空间，达到成员相互沟通的目的。通过网络社区这一平台的搭建，企业可以更大范围搜索消费者和传播对象，将分散的目标顾客和受众精准地聚集在一起，利用新的网络手段扩大口碑传播，获得更为精准的营销推广效果。

(5)即时通信营销是企业通过即时工具 IM 帮助企业推广产品和品牌的一种手段。即时通信营销主要有互动性强、营销效率高、传播范围大、信任级别高等优势。即时通信营销的主要应用集中在在线客服、商机管理、集成应用三个方面。

(6)网络视频营销是指企业或者组织机构利用各种网络视频，发布企业的信息、展示企业的产品、推广企业的各种营销活动。视频营销具有成本低廉、目标精准、传播速度快、效果可测等优势。在网络视频营销中，网民自创策略、病毒营销策略、事件营销策略和整合传播策略的使用会让网络视频营销的效果更佳。

(7)口碑是消费者与消费者之间关于产品或服务的特性、使用经验及提供商等信息的交换和沟通。口碑营销具有宣传费用低、可信任度高、针对性准确、具有团体性、有力提升企业形象、发掘潜在消费者成功率高、影响消费者决策、缔结品牌忠诚度、更加具有亲和力等优势特点。在口碑营销过程中，要充分发挥口碑营销的优势，规避口碑营销的劣势，才能真正为企业产品或服务缔造出良好的口碑，产生最佳的推广效果。

思考题

(1)什么是 Web2.0 营销？它主要包含了哪些特点？较 Web1.0 营销有哪些突破？

(2)博客营销的优势主要体现在哪些方面？

(3)微博营销和博客营销主要有哪些区别？二者的优势分别是怎样的？

(4)社区营销的关键要素是什么？怎样应用社区营销？

(5)什么是网络品牌？它的类型有哪些？

(6)分析口碑营销的优劣势，并思考如何将口碑营销和其他营销模式结合使用。

(7)通过 QQ 的使用经历还谈谈你对 IM 营销的应用战略的看法。

(8)视频营销成功的关键要素是什么？

参考文献

[1]王伟军，孙晶．Web2.0 的研究和应用综述 [J]．情报科学，2007，12(25)：2-3.

[2] 颜炳荣．口碑营销[M]. 北京:中国纺织出版社,2007.

[3] 黎华帅．微博与微博营销[J]. 科技探索,2011(370):1.

[4] 荆浩．网络营销基础与网上创业实践[M]. 北京:清华大学出版社,2011.

[5] 贾森·米列茨基．网络营销实务——工具和方法[M]. 北京:中国人民大学出版社,2011.

[6] (美)卡特,著．装作凤琪,译．营销 2.0 最佳实践[M]. 北京:电子工业出版社,2010.

[7] 张正．基于网络社区的我国网络营销对策研究[J]. 2008(5):1.

[8] 邓榕．试论网络视频营销[J]. 湖南社院学报,2010(3):1-2.

第13章 网络整合营销

本章概要：网络营销的趋势是整合、互动和创新，整合营销已成为企业的新宠。本章将介绍整合营销的概念、对比传统营销的不同的特征和及其传播和推广策略。本章的重点是整合营销的定义、特征和核心思想。本章的难点在于理解整合营销方法的实现策略。

引例

搜狐的跨媒介营销策略

整合营销一直是企业追求营销效果最大化的有效手段，在无限丰富的媒体面前，选择合适的媒体并以合适的方式加以整合，越来越考验企业的营销能力。在明确企业的营销目标后，最重要的就是把握不同媒体的特点并合理分配资源。

联想作为中国唯一的TOP赞助商，希望通过奥运扩大联想在全世界范围内的知名度及用户好感度，从而促进销售。为达到影响大众网民及年轻消费者群体的目的，联想选择了目前中国影响力最大的三家媒体——新浪、搜狐、腾讯，分别运用三家媒体自身独有的媒体特性进行推广，重点是发挥Web2.0的特性，与用户产生互动，优化用户体验并提升好感度。这一规模庞大的奥运整合推广方案除了在这三大网站的重点页面充分展示外，更多地运用了增强互动性的产品，如图片包框、文章关键字、博客皮肤和邮件皮肤置入等，还有QQ聊天工具、QQ宠物社区和QQ游戏等，广泛呈现联想公司品牌的元素。根据专业调查公司提供的数据显示，联想品牌的知晓率和好感度都得到了显著提升。

跨媒介营销已成为企业在短时间内获得巨大曝光的重要选择，随着企业对不同媒介形式认识的深化，跨媒介营销无论是在广度还是深度上都得到了很大的拓展。“上搜狐知天下”跨媒体品牌营销案例，其跨度之大、影响之广在互联网领域前所未有。以强化搜狐中国主流网络媒体身份及其媒体特性为目标，搜狐公司针对网站的目标用户群体，在全媒体领域全面展开宣传攻势，以“纵横交织，深层布局”的媒介组合策略，全方位、立体化传达“上搜狐知天下”的品牌信息。在横向的全媒体覆盖上，从电视、报纸、杂志、互联网到户外公交、机场广告牌等目标用户可能与品牌发生接触的接触点上，都以统一的形象和声音进行大范围覆盖宣传；在横向的媒体选择上，同一媒体形式上以实现多层次立体覆盖为目标，选择多个媒介产品有效组合，构建立体宣传网络；在立体化区域覆盖上，一线和二、三线城市有选择、有层次地进行布点，可谓“全面覆盖，突出重点，注重深度”。这是中国互联网领域最大范围、最大规模的品牌营销活动，不但促进了社会公众对互联网行业的认知，而且促进了搜狐品牌认知度的大幅提高。

13.1　网络整合营销概述

2010 年，中国 B2C 市场最大的 3C 网购专业平台京东商城已跃升为中国首家规模超过百亿的网络零售企业，其成功离不开京东长期高明的营销策略。京东商城在整个过程中巧妙地利用整合营销策略，形成了网络广告＋关系营销＋市场活动＋促销＋DM 等多种营销策略。整合营销传播的系统性、完整性，使企业的营销效果更加突出。

因此，近年来，在网络营销实战中，网络营销方式早已从单一的营销方式跳脱出来，过渡到了网络营销的组合阶段，即互联网整合营销阶段。企业不仅要掌握 Web1.0 和 Web2.0 时期的每一种营销模式，如何将它们很好地结合起来，使多种营销方式的优点共同发力是现阶段网络营销的关键所在。

13.1.1　网络整合营销的内涵和特点

21 世纪的客户驱动的市场正在前所未有地碎片化，营销人员逐渐放弃了大众营销，他们越来越倾向于在更狭窄的细分市场中与客户建立紧密联系。同时，信息技术的迅猛发展加速了细分市场营销的进程。营销者获取、管理和分析数据并对客户作出反应的能力得到指数级的显著提升。在信息渠道和信息流量大规模增加同时，相应地在信息传播过程中来自各方面的噪声也明显增多。传播和沟通的地位日益突出，但传播和沟通比以往更加困难。

从大众营销向目标市场营销的转化，以及随之而来的信息渠道和促销组合的丰富化，给营销人员带来了诸多问题。过去，没有人会考虑整合各种渠道的营销传播，协调不同的促销组合。然而现在越来越多的公司开始采纳了整合营销传播的概念。

网络整合营销是指利用互联网特性和技术，更加有效、高性价比地完成整合营销计划，达到传统的整合不能达到的高效客户关系管理等，从而精准地实施营销策略，实现企业营销的高效率、低成本、大影响。网络整合营销是利用网络技术和网络特性最大化、最快速、最有效、最精准的进行整合营销。同时，网络整合营销是以为客户提供有价值的信息为基础，由客户创造、传播为主导的整合营销理念进行的网络营销。

整合营销传播区别于传统营销传播的关键在于整个活动的中心由生产商向消费者的转移。

整合营销是一种手段，其根本就在于以消费者为中心。在整个传播活动中，它的内涵具体表现在以下四个方面。

(1)以消费者资料库为运作基础

消费者资料库是整合营销传播活动的起点，也是关系营销中双向交流的保证。现代技术的发展使测量消费者行为成为可能，它具有比态度测量更高的准确性。从资料库的信息中，可以充分掌握消费者、潜在消费者使用产品的历史，了解他们的价值观、生活方式、消费习惯、接触讯息的时间、方式等，分析、预测他们的需求，由此确定传播的目标、渠道、信息等，真正做到针对不同的消费群体采取相应的策略。

(2)整合各种传播手段塑造一致性

这是由消费者处理信息的方式决定的。由于每天需要接收、处理大量的信息，消费者形成了“浅尝”式的信息处理法。他们依赖认知，把搜集的信息限制到在最小的范围内，并由此做判断与决定。这就要求生产者提供的产品或服务的信息必须清晰、一致，而且易于理解，从而在消费者心中形成一致性的形象。理想的整合营销传播是把消费者的接触渠道尽可能地纳入到计划之中，同时把这些接触渠道传递的讯息整合起来。这种整合，不是信息的简单叠加，而是发挥不同渠道的优势，使信息传播形成合力，从而形成鲜明的品牌个性。

(3)以关系营销为目的

整合营销传播的核心是使消费者对品牌萌生信任，并且维系这种信任，使其长久存在消费者心中。然而，不能单单靠产品本身就建立这种信任，因为许多产品实质上是相同的，而与消费者建立和谐、共鸣、对话、沟通的关系，才能脱颖而出。生产商只有与消费者建立长期良好的关系，才能形成品牌的差异化，整合营销传播正是实现关系营销的有力武器。

(4)以循环为本质

以消费者为中心的营销观念决定了企业不能以满足消费者一次性需求为最终目的,只有随着消费者的变化调整自己的生产经营与销售,才是未来企业的生存发展之道。消费者资料库是整个关系营销以及整合营销传播的基础与起点,因而不断更新、完善的资料库成为一种必需。

没有双向交流,就没有不断更新的资料库;没有不断更新的资料库,就失去了整合营销传播的基础。因而建立在双向交流基础上的循环是整合营销传播的必要保证。

13.1.2 网络整合营销和传统网络营销的区别

如果说传统网络营销是以数据(信息)为核心,那么互联网整合营销推广便是以人为核心,旨在为受众提供更加人性化的服务,是一次从核心内容到外部应用的革命。如表 13-1 所示。

表 13-1 网络整合营销和传统网络营销的区别

对比内容	传统网络营销	互联网整合营销
应用平台(where)	浏览器	IM、RSS、浏览器等具有信息传递功能的应用软件
发展时间(when)	1993—2003 年	2003 年至今
受众参与模式(how)	单向阅读,被动接受信息	双向参与,既接收信息也创造信息
应用方式(what)	主要是网络广告	以新营销手段为主,网络广告为辅
内容发布者(who)	广告主	广告主和受众
性价比(how much)	手段单一,但当时性价比仍然较高	手段丰富,计费方式多样,性价比很高

13.2 网络整合营销的发展阶段和指导原则

13.2.1 整合营销传播的发展阶段

营销传播和营销传播人员的主要工作就是制订营销传播计划,并加以实施。整合营销传播依赖不同的营销传播工具以及内外一致的双向维度,因此制订整合营销传播计划必须考量公司水平的整合和在品牌层面的整合两个方面。美国生产力与质量中心(American Productivity and Quality Center,APQC)在此方面进行了研究,于 1997 年提出了企业通常在实施整合营销计划时会经历的四个发展阶段:策略传播的协调、市场营销传播范围的重新定义、信息技术的应用、财务整合以及战略整合。

第一阶段即战术协调阶段。使各种战术性的外部传播活动之间能够具有更好的协调性、一致性和配合度，形成“一种声音，一种形象”。其目标是更加有效地将信息的传递与市场结合起来，发挥各种传播手段或技术的优势，使整体效果大于部分的总和。

第二阶段组织把重点从简单的策略协调转到了更广泛的传播活动，观察客户所有的潜在接触机会，即客户与产品、服务、品牌或公司接触的可能性，以一致的行动在所有可能接触的客户方面去识别、了解以及创造跨职能的传播机会。

第三阶段主要是技术层面上的工作，组织运用信息技术的力量与潜能提高整合绩效。运用数据库来获取、储存并管理客户的相关信息；新技术改善传递信息的方式与时间，促进客户信息在内部的散布。

第四阶段是整合的最高层次，核心重点转移到了公司的战略上。公司将合力权衡营销传播计划的投资与回报，并在此基础上完成相应的整合营销传播资源配置。

凡客的网络整合营销秘籍

“我爱表演，不爱扮演……我没什么特别，我很特别；我和别人不一样，我和你一样，我是凡客”和“爱夜间大排档，爱赛车……我不是什么旗手，不是谁的代言，我是韩寒，我只代表我自己”的广告语几乎家喻户晓。2007 年 10 月，VANCL 凡客诚品腾空出世，短短 4 年多的时间里，迅速崛起，销售业绩翻了几十倍，凡客诚品利用了网络营销的多种方式，比如事件营销、口碑营销、网络社区营销、IM 营销和病毒营销等，将品牌信息巧妙置入到传播计划中，而网络整合营销 4I 原则正是贯穿整个传播计划的灵魂。

Interesting 趣味原则。网络整合营销 4I 原则中，Interesting 趣味原则位于首位。娱乐精神以及分享精神同样是互联网不可或缺的组成部分，而前者更是后者产生的前提条件。凡客广告身上流淌着趣味的血液，它不是一则生硬的广告，娱乐因子在他身上灵魂附体。经过一轮疯狂炒作和传播，百度百科中，“凡客体”也已被作为专有词汇收录，定义为：凡客广告文案宣传的文体，该广告意在戏谑主流文化、彰显该品牌的个性形象。

Interests 利益原则。网络整合营销 4I 原则中提倡 Interests 利益原则。凡客以产品为话题，提供免费礼品，以用户角度对产品进行体验式营销。全民关注凡客，为目标受众提供了利益，因此吸引了众多消费者，取得了很大成功。其中，利益原则显然是重要支柱。

Interaction 互动原则。消费者们完全可以参与到网络营销的互动与创造中来,把消费者作为一个主体,发起其与品牌之间的平等互动交流,可以为营销带来独特的竞争优势。凡客的成功也很好地体现了这一原则。“凡客体”获得了巨大反响,在趣味原则和利益原则的指导下,网友上传自己 PS 的图片,图片下的评论区会有别的网友的评论,网友们觉得做得出色,会推荐该图片,让更多的人看到,充分实现了与网民的互动。把网民的主动性、积极性调动起来,这将比企业自身投入大量人力、物力更加有效。

Individuality 个性原则。凡客品牌的定位主要是青少年和白领阶层,他们年轻有朝气,追求个性和时尚。2010 年 5 月,凡客不仅请王珞丹和韩寒代言,还启动了凡客校园品牌代言人等推广活动,抓住代言人的个性特征将企业独特的风格气质表现得淋漓尽致,将 4I 原则中的 Individuality 个性原则运用得恰到好处。同时,网友争相 PS 自己心中的凡客,不拘泥于任何规则,网友想“调戏”谁都可以,制作出独一无二只属于自己的凡客,也充分体现了个性原则。

在越来越多的网友不自觉参与创作以及传播的过程中,“凡客体”已经被人们欣然接受,在一场看似娱乐无意义的全民狂欢中,凡客的品牌推广也获得了成功。互联网真正的主体是最平凡的草根网民,网民的力量大得可以改变一件事件的发展方向,凡客的成功正是借助整合营销的魅力将网民的力量充分利用。

13.2.2 整合营销传播的八大指导原则

大部分公司都需要经历以上的四个演变阶段才能完成整合营销传播计划,而组织如何从一阶段成功迈入下阶段,舒尔兹教授给出了整合营销传播的八大指导原则。

(1)成为以客户为中心的组织

组织必须以最终客户或消费者为重,他们应该处于任一整合的中心,因为他们是唯一可以让公司赚钱的人或团体。所有的职能活动、要素和单位都被导向并将重点放在提供客户利益、迎合客户需求或是满足客户的要求上。公司的主要目标是服务并满足客户,建立这些客户的忠诚度与持续的收入来源。一旦公司变为以客户为中心的组织时,公司各职能部门就会面临全面整合的需求,这样各个层次的整合也会成为常规做法,而不是特例做法了。

(2)采用由外而内的规划

改变传统由内而外的模式,采用由外而内的做法。这一做法改变了过去将营销与传播活动视为支出,而是把客户与潜在客户视为公司的收入来源。营销传播的目的是要管理需求与收入来源的创造,而不是产品与成本。整合营销传播的主要任务在于采用各种营销传播工具、计划和活动获得并留住客户与潜在客户的收入来源。

(3)以整体客户体验为重点

整体客户体验(Total Customer Experience)是指产品或服务在市场上如何发挥作用、如何获得、渠道成员以实时而有效率的方式提供产品的能力、如何实现客户服务以及公司对于所处的社区会造成什么影响。战略性的整合营销传播方法是以检视整体客户体验为目标,而不光是对营销活动的体验。组织被要求判定各种对客户的体验带来正面或反面影响的因素并加以管理。

(4)把客户目标与公司目标结合起来

过去很多组织的营销与传播都附属于策略支持活动,而非战略层级。新技术的发展使人可以获取、储存和分析大量的客户资料,所以满足客户需要成为可能,也使营销与传播被视为战略措施。即公司要想办法在营销与传播上变得更有效率,长期吸引并留住越来越多可以带来收入的客户,以期达到组织战略目标,扩大客户现金流、加速客户现金流、稳定客户现金流、创造股东价值。

(5)设定客户行为目标

整合营销传播的目标是要影响客户和潜在客户,使他们的行为产生重大的改变。而这些行为可以从财务的角度来进行衡量与评估。

(6)把客户当成资产

公司必须开始把客户当成真正的资产,营销传播经理需要并且应该负责开发、延续并维持那些身为公司收入来源的客户。即对客户和潜在客户进行投资,然后预测这些投资的回报。

(7)精简职能业务活动

在进行营销传播时,站在客户的角度来说公司通常要做两件事:一是营销要传达的信息是品牌的概念、创意、联想、价值以及公司希望客户与潜在客户保存在记忆里的其他想法;二是公司给予某些激励,也就是公司认为做某些事可能会对本身和客户 Web2.0 时代的整合营销传播策略研究或双方都有价值,从而提供短期的优惠或反馈。整合营销传播要求把不同的传播范畴打破并精简为以上的信息和激励,传播选项就会产生更宽泛的范畴。

(8)集中营销传播活动

任何营销传播计划的核心内容都必须是集中。整合营销传播计划要求把传统的营销传播与网络营销传播活动融合起来。这种整合网上和网下的营销传播对于希望在当今激烈竞争市场上能够或继续生存的组织来说至关重要。

13.3 网络整合营销的策略

13.3.1 网络整合营销传播的目标策略

在 Web2.0 时代，媒体种类和数量开始剧增，而且越来越垂直细分，涉及衣、食、住、行的方方面面，互联网呈现出多样化和碎片化的趋势，同时也加剧了信息爆炸。

整合营销传播是将广告、公关、直效营销、促销和事件营销等所有营销传播工具组合起来，以统一的声音向品牌利益相关群体传播统一的品牌概念，其终级目标就是为了建立强有力的品牌形象，创造品牌资产。

相对于传统营销传播而言，网络整合营销传播的目标策略主要包含以下三个方面。

(1)与顾客和相关利益人建立互动性的品牌关系

整合营销传播的终级目标是建立并提升品牌价值，并不是简单的交易追求。整合营销将产品与消费者的关系看作是以品牌为纽带的情感性关系，而非简单的利益关系，它包括多次重复性的销售，它的核心是以数据库为驱动力的关系营销。这是一个开放的循环过程。为了达成这种关系营销传播就必须注重品牌与顾客及相关利益者之间的信息沟通和互动交流。只有在品牌与顾客和关系利益人之间建立一种长久的关系，企业才能获得持续发展的竞争优势。

显然，顾客作为营销终端，他们对品牌的支持与否直接决定了品牌能否获得销售与赢利。因此整合营销传播中要建立的首先就是品牌与顾客之间的关系。Web2.0 时代，传播方式发生了彻底改变，来自不同渠道的各种信息无时无刻不在冲击他们，因此要建立与顾客之间的良好关系，沟通成为最主要的手段。同时，在这个网络化、互动化的市场环境中，员工会与顾客有方方面面的接触，员工的表现就代表着公司的形象，所以在品牌关系中放在了第二重要位置。在科特勒的“品牌化三角形”图(如图 13-1 所示)中，描绘了三种重要的市场参与者：公司、顾客和合作者(员工和其他利益群体)之间的互动关系。

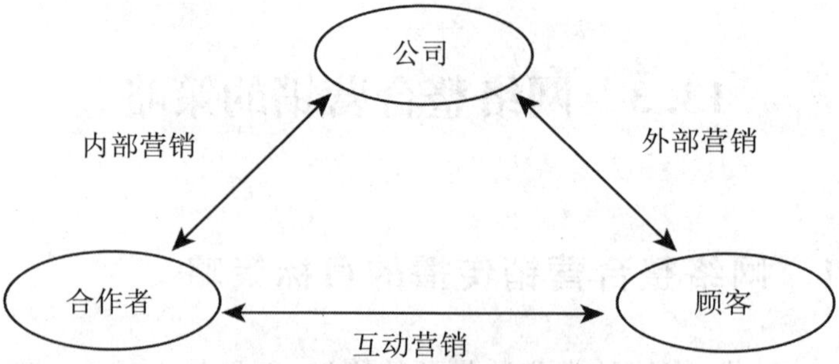

图 13-1 品牌化的三角关系

外部营销涉及对顾客的产品或服务的日常定价、分销和促销工作。内部营销包括培训和激励合作者成为真正的品牌大使的所有活动。外部和内部沟通努力直接受到公司的影响,而互动营销主要受到内部营销活动的影响。要建立成功的品牌,这三种沟通方式有着同等的重要性。今天,仅仅依赖外部营销与传播是远远不够的,公司必须在内部有效地向其员工传播品牌的本质和价值,让接触客户的第一线员工与合作伙伴了解并传递公司的品牌信息,支持客户的品牌体验,这将会很重要。

整合营销传播是使用数据库营销的方式来确认消费者群体的。互动交流的主要手段是建立数据库。可以说,以数据库为导向的互动交流是一切品牌关系的基础。舒尔茨特别强调互动性,就是共享的意思。他将品牌关系定义为"通过长期交换产品或服务的价值而存在于买卖双方之间的关系。"这是一种对等互惠的伙伴关系,买卖双方都在寻找对等互惠,而这种共享的价值也创造了持久的关系。

(2)运用不同的接触方式实现与顾客和相关利益人的交流和沟通

在整合营销传播理论中,接触不再仅仅是传统意义上的媒介信息的传达。品牌的影响已经超越市场营销部门,渗透到组织的各个角落。将"品牌"概念内部化为企业及其员工对顾客的承诺,意味着企业必须根据承诺在每一个接触点都始终如一地递送价值。为确保一致的表达,实施和执行全面品牌化方法需要落实在每一个接触点上。从本质上说,"整合"的意义也就在于整合品牌信息的接触点。星巴克不是 IT 企业,但它却是最热衷于社会化网络的品牌,几乎运用了所有主流的社会化媒体工具,其在 Facebook 上就有 370 多万名的粉丝。

1994 年一则有关英特尔芯片存在除法错误的负面新闻在网上流传,而英特尔采取回避的方式处理此事,拒绝召回产品,最终造成了 4.75 亿美元的销账损失。为避免此类事件再次发生,英特尔开始采用更加积极的方式应对口碑,它坚持监督网上任何有关公司及产品的的抱怨和公开的信息,以维持客户的信心。抱怨和公开的信息,以维持客户的信心。

另外,公司在网络上要构建自己的虚拟主体。如建立官方网站,或在各热门站点建立具备传播、交流、行动能力的虚拟主体,避免永远是被人谈论、搜索、质询的客体,这样在信息传播过程中就能占据主动权,并通过时间流逝和网络扩张来不断增强其品牌形象。奥巴马在2008年的总统竞选活动可谓是Web2.0时代整合营销传播的典范，除了建立官方网站，更在最热门、最聚集人气的Web2.0网站树立奥巴马的化身或者频道，让选民在自己最常用的互联网应用中就能接触到奥巴马的信息，并能与其他奥巴马的支持者建立联系与互动。真正做到了“无处不在的奥巴马”(Obama Everywhere)这一宣传口号。

(3)构建以品牌关系为中心的整合营销传播体系

凯文·凯勒(Kevin Keller)的基于顾客的品牌权益(Customer-Based Brand Equity，CBBE)模型，如图13-2所示。

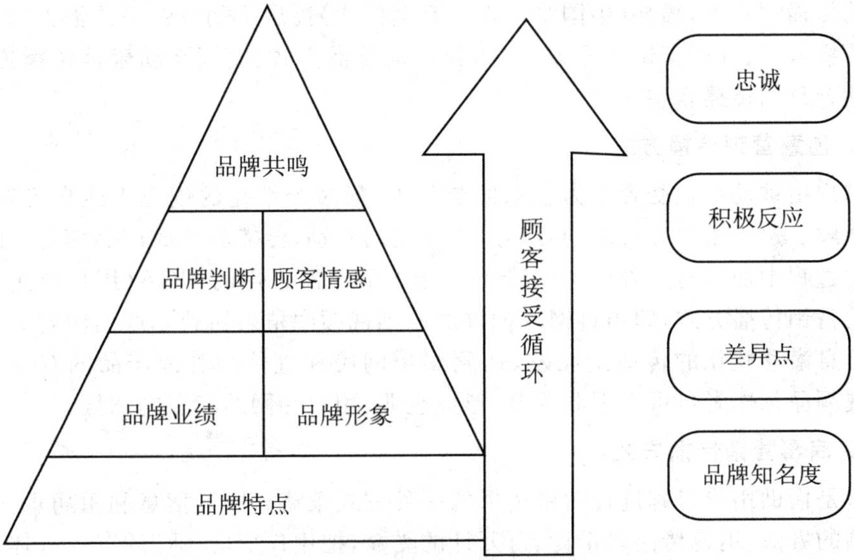

图13-2　基于顾客的品牌权益金字塔(CBBE模型)

一个强势品牌可以通过四个步骤吸引顾客参与。

①深入而广泛的品牌知名度：为品牌建立恰当的识别和知名度。

②差异点的确立：通过强大、有利和独特的品牌联想，创造恰当的品牌含义。

③积极的可理解的反应：引起积极的、可理解的品牌反应。

④持久的品牌关系：与顾客建立紧密和忠诚的关系。

以上这四个步骤是伴随着六大品牌建设模块依次完成的，这些模块是品牌特点、品牌业绩、品牌形象、品牌判断、顾客情感和品牌共鸣。只有在其他品牌模块建立之后，品牌共鸣才会出现。只有到达品牌共鸣阶段，顾客才会对品牌表现出高度的忠诚。

整合营销传播的目的就是协助品牌建立与顾客和相关利益人之间维系不散的长期关系。其中的一个主要任务，就是围绕品牌规划整合营销传播体系。汤姆·邓肯提出了一种整合营销传播的宏观管理模式，其宗旨是：企业的整合过程要保持定位一致；要加强与顾客以及其他相关利益者之间有意识的大互动；在这个关系构架中要积极保持对各方负责的态度。

13.3.2 网络整合营销传播的方式策略

在 Web2.0 时代,传统网络营销传播方式发生了彻底变革,每个用户都成为了互联网的中心,每个人都可以围绕自己的需求主动创作、组合和订阅信息。每个人都可以成为消息源,以自身为中心组成一个可信赖的人际传播网络。网络由信息载体型媒体向社交型媒体发展。在新型网络传播形态中,盲目的广告跟随变成了理性的自主选择,简单的使用要求变成了个性化的功能需求。在这种网络整合互动营销传播方式上,猫扑(中国第一娱乐互动门户)提出了创意营销传播方式、病毒营销传播方式、社群营销传播方式、体验营销传播方式、宽频互动营销传播方式等五大整合营销传播新主张。

1. 创意营销传播方式

用户由被动的接受者变为主动的参与者,通过个性化的创意表达自己对品牌概念理解。通过用户自身的创意和用户之间的互动,传播品牌或产品信息,在创意和互动过程中加深对品牌内涵的理解。比如酷 6 网采用的 UGA(用户产生广告)模式的营销传播方式,即通过网友拍摄的原创视频中植入品牌或产品内容元素,将品牌信息潜移默化的传递给网友,达到娱乐网民和宣传品牌或产品的双重目的。同时视频原创作者也可以因此受益,形成企业、用户和网站三赢的态势。

2. 病毒营销传播方式

这是借助用户口碑进行营销传播的一种方式策略。网络信息利用病毒一样快速复制的方法,迅速传向以千计、百万计的受众,把用户变成"活"的广告载体,通过人际传播提高品牌好感度。病毒营销传播方式的成功典范当首推开心网,一个主要用户是针对白领的社交网站。从 2008 年 3 月上线到 2009 年 8 月,开心网的注册人数已经突破 4 000 万,截至 2009 年 7 月底数据显示,在 Alexa 全球网站排名中,开心网位居中国网站第十位,居中国 SNS 网站第一名。而其实开心网提供的产品并不出众,最初推出的两款游戏"朋友买卖"和"争车位"都源自美国最大的 SNS 网站 Facebook 中的游戏,可以说开心网是 Facebook 的网站游戏的翻版。真正使开心网成功的是其利用即时通信工具(IM)和电子邮件的方式进行病毒式营销传播:微软的即时通信工具 MSN 的用户主要为白领,通过与 MSN 合作,开心网获得了 MSN 的用户数据。用户在开心网注册之后,MSN 就会自动发送邀请链接给其 MSN 好友。有时候,MSN 用户会在一天之内收到好几十个链接,邀请其进驻开心网,直到 MSN 用户最终注册。一旦注册,就会自动成为下一个传播节点。靠着这种爆炸式的病毒营销传播模式,开心网的用户在短短几个月内呈几何级数增长。而值得注意的是开心网除了与 MSN 合作以外,几乎没有花一分钱进行广告推广,也基本上不在其他网站做广告链接,由此可见病毒营销传播方式的强大威力。

3. 社群营销传播方式

这是基于人际社交圈、人脉、六度空间概念而产生的营销传播模式。把有共同兴趣和爱好的人聚集在一起，将其打造成消费团体。网络论坛、博客、P2P 平台、SNS 等带有 Web2.0 特征的网络应用技术的出现，使互联网具备提供“个性”(原创、定制)和“共性”(聚合、共享)服务的能力，为社群营销传播创造了条件。奇虎网开发了一套有效的“顺势循环”社区营销传播方法：发现“品牌之势”、“碎片式”影响以及沉淀“意见领袖”。利用奇虎开发的 VoiceTracker(网络口碑监测工具)这一社区搜索引擎技术，帮助实现精准的“发现”。将品牌信息包装成具备话题性和自发传播性的内容，对广大网民进行碎片式的影响，充分调动起网友的力量一同参与到品牌的构建中来。只有做到“精准”、“互动”和“顺势”才能使社区营销传播的最大效益得以实现。

4. 体验营销传播方式

体验是指人们用个人化的方式来渡过一段时间，并在该过程中产生了具有独特价值的相关感知与回忆信息。体验营销传播方式是指调动消费者感官，影响他们的感受来介入其行为过程，让消费者切身体会品牌或产品的优势。在体验营销传播方式中，消费者保留了对过程体验的长久记忆，由于体验美好、非我莫属、不可复制、不可转让，使得消费者愿意为体验付费。

5. 宽频互动营销传播方式

猫扑帮助企业使用视频、Flash 等多媒体表现形式，随意组合广告形式与广告媒介，获得更立体的宣传展示空间，与用户深度互动交流。猫扑网因此被艾瑞和 22 家知名广告公司评为最具互动营销价值的网络媒介。网络具有快速、廉价与互动的优势，这一优势是其他媒体无法比拟的。

13.3.3 网络整合营销传播的组合策略

乔治·贝尔奇和迈克尔·贝尔奇在《广告与促销：整合营销传播视角》中将传统促销组合的四要素——广告、销售促进、公共关系、人员推销中加入了两个要素：直接营销和网络营销，这六大要素构成了整合营销传播组合。每个促销要素都在整合营销传播方案中扮演重要角色，并且形式多样，各有所长。

Web2.0 时代整合营销传播组合呈现出两大趋势：精准化和娱乐化。精准化的特点就是将人群精确区分，准点渗透，实现数据库管理。娱乐化的特征是体验的、互动的、扩散的。

1. 基于数据导向的整合营销传播

如果说 Web2.0 时代整合营销传播更趋向于精准性，很大意义上是来自于计算机和互联网的运用，为客户数据库提供了技术支持。通过有效使用客户数据库，发掘现有客户和潜在客户，不但提高了整合营销传播的效率，而且大大降低了整合营销传播的成本。

Web2.0时代，由于出现了从信息录入到信息传播和收集，再到信息订阅的一整套新技术、新思想，使每个促销要素的精准性大为提高。在Web2.0的环境下，企业信息录入可以采用博客等方式，它不需要企业建立独立网站，操作简单，并且可以及时回应客户的评论和解答顾客的疑问；利用Trackback的互联性，可以从企业发布的品牌信息出发找出对品牌信息感兴趣的顾客群体；同时利用Tag标签的聚合性，可以找到对某一标签感兴趣的用户群，避免企业在搜集客户数据时的盲目性。博客、RSS、XML等技术的使用实现了用户在客户端订阅博客和符合RSS格式信息的功能，通过RSS阅读器还能自动为用户的订阅更新，并将此更新通知用户。因此，企业信息的发布应该逐步向博客和RSS频道定制发展，通过设计具有品牌或产品特色的博客和RSS频道吸引真正对企业产品或品牌感兴趣的用户，为他们提供更具特色和更专业化的信息，同时也可以为用户提供共享经验、交流思想的平台。

与传统的大众营销传播相比，数据库营销的优势主要体现在三个方面：一是对目标消费群体进行精确定位，克服了传统营销传播中对消费者信息掌握有限，导致广告和促销的极大浪费、品牌忠诚度不高等缺点；二是数据库营销的核心在于建立与消费者的长久性关系，数据库营销是将关系营销传播推向深入的有力工具；三是数据库营销是品牌战略精细化的前提，某种程度上说品牌之间的竞争正逐渐演变为消费者数据资源的竞争。

2. 找准受众“接触点”进行跨媒介传播组合

“接触点”理论认为：广告应该研究不同的消费者（受众）的生活轨迹，寻找传播者与接受者之间的最佳信息通路，组合那些最具有价值的信息渠道，使受众在一系列的“关键时刻（moments of truth）”瞬间感受信息的影响力，从而形成深刻印象。

信息可以是文字、语言、音乐、图像（包括色彩、图形），可以是有形的人、物体和空间，还可以是综合印象或传播体验。每个接触点都是信息传播的介质。Web2.0时代的广告传播是一种分众的精准广告传播，从受众的生活轨迹出发，在受众生活的每一个接触点进行广告传播渗透。广告投放从过去以媒介为中心变为以目标受众为中心，通过对客户需求的把握，将最适合于客户的品牌接触点表现出来，从而影响客户对品牌的认知和理解。能把广告植入受众的生活中，成为生活的一部分，这样的媒体的吸引力就会不断增加。无论是新媒体，还是传统媒体，它们都只是在人们生活中不同的时间和空间上的接触点。

目前活跃在我国网络上的精准广告多种多样，比如搜索引擎广告几乎成为当今企业营销传播首选的网络广告方式。利用搜索引擎关键字广告，让潜在客户主动寻找品牌信息。而窄告是在网络媒体上的定向广告，用以实现“分而告知”、“窄而告知”、“专而告知”或者“窄播”的精确式传播手段。主要模式有按语义投放、按地区投放和按访问者投放。

跨媒介传播组合意味着相同信息在不同媒介之间的交叉传播与整合，以及媒介之间的合作、共生、互动与协调。因为每一种媒体都具有其传播特色和优势，而在受众碎片化的今天，又存在着媒体覆盖的受众面有限的不足。所以找准受众“接触点”进行跨媒介传播组合，使品牌信息在不同类媒体之间交叉与互动，这将缔造整合营销传播的超级影响力。

3. 娱乐化的整合营销传播组合

当今社会随着人们物质生活的提升，对精神生活的追求也越来越广泛和迫切。而同时，现代社会竞争激烈，人们工作压力加大。娱乐营销传播符合现代人“渴望欢乐、寻求刺激”的潜在需求，以消费者的娱乐体验作为价值基础，采用戏剧、互动的方式，将科学与人文，技术和艺术有机结合，娱乐经济的空间由此空前开阔了起来。灵智整合行销传播集团 CEO 鲍勃・施密特说：“我们正在把各种品牌体验变成娱乐体验，我们需要新方法把消费者和品牌以及创意联系起来。”娱乐如同催化剂，使消费者主动地、快乐地与品牌进行互动，娱乐的才是互动的。

互联网是以内容为王，但在社会化网络(SNS)中却是以人为王。社会化网络的特性正在促使形成一个以参与、体验和分享为主题的网上社会，其核心是互动，这是一种人与人之间的互动。在整个互动传播过程中，可以将品牌或产品广告软性植入，让消费者在玩乐中潜移默化地体验品牌信息，实现品牌与消费者之间的双向互动。在进行促销活动或是公共关系事件营销传播时，结合娱乐化的新颖有趣的互动性创意，就能有效激发消费者间的主动性传播和广泛参与度，可在短时间内形成病毒性扩散，使活动推向高潮。而娱乐营销传播的核心是人性情感需求。所以 SNS 娱乐营销传播在注重用户体验、吸引用户参与的同时，更需要考虑“情感”因素，消费者只有在营销互动中达到情感认同，才能产生对品牌的认同，从而获得对品牌的忠诚度。

案例研讨

奥巴马竞选的整合营销策略

轰轰烈烈的美国总统大选让全世界记住了一个名字——贝拉克・奥巴马。奥巴马创造了许多个第一。

(1)美国第一个黑人总统候选人；

(2)第一个拒绝使用政府提供的公共竞选资金(8 400 万美元)；

(3)美国历史上的第一位“互联网总统”。

在整个竞选过程中，奥巴马近乎完美地利用了互联网的种种助推功能——为自己塑造了无比亲民的网络形象，成功的通过网络整合对自己营销，筹集了超过 5.2 美元的竞选经费，超过历史上筹集竞选资金最多的总统的数倍之多！而且据估计这些资金超过85%来自互联网,其中绝大部分是不足100美元的捐款,更有力地在网络平台上给了对手重重的打击。而这也突显出在科技盛行的时代,互联网正在传统的政治舞台上扮演至关重要的角色。

形象之战:通过网络看到了一个活力十足、异常亲民的总统候选人

同时下二三十岁的年轻人相比,四十多岁的奥巴马也许在使用互联网方面并不是非常时尚,但是同年过古稀的麦凯恩比起来,奥巴马则要在行得多。于是,人们通过网络看到了一个活力十足、异常亲民的总统候选人,奥巴马也凭借这一成功的网络形象获得了大量的拥趸。

在宣布竞选之时,奥巴马内容丰富的网站就已经上线了。他的网站设计大量利用了社交网络和互动元素,用户可以在网站上开展讨论组、自己举办筹款、观看视频等。2007年年底,最火爆的视频网站YouTube公布了当年最热门的视频,一个名为“奥巴马女孩”的视频位列其中。该视频描述的是一位年轻的美女歌手表达自己对奥巴马的热爱,点击率迅速突破上千万,网友回复达数万条。无论是在视频网站的应用还是在各大交友网站上,以及搜索引擎上,奥巴马近乎完美地利用了互联网的种种助推功能。

资金之战:85%竞选资金来自网络

美国总统大选向来是资金交锋的战场。在这场选战中,奥巴马更是凭借互联网赢得了重要的筹码。由于通过网络打造了颇为成功的形象,拥护者的捐款从网上不断涌来。尽管捐款多是低于100美元的小额资助,但是由于支持者众多,奥巴马的网上募捐最终聚沙成塔,总额突破了5.2亿美元,是历史上筹集竞选资金最多的总统的数倍之多。在美国深受金融危机影响的背景下,这无疑是一个令人惊叹的奇迹。

奥巴马是首位将募捐渠道转至互联网的总统候选人,同时也是首位成功利用网络募捐的候选人。自参选之初,奥巴马在筹款集会上一般就不接受现金,选民只需留下E-mail地址,他每周都会给选民发送有吸引力的竞选内容。

美国联邦选委会规定,在党内初选期间,个人对于特定总统参选人的捐赠上限是2 300美元。奥巴马获得的捐赠多半是小额捐赠。以今年1月份通过网络转账的捐赠为例,有40%是25美元以内的捐款。这些小额捐款人多半是自发性地上网转账,与在造势大会上募款及举行募款餐会的传统模式大不相同。而当时同为民主党总统候选人的希拉里的捐款来源则仍靠传统募款模式。

根据选举中心的数字,在上半年,奥巴马通过互联网赚了1.05亿美元,而麦凯恩仅仅斩获了7 600万美元。在奥巴马胜选后,有媒体报道称,奥巴马所募集的资金中超过85%来自互联网,其中绝大部分是不足100美元的小额捐款。而这些捐几十美元的人和捐几千美元的人的投票权是一样的。

手段之战：借助网络发动草根力量

“没有人知道网络的影响有多大，但是它肯定已经改变了政治世界，案卷保管人和看门人的角色已经被转移到访问互联网的每个人身上。”面对这场网络时代的选举，维克森林大学的数字政治教授阿兰发出了上述感叹。的确，网络时代开启了一个草根政治的时代，在这样一个言论开放、观点自由的时代，任何一个善用网络的人都可能成为影响选战的重要人物。奥巴马很早就认识到了这一点，也最为成功地利用了这一点。

正是认识到了草根力量在网络时代的重要性，奥巴马从始至终都将网络作为一个重要的战场。奥巴马认为宽带是每个美国人都需要的服务，提倡不分穷人富人、不分城市乡村地普及网络，甚至暗示可能将宽带作为公共服务提供，因此深受网民爱戴。他在Google的一个广告产品“关键字广告”上投入了数百万美元。如果一个美国选民在Google中输入奥巴马的英文名字，搜索结果页面的右侧就会出现一个奥巴马的视频宣传广告。奥巴马购买的关键字广告不仅包括自己的姓名，还包括热点话题，如“油价”、“伊拉克战争”和“金融危机”。

奥巴马对网络手段的应用不仅体现在他积极发动广大网民方面，同时，他也通过更多立场鲜明的表态赢得了科技行业的拥护。硅谷最具影响力的报纸《圣何塞水星报》与政治反应中心联合发布的报告披露，在这次竞选中，硅谷营业收入排名前20位的科技公司共向奥巴马捐赠143.4万美元，麦凯恩则从中筹集到26.7万美元，前者是后者的5倍多。在这20家公司中，支持奥巴马和支持麦凯恩的企业数分别是17家和3家，局面非常悬殊。

互联网参与总统选举，从来没有像今天这样活力四射。回首美国历次大选，一场科技的变革轨迹异常清晰：18世纪末，美国总统竞选活动刚开始的时候，竞选信息主要经由报纸、演讲、集会等形式传播；二战前后，新的通信方式广播问世，罗斯福抓住时机，通过“炉边谈话”深深地打动了美国选民；20世纪60年代新兴传媒电视在美国日趋成熟，1960年，美国历史上首次总统候选人电视辩论应运而生，成为一次划时代的事件；20世纪90年代初，互联网在美国总统大选中开始崭露头角；而在最新的这次选举中，互联网无疑已经成为美国总统大选舞台上事关成败的因素。

思考题

(1)奥巴马在竞选中分别采用了哪些营销策略？效果如何？

(2)结合本案例和整合营销的特点，谈谈奥巴马竞选中自我营销成功关键要素有哪些？

本章小结

(1)网络整合营销是一种对各种网络营销工具和手段的系统化结合，根据环境进行即时性的动态修正，以使交换双方在交互中实现价值增值的营销理念与方法。

网络整合营销就是为了建立、维护和传播品牌，以及加强客户关系，而对品牌进行计划、实施和监督的一系列营销工作。网络整合营销就是把各个独立地营销营销综合成一个整体，以产生协同效应。

(2)Web2.0时代整合营销传播的目标策略要求企业与顾客和相关利益人建立互动性的关系。得益于数据库分析、数据模型等重要技术在Web2.0时代日趋成熟，企业能够有机会、有能力倾听客户的心声，进而发展为以客户为中心和客户导向的组织。同时要求企业运用不同的接触方式实现与顾客和相关利益人的交流和沟通，并构建以品牌关系为中心的整合营销传播体系。

思考题

(1)网络整合营销的内涵是怎样的？

(2)与传统网络营销相比，网络整合营销有哪些优势？

(3)总结网络整合营销的传播策略和推广策略，并列举案例进行分析。

(4)正确理解网络整合的核心目的和八大原则。

(5)理解Web2.0时期的网络整合营销传播的新导向和新特点。

参考文献

[1] 舒尔茨，等．整合营销传播[M]．北京：中国物资出版社，2001.

[2] 舒尔茨，等．整合营销传播：创造企业价值的五大关键步骤[M]．北京：中国财政经济出版社，2005.

[3] 申光龙．整合营销传播战略管理[M]．北京：中国物资出版社，2001.

[4] 申光龙．“论整合营销传播”[J]．国际经贸研究，1998(3)：1-2.

[5] 张艳．基于Web2.0的整合营销传播策略探析[J]．经济管理，2007(4)：87-88.

[6] 王雪芬．中小企业网络营销的现实困境及其对策[J]．电子信息，2009(24)：25-26.

[7] 冯智杰．互联网整合营销传播实施战略浅析[J]．商业研究，2004(3)：103.

[8] 陶思远．Web2.0对网络营销发展影响的多维分析[J]．商业文化，2009(3)：78-79.